新世纪工程管理专业系列教材

工程项目管理

（第2版）

主　编　梁世连

中国建材工业出版社

图书在版编目(CIP)数据

工程项目管理/梁世连主编. —2版. —北京：中国建材工业出版社，2010.7（2022.1重印）
（新世纪工程管理专业系列教材）
ISBN 978-7-80227-798-4

Ⅰ.①工… Ⅱ.①梁… Ⅲ.①基本建设项目—项目管理—高等学校—教材 Ⅳ.①F284

中国版本图书馆CIP数据核字(2010)第105588号

内 容 简 介

本书立足于工程项目的整体，重点论述了工程项目的系统理论，策划与决策，管理体制，实施控制及风险管理等主要问题。具体内容包括：工程项目管理概论、工程项目策划与投资决策管理、工程项目组织与人力资源管理、工程项目范围管理、工程项目招标投标管理、工程项目合同管理、工程项目计划管理、工程项目控制与协调、工程项目风险管理、工程项目竣工验收与投产准备、工程建设监理和工程项目信息管理等内容。

本书吸收了国内外先进的管理理论及成果，密切联系我国工程管理实际，不仅可以作为高等院校工程管理专业本科生教材，亦可作为相关专业及从事工程项目管理工作的有关人士学习和工作的参考用书。

工程项目管理（第2版）
主　编　梁世连

出版发行：中国建材工业出版社
地　　址：北京市海淀区三里河路1号
邮　　编：100044
经　　销：全国各地新华书店
印　　刷：北京鑫正大印刷有限公司
开　　本：787mm×1092mm　1/16
印　　张：18
字　　数：443千字
版　　次：2010年7月第2版
印　　次：2022年1月第12次
书　　号：ISBN 978-7-80227-798-4
定　　价：56.00元

本社网址：www.jccbs.com.cn
本书如出现印装质量问题，由我社发行部负责调换。联系电话：(010) 88386906

新世纪工程管理专业系列教材
编 委 会

主　任：林增杰　中国人民大学
副主任：张跃庆　首都经贸大学；刘书瀚　天津商业大学
秘书长：白丽华　天津商业大学；马学春　中国建材工业出版社
编　委：（以汉语拼音为序）
　　　　白丽华　天津商业大学
　　　　丁　芸　首都经贸大学
　　　　傅晓灵　中国地质大学
　　　　谷俊青　天津财经大学
　　　　姜薪萍　江西财经大学
　　　　宁素莹　中南财经政法大学
　　　　乔志敏　中央财经大学
　　　　陶满德　江西师范大学
　　　　武献华　东北财经大学
　　　　姚玲珍　上海财经大学
　　　　郑润梅　山西财经大学

总　　序

为促进我国高等院校工程管理专业下设的房地产经营管理、投资与造价管理、物业管理等方向的教学质量的提高，全国部分财经类高校工程管理专业的负责人经过充分酝酿，决定在本专业各院校的专家和学者的共同努力下，发挥各院校的优势，突出各院校的专业特色，通力合作出版一套《新世纪工程管理专业系列教材》。

专业教材的建设是一个重要的问题，没有高质量的教材，就难以培养素质和能力方面都符合市场经济发展要求的专业人才。21 世纪不断发展的科学与技术，快速变化的国际国内市场等新形势，对工程管理专业人才的知识结构和能力素质都提出了更新、更高的要求，在发展变化中求生存，在学习创新中求发展是所有高校专业建设首先要考虑的问题。因此，尽快编写出符合时代要求，符合教育教学规律，与工程管理专业培养目标相吻合的高水平教材就成为当务之急。

《新世纪工程管理专业系列教材》以管理、财经类院校工程管理专业为主，在完全符合教育部专业指导委员会对本专业人才培养目标所设定的"管理、经济、工程技术和法律"四个知识平台基本要求的前提下，突出财经类、管理类院校对工程项目在经营管理、价值评估、可行性研究、项目营销策划、资产的保值增值等方面的专业特色，撰写以管理和经济为主线的系列教材以满足人才培养的需要。

经过所有参编院校的认真讨论，一致同意本系列教材编写的基本原则为：

1. 所编写的教材必须符合建设部高等工程管理学科专业指导委员会对本专业人才培养目标的具体要求；

2. 财经类院校对工程管理专业人才的培养应该偏重在培养经营管理能力方面。在教材编写中，要考虑培养学生对市场经济基本知识的良好运用能力，要体现培养懂工程技术的经营管理人才的教学意图，以培养房地产开发商和经营商人才为主，为工程建设企业培养经营型人才；

3. 新编写的教材要有一定的超前性：要体现出 21 世纪对人才的要求，考虑到我国加入 WTO 后对工程管理人才的知识结构和能力的要求，所涉及的内容要争取和国际惯例衔接，面向世界、面向未来；

4. 突出案例教学：力争在教材中体现实用性，在课程内容允许的情况下，以培养学生的实际工作能力为出发点，选取恰当案例作为课程内容的补充和延伸；

5. 在部分教材中争取用国外成熟的原版教材作为参考资料，扩充学习者的知识面；

6. 在新编教材中，考虑运用现代化教学手段，有条件的教材要同步编写电子课件以利于多媒体教学，或同步编写习题集以利于学习者课下练习和自学；

7. 时间和进度要服从质量，保证教材的先进性和适用性。

我们相信，在所有参编院校的共同努力下，本系列教材必定能满足新世纪快速发展和不断创新的工程管理专业的教学需要。

新世纪工程管理专业
系列教材编委会
2002 年 4 月

第 2 版前言

倏忽间，距离本教材第 1 版面世已过去六年，这期间，我国建设领域发生了巨大的变化，作为专业教材也真是到了应该吐故纳新，作重大修订的时刻了。现在，经过业界相关专家和老师、编辑们的共同努力，终于完成了本书的修订工作。

大家知道，工程项目管理融社会科学和自然科学于一体，强调理论与实践紧密结合，是研究工程项目管理理论和管理方法的新兴学科。工程项目管理所研究的范围涵盖着工程项目投资前期、投资建设期直至项目投产期整个过程；其研究内容包括决策、计划、组织、指挥、控制及协调的理论、方法与手段；其研究目的是使工程项目管理在投资、工期、质量、环境及安全各大目标及其他方面均取得最佳效果，从而尽快发挥投资效益，收回投资，并最终达到投资增值的目标。

与本书的第 1 版相比，作者认为，第 2 版教材具有如下特点：

1. 在教材的涵盖范围方面尽可能追求最大跨度的突破

在传统教材中，习惯于谈论项目实施阶段的管理，即便是谈到了前期管理，着墨也不多。本教材第 2 版对前期选项策划、决策、计划、组织、实施控制及后评价均作了较为全面的论述，力求广泛、周到，实现教材涵盖范围的最大跨度突破。

2. 在传统的管理控制目标方面尽可能有所创新突破

传统教材中谈论如何对项目实施控制时，总是习惯于谈论三大目标控制，笔者认为，在强调绿色建设和人性化管理的今天，对于环境与安全的控制也应是重点关注的内容，这也是在工程管理领域贯彻构建和谐社会理念的题中应有之义。因此本教材第 2 版在这方面作了相当篇幅的论述，以期能引起业界注意。

3. 在管理视角方面，力争有较为清晰的"多维"观察和描述

现代工程项目的运作实质上是"人流、物流、信息流"这"三流"互动的结果，而以前的教材较多关注物流方面，因此在本次修订中，增加了较多的人力资源管理和信息管理的内容，以求使读者能够站在"多维"的视角来观察思考问题。

本书在编写修订过程中努力做到：管理理论与改革实践相结合；国外现代管理科学与我国工程项目特点相结合；理论阐述的深入、全面、概括与方法介绍的浅出、典型、易懂相结合。在教学实践中，我们也是这样做的。从多年的教学效果来看，还是很好的。之所以取得这样的效果，笔者认为主要取决于三个方面的因素：

1. 本教材是工程管理领域改革开放的产物，没有工程管理体制的改革，就没有该书的写作环境，一切都无从谈起。

2. 本教材是作者多年教学实践的结果。作者自 1982 年起先后讲授《施工企业管理》、《现代化管理》、《投资项目管理》、《工程项目管理》等多门课程，其间兼职中国施工企业管理协会理事和校办房屋开发公司副总经理，感悟颇多，因此可以说，本书是作者凝结了多年教学与实践的心血之作。

3. 本教材是业界学者们共同帮助的结果。本书投入教学多年来，承蒙许多专家、教授给予了大量的、极为有益的指导，编写过程中，汲取了近年出版的相关书籍中的精华，并经出版部门编辑们的精心修订，才有了本教材第 2 版的问世。在此一并致谢，并诚请有关专家批评指正。

本书由梁世连教授担任主编，宁欣博士参加了编写工作。各章编写分工如下：梁世连教授编写第 1、2、3、6、7、8、9、10、11、12 章。宁欣博士编写第 4、5 章。全书由梁世连教授总纂定稿。

本书可作为高等院校工程管理专业本科生教材，亦可作为相关专业及从事工程项目管理工作的有关人士学习和工作的参考书。

梁世连
2010 年 5 月

前　言

我国的工程建设管理工作如何适应社会主义市场经济的要求，与国际惯例接轨，实现管理的科学化和现代化，已越来越为人们所关注。近年来，工程项目管理的理论研究和实践探索，已取得了很多成绩，随着该学科的日益发展，其在工程实践中必将发挥愈来愈重要的指导作用。

工程项目管理学融社会科学和自然科学于一体，强调理论与实践紧密结合，是研究工程项目管理理论和管理方法的新兴学科。工程项目管理学的研究范围涵盖着工程项目投资前期、投资建设期直至项目投产整个过程；研究内容包括决策、计划、组织、指挥、控制及协调的理论、方法与手段；研究目的是使工程项目管理在投资、工期、质量三大目标及其他方面均取得最佳效果，尽快发挥投资效益，最终收回投资并达到投资增值的目的。

本书着眼于工程项目的整体，重点论述了工程项目的系统理论，项目的策划与决策，项目的管理体制，项目的实施控制及风险管理等主要问题，吸取了国内外的先进经验及成果，在编写过程中力图做到：管理理论与改革实践相结合；国外现代管理科学与我国工程项目管理特点相结合；理论阐述的深入、全面、概括与方法介绍的浅出、典型、易懂相结合。

本书由梁世连教授担任主编，赵枫副教授参加了编写工作。各章编写分工如下：梁世连教授编写第1、2、3、4、5、6、7、8、9、10、11章；赵枫副教授编写第12章。全书由梁世连教授负责总纂定稿。

本书可作为高等院校工程管理专业本科生教材，亦可作为相关专业及从事工程项目管理工作的有关人士学习和工作的参考书。

本书在编写过程中，吸取了近年出版的相关书籍中的精华，并承蒙东北财经大学金广建设管理学院的许多专家、教授给予了大量的、极为有益的指导，在此一并致以诚挚的谢意。限于编者的经验和水平，本书不妥之处在所难免，诚请有关专家及广大读者批评指正。

编　者
2003年4月

目　　录

第1章　工程项目管理概论 1

1.1　工程项目 1
1.2　工程项目周期 3
1.3　工程项目系统分析 5
1.4　工程项目管理 10

第2章　工程项目策划与投资决策管理 17

2.1　概述 17
2.2　工程项目策划 18
2.3　工程项目的投资决策 27

第3章　工程项目组织与人力资源管理 41

3.1　概述 41
3.2　工程项目组织 46
3.3　工程项目的人力资源管理 65

第4章　工程项目范围管理 78

4.1　概述 78
4.2　工程项目范围的确定及定义 79
4.3　工程项目结构分析 82
4.4　工程项目范围变更控制 87
4.5　工程项目范围的核实确认 88

第5章　工程项目招标投标管理 91

5.1　概述 91
5.2　工程项目招标 94
5.3　工程项目投标 101
5.4　工程项目开标、评标与中标 107

第6章　工程项目的合同管理 113

6.1　概述 113
6.2　工程项目合同的主要内容、形式和组成 114

6.3　工程项目合同的谈判、签订、审批与履行 ························ 116
6.4　工程项目合同的变更、解除和终止 ································ 120
6.5　解决工程项目合同纠纷的主要方式 ································ 123
6.6　工程项目合同的索赔 ·· 125

第7章　工程项目的计划管理 ··· 137
7.1　概述 ·· 137
7.2　工程项目的计划系统及主要内容 ···································· 138
7.3　工程项目计划的编制 ··· 143
7.4　工程项目的网络计划技术 ··· 146

第8章　工程项目的控制与协调 ··· 164
8.1　概述 ·· 164
8.2　工程项目的费用控制 ··· 165
8.3　工程项目的进度控制 ··· 174
8.4　工程项目的质量控制 ··· 179
8.5　工程项目的环境与安全控制 ······································· 188
8.6　工程项目的协调管理 ··· 198

第9章　工程项目的风险管理 ··· 201
9.1　概述 ·· 201
9.2　工程项目风险的识别与分析 ······································· 205
9.3　工程项目风险的防范与处理 ······································· 209
9.4　工程项目的保险 ·· 213
9.5　工程担保 ··· 217

第10章　工程项目竣工验收与投产准备 ····································· 226
10.1　概述 ·· 226
10.2　竣工验收的内容、质量核定及程序 ·································· 229
10.3　工程档案与竣工图移交 ·· 232
10.4　竣工决算 ··· 234
10.5　工程项目的投产准备 ··· 235
10.6　工程项目的后评价 ·· 237

第11章　工程建设监理 ··· 240
11.1　概述 ·· 240
11.2　工程建设监理的程序及基本方法 ···································· 246
11.3　工程建设监理组织 ·· 248
11.4　工程建设监理的主要内容 ·· 251

11.5 工程建设监理的目标控制 ··· 252

第 12 章 工程项目信息管理 ·· 260
12.1 概述 ·· 260
12.2 工程项目信息管理的方法 ·· 264
12.3 计算机在信息管理中的应用 ··· 267
12.4 工程项目管理软件简介 ··· 270
12.5 项目管理中的软信息 ··· 273

参考文献 ··· 276

第 1 章　工程项目管理概论

【学习目标】　通过本章的学习，掌握工程项目的概念及特点，概括了解工程项目的运行周期，初步形成工程项目的系统观念，并对工程项目管理的职能、任务和现代化内容有初步掌握。

【关键概念】　项目　工程项目　工程项目周期　工程项目管理　工程项目管理现代化

1.1　工 程 项 目

1.1.1　项目

1. 项目的概念

所谓项目，是指在一定约束条件下，具有特定目标的一次性任务。

在社会经济生活中，符合这一定义的事物是极为普遍的。搞一项科技攻关叫做科研项目，治理某项污染叫做环保项目，而建设一个住宅小区可以叫做工程建设项目。如今，项目的概念已渗入到社会的各个领域，成为使用频率最高的词汇之一。随着社会经济的发展，项目将会越来越广泛，其管理的成功与失败不仅事关企业的盈亏，而且直接关系到国家和地区的兴衰。

尽管项目有千差万别，但如果抽掉其具体内容，它们都具有共同的特征。

2. 项目的特征

项目作为被管理的对象，具有以下特征：

（1）项目的单件性

项目的单件性又称任务的一次性，是项目的最主要特征，指的是任何项目都有自己的任务内容、完成的过程和最终的成果，不会完全相同。项目不同于工业生产的批量性和生产过程的重复性，每个项目都有自己的特点，每个项目都不同于别的项目，只有认识项目的单件性，才能有针对性地根据项目的特殊情况和要求进行有效的、科学的管理。

（2）项目的目标性

任何项目都是为实现一定的目标而设立的，围绕这一目标必然形成其约束条件，而且只能在约束条件下实现目标。一般讲，约束条件为限定的时间、限定的质量和限定的投资（工程项目还应有限定的空间要求）。这就要求项目实施前必须进行周密的策划，比如规定总体工作量和质量标准，规定时间界限、空间界限、资源（人力、资金、材料、设备等）的消耗限额，等等。项目实施过程中的各项工作都是为完成项目的目标而进行的。

（3）项目的系统性

在现代社会中，一个项目往往由许多个单体组成，同时又要求几十、几百甚至上千个单位共同协作，由成千上万个在时间空间上相互影响制约的活动构成。每一个项目在作为其子系统的母系统的同时，又是其更大的母系统中的子系统，这就要求在项目运作中，必须全面、动态、统筹兼顾地分析、处理问题，以系统的观念指导我们的工作。

1.1.2 工程项目的概念及特点

1. 工程项目的概念

我们所说的工程项目是指为达到预期的目标，投入一定量的资本，在一定的约束条件下，经过一定的程序从而形成固定资产的一次性事业。

大家知道，工程项目是最为常见、最为典型的项目类型，它属于投资项目中最重要的一类，是一种既有投资行为，又有建设行为的项目的决策与实施活动。一般讲，投资与建设是分不开的，投资是项目建设的起点，没有投资就不可能进行建设，而没有建设行为，投资的目的也无法实现，所以，建设过程实质上是投资的决策和实施过程，是投资目的的实现过程，是把投入的货币转换为实物资产的经济活动过程。

当然，投资的内涵要比建设的内涵宽泛得多。在某些情况下，投资与建设是可以分开的，即有投资行为而不一定有建设行为，不需要通过建设就可以实现投资的目的，但我们本书所要研究的主要是指既有投资行为又有建设行为的项目的决策与实施活动。

2. 工程项目的特点

工程项目一般具有如下特点：

（1）目标的明确性。任何工程项目都具有明确的建设目标，包括宏观目标和微观目标。政府有关部门主要审核项目的宏观经济效果、社会效果和环境效果。企业则较多重视项目的赢利能力等微观财务目标。

（2）条件的约束性。工程项目实现其建设目标，要受到多方面条件的制约：①时间约束。即工程要有合理的工期时限；②资源约束。即工程要在一定的人力、财力、物力条件下来完成建设任务；③质量约束。即工程要达到预期的生产能力、技术水平、产品等级的要求；④空间约束。即工程要在一定的施工空间范围内通过科学合理的方法来组织完成。

（3）实施的不可逆性。工程项目建设地点一次性确定、建成后不可移动、设计的单一性、施工的单件性，使得它不同于一般商品的批量生产，一旦建成，要想改变非常困难。

（4）影响的长期性。工程项目一般建设周期长，投资回收期长，工程寿命周期长，工程质量好坏影响面大，作用时间长。

（5）投资的风险性。由于工程项目建设是一次性的，建设过程中各种不确定因素很多，因此，投资的风险性很大。

（6）管理的复杂性。工程项目的内部结构存在许多结合部，是项目管理的薄弱环节，使得参加建设的各单位之间的沟通、协调困难重重，也是工程实施中容易出现事故和质量问题的地方。

1.1.3 工程项目的分类

由于工程项目种类繁多，为便于科学管理，需要从不同角度来作出分类：

1. 按投资的再生产性质划分

可分为基本建设项目和更新改造项目，如新建、扩建、改建、迁建、重建（属于基本建设项目），技术改造项目、技术引进项目、设备更新项目等（属于更新改造项目）。

2. 按建设规模划分

按国家规定的标准，基本建设项目可划分为大型、中型、小型项目；技术改造项目可分为限额以上项目和限额以下项目。

3. 按建设阶段划分

可分为：

(1) 预备项目（投资前期项目）或筹建项目。
(2) 新开工项目。
(3) 施工项目。
(4) 续建项目。
(5) 投产项目。
(6) 收尾项目。
(7) 停建项目。

4. 按投资建设的用途划分

可分为：

(1) 生产性建设项目。如工业项目、运输项目、农田水利项目、能源项目，即用于物质产品生产的建设项目。

(2) 非生产性建设项目。指满足人们物质文化生活需要的项目。非生产性项目可分为经营性项目和非经营性项目。

5. 按资金来源划分

可分为：

(1) 国家预算拨款项目。
(2) 银行贷款项目。
(3) 企业联合投资项目。
(4) 企业自筹资金项目。
(5) 利用外资项目。
(6) 外资项目。

1.2 工程项目周期

1.2.1 工程项目周期的概念

工程项目周期是指一个工程项目由筹划立项开始，直到项目竣工投产，收回投资，达到预期投资目标的整个过程。这个过程对每个项目来说是一次性的，而对整体来说，则是依次连接，周而复始地进行的，是一个循环过程。

工程项目周期是人们在长期的工程建设实践、认识，再实践、再认识的过程中，对理论和实践的高度概括和总结。我们知道，每个工程项目的实施是一次性的，项目任务完成，投资结束，项目随之撤销。但是在整个国民经济活动中，项目又是不断出现的，一个项目建成投产了，又会出现新的项目。这种情况，从宏观管理机构和银行的角度来看更加明显，整个态势一方面表现为交错出现，另一方面又表现为一个项目的结束和新项目的继起，即周期性。

按照项目自身的运动规律，工程项目将顺序经过投资前期，然后进入投资建设期，最后进入生产运行期。每一个时期又分为若干阶段。不同时期、不同阶段需要投入不同的资源、有着不同的目标和任务，因此有不同的管理内容、要求和特性。

一些发达国家和世界经济组织在投资活动领域总结出一套科学、严密的项目周期理论和方法。每一项投资活动都必须按科学的项目周期依次进行，从而极大地减少了投资失误和风险。例如世界银行在多年的投资活动中，建立了一套科学的、适应自己投资活动特征的项目周期理论和方法，在国际投资活动中被广泛采用。世界银行在任何一个国家，对所贷款的投资项目都要经过项目选定、项目准备、项目评估、项目谈判、项目执行和项目总结评价六个步骤，使它在各国的投资保持很高的成功率。

1.2.2 工程项目的周期运行

我国项目周期理论和方法的建立及发展，经历了一个较长的曲折过程。改革开放以来，我国总结了以往的经验教训，在利用外资的同时，吸收国外项目周期理论和方法，并根据国情，特别是工程建设实际，重新开始了科学的项目周期探索，在原来的投资建设程序基础上，逐步改进和发展，形成了目前的投资前期—投资建设期—生产运行期三个时期、多个环节的项目周期。随着经济的发展，我国的项目周期理论将会不断发展、完善，直至建立起一套科学的、既适合我国投资建设实际又符合国际投资惯例的项目周期理论和方法。

1. 投资前期

投资前期指从投资意向形成到项目评估决策这一时期。其中心任务是对工程项目进行科学论证和决策，是项目管理的关键时期。项目的成立与否，规模大小、产品的市场前景、资金来源和利用方式、技术与设备选择等重大问题，都要在这一阶段完成，它是项目的研究决策时期。该时期分为下列四个阶段：

（1）投资机会研究——项目选择

机会研究是对项目内容的预见性描述和概括，目的是为找准投资领域和方向。机会研究主要是市场需求研究和资源研究，要将投资意向构思成项目概念。

（2）项目建议书——立项

项目建议书是投资机会研究的具体化，它以书面形式申述项目建设的理由和依据。

（3）可行性研究——项目决策的依据

可行性研究是投资前的关键环节，它要对项目进行科学的、客观的、详细的研究论证，提出可行性研究报告，作为项目评估和决策的依据。

（4）项目评估与决策

项目评估是对可行性研究报告的真实性、可靠性进行的评价，是项目决策的最后依据。

2. 投资建设期

投资建设期是项目决策后，从项目选址到项目竣工验收、交付使用这一时期。其主要任务是通过投资建设使项目成为现实，一般要形成固定资产。投资建设期包括下列六个阶段：

（1）项目选址

项目选址从宏观上，要考虑国家、地区的发展规划，产业布局，产业之间的关联状况，地区产业的集聚程度，以及城市建设规划和环境保护等因素；从项目自身需要看，要考虑场址的自然状况、原材料供应、地质、水文、气候、交通运输条件、燃料动力供应、土地资源等条件。项目选址是否适宜对项目的建设和投产后的生产经营活动会产生重大影响。

（2）项目设计

工程项目一般要下达设计任务书，根据设计任务书进行初步设计和施工图设计。初步设计是项目可行性研究的继续和深化，施工图设计是建设施工的依据。

（3）制定年度建设计划

一般来说，工程项目要跨年度实施，因此，通常以年为单位制定建设计划。

（4）施工准备与施工

施工准备的主要内容有：设备和建筑材料的订货与采购，根据施工图纸、施工组织设计和施工图预算，组织建筑工程的招标，以及征地、拆迁等工作。施工是把项目设计图纸变成为实物的关键环节，为保证施工的顺利进行和施工质量，在正式开工之前要认真审查施工的准备工作和施工条件，然后提出开工报告，经主管部门批准，才能动工兴建。工程施工结束后要进行竣工验收。

（5）生产准备

为使工程项目建成投产后，能正常运转并达到设计水平，必须在竣工验收之前做好各项生产准备工作。生产准备工作主要包括：按进度计划培训管理人员和生产工人，组织人员参加设备的安装、调试，熟悉生产工艺流程和操作。

（6）竣工验收，交付使用

竣工验收的目的是为了保证工程项目建成后能达到设计要求的各项技术经济指标。竣工验收一般是先进行单项工程交工验收，然后进行全部工程整体验收。验收合格后，办理固定资产交付使用和转账手续。

3. 生产运行期

项目交付使用之后，便进入生产运行期，经过生产运行可实现项目的生产经营目标，归还贷款，收回投资，并产生资金增值以便使再生产继续进行。这一时期包括下列工作：

（1）项目的后评价

项目后评价是在经过一段时间的生产运行之后，对项目的立项决策、设计、竣工验收、生产运营全过程进行总结评价，以便总结经验，解决遗留问题，提高工程项目的决策水平和投资效果。

（2）实现生产经营目标

包括尽快生产出合格的产品，并达到设计所规定的生产能力，按计划实现年利润指标。这里最重要的是做好产品的市场开发。

（3）资金回收与增值

项目能否按计划归还贷款、收回投资并达到资金增值的目的，这是项目建设的根本出发点。

1.3 工程项目系统分析

对工程项目进行系统划分，有助于我们对管理对象有一个整体的观念，建立起一个适应现代管理要求的系统观点，这对于搞好工程项目管理是十分重要的。

任何工程项目都处在社会经济系统中，它和外部环境发生着各种各样的联系，项目的建设过程渗透着社会经济、政治、技术、文化、道德和伦理观念的影响和作用。

任何工程项目都需要投入巨大的人力、物力和财力等社会资源进行建设，并经历着项目的策划、决策立项、场址选择、勘察设计、建设准备和施工安装活动等环节，最后才能提供生产或使用。也就是说它有自身的产生、形成和发展过程，这个构成的各个环节相互联系、相互制约，并受到建设条件的影响。

任何工程项目都有其特定的建设意图和使用功能要求。大中型工程项目往往包括诸多形体独立、功能关联、共同作用的单体工程，形成建筑群体。就单体工程而言，一般也由基础、主体结构、装修和设备系统共同构成一个有机的整体。

因此，实施一个工程项目管理，必须用系统工程学的原理，去研究、分析项目的内部系统构成、外部关联系统以及与这个系统有关的一切内外关系，以求得系统目标的总体优化以及与外部环境的协调发展。

1.3.1 工程项目的工程系统

工程项目内部的工程系统由单项工程、单位工程、分部工程和分项工程等子系统构成：

1. 单项工程

单项工程一般指具有独立设计文件的、建成后可以独立发挥生产能力或效益的一组配套齐全的工程项目。单项工程从施工的角度看也是一个独立的交工系统，在工程项目总体施工部署和管理目标的指导下，形成自身的项目管理方案和目标，按其投资和质量的要求，如期建成，交付生产和使用。

一个工程项目有时包括多个单项工程，但也有可能仅有一个单项工程，该单项工程也就是建设项目的全部内容。

单项工程的施工条件往往具有相对的独立性。因此，一般单独组织施工和竣工验收。构成单项工程的是若干单位工程。单项工程是工程项目的主要建设内容和新增生产能力或工程效益的基础。

2. 单位工程

单位工程是单项工程的组成部分。一般情况下，单位工程是指一个单体的建筑物或构筑物；民用建筑工程也可能包括一栋以上同类设计、位置相邻、同时施工的房屋建筑，或一栋主体建筑及其辅助建筑物共同构成一个单位工程。建筑物单位工程由建筑工程和建筑设备工程组成；住宅小区或工业厂区的室外工程，按照工程施工质量统一验收标准的划分，一般分为包括道路、围墙、零星建筑在内的室外建筑单位工程，电缆、线路、路灯等的室外电气单位工程，以及给水、排水、供热、燃气等的建筑采暖卫生与燃气单位工程。

一个单位工程往往不能单独形成生产能力或发挥工程效益，只有在几个有机联系、互为配套的单位工程全部建成竣工后，才能提供生产和使用。例如，民用建筑物单位工程必须与室外各单位工程构成一个单项工程系统；工业车间厂房必须与工业设备安装单位工程以及室外各单位工程配套完成，形成一个单项工程交工系统，才能投入生产使用。

3. 分部工程

分部工程是工程按单位工程部位划分的组成部分，亦即单位工程的进一步分解。一般工业与民用建筑工程划分为以下分部工程：地基与基础，主体结构，建筑装饰装修，建筑屋面，建筑给水排水及采暖，建筑电气，智能建筑，通风与空调，电梯。

4. 分项工程

分项工程一般是按工种划分的，也是形成项目产品的基本部件或构件的施工过程，例如模板、钢筋、混凝土、砖砌体。分项工程是施工活动的基础，也是工程用工用料和机械台班消耗计量的基本单元，是工程质量形成的直接过程。分项工程既有其作业活动的独立性，又有相互联系、相互制约的整体性。

另外按照工程的性质和作用，工业建设项目还可分为主要生产系统，附属、辅助生产系统，以及行政办公与生活福利设施系统等。

1.3.2 工程项目的目标系统

工程项目的目标系统是工程项目所要达到的状态的描述系统，包括功能目标、管理目标与影响目标等。

1. 功能目标

功能目标是指工程完成应达到的目标，包括：使用目标、经济目标、技术目标、安全目标、环境目标等，其中以使用目标为主。

2. 管理目标

管理目标是指在工程项目管理中，通过管理活动达到的目标。这些目标的高低好坏对工程项目的功能目标产生影响。管理目标包括质量目标、进度目标、费用目标、安全目标、资源目标、现场目标等，管理的效果决定了这些目标的水平。

3. 影响目标

影响目标是指工程项目对环境、社会、经济、文化、政治、国际等方面所造成的影响。这些影响既是管理过程中得到的，又是工程项目完成后所产生的。进行工程项目管理，既要对项目本身的影响负责，又要对项目建成后的影响负责；既要看近期影响，又要看远期影响。

就每种目标本身而言，也是一个系统，既有总目标，又有分目标；从实施的观点分析，还有阶段目标。

对工程项目目标系统进行分析的目的是为管理服务，以便用目标管理方法进行系统的管理，以小目标的完成保大目标的完成，以分目标的实现保总目标的实现。

1.3.3 工程项目的关联系统

一个工程项目的建设，是一项有计划、有组织的系统活动，也是人的劳动和建筑材料、构配件、机具设备、施工技术方法以及工程环境条件等有机结合的过程。因此，从物质生产角度看，就是劳动主体和劳动手段、劳动资料的结合过程。这就必然涉及到建筑市场，包括建设工程市场和建筑生产要素市场的各方主体，通过一定的交易方式形成以经济合同，包括工程勘察设计合同、施工承发包合同、工程技术物资采购供应合同等为纽带的种种经济关系或责权利关系，从而构成了工程项目和其外部各相关系统的关联关系。正确认识、把握和处理好这些系统关系，对于工程项目管理显然是十分必要的。

1. 项目业主

项目业主即项目的投资者，由业主代表组成项目法人机构、取得项目法人资格，从投资者的利益出发，根据建设意图和建设条件，对项目投资和建设方案作出既符合自身利益又适应建设法规和政策规定的决策，并在项目的实施过程中履行业主应尽的责任和义务，为项目的实施创造必要的条件。业主的决策水平、业主行为的规范性等，对一个项目的建设有着重要的作用。

2. 项目使用者

非生产性建设项目包括公共项目、办公楼宇、民用住宅等，它既作为广义的物质手段，又作为人们生活的消耗资料，因此，随着社会生产力的发展和经济水平的提高，使用者对工程项目的使用功能和质量的要求，也会发生新的变化。也就是说，工程项目质量的潜在需求是发展变化的，这对工程项目的策划、决策、设计以及施工质量的形成过程提出更高的要求。从质量管理的思想来说，要把"用户第一"作为基本的指导方针，并且以使用者的最终评价作为评价工程建设质量的重要依据。

3. 研究单位

一个工程项目的实施，往往也是新技术、新工艺、新材料、新设备以及新的管理理念、方法和手段等自然科学和社会科学的最新成果转化为社会生产力的过程。因此，研究机构是工程项目的后盾，它为项目的建设策划、决策、设计、施工等各个方面，提供社会化的、直接或间接方式的技术支援。无论在项目运行的哪个阶段，项目管理者都必须充分重视社会生产力发展的最新动向和最新成果的应用，它不但对项目的投资、质量、进度目标产生积极的影响和作用，而且对项目建成后的生产运营、使用和社会效益都有极为重要的意义。

4. 设计单位

设计单位是将业主的建设意图、政府建设法律法规要求、建设条件作为输入，经过智力的投入进行项目方案的综合创作，编制出用以指导项目活动设计文件的机构。设计联系着项目决策和项目建设施工两个阶段，设计文件既是项目决策方案的体现，也是项目施工方案的依据。因此，设计过程是确定项目总投资目标和项目质量目标的过程，包括建设规模、使用功能、技术标准、质量规格等。设计先于施工，然而设计单位的工作还责无旁贷地延伸于施工过程，指导并处理施工过程可能出现的设计变更或技术变更，确认各项施工结果与设计要求的一致性。

5. 施工单位

施工单位是以承建工程施工为主要经营活动的建筑产品生产者和经营者。在市场经济体制下，施工单位通过工程投标竞争取得承包合同后，以其技术和管理的综合实力，通过制定最经济合理的施工方案，组织人力、物力和财力进行工程的施工安装作业技术活动，在规定的工期内，全面完成质量符合发包方明确标准的施工任务，通过工程点交，取得预期的经济效益，实现其生产经营目标。因此施工单位是将工程项目的建设意图和目标转变成具体工程目的物的生产经营者，是一个项目实施过程的主要参与者。

6. 生产厂商

生产厂商包括建筑材料、构配件、工程用品与设备的生产厂家和供应商。他们为项目实施提供生产要素，其交易过程、产品质量、价格、服务体系等，直接关系到项目的投资、质量和进度目标。通过市场机制配置建设资源，是项目管理按经济规律办事的重要方面。在项目管理目标的制定、物资资源的询价、采购、合约和供应过程中，都必须充分注意到生产厂商与工程项目之间的这种技术、经济上的关联性对项目实施的作用和影响。

7. 建设监理单位

我国实行建设监理制，社会监理单位是指依法登记注册取得工程监理资质，承接工程监理任务，为项目法人提供高层次项目管理咨询服务，实施业主方的工程项目管理的经济组织。其工作包括项目策划和投资决策阶段的咨询服务和项目实施阶段的合同管理、信息管理和项目目标控制。因此，监理单位的水平和工作质量，对项目建设过程的作用和影响也是非常重要的。

8. 政府主管与质量监督机构

建筑产品具有强烈的社会性，政府代表社会公众利益，对建设行为要进行法规监督与管理，以保证工程建设的规范性及其质量标准。政府主管通过执行基本建设程序，对建设立项、规划、设计方案进行审查批准；政府主管派出工程质量监督站，实施工程施工质量监督，因此，在工程项目的决策和实施过程中，和政府主管部门及其派出机构等的联络沟通是非常密切的。在执行建设法规和质量标准方面取得政府主管部门的审查认可，是工程项目管理过程必须遵守的规矩，不能疏忽和违背。

9. 质量检测机构

我国实行工程质量检测制度，由国家技术监督部门认证批准的国家级，省、市、自治区级以及地区级工程质量检测中心，按其资质依法受委托承担有关工程质量的检测试验工作，出具有关检测试验报告，为工程质量的认定和评价、为质量事故的分析和处理、为质量争端的调解及仲裁等提供科学的测试数据和权威性的证据。由此可知，工程项目和质量检测机构，同样也有密切的关系。

10. 地区与社会

工程项目与所在地区有许多系统的接口配套，需要有关部门的协作配合才能得以妥善安排和解决，如项目内部交通与外部的衔接、供电、供气、给水、排水、消防、环卫、通信等，都必须和市政管理的有关方面进行联络、沟通和协商，使项目的各个子系统能够按照规定的要求和流程，与外部相应系统进行衔接，为项目提交生产或使用创造运行条件。

此外，在工程项目的全面施工过程中，还必须得到周边近邻单位，包括附近社区居民及过往人员、车辆等方方面面的配合与理解，以创造良好的、安全的施工环境，这都需要在项目管理中充分注意公共关系及做好沟通协调工作。

1.3.4 工程项目的系统特点

由工程项目的系统构成可以看出，工程项目不仅具有一般的系统特点（如结合性、相关性、目的性，环境适应性等），而且还有它自身的系统特点。如它属于一个社会技术系统，项目过程靠行为主体实施，需要投入各种机械、设备、材料等；以及各种工程专业的知识、技术、方法和数据等；它具有开放性，它与环境之间有直接的信息、材料、能源、资金的交换，并完成上层系统的任务，向上层系统输出信息、产品、服务等；它还具有动态性，在项目实施过程中，按变化了的要求和新的情况自动修改目标，调整实施过程。

随着社会经济技术的发展，现代工程项目正日益显现出其更新的特点：

（1）新颖性。在项目设计和实施及运行过程中，需要新的知识，使用新的工艺，这是市场竞争对企业的要求造成的，所以现代工程项目的技术含量越来越高，高科技、开发型、研究型项目越来越多。

（2）复杂性。现代工程项目的规模大、投资大、参加单位多，国际性的合作越来越多，合同条件越来越复杂，所需要的各种专门知识也越来越精深、繁杂。

（3）不确定性。现代工程项目都包含着许多风险，由于外界经济、政治、法律及自然等因素的变化造成对项目的外部干扰，使项目的目标、项目的成果、项目的实施过程有很大的不确定性。

（4）严格性。由于市场竞争激烈，现代工程项目常常采用合作的形式，各投资者对项目的计划的准确性要求越来越高，对项目的投资、进度、质量和安全等的要求也越来越严格。

1.4 工程项目管理

1.4.1 工程项目管理的概念及职能

1. 工程项目管理的概念

所谓管理，就是指人们为达到一定的目的，对管理的对象所进行的决策、计划、组织、控制、协调等一系列工作。项目管理的对象是工程项目，其管理的概念及职能在道理上同其他管理是相通的，但由于工程项目的特点，要求其管理更强调程序性、全面性和科学性，要运用系统工程的观点、理论和方法进行管理。

所谓工程项目管理，就是为使工程项目在一定的约束条件下取得成功，对项目的所有活动实施决策与计划、组织与指挥、控制与协调、教育与激励等一系列工作的总称。

2. 工程项目管理的具体职能

管理的具体职能是决策与计划、组织与指挥、控制与协调、教育与激励等。这一点，在我们工程项目管理实践中已得到深刻的体现。

（1）决策与计划。决策是计划的重要依据之一，是决策者对工程项目相关重大问题所作出的选择和决定。计划，就是根据决策制定科学的奋斗目标，来指导项目的施工生产经营活动。计划要有明确规定需要达到的目标，以及实现目标所采取的措施和方法，实施的地点、时间和负责人，需要消耗的原材料，会带来的效果等。一个工程项目如没有正确的决策和科学的计划，就不可能实现其目标。

（2）组织与指挥。组织就是根据计划目标，合理安排人力、物力和财力，把工程项目的各个方面、各个阶段，按计划的要求严密地组织起来，使计划规定的措施方法落实到每个部门、每个环节乃至每一个成员。指挥就是为达到计划目标而实行的有效的领导，使工程项目的各个职能部门和各个基层单位都能按照一个统一的意志协调地、有秩序地运行。

（3）控制与协调。控制就是通过信息反馈系统，对工期目标、质量目标、成本目标及其他目标和实际完成情况及时进行对比，发现问题，立即采取措施加以解决。所谓协调就是及时调整解决各个过程、各个环节和各职能部门之间的矛盾，做到人尽其才，物尽其用，以期达到工程项目的目标。

（4）教育与激励。进行有效的思想政治工作，坚持精神鼓励和物质鼓励相结合的原则，调动广大职工的积极性、创造性，共同为实现项目的总目标而努力。

上述各种具体职能是一个紧密联系的有机整体，共同围绕工程项目这个中心发挥其各自的独立作用。通过决策与计划，明确奋斗目标；通过组织与指挥，实现项目的有效运转；通过控制与协调，建立正常的秩序，及时解决不协调因素；通过教育与激励，调动职工积极因素，从而保证工程项目的既定目标顺利地实现。

1.4.2 工程项目管理方式的演化

工程项目的管理方式是伴随着社会生产的发展、科学技术的进步所引起的生产专业化和协作综合化而不断演变、不断丰富、不断发展的。

1. 国外工程项目经营管理方式的演化

在国外，建筑工程经营管理方式发展、演化最典型的国家是英国，其管理方式发展演化已经历了多个阶段。

第一阶段，业主直接雇用并组织工匠进行工程的营造，在14世纪以前都是这种方式。

第二阶段，由于建筑工程形体、结构、功能已变得比较复杂，加上社会分工及技术的进一步发展，14～15世纪期间，社会中出现了营造师，他们从事工程的设计工作，并作为业主的代理人管理工匠的建造工作。

第三阶段，15～17世纪期间，随着科学技术的进一步发展，建筑工程本身日益复杂，社会的分工细化使得建筑师的出现成为必然，建筑师主要是担任设计工作，而营造师主要是管理业主雇佣的工匠，组织施工。

以上三个阶段，都是以业主自营方式进行工程建设活动的。

第四阶段，在17～18世纪期间出现承包企业，形成了业主，即发包者；顾问，即建筑师、工程师，负责规划调查、施工监督；承包者，即施工者。三者相互独立，又相互协作，用经济合同联系起来。设计者除担当施工监督以外，往往还承担业主与施工者之间纠纷的调解人。承发包方式出现后，自营方式在国外就几乎不存在了。因为自营方式需要兼管一支较大的施工技术队伍及大量的建筑机械，这与雇佣拥有丰富经验和专门技术的承包企业完成建筑任务相比，有很多弊端。

第五阶段，进入19世纪以后，随着现代化大工业的发展和科学技术的进步，工程项目日益复杂且规模越来越大，建筑业也进一步分工。从事工程设计和管理的除了建筑师、结构工程师以外，还有从事水、暖、电等设计的设备工程师以及从事工程量测定、合同管理的工料测量师。而且，从事施工的承包商往往也难以单凭自己的力量去完成一项复杂的工程，所以出现了总包企业下有分包企业的模式。进入20世纪以后，工程的承发包模式进一步完善，已形成了多种经营方式。

进入20世纪60年代以后，科学技术及社会发展迅速，工程项目更是技术复杂且大型化，管理科学的理论及工具、手段也不断进步，在西方一些发达国家出现了项目管理理论并应用到工程项目的管理中去。此时，在项目的建设中，除了业主、设计者和承包商三者之外，又出现了代替业主进行工程项目管理的咨询公司。咨询公司之所以出现，是由于在这之前为业主进行工程管理的是以设计为主的专业人员，其业务知识不足以对数目众多且技术相当复杂的专业承包商进行有效的管理，这与过去仅仅进行施工监督的情况不同。这就是今天在工程建设中最为广泛应用的一种经营管理方式。

2. 我国工程项目管理组织形式的发展

新中国成立以来，我国工程项目管理组织形式不断发展，大体上可分为计划经济时代和改革开放以来两个发展阶段。

在计划经济时代，根据经济形势及国家建设要求，主要是以下几种形式：

（1）由生产企业自行组织力量建设

这种方式在国民经济恢复时期比较多。那时项目建设主要是为恢复原有企业的生产，建设与生产结合，同时各部门还没有建立专门的设计施工机构。因此，当时采用的办法是各企业抽调人员自行设计，组织施工。小部分工程量较大且有旧中国留下私人营造商的地方，则采用部分发包，委托施工。

（2）独立筹建处

进入"一五"计划期间，国家开始大规模经济建设，采用自营的办法已不能适应需要，投资项目的组织机构开始与企业生产指挥系统相脱离，独立成立筹建处。那时，凡列入计划建设的新项目一般在上级主管部门的领导下，设立一个单独的筹建处，作为项目的建设单位。改、扩建项目的筹建处，也同企业指挥生产的机构分开，小型项目的筹建处由原有企业领导，大型项目的筹建处直接由上级主管部门领导。这种组织形式，对保证大规模建设任务的完成起了重要作用。为了加强宏观调控，中央各部都设立专门的投资项目管理机构（基建司、局）。

（3）工程建设指挥部

1958年大跃进时，投资规模急剧膨胀，设计、施工、设备材料供应全面紧张，建设单位、施工单位、设计单位间互相扯皮现象日益增多。筹建处难以协调上述三方矛盾，开始由上级临时派人到重点建设施工现场协调三方关系。后来为保证重点工程建设进度，上级领导机关指派负责人到现场坐镇指挥，成立建设指挥部。这种组织形式后来应用到区域建设中，如1964年开始的"三线建设"就采取这种形式。

在计划经济体制下，在当时的社会条件下，指挥部的管理体制对于保证重点工程建设项目的顺利实施、发展国家经济起了非常重要的作用，但随着改革开放的深入，这种管理体制也暴露出越来越多的弊端，归结起来：一是行政权力、命令方式代替科学管理；二是非稳定班子、非专业班子进行项目管理；三是缺乏建设期和经营期的综合考虑。

（4）建设单位自行组织项目建设

这是很多单位进行项目建设较为普遍的一种组织管理模式。它是由业主自己筹集资金，选择建设地点，编制计划任务书，组织项目的设计、施工和材料、设备的供应，并进行工程建设的监督与管理。这就是为什么很多单位设立常设基建管理部门的原因。

但作为一个单位的基建部门，其专业技术人才的数量、人才结构、水平等往往不能满足工程建设的需要，而且由于工程建设任务不多，工作经验也就难以积累，最终造成项目的管理不善。

我国从20世纪80年代后期开始试行项目业主责任制，项目业主从建设项目的筹划、筹资、设计、建设实施直至生产经营，归还贷款本息以及国有资产的保值、增值实行全过程负责，并承担风险。在试点取得经验的基础上，全国有几十个大中型基本建设项目实行了多种形式的业主责任制，收到了一定效果，但仍然存在项目业主的身份不清、业主班子不规范、业主难以行使法律权利等问题。这些缺陷是与我国投资领域和管理体制存在的弊病分不开的，出路只有改革。

在总结几年实行项目业主责任制经验并借鉴国外做法的基础上，于1993年11月通过的《中共中央关于建立社会主义市场经济体制若干问题的决定》提出了推行法人投资责任制，即项目法人责任制。

随着改革开放的不断深入，我国逐步引入了国外的先进管理模式，并经过多年的摸索初步形成了以招标投标制、合同管理制、项目法人责任制和建设监理制为标志的管理体制。

这些事关我国工程项目管理体制的重大变革，其具体内容将在后面相关章节中分别介绍。

1.4.3 工程项目管理理论在我国的发展

工程项目管理理论首先从原西德和日本传入我国。当时，正值改革开放起步并开始向纵深发展之际，探求工程项目管理与改革相结合，在改革中发展我国的工程项目管理科学，是当时我们所面临的现实问题。此后，由于世界银行等国际金融组织贷款和外商投资建设的工程项目的大量增加，以及国际文化交流的进一步发展，工程项目管理理论和实践经验在我国进一步得到推广应用。尤其是国际金融组织贷款建设的项目，按其贷款规定，必须按国际惯例实行项目管理，这进一步加速了项目管理理论在我国的推广应用，也促进了我国建筑业管理体制、投资体制等方面的进一步的改革。

鲁布革水电站引水系统工程是我国第一个利用世界银行贷款，并按其规定进行国际竞争性招标和项目管理的工程。在四年多的时间里，创造了著名的"鲁布革项目管理经验"。以此为契机，我国首先在施工企业中推行项目管理，并于1987年在全国推行项目法施工，目的是建立以施工项目管理为核心的企业经营体制。

在国际上通行的惯例和模式中，工程项目建设的主要当事人为三方：业主、咨询工程师、承包商，其中的咨询工程师为业主进行工程项目的设计，并可代理业主进行工程的管理。整个工程项目的管理，是以咨询工程师为中心的专家管理。我国在开始推行施工企业的项目管理之后，原建设部又推行了建设监理，就是国际上通行的由项目管理公司或咨询公司代理业主进行的项目管理。近年来，国家先后颁布了一大批政策法规，使得工程管理有法可依，并举办了大批的系列培训班，系统讲述有关项目管理的理论和方法，培训了一大批工程管理人才，为工程项目管理在我国的推行和发展打下了坚实的基础。

项目管理制度在我国已推行多年，它的应用为我国工程项目建设发挥了巨大作用，但回顾走过的路程，仍存在许多问题。这些问题的解决，需要以发展的眼光，在经济体制改革不断深入的过程中逐步加以解决。

1.4.4 若干相关概念辨析

1. 工程项目管理与企业管理

工程项目管理与企业管理同属于管理活动的范畴，但两者有着明显的区别：

（1）管理对象不同。工程项目管理的对象是一个具体的工程项目——一次性活动（项目），而企业管理活动的对象是企业，即一个持续稳定的经济实体。工程项目管理的对象是工程项目发展周期的全过程，需要按项目管理的科学方法进行组织管理；企业管理的对象是企业综合的生产经营业务，需要按企业的特点及其经济活动的规律进行管理。

（2）管理目标不同。工程项目管理是以具体项目的目标为目标，一般是一种以效益为中心，以项目成果和项目约束实现为基础的目标体系，其目标是临时的、短期的；企业的目标则是以持续稳定的利润为目标，其目标是长远的、稳定的。

（3）运行规律不同。工程项目管理是一项一次性多变的活动，其管理的规律性是以工程项目发展周期和项目内在规律为基础的；企业管理是一种稳定、持续的活动，其管理的规律性是以现代企业制度和企业经济活动内在规律为基础的。

（4）管理内容不同。工程项目管理活动局限于一个具体项目从设想、决策、实施、总结后评价的全过程，主要包括工程项目立项、论证决策、规划设计、采购施工、总结评价等活动，这是一种任务型的管理；企业管理则是一种职能管理和作业管理的综合，本质上是一种实体型管理，主要包括：企业综合性管理、专业性管理和作业性管理。

（5）实施的主体不同。工程项目管理实施的主体是多方面的，包括业主、业主委托的咨询公司、承包商等，而企业管理实施的主体仅是企业自身。

2. 工程项目管理与施工项目管理

工程项目管理与施工项目管理相比有许多不同点：

（1）实施的主体不同。工程项目管理的主体是业主及受其委托的监理（或咨询）单位，主要是由他们组建的项目管理班子来实施管理；施工项目管理的主体是施工企业，主要由其所组成的项目管理班子来实施对施工过程的管理。

（2）目的不同。工程项目管理中，业主是为取得符合要求的、能发挥应有效益的固定资产而进行管理，监理方是为完成业主所委托的项目管理任务从而取得报酬而进行管理，施工企业是为生产出建筑安装产品并取得利润而进行管理。

（3）内容不同。工程项目管理的内容涉及资本运转和项目建设的全过程的管理，而施工项目管理的内容仅涉及从投标开始到交工为止的项目的施工组织、生产管理及维修。

（4）范围不同。工程项目管理的时间范围是项目建设的全周期，即由项目的评价开始，到项目立项、设计、施工以至项目使用和维修；而施工项目管理的时间范围仅限于项目的施工和维修阶段。

1.4.5 工程项目管理的任务

工程项目管理的任务总的说来，就是在科学决策的基础上对工程项目实施全方位、全过程的管理活动，使其在一定约束条件下，达到费用、进度、质量、环境和安全等目标的最佳实现。具体来讲，有以下几个方面：

1. 建立项目管理组织

明确本项目各参加单位在项目实施过程中的组织关系和联系渠道，并选择合适的项目组织机构及实施形式；做好项目各阶段的计划准备和具体组织工作；建立本单位的项目管理班子；聘任项目经理及各有关职能人员。

2. 费用控制

编制费用计划（业主编制投资分配计划，施工单位编制施工成本计划），采用一定的方式、方法，将投资及成本控制在计划目标内。

3. 进度控制

编制满足各种需要的进度计划，把那些为了达到项目目标所规定的若干时间点，连接成时间网络图，安排好各项工作的先后顺序和开工、完工时间，确定关键线路的时间；经常检查计划进度执行情况，处理执行过程中出现的问题，协调各有关方面的工作进度，必要时对原计划作适当调整。

4. 质量控制

规定各项工作的质量标准；对各项工作进行质量监督和验收；处理质量问题。质量控制是保证项目成功的关键任务之一。

5. 环境及安全控制

实施绿色施工，保护环境，保护生产者和使用者的健康与安全；不同的企业根据自身的实际情况制定安全方针，并为实施环境及安全控制建立组织机构、策划活动、明确职责、遵守有关法律法规和惯例、编制程序控制文件，实施环境及安全控制并提供相应的资源；正确处理安全事故。

6. 合同管理

起草合同文件，参加合同谈判，签订、修改合同；处理合同纠纷、索赔等事宜。

7. 信息管理

明确参与项目的各单位以及本单位内部的信息流，相互间信息传递的形式、时间和内容；确定信息收集和处理的方法、手段。

工程项目管理任务的核心问题是控制，项目管理组织的建立、合同管理和信息管理的实施，都是为了进行有效的控制，确保项目目标的实现。

1.4.6 工程项目管理现代化

1. 概念

所谓工程项目管理现代化，就是适应现代社会要求，依照项目内在的客观规律，运用现代科学管理手段和方法，对工程项目实行有效的管理。

工程项目管理现代化是一个动态的概念，它所包含的内容和要求是在人们不懈探索和实践中随着科学技术的发展、生产力的发展而不断发展变化的。

2. 工程项目管理现代化的内容

工程项目管理现代化涉及面广、内容丰富，主要有以下六个方面的内容：

（1）管理思想现代化。这是现代化内容中最重要的一条。要将现代管理思想和理论运用于项目管理，如系统论、信息论、控制论、行为科学等。它们是现代项目管理理论体系的基石。体现了当代最新的管理思想。此外，在管理中，要树立市场观念、服务观念、竞争观念、革新观念等，以指导工程项目的进行。

（2）管理组织高效化。就是根据现代管理组织理论，采用开放系统模式，并用科学的法规和制度规范组织行为，确定组织功能和目标，协调管理组织系统内部各层次之间及其同外部环境之间的关系，提高管理组织的工作效率。

（3）管理方法科学化。要有一整套适合现代化大生产要求的科学管理方法，如预测技术、决策技术、数学分析方法、数理统计方法、模糊数学、线性规划、网络技术、图论、排队论等，用以解决项目管理中的各种复杂问题。

（4）管理技术电子化。为适应管理高效率的需要而采用先进的技术装置或技术手段。如电子计算机的应用以及管理通信装置、时间指示记录装置、生产监控装置、文件资料复制设备、多媒体等。随着生产规模扩大，技术复杂程度越来越高，企业的信息量急剧增加，把电子计算机应用于管理，不仅可以节约人力，而且可以做到准确、及时。

（5）管理人员专业化。现代化施工活动规模大、机械化程度高、质量要求严、经济核算要求准确、计划要求周密，施工管理、质量管理、预算管理、机械设备管理、财务管理等专业管理逐渐发展成为独立的学科，并采用了现代科学管理方法，这就需要专业化的项目管理公司提供全套的专业化咨询和管理服务，也要求项目经理及其管理组织的各项专业管理人员不仅要熟悉业务，同时要学会应用现代管理方法和手段，成为各项专业管理的内行。

（6）管理方式民主化。现代工程施工是成千上万人的活动，只靠少数人是不行的。这里所说的民主化是指在项目经理统一指挥下充分发挥广大职工的积极性和创造性，共同搞好管理。

上述工程项目管理现代化的六个方面，是密切联系，相互促进和缺一不可的。就其本身的内在联系来说，管理思想是核心，管理组织是保证，管理方法是基础，管理人员是条件，管理手段是工具，管理方式是因素。

---- 本章小结 ----

在本章中，我们从项目的概念入手，引出工程项目的基本概念。通过对工程项目的特点分析、项目分类为管理客体画了一个肖像；通过描述项目运行周期三个时期、多个环节的运行轨迹，使我们了解了项目的生命周期；通过对项目的工程系统、目标系统以及关联系统的描述，使我们对工程项目建立起一个系统的概念。然后阐述了工程项目管理的概念及职能，回顾了项目管理理论的历史演化过程以及这一理论在我国的发展，并通过对工程项目管理与企业管理、施工项目管理等易产生混淆的概念所进行的辨析，使得工程项目管理的概念更加清晰、明确。在此基础上，提出了工程项目管理的任务及工程项目管理现代化的概念，并阐述了现代化项目管理六项主要内容及其相互关系。

思 考 题

1. 何谓工程项目？它有哪些特点？
2. 何谓工程项目周期？简述工程项目的周期运行。
3. 如何理解工程项目的系统划分？它有哪些特点？
4. 何谓工程项目管理？它与企业管理、施工项目管理有何不同？
5. 简述工程项目管理现代化的内容及其相互关系。

第 2 章　工程项目策划与投资决策管理

【学习目标】　了解项目策划的基本内容，明了投资前期决策工作，尤其是可行性研究和项目评估的主要工作内容，深刻理解前期决策工作对于工程项目运作成功的重要性。

【关键概念】　工程项目策划　工程项目投资决策　可行性研究　项目评估

2.1　概　　述

2.1.1　基本概念

1. 策划

策划是围绕某个预期的目标，根据现实的情况与信息，判断事物变化的趋势，对所采取的方法、途径、程序等进行周密而系统的构思设计，选择合理可行的行动方式，从而形成正确决策和高效工作的活动过程。显然，策划是在现实所提供的条件的基础上进行的、具有明确的目的性、按特定程序运作的系统活动，是一种超前性的人类特有的思维过程。它是针对未来发展及其发展结果所作的决策的重要保证，也是实现预期目标、提高工作效率的重要保证。

工程项目策划是把工程项目建设意图转换成定义明确、系统清晰，目标具体且富有策略性运作思路的高智力系统活动。它包括建设前期项目系统构思策划、建设期间项目管理策划和项目建成后的运营策划等。工程项目策划以项目管理理论为指导并服务于管理的全过程。

2. 决策

决策一般是指为了实现某一目标，根据客观的可能性和科学的预测，通过正确的分析、计算以及决策者的综合判断，对行动方案的选择所作出的决定。决策是整个项目管理过程中一个关键的组成部分，决策的正确与否直接关系到项目成败。

工程项目投资决策是指投资主体（国家、地方政府、企业或个人）对拟建工程项目必要性和可行性进行技术经济评价，对不同建设方案进行比较选择，以及对拟建工程项目的技术经济指标作出判断和决定的过程。工程项目投资决策是投资决策中的微观决策，它不像宏观决策那样是国家和地区对投资的总规模、方向、结构、布局等进行评价和决定。

2.1.2　策划与投资决策的关系

一般来说，项目投资决策都建立在项目可行性研究的分析评价基础上，其重要的决策依据是项目财务评价和国民经济评价的结论，然而这两者评价的前提是建设方案本身及其所赖以生存和发展的社会经济环境和市场，而建设方案的产生，并不是由投资主体的主观愿望和某种意图的简单构想就能完成的，它必须通过专家的总体策划和若干重要细节的策划，如项目定位、系统构成、目标测定及管理运作等的具体策划，并进行实施可能性和可操作性的分析，才能使方案建立在可运作的基础上。也只有在这个基础上进行项目详细可行性研究所提供的经济评价结论才具有可实现性。因此,只有经过科学的、缜密的项目策划,才能为可行性研究和项目决策奠定客观而具有运作可能性的基础。

2.2 工程项目策划

2.2.1 工程项目策划的分类

按项目建设程序,项目策划可分为建设前期项目构思策划和项目实施策划。

1. 工程项目构思策划

一般来说,项目的最初提出,都是提出者从其经营、生产、生活的实际需要出发,根据国际和国内的经济、社会发展状况和近远期规划、预测结果而推出的。因此,项目构思策划必须以国家及地方法律法规和有关政策方针为依据,并结合国际国内经济、社会发展变化和实际的建设条件进行。项目构思策划的主要内容包括:①项目性质、用途、建设规模、建设水准的策划;②项目在社会经济发展中的地位、作用和影响力的策划;③项目系统的总体功能、系统内部各单项单位工程的构成及各自作用和相互联系,内部系统与外部系统的协调、协作和配套的策划;④其他与项目构思有关的重要环节的策划等。

2. 工程项目实施策划

工程项目实施策划是指把体现建设意图的项目构思付诸实施,变成有实现可能性和可操作性的行动方案,提出带有策略性和指导性的设想。通常又分为:

(1) 项目组织策划。对于大中型建设项目,国家要求实行项目法人责任制,因此按照现代企业组织模式组建管理机构并做人事安排,显然这既是项目总体的构思策划的重要内容,也是对项目实施过程产生重要影响的实施策划内容。

(2) 项目融资策划。资金是实现项目的物质基础,工程项目投资大,周期长,资金的筹措和运用对项目的成败关系重大。建设资金的来源渠道广泛,各种融资手段有其不同的特点和风险因素,融资方案的策划是控制资金使用成本,进而控制项目投资、降低项目风险所不可忽视的环节。项目融资具有很强的政策性、技巧性和策略性,它取决于项目的性质和项目实施的动作方式。

(3) 项目目标策划。工程项目必须具备明确的使用目的和要求,明确的建设任务量和时间界限,明确的项目系统构成和组织关系,才能作为项目管理对象,才需要进行项目的目标控制,也就是说确定项目的费用目标、质量目标、进度目标和环境及安全目标是项目实施的前提,而这几大目标的内在联系和制约,使目标的设定变得复杂和困难。因此在项目系统构成和定位策划的过程中做到项目投资和质量的平衡,即在一定投资限额下,通过策划寻求达到满足使用功能要求的最佳质量规模和档次,然后再通过项目实施策划寻求节省项目投资和缩短项目建设周期的途径和措施,以确定项目目标的总体综合优化,做到"费用省、质量高、周期短"。也就是说,目标的具体确定和修正也是项目策划课题的一部分。

(4) 项目管理策划。这是对项目实施的任务分解和任务组织工作的策划,包括设计、施工、采购任务的招投标,合同结构,项目管理机构设置、工作程序、制度及运行机制,项目管理组织协调,管理信息收集、加工处理和应用等的策划。项目管理策划视项目系统的规模和复杂程度,分层次、分阶段地展开,从总体的轮廓性、概略性策划,到局部的实施性详细策划逐步深化。

（5）项目控制策划。是指对项目实施系统及项目全过程的控制策划。

另外，工程项目策划按其策划的范围也可分为项目总体策划和项目局部策划。项目总体策划一般指在项目前期立项过程所进行的全面策划；局部策划可以是对全面策划任务进行分解后的一个单项性或专业性问题的策划。根据策划工作的对象和性质，策划的内容、依据和深度要求也不一样。

2.2.2 工程项目策划的基本原则

1. 系统策划原则

任何工程项目都是一个系统，与客观外界有着千丝万缕的联系，系统的原理要求项目的策划遵循全面性、动态性和统筹兼顾的原则，充分考虑局部与全局、眼前与长远的关系，尤其是现代项目规模越来越大，影响因素越来越多，工程项目策划的系统性原则显得更为重要。

2. 切实可行原则

任何策划方案都必须切实可行，否则，这种策划毫无意义。项目策划可行性分析贯穿于策划的全过程，即在进行每一项策划时都应充分考虑所形成的策划方案的可行性，重点分析策划方案可能产生的利益、效果、风险程度等，全面衡量，综合考虑。为了准确弄清策划方案是否科学、可行，必要时可对策划方案进行局部可行性试验，以检查策划方案的重心是否放在了最关键的现实问题上，是否与客观外界有根本性冲突。

3. 慎重筹谋原则

策划活动中受到种种主客观因素的制约，不可能尽善尽美。主观上，策划人员的经验胆识、思维方法等各有长短；客观上，纷繁复杂的情况不以人们的意志为转移。因此，策划不可能百分之百地求全，只能在慎重之中求周全。这就要求我们善于把握主要矛盾，在策划工作中去粗取精，去伪存真，分清主次，把握重心，努力掌握决定事物发展的关节点，以避免可能带来的风险。

4. 灵活机动原则

工程项目策划是一种处于高度机动状态的活动，必须深刻认识策划的这一本质特征，增强策划的动态意识，自觉地建立起灵活机动的观念，在策划过程中及时、准确地掌握策划对象及其环境变化的信息，以随时调整策划目标并修正策划方案。这就要求正确把握随机应变的限度，这种限度可以从三个方面来把握：一是看变化信息的可靠程度，以决定是否对策划进行调整、修正；二是看变化的程度，以决定调整和修正的幅度；三是充分估计调整和修正后将会产生的实际效益而决定取舍。

5. 出奇制胜原则

工程项目策划贵在"奇"字，出奇制胜，才能策划成功。而要做到这一点，参与策划的各级人员的基本素质及其对项目及客观条件的总体把握是极为重要的。这就要求策划人员努力学习，提高自身素质，同时要尽量全面、深入地了解和掌握项目的基本情况，这是项目策划的出发点和立足点。具备了这些，才能为策划的出奇制胜打下坚实的基础。

6. 时机效果原则

策划方案的价值将随着时间的推移与条件的改变而变化，这就要求在策划过程中把握好时机，处理好时机与效果之间的关系。在高速发展的现代社会，客观情况变化迅速，利益竞争更为激烈，最佳时机往往是稍纵即逝，时机与效果又具有紧密的联系，失去时机必然会严重影响效果，甚至完全没有效果。因此，项目策划一旦敲定，就要尽可能缩短策划到实施的周期。当然，这不应理解为策划活动以及从策划到实施越快越好，因为，策划的周密性与时间的长短有关；同时，策划方案的实际效果还与客观条件是否成熟有关，只有当客观条件成熟时，策划方案的实施才能取得预期的效果。

7. 民主策划原则

现代工程项目的规模越来越大，相关因素越来越多，策划活动所要处理的数据资料更加复杂，要求也越来越高。许多策划活动已非个人或少数人所能胜任，这就要求在项目策划中采取民主策划方式，把各个方面有关专家组织起来，针对目标和问题，集中众人智慧进行策划工作，民主策划是实现科学策划的重要条件和保证。事实表明，民主策划产生的方案，在实践中往往更具有科学性、合理性、可行性和操作性，策划方案的实施也能取得更大的效果。

2.2.3 工程项目策划的方法

1. 项目策划方法的类型

工程项目策划的方法是在实践中不断发展的，现代的项目策划方法大致可以划分为以事实为依据的项目策划方法、以技术为手段的项目策划方法以及以规范为标准的项目策划方法等。这些方法各有特点，但也有其明显不足，为了调整和修正其各自的偏颇，应运用综合性的项目策划方法将它们综合统一起来。综合性的项目策划方法是从事实的实态调查入手，以规范的既有经验、资料为参考依据，运用现代技术手段，通过项目策划人员进行综合分析论证，最终实现项目策划的目标。

其实，任何正确的项目策划方法，都必须遵从两个重要规定：一是操作概念的规定，二是现象类型化的规定。

操作概念的规定是指导项目策划过程中对相关社会环境、经济模式、使用空间、使用方式、使用者构成的概念化的描述，说明人对物质环境客观反映和直觉感受，是进行项目策划的起点。项目实态的调查目标、调查表格的拟订都是由此开始。例如，对房地产开发项目进行策划时，项目策划人员就要分别对建筑物面积大小、空间尺寸、明暗、开敞、封闭、压抑等进行规定，以此作为策划操作中实态调查和分析的依据。这些概念的拟订，应当具有明确的可判定性，同时还要有一定的可度量性，以此保证在项目策划中对各信息量的采集和交换时进行描述。

类型化的规定是指项目策划对目标实态、性质、特点的认识，它是对技术策划可行性的探讨。类型化的规定不是对共性、普遍性的说明，而是对个别性、必要性的说明。项目的类型化可以从项目的使用性质的差异区分出民用建筑项目、工业项目、基础设施项目等项目类型；从项目的使用对象的差异区分出国家项目、地方项目、公共项目、私人项目等项目类型；从项目的使用目的的差异区分出居住项目、文化教育项目、体育项目、医疗项目、交通项目等项目类型。调查可从实态的角度、规范的角度、技术的角度去进行，它是项目策划方法的基本步骤之一。它与前者共同构成项目策划方法的最基本的内容，并在此基础上进行构想、预测、评价，最终达到项目策划的目标。

2. 工程项目策划具体方法的展开

（1）项目构思

1）需求识别与项目的提出

随着社会的发展，需要日益增长。人民生活、社会发展和国防建设的种种需要常常要通过项目来满足，需求是产生项目的基本前提。一般讲，这种需求和对应的项目有两类：公共需求与公共项目，民间需求与民间项目。

公共需求与公共项目。从经济学角度讲，公共需求就是对公共物品的需求。所谓公共物品，一般来说是由政府或社会提供的产品，这种产品具有两个特性，即非排他性和非竞争性。公共项目起源于公共需求，公共需求又起因于经济和社会的发展进步。社会发展必然产生众多新的需求，需求有力地拉动着项目的建设，项目的建设进一步推动了社会的发展。

民间需求与民间项目。与公共需求相对的是民间需求，或称私人需求。民间需求的主体包括个人、家庭、社会团体、组织、企业、事业单位等，民间需求产生民间项目或称私人项目。

① 需求识别

需求识别是项目启动阶段首要的工作。需求识别始于需求、问题或机会的产生，结束于需求建议书的发布。

需求识别是一个过程，需求产生之时也就是开始识别需求之始，因为尽管产生了需求，但这只是一种朦胧的概念，还不能真正知道什么具体的东西才能满足这种愿望，所期望的东西可能还只是一个范围，于是就要收集信息和资料，就要进行调查和研究，从而最终确定到底是什么样的产品或服务才能满足自己。当然在需求识别的过程中还需要考虑到一系列的约束条件，当需求界定之后，便开始着手准备需求建议书了，即从自身的角度出发，全面、详细地论述、表明自己所期望的目标，这种期望目标实际上就是项目的雏形。

需求的识别过程无疑十分重要。它意味着从开始就避免了项目投资的盲目性。一份良好的需求建议书是使得项目取得成功的关键所在。

② 需求建议书

需求建议书就是客户向承包商发出的用来说明如何满足其已识别需求的建议书。一份良好的需求建议书，主要包括：满足其需求的项目的工作陈述、对项目的要求、期望的项目目标、客户供应条款、付款方式、契约形式、项目时间、对承包商项目申请书的要求等。

好的需求建议书能让承包商把握客户所期待的产品或服务是什么，或他所希望得到的是什么，只有这样，承包商才能准确地进行项目识别、项目构思等，从而向客户提交一份有竞争力的项目申请书。为此，客户的需求建议书应当是全面的、明确的，能够提供足够的信息，以使承包商能在把握客户主体的思想上准备出一份最优秀的项目申请书。

2）项目识别与项目的构思

在许多情况下，需求虽然已经清楚了，但是在已经有过的项目中选用什么样的项目来满足却不清楚，或者根本就不知道应该用何种项目来满足人们的需求。出现这种情况的主要原因是需要与项目的关系并不总是一目了然。这就需要人们思考用什么样的项目来满足人们将来的潜在需求。

① 项目识别

所谓项目识别就是面对客户已经识别的需求，承包商从备选的项目方案中选出一种来满足这种需求。项目识别与需求识别的不同之处是：需求识别是客户的行为，而项目识别是承包商的行为。

项目识别是承包商及项目管理人员应当知道的重要问题。它们不应仅仅是接受别人的委托，而且应将其想法变成现实。在飞速发展的市场环境中，要以新的项目来满足客户需要，识别新项目就非常重要。

② 项目构思

项目构思就是提出实施项目的各种各样的实施设想，寻求满足客户需求的最佳项目方案。项目构思又称项目创意，是指承包商为满足客户提出的需求，在需求建议书规定的条件下，为实现客户的目标所做的设想。项目的构思在很大程度上可以说是一种思维过程，是对所要实现的目标进行的一系列想象和描绘，因此，项目构思是对未来投资项目的目标、功能、范围以及项目设计的各主要因素和大体轮廓的设想和初步界定。项目构思是一种创造性的探索过程。是项目投资的基础和首要步骤，通过项目构思，最终要向客户提出令其满意的产品或服务。从某种意义来说，项目构思的水平，直接影响着项目的实施，直接决定着项目的目标能否最终圆满地实现。

可见，客户的需求是项目构思的源泉，要实现的目标是项目构思的方向，客户至上、令客户满意的理念是项目创新的关键。

项目识别阶段不仅要提出项目目标，也要识别有关的制约和限制条件。明确制约项目目标实现的因素非常重要。许多项目失败的原因就是因为项目发起人和管理者有意或无意地忽略了制约因素。制约因素多种多样，如地理、气候、自然资源、人文环境、政治体制、法律规定、技术能力、人力资源、时间期限等。所有这些都有可能制约和限制项目的实现。因此，承包商的任务就是要在种种制约和限制条件下来实现客户的要求。

3）项目构思的内容和构思的过程

进行项目构思要考虑的内容及其范围有哪些呢？一般来说，进行项目构思时，要考虑如下的内容：①项目的投资背景及意义；②项目投资方向和目标；③项目投资的功能及价值；④项目的市场前景及开发的潜力；⑤项目建设环境和辅助配套条件；⑥项目的成本及资源约束；⑦项目所涉及的技术及工艺；⑧项目资金的筹措及调配计划；⑨项目运营后预期的经济效益；⑩项目运营后社会、经济、环境的整体效益；⑪项目投资的风险及化解方法；⑫项目的实施及其管理。

一个令客户满意的项目构思不是随随便便就能成功的，它需要一个逐渐发展的递进过程。项目的构思一般要经过准备、酝酿和调整完善三个阶段。

① 准备阶段

项目构思的准备阶段即进行项目构思的各种准备工作，一般来说它包括如下一些具体的工作和内容：

A. 明确拟定构思项目的性质和范围。

B. 调查研究、收集资料和信息。

C. 进行资料、信息的初步整理，去伪存真，去粗取精。

D. 研究资料和信息，通过分类、组合、演绎、归纳、分析等多种方法，从所获取的资料和信息中挖掘有用的信息或资源。

② 酝酿阶段

酝酿阶段一般包括意识潜伏、创意出现和构思诞生三个小过程。所说意识潜伏过程是指把所拥有的资料和信息与所要构思的项目联系起来，经过全面的、系统的反复思考，进行比较分析。所说创意出现就是将在大量思维过程所出现的与项目有关的崭新、独特但又不完全成熟或全面的某些想法或构思，以大脑中的信息、知识和智力为基础，通过综合、类比、借鉴和推理而得出的某些想法和构思的逻辑思维过程，只不过在这一逻辑思维中，某些细节还不十分清晰，或只是稍纵即逝的一闪念，不易被人的意识所捕获，因此，创意出现是项目构思者有意活动中逻辑思维和非逻辑思维的一种结果。所谓构思诞生，是指经过多次多方面的创意出现和反复思考，形成了项目的初步轮廓，并用语言、文字、图形等可记录的方式明确地表现出来。许多经验证明，这种一闪念往往决定了整个项目的蓝图或者为整个项目的构思指明了方向。

③ 调整完善阶段

这一阶段是从项目初步构思的诞生到项目构思完善的过程。它又包含发展、评估、定型三个具体的小阶段。所谓发展，就是将诞生的构思进行分析和设计，在外延和内涵上作进一步补充，使整个构思趋于完善；所谓评估，就是对已形成的项目构思进行分析评价，或是对形成的多个构思方案进行评价筛选。在这一过程中，可能需要聘请一些有关方面的专家顾问参加，进行集体的会商和研究，力求使已形成的项目构思尽可能地完善或符合客观实际条件；所谓定型，则是对已通过发展和评估的项目构思，作进一步的调查分析，如是否能达到客户的满意，是否适合实际环境，资源是否充足、成本是否合理，实施后的项目能否取得预定的经济效益等。在此基础上，将项目的构思细化成具体可操作的项目方案。在细化过程中，如发现有不完善或不合理之处，应立即进行改进、修正和完善，至此，整个项目构思得以定型。

项目构思的如上三个阶段，体现出了一个渐进发展的过程，只有每一个阶段、每一个步骤的工作做得扎实了，才能达到理想的目标。

（2）项目目标规模的构想方法

项目目标规模的构想是一个十分重要的问题。工程项目通常可分两大类，一类是生产性、商业性项目，如工厂、酒店等；另一类是非生产性、非商业性项目，如学校、文化纪念性建筑等。生产性和商业性项目经济效益对规模有直接的影响，此类项目的规模确定主要由经济因素决定。

就一般性项目规模构想的方法而言，目标规模的构想有两个含义：一是以满足使用为前提，二是避免不切实际的浪费与虚设。

目标规模的构想研究常常分为静态研究和动态研究。以工程项目来说，其静态研究，就是确定项目目标空间大小、高低尺寸、面积容积等物理参数，通过运用科学的原理对空间体量、尺度、与相关物的距离、与周围环境的影响等方面因素进行研究，以确定空间的最佳物理参数。而动态研究则是通过对使用者构成、使用时间、同类项目使用情况、使用者民意调查、市场分析等调查和项目建设者运营设想的研究，来分析并确定项目的规模大小和运行方式。当项目的物理参数和运营方式确定以后，就要考察项目在社会环境中运转荷载的参数，如上水、下水、燃气、电力、通信、交通及其他配套设施的使用荷载，通常项目运转荷载的考证及参数的设定与项目规模的设定有极其密切的联系。作为进行项目策划的人员应当对这些条件有较深入的调查，在有关部门的配合下，取得这些重要的参数，并依据这些参数，结合已取得的其他项目参数，综合考虑而确定出项目的规模。

应该说明，这一规模是初步指导性的理论参数，它只是为了进行下面各研究步骤而拟定的。显然，目标规模还与经济损益、未来发展等因素有关。而对规模的经济预测、项目成长的构想都是在初步确定了规模以后对照这一规模大小而进行的。换言之，就是先拟订一个定量的目标，为以后各环节分析研究和反馈修正提供一个比较和修正的参量标准。尽管这不是最终的结果，但它却是工程项目策划的开端，这种拟订—考察—反馈—修正的过程程序，也正反映了工程项目策划程序的开放性和逻辑性。

在项目规模确定的同时，要对项目的性质进行论证，因为同一类项目的性质不同，其内容和空间组成、风格、造型将大相径庭。通常，项目性质的确定多是由投资者和城市规划师一起制定的。项目策划人员在项目策划中只是对既定的项目的性质进行论证和修改，或是在未定性质时通过对城市环境进行调查、模拟，以判断出项目的性质。有时为方便起见，项目策划人员直接引用有关文件，再通过必要的调查分析来验证其性质。但无论采取何种方式，项目的性质同规模一样，是决定项目策划下步各个环节的关键，是项目策划为项目实施制定依据不可缺少的前提之一，所以项目策划人员在进行项目策划时一定要首先考虑这两点。

至于项目的用途和目的，一般在规划立项时已作了规定。而作为项目策划的任务，这两点在前面规模和性质的论证和确定的研究中已必然包含其中了。也就是说，在既定用途和目的下的项目规模和性质如果可行，则项目的目的和用途一定是成立的。反之，如果项目在既定用途和目的下的规模和性质不可行，则项目的用途也应重新加以论证修改。这一点应引起项目策划人员的注意。

项目规模、性质确定以后，下一步就是对其他外部条件进行调查研究和分析，以反馈、修正目标的规模、性质等，同时也为下一步空间构想作准备。

（3）项目外部条件把握的方法

项目策划的外部条件主要包括市场情况、竞争者情况、企业形象、地理条件、地域条件、社会条件、人文条件、景观条件、技术条件、经济条件、工业化标准化条件以及总体规划条件和城市设计、详细规划中所提出各种规划设计条件和现有的基础设施、地质资料直至该地区的相关历史文献资料等。对这些条件的调查和把握是对前一步所确定的项目规模及性质的印证和修改的客观依据，也为下一步把握内部条件提供方向和范围。

此外，还有城市总体规划的文献资料，包括对用地的性质、等级、使用意向、未来发展等方面的书面文件，以及投资者的主观设想和经有关上级主管部门正式批准的立项计划任务书，还有各种设计规范资料集等。

项目策划的外部相关条件可概括为直接条件和间接条件。直接条件是属于客观资料型的条件，如地理条件、地域条件、总体规划条件和有关设计规范资料集以及特殊要求的项目，它们多是属于其相对应部门和机构的特别研究的范畴，这些部门的研究成果文件即构成相对应的项目策划的外部条件的资料文件。对于这些文件和资料，项目策划可以直接引用，无须再行调查和研究。

而间接条件则是属于调查研究型的条件，如经济条件、市场情况、竞争者情况、企业形象、人员构成、文化构成、年龄构成、职业构成、社会条件、配套设施、技术条件等，它们没有直接或明确的资料来源，需要项目策划人员去进行调查研究和分析把握。在考察这些间接条件时，又可以将它们分为客观条件和主观条件。客观条件即客观存在的、有普遍认同性的物质现实，可以通过项目策划人员直接进行实地采访，拍摄照片、录像，汇集有关资料而获得。调查的结果可以用图表的方式表达出来，也可以建立起模型。主观条件即通过对主观心理判断的调查分析而获得的条件，它必须通过对不同调查者的心理调查而综合获得。可以简单地通过民意测验以直接问答形式获得调查结果，也可以通过对项目外部条件进行模拟，建立相应的模型，分析、掌握其条件特征，如在对景观条件的把握时，可以对用地及周围环境进行模拟，制作环境模型，按比例做出周围主要参照物，再在模型上进行分析。

而后，还应以项目外部条件的调查结果及建立的模型去衡量和验证所确定的项目规模、性质、用途和目的，看其在定性方面是否切实可行，在定量方面是否恰当、精确，这一环节是项目策划程序中不可缺少的。当项目外部结果的反馈发出后，项目策划的程序即从项目规模、性质构想开始再一次重复进行。如此反复重复，直到规模和性质达到最佳、最实际为止，而后继续向下执行程序。这种前环节指导后环节，后环节又不断反馈修正前环节的逻辑运行特征正是项目策划方法科学化的标志。项目外部条件系统是一个开放的系统，对项目策划外部条件的把握是一个复杂的多方位、多渠道、多手段的综合过程。因此，还需在实际项目的研究中根据具体情况予以完善并加以运用。

（4）项目内部条件把握的方法

项目策划的内部条件主要指项目自身的条件，它包括项目的功能要求、使用者的条件、使用方式、建设者的设计要求、管理条件、设备条件，以及地质、水电、气、热、排污、交通、通信、绿化等条件。内部条件中，以项目的功能条件、使用者的要求条件以及使用者的使用方式为最重要的因素。它们是由使用者或代理人提供，或是通过预测的方法获得。因直接或间接地与使用者有关，所以调查、了解使用者的特征（年龄、家庭组成、职业、收入状况、行为特征），特别是使用者对项目的使用要求、使用方式，对项目内部条件的把握是至关重要的。

在项目策划的内部条件中，对项目功能的把握是一项重要任务，即要求考察项目的用途。项目用途是多种多样的，为满足这些，必须结合三个条件进行考虑：条件一是指满足功能的条件，即构成满足人类活动的要素，它是形成建筑物、构筑物的基本条件。条件二是指满足心理感观的条件，即具有一定的心理舒适度的要求。条件一和条件二通常要求同时满足，例如餐厅中，用餐活动的功能要求与用餐时的环境气氛的心理感观两者相适应。条件三是指满足文化的条件，即社会形成的传统、习惯等文化模式的要求条件，以此来决定行为方式和项目形式。文化条件一般在举行集体仪式的项目中如影视、歌舞剧院、会堂内表现得比较充分，而在如车站码头、医院等使用功能较强的项目中由于使用功能的比重大大超出了文化的要求往往被人们所忽略。然而项目的文化因素在所有项目中都是存在的，是不容忽视的客观因素。

同时，随着现代项目，特别是住宅项目设计的民主化，使用者介入设计越来越多，对项目提出进行各种各样的改进和满足各种需求的标准也越来越多，可是对经济性的考虑又使投资者要求项目尽量标准化，以提高项目的经济效益，协调这两者间的矛盾是项目策划的重要任务之一。

工程项目策划的内部条件除了项目的功能要求、使用者条件、使用方式、设计要求之外，就是项目具体的物质条件，即设备条件，地质条件，用地内水、电气、排污、交通、通信等。通常这些条件是直接由建设单位以书面报告的形式提供的。项目策划人在进行项目策划时，依据这些条件进行考察和论证，作为下一步项目构想的依据。

至于对内部空间使用方式和使用者要求条件的把握，如果认为直接由业主、使用者提供的条件不甚完善和客观，则有必要进行调查和分析，首先按照确定的目标，拟订出操作概念——使用方式的描述语言，设定评价尺度，制成调查表，对各组成成分的使用者进行调查，而后用多因子变量分析法进行分析，推断出其使用方式的特征加以把握。

此外，项目规模的大小与项目自身建设周期相关。建设规模过大，投资总额多，建设期长，资金占用期也长；反之，建设规模小，投资总额少，建设期短，资金占用期也短。这些都是需要策划者把握的。

无论是直接由建设单位、使用者、经营者获得内部条件，还是由项目策划人员通过多因子变量分析获得内部条件，其宗旨都是为了对项目构想进行最全面、最客观的把握，所以项目策划人员可以分段、分类、分目标地选择不同的方法，以求用高效率和经济的手段来完成项目构想前的这一准备工作。

2.2.4 工程项目策划的程序

工程项目策划的核心思想是通过对项目的多次系统性的分析和策划，逐步实现对项目的有目标、有计划、有步骤的全面和全过程控制。

项目实施系统可划分为决策领导层和项目实施基层两个层次。从项目管理工作的角度，还可以将项目实施基层的管理工作划分为两个层次：中间管理层和技术管理层，后者负责项目实施各方面的具体技术内容，而前者则在此基础上负责协调技术核心与其他方面及其他层次的冲突。

在工程项目策划过程中，工作内容基本上应按如下步骤展开：

（1）项目初步设想的基础上进行项目的基本目标策划。工作主要由中间管理层承担，决策领导层可能参与部分策划工作，但其主要工作是决策、指导。来自决策领导层的决策意见或指导性意见对目标策划工作有着极大的影响，往往决定了项目的根本方向。

（2）项目基本目标策划的基础上，对项目构成、项目过程、项目环境进行分析和策划，策划成果将作为项目实施工作的纲领性文件。项目的决策领导层并不参与这一部分的工作，但需要对有关的关键环节进行决策、对重要文件进行认可。

（3）在上述工作的基础上，对项目的总体控制方案进行策划，其中的部分工作需要项目决策领导层的参与，并对有关的问题进行决策和指导。

（4）随着项目实施工作的逐步展开和深入，在有关工作的基础上进行详细的目标分解和控制工作计划等的策划，策划工作虽然仍由中间管理层承担，但需要技术管理层参与其中的部分工作，因为此时的策划工作涉及很多技术性的细节问题。

以上叙述的只是高度概括和原则性的项目策划工作步骤。在实际工作中，往往是在上述基本步骤的基础上，很多方面的工作同时进行、交替进行、循环进行，不同的策划内容之间也需要互相考虑、互相参照、互相协调。由于项目实际情况的不同，会在项目策划的工作步骤和方式上有很大的不同，很难得出一概而论的程序。而且迄今为止，大部分的项目并没有进行严格、全面的项目策划，仅仅对项目的某个方面或某个阶段的策划有所考虑和安排，其项目策划的工作安排显然缺乏系统性。正是由于这些原因，在一些实际工作中的项目策划往往未采用我们在前边所使用的系统性很强的名称，而是根据部门的不同、具体内容的不同，或者根据习惯采用多种名称（如项目目标策划中有投资规划、进度规划，项目控制策划中有项目管理工作规划，项目环境策划中有融资计划、项目宣传企划等）。

项目策划工作不是固定不变的，随着工作的逐渐展开和深入而一步步地趋于详细、趋于深入、趋于精确。项目策划的工作内容或者成果在项目建设过程中呈现为动态性。这种动态性表现在两个方面：一方面，逐步发展深入。随着项目工作面的扩大和工作内容的深化，项目策划的内容也根据项目需要和实际可能性而不断丰富和深化，直至涉及项目工作的各个角落和所有阶段；另一方面，逐步修正精确。项目早期的策划工作是在许多经验性阶段假设的基础上进行的，所作出的许多分析也是粗略的估计。项目的发展使原来的假设被证实或被推翻，粗略的估计会逐渐趋于详细和精确。早期项目策划中的一些偏差得以修正，内容的精确性也得以逐步提高。

工程项目策划内容的动态性既是策划工作的一种基本状态，也是项目管理工作人员必须充分理解的一个特性。在以项目策划的内容为依据进行项目管理工作时，必须灵活掌握这种动态性，既要以项目策划为工作指导，又不拘泥于项目策划内容的局限性。

2.3 工程项目的投资决策

2.3.1 工程项目投资决策的原则与一般程序

1. 原则

工程项目投资决策是对一个复杂的、多因素的投资系统进行逻辑分析和综合判断的过程。为保证投资决策成功，避免失误，在决策过程中必须遵循下列原则：

（1）科学化决策原则

投资决策要尊重客观规律，要按科学的决策程序办事，要运用科学的决策方法，这是当今科学技术发展对项目管理的要求。

（2）民主化决策原则

投资决策应避免单凭个人主观经验决策，应广泛征求各方面的意见，在反复论证的基础上，由集体作出决策。民主决策是科学决策的前提和基础。

（3）系统性决策原则

要根据系统论的观点，全面考核与投资项目有关的各方面的信息。为此，要进行深入细致的调查研究，包括市场需求信息、生产供给信息、技术信息、政策信息、自然资源与经济社会基础条件等信息，还要考虑相关建设和同步建设，项目建设对原有产业结构的影响，项目的产品在市场上的竞争能力与发展潜力。

（4）合理性决策原则

投资决策需要通过多方案的分析比较。定量分析有其反映事物本质的可靠性和确定性的一面，但也有其局限和不足的一面。当决策变量较多，问题较复杂时，要取得定量分析的最优结果往往需要耗费大量的人力、费用或时间。如果缺乏完善的分析方法和一定的原始数据，甚至很难得出可靠的结果。另外，有些因素（如社会的、政治的、心理的和行为的因素）虽较难进行定量分析，对事物的发展却具有举足轻重的影响。因此，在进行定量分析的同时，也要注重定性分析。

定量分析和定性分析相结合，在很多情况下要求人们决策时兼顾定量与定性的要求选择"最适"的方案，这就是说，应该以"最适"代替"最优"，以"合理"的原则代替"最优"的原则。

（5）反馈原则

做出了决策，并不意味着决策过程的终止，要使决策符合客观实际，就必须根据变化了的情况和实践反馈的情况作出相应的调整，使得决策更合理、更科学。

2. 决策的一般程序

要做出正确的决策，就必须充分认识和遵循决策的科学程序。这个程序就是：提出问题—确定目标—搜集加工整理信息—拟订目标的多种备选方案—分析比较各种方案—由决策机构选优抉择—组织决策方案的实施—检验决策实施效果。

（1）提出问题。决策总是为了解决某个问题，这就要求根据实际情况，提出要决策的问题，并搞清其性质、特征、范围、背景、条件及原因等。

（2）确定目标。目标是决策者所追求的对象，它决定了选择最优方案的依据，而方案的提出也是以目标要求为依据的。决策目标与决策方案相互依赖，关系紧密。缺乏明确的目标，就无法拟订行动方案，方案的比较选择更无从谈起。确定的目标，在时间上可分为近期、中期、远期等不同阶段的目标；在数量上可分为低限、中限、高限等不同层次的目标。

（3）搜集加工整理信息。正确的决策必须依赖大量准确的信息资料。有了较丰富完备的资料，经过加工整理，就使之成为符合使用要求的信息。工程项目信息来源很广泛，从内容上看，包括经济、技术、社会情报资料；按时间状态分，有历史资料、现状资料和预测资料；按空间范围分，有企业内部信息和企业外部信息；按表现形式分，有书面信息和口头信息；按加工程度分，有资源信息（原始记录及统计资料）和管理信息（经加工整理后的数据、情报资料）。

（4）拟订多种备选方案。有了明确的目标及丰富的信息资料就可据以拟订备选方案。所拟订的方案至少要多于两个，每个方案应明确提出被采用后会得到什么效果，花费多大代价，尚存在什么问题等。要尽可能深入地分析各方案的一切细节，包括措施、资源、人力、经费、时间等，通过周密的思考、精确的计算而作出细致的规定，以确定技术上可行的方案作为进行比较选择的方案。

（5）分析比较各种可行方案。对拟订出的各个可行方案，要根据目标的要求和决策者的标准进行定性分析、定量分析及综合分析，要估计每一方案在每一自然状态下可能出现的各种结果，权衡利弊，汰劣留良。

（6）选优抉择。在各可行方案分析比较的基础上，决策者可以对评价结果，凭经验、知识和胆识，从中选出一个最适方案。

（7）组织决策方案的实施。方案抉择后，并不是决策过程完全终结，目标是否正确，方案到底如何，都有要在贯彻执行中予以验证，因此要组织力量，实施决策方案。

（8）检验决策实施效果。要及时收集、整理决策方案实施过程中的有关资料，如发现与预计效果有差异，要立即查明原因，采取措施加以修正或调整，以保证全部实现决策目标。

整个决策过程的一般程序如图2-1所示。

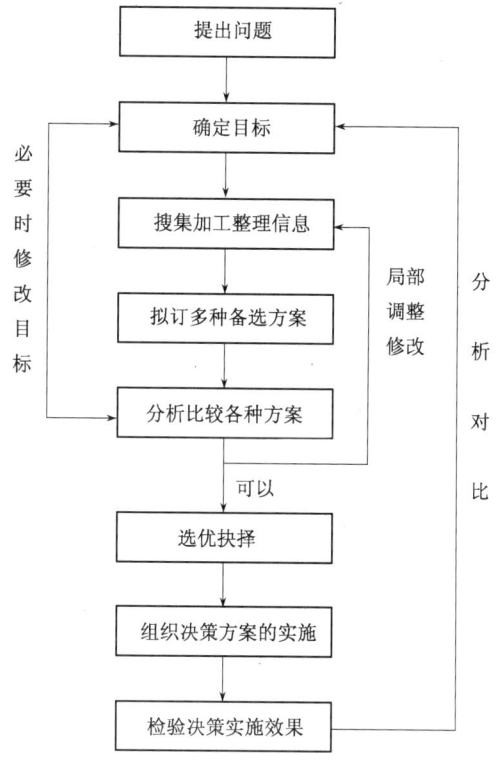

图 2-1 决策基本程序图

改革开放以来,借鉴世界银行和发达国家项目投资决策的成功经验,结合我国的实际情况,国家有关主管部门制定了一套适合我国国情的投资决策程序和审批制度,目的是为了减少和避免投资决策的失误,提高投资效果。

按照国家的有关规定,大、中型基本建设项目投资前期的研究决策程序如下:

投资机会研究与项目初选—编制并上报项目建议书,经批准立项—进行可行性研究,提交可行性研究报告—编制并上报设计任务书—项目评估和决策。

以下将分别介绍有关各阶段的工作内容和管理工作。

2.3.2 投资机会研究与项目初选

1. 投资机会研究

投资机会研究又称投资机会鉴别,其主要任务是提出工程项目投资去向的建议,即在一个确定的地区和部门内,根据自然资源、市场需求、国家产业政策及国际贸易情况,通过调查、预测和分析研究,选择项目,识别最有利的投资机会。

机会研究是相当粗略的。它所使用的技术经济数据主要靠笼统估计,而不是详细估算。

机会研究又分一般机会研究和具体项目机会研究两种。

一般机会研究通常是由国家机关和公共机构进行的,其目的是提供投资的方向性建议,包括地域性投资机会、部门性投资机会和资源利用性投资机会的方向性建议。地域性投资机会指某一特定地区内的投资机会;部门性投资机会指投资于某一特定部门或行业的机会;资源利用性投资机会指以利用某种自然矿藏、水力或工农业等资源为目的的投资机会。通过一般机会研究初步确定某个具体项目后，尚需进行具体项目的机会研究。

具体项目的机会研究一般是由企业针对特定的产品进行的。企业为了自身的生存和发展，制订发展规划，并在此基础上捕捉投资机会，提出具体的项目设想，对其进行概略的分析。对于有前途的项目，留作进一步研究。经机会研究认定没有前途的项目则终止研究。

不同投资主体由于投资的动机不同，自然对投资机会研究的内容以及项目选择的标准会有很大差别。比如国家投资选择的重点是涉及国计民生的基础设施和基础产业项目，地方政府投资选择的方向是地方的公益项目，而企业投资是为获取最大利润，必然选择有市场竞争优势的投资项目。

就企业或个人投资者而言，所谓投资机会研究，就是通过市场需求与供给调查，为自己选择最有利于获得利润的投资领域和投资方向，并通过构思形成项目初步概念的过程，问题的核心是寻找最有市场发展前景的投资机会。

机会研究的主要内容是：投资项目选择；投资机会的资金条件、自然资源条件和社会地理条件；项目在国民经济中的地位和对产业结构、生产力布局的影响；拟建项目产品在国内外市场上的需求量及替代进口的可能性；项目的财务收益和国民经济效益的大致预测等。

进行市场调查，发现新的需求，确定投资方向，构思投资项目，选择投资方式，拟订项目实施的初步方案，估算所需投资和预期可能达到的目标，是投资机会研究的主要工作。

2. 项目初选

机会研究认定有前途的项目，可进入项目初选阶段。项目初选是介于机会研究和可行性研究之间的一个重要阶段，一般也称为初步可行性研究或预可行性研究阶段。进入这一阶段的项目通过了机会研究的认定，值得继续研究，但一般又不能肯定是否值得进行详细可行性研究。在这个阶段，需进一步判断项目是否有较高的经济效益，决定对项目中哪些关键性问题作进一步辅助研究，如市场调查、实验室试验、工业性试验等。研究的结果明确两个方面的问题：一是工程项目的概貌，包括产品方案、生产规模、原料可能的来源、可供选择的技术、比较满意的场址、建设进度安排等；二是比较精确地估算出经济指标，从而作出经济效益评价。按照我国目前的项目管理程序，经项目初选后认为可行的工程项目，需编写项目建议书，送交主管部门审批。

2.3.3 项目建议书的编制

1. 项目建议书及其作用

项目建议书是拟建项目的承办单位根据国民经济和社会发展的长远目标、行业和地区的规划、国家的经济政策和技术政策以及企业的经营战略目标，结合本地区、本企业的资源状况和物质条件，经过市场调查，分析需求、供给、销售状况，寻找投资机会，构思投资项目概念，在此基础上，用文字形式对投资项目的轮廓进行描述，从宏观上就项目建设的必要性和可能性提出预论证，进而向政府主管部门推荐项目，供主管部门选择项目的法定文件。编制项目建议书的目的是提出拟建项目的轮廓设想，分析项目建设的必要性，说明技术上、市场上、工程上和经济上的可能性，向政府推荐项目，供政府选择。

2. 项目建议书编制的内容

项目建议书编制的主要内容有：

（1）项目的名称、承办单位、项目负责人。

（2）项目提出的目的、必要性和依据。

对技术引进项目还要说明计划引进技术的名称、内容、国内外技术的差异，技术来源的国别、厂商。进口设备项目，要说明拟进口设备的理由、生产条件、设备的名称、规格、数量、价格等。

（3）项目的产品方案、市场需求、拟建生产规模、建设地点的初步设想。

（4）资源情况、建设条件、协作关系和引进技术的可能性及引进方式。

（5）投资估算和资金筹措方案及偿还能力预计。

（6）项目建设进度的初步安排计划。

（7）项目投资的经济效益和社会效益的初步估计。

目前我国除利用外资的重大项目和特殊项目之外，一般项目不作国外所作的初步可行性研究，项目建议书的深度大体上相当于国外的初步可行性研究。

项目建议书经规定程序批准后，称为"立项"，项目即可纳入项目建设前期工作计划，列入前期工作计划的项目可开展可行性研究。"立项"是初步的，因为审批项目建议书可否决一个项目，但不能肯定一个项目。立项仅说明一个项目有投资的必要性，但不明确，尚需进一步开展研究工作。

2.3.4 工程项目可行性研究工作

按照批准的项目建议书，项目承办单位应委托有资格的设计机构或工程咨询单位，按照国家的有关规定进行项目的可行性研究。可行性研究是一种系统的投资决策分析研究方法，是项目投资决策前，对拟建项目的所有方面（工程、技术、经济、财务、生产、销售、环境、法律等）进行全面的、综合的调查研究，对备选方案从技术的先进性、生产的可行性、建设的可能性、经济的合理性等进行比较评价，从中选出最佳方案的研究方法。

可以说，机会研究和初步可行性研究，是为解决是否下决心进行项目建设提供科学依据，而可行性研究则是为如何进行项目建设提供科学依据。一般来说，对大、中型项目首先要作机会研究，获得"可行"的结论，再作初步可行性研究；如认为不可行，则就此作罢。经初步可行性研究认为项目可行，再转入可行性研究；如认为不可行，也就到此为止。但是，这一程序并不是绝对的，主要看有关工程项目建设诸问题明朗的程度，对其把握性如何。如果把握性很大，那就可以越过机会研究和初步可行性研究阶段，直接进行可行性研究。

1. 可行性研究的作用

可行性研究是投资项目建设前期研究工作的关键环节，从宏观上可以控制投资的规模和方向，改进项目管理；微观上可以减少投资决策失误，提高投资效果。其具体作用是：

（1）作为投资项目决策的依据。投资主体决定是否实施一个项目，主要依据可行性研究提出的研究结论。

（2）作为投资项目设计的依据。项目设计要严格按批准的可行性研究报告的内容进行，不得任意修改。

（3）作为向银行贷款的依据。银行通过审查可行性研究报告，判断项目的赢利能力和偿还能力，决定贷款与否。

（4）作为向当地土地、环保、消防等主管部门申请开工建设手续的依据。

(5) 作为项目实施的依据。项目被列入年度实施计划之后，项目的实施计划、施工材料、设备采购都要参照可行性研究报告提出的方案进行。

(6) 作为项目评估的依据。

(7) 作为科学试验和设备制造的依据。

(8) 作为项目建成后，企业组织管理、机构设置、职工培训等工作的依据。

2. 可行性研究应遵循的原则

在可行性研究中应遵循如下原则：

(1) **科学性原则**

要求按客观规律办事，这是可行性研究工作必须遵循的基本原则。因此，可行性研究单位要做到：用科学的方法和认真负责的态度来收集、分析和鉴别原始的数据和资料，以确保数据、资料的真实性和可靠性；要求每一项技术与经济指标，都有科学依据，是经过认真分析计算得出的；可行性研究报告和结论不能掺杂任何主观成分。

(2) **客观性原则**

要坚持从实际出发、实事求是的原则。可行性研究要根据项目的要求和具体条件进行分析和论证，以得出可行和不可行的结论。因此，建设所需条件必须是客观存在的，而不是主观臆造的。

(3) **公正性原则**

可行性研究工作中要排除各种干扰，尊重事实，不弄虚作假，这样才能使可行性研究正确、公正，为项目投资决策提供可靠的依据。

目前，在可行性研究工作中确实存在不按科学规律办事，不尊重客观实际，为得到批准而任意编造数据，夸大有利条件，回避困难因素，故意提高效益指标等不良行为。虚假的可行性研究报告一害国家，二害投资者自己，是不可取的。

3. 可行性研究的工作程序

可行性研究的工作程序可分为以下六个步骤：

(1) 筹划准备。在项目建议书批准后，建设单位即可委托工程咨询机构对拟建项目进行可行性研究。双方签订合同协议，明确规定可行性研究的工作范围、目标意图、前提条件、进度安排、费用支付方法及协作方式等内容。可行性研究承担单位在接受委托时，需获得项目建议书和有关项目背景资料和指示文件，摸清委托者的意图、目标和要求，收集有关的基础资料、基本参数等基准依据。

(2) 调查研究。调查研究的内容要包括投资项目的各个方面，如市场需求与市场机会、产品选择、需要量、价格与市场竞争；工艺技术路线与设备选择；原材料、能源动力供应与运输；建厂地区、地点、场址的选择，建设条件与生产条件等。每个方面都要作深入调查，全面地收集资料，并进行详细的分析评价。

(3) 方案选择和优化。将项目各方面的情况，综合研究设计出几种可供选择的方案，然后对备选方案进行详细讨论、比较，要定性分析与定量分析相结合，论证技术上的可行性，确定产品方案、生产规模、工艺流程、设备选型、组织机构和人员配备等，最后推荐一个最佳方案，或推荐少数优秀方案，提出各个方案的优、缺点，供业主抉择。

(4) 财务分析和经济评价。对选取的方案作更具体、更详细的编制，确定具体的范围，估算投资、经营成本和收益，作出项目的财务分析和经济评价。为了达到预期的目标，可行性研究必须论证选择的项目在技术上是可行的，建设条件是能实现的，资金是能筹措到的，财务和经济分析说明项目是可以接受的以及项目能承受的风险的大小。

（5）编制可行性研究报告。在进行了技术经济论证后，证明项目建设的必要性、技术上等可行性和经济上的合理性，即可编制详尽的可行性研究报告。对于可行性研究报告的编制内容，国家有一般的规定，如工业项目（新建项目）的、技术改造项目的、技术引进和设备进口项目的、利用外资项目的、新技术新产品开发项目的等等。每一项具体工程还要结合自己的特点，依据一般规定编制自己的可行性研究报告，供决策部门决策。

（6）可行性研究报告的审批。可行性研究报告编制完成后，正式上报审批。如果经进一步工作后，发现研究报告有原则性错误或研究报告的基础依据或社会环境条件有重大变化，应对可行性研究报告进行修改和复审。可行性研究报告应有编制单位的行政、技术、经济负责人的签字，并对报告的质量负责；可行性研究的预审主持单位对预审结论负责；可行性研究的审批单位对审批意见负责。

4. 可行性研究报告的内容

（1）总论

总论分为四部分，即：

1）项目提出的背景和依据

项目提出的背景是指项目是在什么背景下提出的，包括宏观和微观两个方面，也就是说项目实施的目的。

项目提出的依据是指项目依据哪些文件而成立的，一般包括项目建议书的批复、选址意见书及其他有关各级政府、政府职能部门、主管部门、投资者的批复文件和协议（或意向）等，以考察该项目是否符合规定的投资决策程序。

2）投资者概况

投资者概况包括投资者的名称、法定地址、法定代表人、注册资本、资产和负债情况、经营范围和经营概况（近几年的收入、成本、利税等），建设和管理拟建项目的经验，以考察投资者是否具备实施拟建项目的经济技术实力。

3）项目概况

项目概况包括项目的名称、性质、地址、法人代表、占地面积、建筑面积、覆盖率、容积率、建设内容、投资和收益情况等，以使有关部门和人员对拟建项目有一个充分的了解。

4）可行性研究报告编制依据和研究内容

可行性研究报告的编制依据一般包括有关部门颁布的关于可行性研究的内容和方法的规定、条例；关于技术标准和投资估算方法的规定；投资者已经进行的前期工作和办理的各种手续；市场调查研究资料；其他有关信息资料等。

可行性研究的内容一般包括市场、资源、技术、经济和社会五大方面。具体地讲，包括建设必要性分析、市场研究、生产规模的确定、建设和生产条件分析、技术分析、投资估算和资金筹措、财务数据估算、财务效益分析、不确定性分析、国民经济评价、社会评价、结论与建议等。

（2）项目建设必要性分析

项目建设必要性分析从两方面进行，即：宏观必要性分析和微观必要性分析。宏观必要性分析包括：项目建设是否符合国民经济平衡发展和结构调整的需要；项目建设是否符合国家的产业政策。微观必要性分析包括：项目产品是否符合市场的要求；项目建设是否符合地区或部门的发展规划；项目建设是否符合企业战略发展的要求，能否给企业带来效益。

（3）产品市场分析与结论

市场分析是指对项目产品供求关系的分析。通过科学的方法预测项目产品在一定时期的供给量和需求量，并对其关系进行定量和定性分析，最后得出结论，即项目产品是否有市场。

（4）生产规模的确定

首先分析决定拟建项目生产规模的因素，然后依据这些因素，用科学的方法确定项目的生产规模，并分析拟建项目的规模经济性。

（5）建设条件分析与结论

项目的建设条件主要有：物质资源条件，即自然资源条件、原材料和动力条件；交通运输条件，主要指场外的交通运输；工程地质和水文地质条件；场址条件和环境保护条件等。

建设条件分析主要是分析资源条件的可靠性，原材料供应的稳定性，燃料、动力供应和交通运输条件的保证性，场址选择的合理性和环境保护的可行性。结论是对建设条件总的评论，即资源是否分配合理，是否充分和有效的利用；原材料来源渠道是否畅通，供应是否能保证及时和稳定，价格是否基本合理；燃料和动力是否有保证，是否可以节约使用；交通是否经济合理，同步建设投资是否落实；场址的选择是否有利于生产、销售，方便生活；"三废"治理有无相应的措施，能否满足有关部门的要求；工程地质和水文地质的资料是否可靠等。

（6）技术条件分析与结论

技术条件包括拟建项目所使用的技术、工艺和设备条件。技术分析包括技术的来源、水平；工艺分析包括工艺过程、工艺的可行性和可靠性；设备分析包括设备的询价、先进程度和可靠性。技术条件分析的结论是：所用技术是否先进、适用、成熟，有无必要从国外引进；工艺是否科学合理，有无改进的可能；设备是否先进，是否可靠，是国内制造还是从国外引进。

（7）财务数据估算

财务数据是财务效益分析和国民经济效益分析的原始数据，是指在现行的财税制度下，用现行价格计算的投资成本、产品成本费用、销售收入、销售税金及附加、利润及利润分配等。投资成本估算包括投资估算与资金筹措方案等（在可行性研究报告中，往往把投资估算与资金筹措专门作为一部分来安排）；产品成本费用估算包括产品的生产成本和期间费用的估算；销售收入和销售税金及附加估算包括项目产品的销售收入、增值税、消费税、营业税、城乡建设维护税、资源税和教育费附加的估算；利润及利润分配估算包括所得税的计算及税后利润的分配比例和顺序安排等。

（8）财务效益分析

财务效益分析就是根据财务数据估算的资料，编制一系列表格，计算一系列技术经济指标对拟建项目的财务效益进行分析和评价。评价指标有反映项目赢利能力和清偿能力的指标。反映项目赢利能力的指标包括动态指标和静态指标，动态指标包括财务内部收益率、财务净现值、动态投资回收期等；静态指标包括投资回收期（静态）、投资利润率、投资利税率、资本金利润率和资本金净利润率等。反映项目清偿能力的指标包括借款偿还期和"财务三率",即资产负债率、流动比率和速动比率。

在进行财务效益分析时,可以对上述指标进行选择,可以计算出全部指标,也可以选择其中的一部分指标,但一般情况下,要选择财务内部收益率、投资回收期、借款偿还期(如果有建设投资借款的话)等指标。如果是属于出口或替代进口的拟建项目,财务效益分析还要求进行外汇效果分析,即计算财务外汇净现值、节汇成本或换汇成本等指标,用以反映项目的财务外汇效益。

在财务效益分析中,计算出的评价指标要与有关标准或规定,或历史数据、经验数据等进行比较,以判断项目的盈利能力和清偿能力,确定项目财务角度的可行性。

(9) 不确定性分析

不确定性分析用来判断拟建项目风险的大小,或者说用来考察拟建项目抗风险能力。进行可行性研究,一般要进行盈亏平衡分析和敏感性分析,有时根据实际情况也用概率分析方法。盈亏平衡分析是一种静态分析方法,主要是通过计算盈亏平衡时的产量和生产能力利用率来考察拟建项目适应市场变化的能力和抗风险能力。敏感性分析是通过对拟建项目经济效益影响比较大的因素(如产品价格、经营成本、建设投资、建设周期等)的变化给评价指标所带来的变化,考察哪些因素对拟建项目经济效益影响最大和拟建项目的抗风险能力。

(10) 国民经济效益分析

国民经济效益分析是站在整个国民经济整体角度来考察和分析拟建项目的可行性。一般的,凡是影响国民经济宏观布局、产业政策实施,或生产有关国计民生的产品的大中型投资项目,都要求进行国民经济效益分析。

国民经济效益分析的关键,一是外部效果(外部效益、外部费用,也叫间接效益和间接费用)的鉴别和度量;二是对不合理的产出物和投入物的现行价格进行调整,调整成影子价格。

(11) 社会效益分析

社会效益分析是比国民经济效益分析更进一步的分析。它不但考虑经济增长因素,而且还考虑收入公平分配因素。它是站在整个社会的角度分析、评价投资项目对实现社会目标的贡献。

社会效益分析的关键是价格调整,即把效率影子价格调整为社会影子价格。社会影子价格=〔效率影子价格+收入分配影响〕。而社会影子价格的确定关键又是分配权数的估算。分配权数包括积累和消费分配权数、地区之间的分配权数。另外,社会效益分析还要在社会折现率的基础上确定计算利率作为折现率。社会效益分析所用指标是社会内部收益率和社会净现值。

一般的拟建项目不要求进行社会效益分析,只是那些对社会公平分配影响很大的大型投资项目才要求进行社会效益分析。

(12) 结论与建议

结论与建议由两部分组成:一是拟建项目是否可行或选定投资方案的结论性意见,二是问题和建议。主要是在前述分析、评价的基础上,针对项目所遇到的问题,提出一些建设性意见和建议。如果这些问题不予以解决,项目则是不可行的。拟建项目的问题可分为两大类:一类是在实施过程中无法解决的;一类是在实施过程中通过努力可以解决的。这里讲的问题是指后一类，建议也是针对后一类问题提出来的。

项目的问题和建议包括政策和体制方面的问题和建议。拟建项目的资源、经济等方面的分析和评价都与一定时期政策和体制有关，如资源开发、投资、价格、税收等无不受制于国家的矿产资源开采政策、投资政策、价格政策和税务政策，项目产品的销售、物料投入的来源、场址选择等无不受制于国家的经济管理体制。如果这些政策是灵活的，可以变通的，体制是可以改革的，可行性研究人员可在问题和建议中提出影响项目可行的政策和体制方面的问题，并根据项目的特点和要求，提出合理的改进意见。

项目的问题和建议还包括项目本身的问题和解决措施，如销售渠道的选择、资金筹措方案、出口比例的确定、贷款偿还方式等。

2.3.5 设计任务书的编制

设计任务书又称计划任务书，是大中型基本建设项目、限上技术改造项目进行投资决策和转入实施阶段的法定文件，是进行工程设计的依据和工程建设的大纲。大中型基本建设项目、限上技改项目要在编写出可行性研究报告之后编制设计任务书。

根据可行性研究报告的内容，经过研究，选定方案之后编制设计任务书。设计任务书要对拟建项目的投资规模、工程内容、经济技术指标、质量要求、建设进度等作出规定，其主要内容有：

（1）项目建设的依据和目的。

（2）确定项目建设的规模及生产纲领（生产大纲、产品方案），如：

1）市场需求情况，预测结果。

2）国内外同行业的生产能力估计及供应情况预测。

3）市场销售量预测，价格分析，产品竞争状况，国外市场情况，进入国际市场的前景及渠道。

4）项目建设的规模，产品方案及产品的发展方向。

5）生产方法及工艺路线。

（3）资源、原材料、燃料动力、供水、运输、协作配套、公用设施的落实情况。包括所需资源、原材料、辅助材料、燃料动力的种类、数量、来源及供应的可能性和条件，所需公用设施的数量、供应方式和供应的条件等，还有资源的综合利用和"三废"治理的要求。

（4）建设条件和征地情况。包括厂区布置和征地，交通运输，供水、电、气的现状及发展趋势。

（5）生产技术，生产工艺主要设备选型，建设标准及相应的技术指标。引进技术的还要说明技术、设备的来源国别。

（6）项目的主要单项工程、辅助工程及协作配套工程的构成，全厂的布置方案和土建工程量估算。

（7）环境保护措施方案。

（8）组织机构，劳动定员和人员培训。

（9）实施进度与建设工期。

（10）投资估算、资金筹措和财务分析。包括：

1）主体工程和辅助配套工程所需投资（利用外资项目应包括外汇款）。
2）生产流动资金。
3）资金来源、筹措方式、偿还方式、偿还年限。
（11）经济效果和社会效果。
（12）附件。包括：
1）可行性分析和论证资料。
2）项目建议书批准文件。
3）其他附件：
① 厂区总平面布置图。
② 征地和外部协作配套条件的方向性协议。
③ 环保部门关于"三废"治理措施的审核意见。
④ 劳动部门关于劳动保护措施的审核意见。
⑤ 消防部门关于消防措施的审核意见。

2.3.6 项目的评估与决策

1. 项目评估的概念及意义

项目评估就是在可行性研究的基础上，在最终决策之前，对其市场、资源、技术、经济和社会等方面的问题进行再分析、再评价，以选择最佳投资项目（或投资方案）的一种科学方法。项目评估是投资前期对工程项目进行的最后一项研究工作，也是建设项目必不可少的程序之一。它是由项目的审批部门委托专门评估机构及贷款银行，从全局出发，根据国民经济的发展规划，国家的有关政策、法律，对可行性研究报告或设计任务书提出的投资项目方案，就项目建设的必要性，技术、财务、经济的可行性等，进行多目标综合分析论证，对可行性研究报告或设计任务书所提供材料的可靠性、真实性进行全面审核，最后提出项目"可行"或"不可行"或"重新研究"的评估报告。如认为项目可行，即批准该项目。至于项目何时纳入年度计划，何时动工实施，则由计划部门综合平衡之后确定。

项目评估有十分重要的意义：首先，项目评估是项目决策的重要依据。项目评估虽然以可行性研究为基础，但由于立足点不同，考虑问题的角度不一样，往往可以弥补和纠正可行性研究的失误。其次，项目评估是干预工程项目招投标的手段。通过项目评估，有关部门可以掌握项目的投资估算、筹资方式、贷款偿还能力、建设工期等重要数据，这些数据正是干预项目招投标的依据。最后，项目评估是防范信贷风险的重要手段。我国工程建设项目的投资来源除了预算拨款（公益性项目、基础设施项目）、项目业主自筹资金之外，大部分为银行贷款。因此，项目评估对银行防范信贷风险具有极为重要的意义。

2. 项目评估与可行性研究的关系

项目评估实际上是对可行性研究的再研究和再论证，但不是简单的重复，两者有共同点，又有区别。

它们的共同点是：都对投资项目进行技术经济论证，以说明项目建设是否必要，技术上是否可行，经济上是否合理，因此采用的分析方法和指标体系也相同。

它们的区别是：第一，编制单位不同。项目评估是项目的审批单位委托评估机构和银行进行评估,而可行性研究则是由项目承办单位委托有关机构来做;第二,时间不同。项目评估是在项目可行性研究报告之后,设计任务书批准之前进行,而可行性研究是在项目建议书批准之后进行的;第三,立足点不同。可行性研究往往从部门、建设单位的局部角度考虑问题,而项目评估则站在国家和银行的角度考虑问题;第四,研究的侧重点不同。可行性研究侧重于项目技术的先进性和建设条件的论证,而项目评估则侧重于经济效益和项目的偿还能力;第五,作用不同。可行性研究主要是为项目决策提供依据,而项目评估不仅为项目决策服务,对银行来说是决定贷款与否的依据。

3. 项目评估分类

根据项目评估的需要,项目评估分为项目主管部门评估、银行评估,另外环保部门、劳动部门和消防安全部门也要对可行性研究的有关内容进行评估。因不同部门评估的角度、立足点不同、评估的侧重点也不一致。

(1) 审批部门评估

通常意义的项目评估,指的是项目审批单位在审批项目之前,对拟建项目的可行性研究所作的再分析、再评价。按照有关规定,大中型项目由国家发展改革委委托中国国际工程咨询公司,对项目的可行性研究报告进行评估。评估机构应根据国家的有关规定,对可行性研究报告编制的依据,基本的数据资料,分析计算方法的真实性、可靠性和科学性进行审查,在分析审查的基础上提出评估报告。

在我国现行投资管理体制下,多数承担可行性研究的机构隶属于项目的主管部门,再加上其他因素的影响,可行性研究报告难免有一定的局限性。项目评估可以避免受主管部门和建设单位的影响,提高评估的客观性。

(2) 贷款银行评估

根据现行规定,项目的贷款银行必须参与项目评估,非贷款银行的评估不能代替。参照世界银行的办法,一般从以下几个方面进行:

1) 审查项目在执行过程中是否有足够的资金保证。这就是说,除银行贷款外,国家规定的项目资本金来源是否已经落实,否则不予贷款。

2) 对项目未来的收益是否有偿还本息及一切债务的能力作出评估。这项工作通过审核编制的预测资产负债表、损益表和现金流量表来进行。

3) 对项目的经济效益和投资回收年限作出评估。如农田灌溉项目,还要审查项目是否可以从受益者收回项目投资及经营费用,若收费标准定得太低,就会影响项目的投资收益。

(3) 环境保护部门的评估

按国家现行规定,那些对环境影响较大的项目,如排放大量污染物,废渣、废气、废水的基本建设项目、技术改造项目(如造纸、冶金、电镀、化工、纺织等行业);大规模开垦荒地、围海围湖造田和采伐森林的建设项目,应由环境研究机构对拟建项目作出《环境影响评估报告》。对小型基建项目和限下技改项目,也需要填报《环境影响报告》。

国家规定,各级环保部门负责本地区建设项目的环境保护措施的审查,要对建设项目"三同时"(指治理"三废"的工程与主体工程要同时设计,同时施工,同时验收投产)措施的执行审查监督,要提出环境保护的各项要求和措施,如防止污染的工艺流程及其预期的治理效果。对资源开发引起的生态变化、环境绿化设计、环境监测手段、环境保护措施的投资进行监督、审查。

4. 项目评估的内容

项目的评估机构应遵循客观公正、实事求是的原则，认真、科学地进行项目审查和评估。审查是基础，在审查的基础上才能进行科学的评估。

(1) 对可行性研究报告的审查

审查分为一般审查和详细审查。评估机构和银行在收到项目的可行性研究报告之后，进行一般性审查和核实，以判断可行性研究报告的编写程序和内容是否符合要求，数据资料是否齐全，编写报告的经济、技术人员是否具备资格，可行性研究报告是否客观地、科学地、公正地反映了项目的本来面目。

详细审查包括：第一，应对编制可行性研究报告的单位进行审查。可行性研究报告一般由主管部门或建设单位委托的设计部门或工程咨询单位编制，通常先对编制单位的资格进行审定，未经资格认定的单位，不能承担可行性研究报告任务。国家重点建设项目的可行性研究报告，要由省级以上的设计机构编制。第二，应审查编写人员的任职资格及其签字盖章是否真实。第三，要审查拟建项目是否为重复建设项目，产品有无销路。第四，应审查技术水平是否可靠，拟建项目的原材料供应有无可靠来源。第五，对环境保护措施进行审查，对那些污染严重，破坏生态平衡，危害人民身心健康，又无有效治理措施的项目，可以不必继续评估；还要审查场址的环境情况，项目施工和投产后正常生产时对环境的影响以及"三废"治理措施。第六，要对项目的经济效益进行审查，一方面对投资、产品成本、价格、利息等指标和计算公式的正确性进行检查，另一方面要审核项目的财务评价和国民经济评价是否正确。

(2) 对可行性研究报告的评估

银行项目评估的内容是：企业资信评价；建设的必要性评估；建设条件评估；技术评估；企业经济效益评估；国民经济效益评估；不确定性评估；对有关政策和管理体制的建议；总评估和后评估等。

本章小结

任何成功的工程项目都是精心策划的结果。我们在对项目策划的概念、内涵和原则作了简要介绍后，重点阐述了工程项目策划的基本方法和程序，通过对项目构思、项目目标规模、项目外部条件把握和项目内部条件把握等方面的分析，以期大家对工程项目策划的基本内容有比较深刻的理解。

项目投资决策的正确与否直接关系到项目的成败。要做到决策正确，必须遵循决策的原则，按照科学的程序进行，因此，我们首先是对决策的原则和程序作了一般性的阐述，尔后按照国家有关投资前期决策的程序规定进行了分阶段介绍。最后，我们重点介绍了可行性研究工作的相关知识和项目评估的有关内容，并对两者进行了异同分析。对决策管理的介绍，目的是引起大家对项目管理前期工作重要性的高度重视。

思 考 题

1. 何谓工程项目策划？
2. 策划的基本原则是什么？

3. 了解项目策划的基本方法。
4. 何谓工程项目投资决策?
5. 简述项目投资前期的研究决策程序。
6. 工程项目可行性研究报告的主要内容是什么?
7. 何谓项目评估?它与可行性研究是什么关系?

第3章 工程项目组织与人力资源管理

【学习目标】 了解现阶段我国的项目组织制度及其历史演变；熟知项目甲乙双方的组织机构及工程项目实施的组织方式；深刻认识人力资源管理在项目运作中的重要意义。

【关键概念】 项目法人责任制　工程项目组织机构　工程项目人力资源管理　项目经理

3.1 概　　述

3.1.1 工程项目组织概述

1. 工程项目组织的必要性

工程项目管理的一切工作都要依托组织来进行，科学合理的组织制度和组织机构是项目成功建设的组织保证。其必要性就体现在：

（1）工程项目的建设过程，并非孤立存在的单体运行过程，而是存在于一个非常复杂的环境之中的项目运作过程。在建设的过程中，会产生许多的项目管理班子与企业部门，项目经理与设计方或施工方等交界面，这就决定了要有组织的工作。

（2）项目管理人员必须编制施工组织设计，加之在实施过程中的协调，要求有效的、科学的组织，才能避免可能潜在的因缺乏安排中间断档而造成的工期拖延、进度延误以及管理不利造成的资源浪费和工程的质量问题；在工程项目的建设中，甲方与乙方是一对必然的矛盾体，具体体现在，甲方总是希望以低成本及短工期来换取高质量，而乙方一般则会希望在工程质量合格的前提情况下，实现其利润的最大化。这些实际存在的矛盾只有通过有效的组织协调才能加以缓和。

（3）工程项目建设过程中，涉及到施工人员的技能、知识等的合理搭配；涉及到大量的物质流，大量的设备，大量的信息流。要合理有序地组织工作，必然要求有科学的组织。

2. 工程项目管理的组织制度

（1）项目法人责任制

项目法人责任制是将投资所有权和经营权分离，对项目规划、设计、筹资、建设实施直至生产经营以及投资保值增值和投资风险负全部责任，实行自主经营、自负盈亏、自我发展、自我约束的经营机制。

项目法人是指由项目投资者代表组成的对项目全面负责并承担投资风险的项目法人机构，它是一个拥有独立法人财产的经济组织。项目法人责任制是一种项目管理组织制度，它源于业主责任制，业主是西方国家对项目投资人的称谓。项目法人责任制符合现代企业制度的要求，是西方市场经济国家普遍采用的一种项目管理组织制度。1992年，原国家计委颁发了《关于建设项目实行业主责任制的暂行规定》，同年党的十四届三中全会改称项目法人责任制。我国政府规定：从1992年起，新开工和进行前期工作的全民所有制单位的基本建设项目，原则上都要实行项目法人责任制。

项目法人责任制与投资项目的传统管理体制在管理上最大的不同之处在于：传统体制下

独立建设的项目是先有项目，后有法人，即只有项目建成后，投产之时才到工商局登记，取得法人资格；而项目法人责任制是指项目由法人筹建和管理，因而对任何项目都是先有法人，后有项目。

(2) 项目法人责任制的特点

1) 产权关系明晰。项目法人责任制是以现代企业制度为依据的，产权所有者与管理者的职责范围明确。

2) 具有法人地位。项目法人责任制是先有法人，后有投资项目。因此，在项目筹划、筹资、设计、建设过程中，能够以具有独立法律地位法人的资格与各有关单位和个人开展业务，建立经济关系等，从而能彻底改变过去的工程项目不具备法人地位而依附主管部门的被动局面，直接受到法律保护。

3) 有利于建立责、权、利相一致的约束机制。现代企业制度中，对产权关系中各当事人的责、权、利都有明确的规定，并以章程或契约确定下来，实行项目法人责任制正是遵循现代企业制度的办法，把股东与享有法人财产权的企业区分开来，并根据现代企业制度的法规（如《公司法》）和公司章程互相履行责任义务，互相监督和取得各自的利益；在企业内部，董事会和其聘任的项目经理或运营经理之间同样可以根据现代企业制度的原则建立相应的责、权、利约束机制，经理与其下属的职工之间也是如此。这样可使项目从建设到建成投产后的运营都建立起责任网，明确各自的分工、权利、责任和义务。

4) 有利于保证工程项目实行资本金制度。投资项目资本金制度是指项目总投资中必须包含一定比例的由各出资方实缴的资本金的制度，该部分资本金对项目法人来讲是一笔非负债资金。按照"先有法人，后有项目"的原则，在各出资方同意参加建设某一项目后，必须根据公司组建原则达成出资协议，并缴足所承诺数额的资本。资本总额达到注册总资本后，公司才能获准注册成为企业法人，此时股东的地位才能落实；有了垫底资金，才能成为自负盈亏、自担风险、自我发展、自我约束的法人。实行项目法人责任制有利于保证工程项目实行资本金制度，而实行资本金制度又是推行项目法人责任制和现代企业制度的基本前提。

5) 有利于解决投资项目的建设和运营统一管理。项目法人责任制投资责任主体明确，先有法人，再有项目，由法人对投资项目的筹划、筹资、人事任免、招标定标、建设实施，直至生产经营管理、债务偿还以及资产的保值增值，实行全过程负责，避免了对投资活动的割裂管理。

(3) 项目法人的组织形式

项目法人有以下几种组织形式：

1) 政府出资的新建项目。如交通、能源、水利等基础设施工程，可由政府授权设立工程管理委员会作为项目法人。

2) 由企业投资进行的改建、扩建、技改项目，企业的董事会（或实行工厂制的企业领导班子）是项目的法人。

3) 由各个投资主体以合资方式投资建设的新建、扩建、技改项目，则由出资方代表组成的企业（项目）法人是项目法人。

(4) 项目法人的职责

项目法人责任制是项目管理责任的主体。作为项目财产的所有者——项目法人，应承担下列职责：
1）负责项目的科学规划与决策，以确定合理的建设规模和适应市场需求的产品方案。
2）负责项目融资并合理安排投资使用计划。
3）制定项目全过程的全面工作计划，并进行监督、检查，组织工程设计、施工，在计划的投资范围内，按质、按期完成建设任务。
4）建设任务分解，确定每项工作的责任者及其职责范围，并进行协调。
5）组织工程设计、施工的发包招标，严格履行合同，对项目的财务、进度、工期、质量进行监督、检查、控制，并进行必要的协调工作。
6）做好项目生产准备和竣工验收，按期投入生产经营。
7）负责项目建成后的生产经营，实现投资的保值和增值，审定项目利润分配方案。
8）按贷款合同规定，负责贷款本息偿还。

（5）项目法人与项目有关各方的关系

一个工程项目在其整个运行周期内，将与众多有关部门发生许多的经济关系和行政关系，如政府、银行、设计、施工、监理等单位或部门。

政府与项目法人的关系是领导与被领导的关系。如果政府是项目的出资人，则政府还是项目财产的终极所有者。政府对工程项目应严格区别两种关系：一是作为政府部门，依法对工程项目有审批权和监督权，这是政府的社会经济管理职能；二是作为投资者，享有重大决策权和收益权，但要把所有权与经营权分离。总之，要按照现代企业制度的要求，实行政企分开和政资分开，给企业以自主经营权和发展权，要尊重项目的法人财产权。

根据国家的有关法规规定，工程项目的勘察设计、施工、应实行工程承发包制，招标投标制、合同管理制和建设监理制，其目的是为了规范建设市场，降低工程造价，提高工程质量，合理利用社会资源。这样，在项目的实施过程中就与勘察设计单位、施工企业、设备材料供应商、工程监理机构发生了许多经济关系，这些关系大都通过经济合同形式予以处理。

实行工程承发包、招标与合同制，是对项目法人责任制的重要补充。它通过引入市场竞争机制，一方面强化了投资风险约束机制，分散了项目法人的风险，减轻了项目法人组织项目建设的工作量，可集中精力从事监督、协调、服务，另一方面保证了工程项目顺利实施和实现项目建设的目标，这是微观投资管理体制改革的重大措施。项目法人责任制、工程承发包制、招标投标制和合同管理制的密切结合，对提高我国工程项目的管理水平有着重要的意义。

3. 工程项目组织机构的设置原则

工程项目的组织机构是依据项目的组织制度，支撑项目建设工作正常运转的组织机构体系，是项目管理的骨架。在进行组织机构设置时，应遵循以下原则：

（1）任务目标原则

任何一个组织，都有其特定的任务和目标，每一个组织及其每一个人，都应当与其特定的任务目标相关联；组织的调整、增加、合并或取消都应以是否对其实现目标有利为衡量标准；没有任务目标的组织是没有存在价值的。

根据这一原则，在进行组织设计时，首先应当明确该组织的发展方向怎样，经营战略是什么等，这些问题是组织设计的大前提。这个前提不明确，组织设计工作将难以进行。根据这一原则，首先要认真分析，为了保证组织任务目标的实现，必须做的工作是什么，有多少，设什么机构、什么职能才能做好这些事。然后，以工作为中心，因工作建机构，因工作设事务，因工作配人员。根据这一原则，就要反对简单、片面地搞"上下对口"，亦即不顾项目实际工作是否需要，上级设什么部门，项目就设相应的科室；也要反对因人设职、因职找事的做法。

（2）管理跨度原则

管理跨度是指一个领导者所直接领导的人员数量。如一名经理配备两名副经理和三名总师（总工程师、总经济师、总会计师），那么经理的管理跨度就是"5"。现代管理学家已经证明，管理跨度增加一个，则领导与下级之间的工作接触成倍增加。英国管理学家丘格纳斯就认定：如果下级人数以算术级数增加时，其领导者同下属人员之间的人际关系数，将以几何级数增加，其公式为：

$$C = n\left(\frac{2^n}{2} + n - 1\right)$$

式中　C——可能存在的人际关系数；

　　　n——管理跨度。

例如，一个领导者直接领导两个人共同工作，其可能存在的人际关系数是6，如果直接领导下级人数由2人增加为3人，则其人际关系数就由6增加为18。当然，按此公式计算，管理跨度增为十几人时，人际关系数非常大，实际情况可能并不那样严重，但跨度太大，的确常常会出现应接不暇、顾此失彼现象。那么跨度多少为宜呢？一些研究结果认为，跨度大小与相关各因素有关，如表3-1所示。

表3-1　管理跨度与影响因素关系表

决定管理跨度的因素	跨　度　小	跨　度　大
1. 一次接触所需时间	长	短
2. 处理例外性事务	多	少
3. 授权程度	大	小
4. 领导者和被领导者的工作能力	弱	强
5. 业绩的评价	难	易

一般认为，跨度大小应是个弹性限度。上层领导为3~9人，以6~7人为宜；基层领导为10~20人，以12人为宜；中层领导则居中。

为使领导者控制适当的管理跨度，可将管理系统划分为若干层次，使每一层次的领导者可集中精力在其职责范围内实施有效的管理。管理层次划分的多少，应根据部门事务的繁简程度和各层次管理跨度的大小加以确定。如果层次划分过多，信息传递容易发生失真及遗漏现象，可能导致管理失误。但是，若层次划分过少，各层次管理跨度过大，会加大领导者的管理难度，也可能导致管理失误。

科学的管理跨度加上适当的管理层次划分和适当的授权，正是建立高效率组织机构的基本条件。

（3）统一指挥原则

统一指挥原则的实质就是在管理工作中实行统一领导，建立起严格的责任制，消除多头领导和无人负责现象，保证全部活动的有效领导和正常进行。统一指挥原则对管理组织的建立有下列要求：

1）确定管理层次时，要使上下级之间形成一条等级链。从最高层到最低层的等级链必须是连续的，不能中断，并明确上下级的职责、权力和联系方式。

2）任何一级组织只能有一个负责，实行首长负责制。

3）正职领导副职，副职对正职负责。

4）下级组织只接受一个上级组织的命令和指挥，防止出现多头领导的现象。

5）下级只能向直接上级请示工作。下级必须服从上级命令和指挥，不能各自为政、各行其是。如有不同意见，可以越级上诉。

6）上级不能越级指挥下级，以维护下级组织的领导权威。但可以越级进行检查工作。

7）职能管理部门一般只能作为同级直线指挥系统的参谋，但无权对下属直线领导者下达命令和指挥。

（4）分工—协作原则

分工与协作是社会化大生产的客观要求。组织设计中要坚持分工—协作的原则，就是要做到分工要合理，协作要明确。对于每个部门和每个职工的工作内容、工作范围、相互关系、协作方法等，都应有明确规定。

根据这一原则，首先要解决好分工的问题。分工时，应注意分工的粗细要适当。一般说，分工越细，专业化水平越高，责任划分明确，效率也较高，但也容易出现机构增多，协作困难，协调工作量增加等问题。分工太粗，则机构可较少，协调可减轻，易于培养多面手。但是，专业化水平和效率比较低，容易产生推诿责任的现象。两者各有千秋，具体确定时，就要根据实际，如人员素质水平、管理难易和繁简程度来确定，做到一看需要，二看可能。

（5）精干高效原则

精干就是指在保证工作按质按量完成的前提下，用尽可能少的人去完成工作。之所以强调用尽可能少的人，是因为根据大生产管理理论，多一个人就多一个发生故障的因素。另外，人多容易助长推诿拖拉、相互扯皮的风气，造成效率低下。为此，要坚持精干高效的原则，力求人人有事干、事事有人管、保质又保量、负荷都饱满。这既是组织机构设计的原则，又是组织联系和运转的要求。

（6）责权利相对应原则

有了分工，就意味着明确了职务，承担了责任，就要有与职务和责任相等的权力，并享有相应的利益。这就是责、权、利相对应的原则。这个原则要求职务要实在、责任要明确、权力要恰当、利益要合理。

根据这一原则，在设置职务时，应当实实在在，不能成为虚员，做到有职就有责，有责就有权。因为有责无权和责大权小，会导致负不了责任并且会束缚管理人员的积极性、主动性和创造性；而责小权大，甚至无责有权，又难免造成滥用权力。

3.1.2 工程项目人力资源管理概述

1. 人力资源的含义

一个项目的实施需要多种资源，从资源属性角度来看，可包括人力资源、自然资源、资本资源和信息资源，其中人力资源是最基本、最重要、最具创造性的资源，是影响项目成效的决定因素。

对人力资源的定义众说纷纭，一般有广义和狭义之分。广义的人力资源泛指智力正常的人。狭义的人力资源是指能够推动整个经济和社会发展的、具有智力劳动和体力劳动能力的人口的总称。

2．人力资源管理的含义

人力资源管理是指从一个组织的目标出发，为提高其成员的积极性、主动性、创造性和工作绩效，对人力资源的获得、开发、保持、使用、理解、协调和评价等一切对组织的成员构成影响的管理思想、理论、决策、方法和实践活动等的总称。

人力资源的管理可以分为宏观、微观两个方面，宏观人力资源管理指的是对于全社会人力资源的管理，微观人力资源的管理指对于企业、事业单位的人力资源管理。项目人力资源管理属于微观人力资源管理范畴，也可以定义为通过不断地获得人力资源，把得到的人力整合到项目中并融为一体，保持和激励他们对项目的忠诚与积极性，控制他们的工作绩效并作相应的调整，尽量开发他们的潜能，以支持项目目标的实现，这样的一些活动、职能、责任和过程就是项目人力资源管理。

3．工程项目人力资源管理的内涵

一个工程项目管理的成功与否，归根结底与人的因素密切相关，没有一个精明强干的项目经理，没有一个优秀团结的项目管理团队，没有一大批技能娴熟的劳动力队伍，顺利实现工程项目的目标是不可能的。在工程项目实施过程中，人是一切资源中唯一具有主观能动性的，是最活跃的因素，也是最具不确定性的因素。可见，人力资源管理是工程项目管理的一个重要组成部分，人力资源管理服务于工程项目管理，且决定着工程项目管理目标实现与否。

工程项目人力资源管理有广义和狭义的不同理解。

广义的工程项目人力资源管理的范围包含工程项目管理组织和组织内的人员管理。项目管理组织指参与工程项目建设各方的项目管理组织，包括业主单位、设计单位、施工单位、咨询单位、监理单位等参建各方的项目管理组织。

狭义的工程项目人力资源管理则主要是指项目管理组织对其内部工作人员的管理。

为方便叙述，我们在本章的第二节着力探讨工程项目管理组织的问题，而在第三节则着力研究项目经理、项目管理团队和劳动力队伍这三个层面的管理。

总之，工程项目人力资源管理的目的是调动所有项目参与方和参与人的积极性，在参建各方的项目管理组织的内部和彼此之间建立有效的工作机制，以实现参建各方的组织和所有参与人员围绕工程项目建设目标的相互和谐配合及顺畅流通，保证项目目标的最终实现。

3.2 工程项目组织

3.2.1 工程项目的组织机构

工程项目的组织机构是按照一定的活动宗旨（管理目标、活动原则、功效要求等），把项目的有关人员根据工作任务的性质划分为若干层次，明确各层次的管理职能，并使其具有系统性、整体性的组织系统。高效率的组织机构的建立是项目管理取得成功的组织保证。工程项目的组织机构包括项目法人单位（或称建设单位，在合同中称为甲方）的组织机构与承包单位（如施工单位，在合同中称为乙方）的组织机构，双方机构密切配合才能完成项目任务。由于甲、乙双方在项目建设中所处的地位、承担的责任和目标有一定区别，因此组织机构的设置是不同的。

1. 项目甲方组织机构的演化与发展

项目甲方的组织机构与我国投资管理体制关系极为密切，由于新中国成立后的大部分时间实行计划投资管理体制，国家是建设项目唯一的投资主体，是项目业主。因此，对基础设施和基础工业项目，大都以项目的主管部门为主体，组建多种形式的工程指挥部，负责工程实施。对一般工业投资项目则由企业采用自组织方式管理，或能力不足时采用交钥匙方式。随着管理体制的深化改革，工程监理代理制被引入项目的实施管理中。现对这几种项目甲方的组织机构介绍如下：

（1）指挥部制

我国存在三种形式的指挥部：

1）现场指挥部

1960年由原国家计委党组发出通知，对重大工程项目成立"基本建设指挥部"，这是当时压缩基本建设规模、加强中央统一计划领导的产物。

工程指挥部是由建设单位、设计单位、施工单位、项目所在地党委及物资、银行等有关部门的代表组成，实行党委领导下的首长负责制。指挥部统一指挥设计、施工、物资供应、地方支援等工作，它类似于军事组织，是一种临时组织。

这种组织形式的优点是：指挥部权威很大，用行政手段把建设系统与建设的环境系统联系在一起，可在一定的程度上改变环境，以适应工程建设的需要。因此，这种组织形式有利于工程建设的顺利实施。

它的缺点是：指挥部不是靠合理协调有关各方的经济利益和责权利关系，而是靠行政手段结合在一起，因此参加指挥部的各方失去了独立性，分工协作是低效率的，系统动作也是低效率的。总指挥部下设的各分指挥部之间的横向联系也很困难，工程实施协调难度大。

2）常设工程指挥部——重点工程指挥部

20世纪70年代以及十一届三中全会以后，在一些大型基础设施和基础工业工程项目建设中采用了一种常设的项目管理机构。作为政府的派出机构，拥有代表政府管理项目的一切权力，负责对大型重点工程项目实施统筹管理、协调控制。

这种指挥部权威大，权力集中，常设指挥部职能专一，机构健全，人员稳定，但不是经济实体，在管理体制上采用行政手段，靠政府的权力管理项目。从职责上看，它只对项目的按期竣工和工程质量负责，不承担项目的经济责任。

3）工程联合指挥部

十一届三中全会之后，随着改革开放，项目建设中实施招投标制度和合同制度，在建筑行业引入了竞争机制。但由于合同法和经济司法机构不健全，在履约中出现的矛盾没有强有力的仲裁机构解决。在这种形势下，仍然需要靠行政手段以命令形式或行政协调方式来解决各种矛盾，于是出现了一种经济手段和行政手段相结合的项目管理组织形式——工程联合指挥部。

工程联合指挥部由项目有关各方的代表组成，它不是一个经济实体，指挥部与政府主管部门和建设单位之间实行预算包干办法。

这种组织形式的主要缺点是：它不是经济实体，无法独立承担经济责任；组织结构松散，各分系统联系薄弱，政出多门，行政干预多；各方权责不统一，甲方权小责大。

(2) 建设单位自组织方式

建设单位自组织方式是针对中小型项目，工程内容不太复杂时，由企业临时组建项目指挥班子，具体工作由基建处及处下设的计划科、预算科、设备科、材料科、工程科等组织项目实施。这些部门实际上负责组织协调运筹工作，工程勘察设计、施工均采取发包、招标办法，有时还聘请监理机构协助工程监督、监理。这是大多数工业企业对中小型项目实行的项目管理办法。

(3) 交钥匙管理方式

这种方式是由建设单位提出项目的使用要求，把项目管理工作一揽子包出去，即将勘察设计、设备选购、工程施工、试生产验收等全部工作委托给一家大承包公司去做，工程竣工后接过钥匙即可启用，这种管理方式也叫"全过程承包"。

承担这种任务的承包商可以是一体化的设计施工公司，也可以由设计、器材供应、设备制造厂及咨询机构等组成"联合体"。

(4) 工程建设监理制

工程建设监理制是建设单位分别与承包商和监理机构签订合同，由监理机构全权代表建设单位对项目实施管理，对承包商进行监督。这时建设单位不直接管理项目，而是委托企业外部的专门从事项目管理的经济实体——监理机构来全权代表业主对项目进行管理、监督、协调、控制。在这种方式下，项目的拥有权与管理权相分离，业主只需对项目制定目标提出要求，并负责最后工程的验收。

工程建设监理制是国际上通行的工程管理方式，在国际上把监理单位称为"工程师单位"。监理单位具有工程项目管理的专门知识，拥有经验丰富的人才，属于智力密集型的项目管理经济实体。这种经济实体，是独立于业主和承包商的第三方法人，它具有工程技术监理和项目管理的双重职能。

2. 项目乙方组织机构的常见类型

项目乙方是承担项目的实施并为业主服务的经济实体。为完成承包合同所规定的施工任务，实施项目管理，施工单位必须组建自己的组织机构，制定必要的规章制度，划分并明确各层次、部门、岗位的职责和权力，建立和形成管理信息系统及责任分担系统，并通过其规范化的活动和信息流通实现组织目标。

项目组织是企业组织的有机组成部分，企业是它的母体，归根结底，项目组织是由企业组建的。从管理角度来看，企业是项目管理的外部环境，项目管理的人员主要是来自于企业本身，项目管理组织解体后，其人员仍回到原企业。即使进行组织机构调整，人员也是进出于企业内部人才市场的。项目的组织机构与企业的组织机构有关，不能离开企业的组织而空泛地去谈项目的组织机构。因此，首先要了解我国目前施工企业一般的组织机构形式。

现阶段，我国的施工企业一般采用直线职能式的组织形式。其组织特点是公司负责人一方面通过职能部门对公司承揽的工程项目实行横向领导，另一方面又通过职能部门实行纵向（直线）领导。图 3-1 是我国目前许多施工企业采用的组织形式。

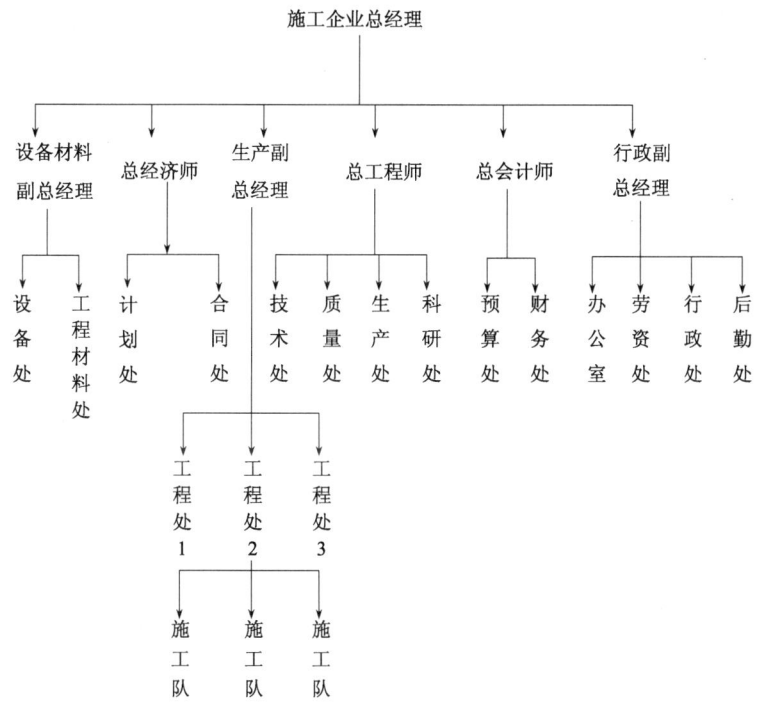

图 3-1 施工企业的直线职能式组织系统图

常见的乙方项目管理组织机构有以下几种：

（1）混合工作队式

混合工作队在国外称为特别工作组，其机构如图 3-2 所示。

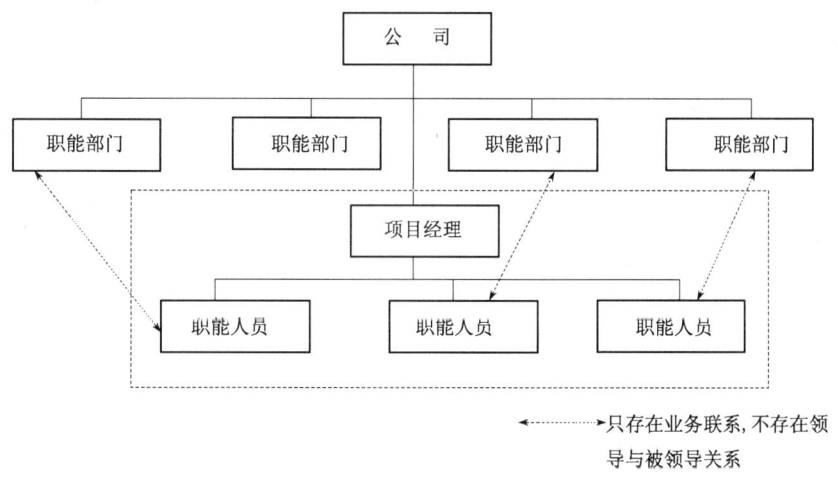

图 3-2 混合工作队式组织机构图

1）特点

① 企业任命项目的项目经理，该项目经理在企业内招聘或抽调职能人员组成项目管理机构（混合工作队），由项目经理领导，独立性很大。

②项目管理班子成员在工程建设期间与原所在部门断绝领导与被领导关系。原单位负责人员负责业务指导及考察，但不能随意干预其工作或调回人员。

③项目管理组织与项目同寿命。项目结束后机构撤销，所有人员仍回原所在部门和岗位。

2）适应范围

这是一种按照对象原则组织的项目管理机构，可独立地完成任务，相当于一个"实体"。企业职能部门处于服从地位，只提供一些服务。这种项目组织类型适用于大型项目、工期要求紧迫的项目、需多工种多部门密切配合的项目。因此，它要求项目经理素质要高，指挥能力要强，有快速组织队伍及善于指挥来自各方人员的能力。

3）优点

①项目经理从职能部门抽调或招聘了一批有专业技术特长的人员，他们在项目管理中配合、协同工作，可以取长补短，有利于培养一专多能的人才并充分发挥其作用。

②各专业人才集中在现场办公，减少了扯皮和等待时间，办事效率高，解决问题快。

③项目经理权力集中，干扰少，故决策及时，指挥灵便。

4）缺点

①各类人员在同一时期内所担负的管理工作任务可能有很大差别，因此很容易产生忙闲不均，可能导致人员浪费。特别是对稀缺专业人才，难免在企业内调剂使用。

②人员长期离开原部门，即离开了自己熟悉的环境和工作配合对象，容易影响其积极性的发挥。而且由于环境变化，容易产生临时观点和不满情绪。

③职能部门的优势无法发挥作用。由于同一部门人员分散，交流困难，也难以进行有效的培养、指导，削弱了职能部门的工作。当人才紧缺而同时又有多个项目需要按这一形式组织时，或者对管理效率有很高要求时，不宜采用这种项目组织类型。

（2）部门控制式

部门控制式组织机构如图3-3所示。

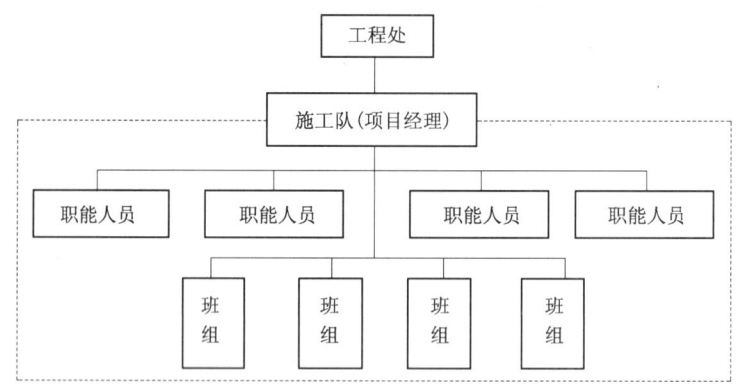

图3-3 部门控制式项目组织机构图

1）特点

这是一种按职能原则建立的项目组织。它并不打乱现行的建制，把项目委托给企业某一专业部门或委托给某一施工队，由被委托的部门（施工队）领导负责项目的组织和实施。

2）适用范围

这种形式的项目组织机构一般适用于小型的、专业性较强而不需涉及众多部门的工程项目。

3）优点

① 人才作用发挥较充分。这是因为由熟人组合办熟悉的事，人事关系容易协调。

② 从接受任务到组织运转启动，时间较短。

③ 职责明确，职能专一，关系简单。

④ 项目经理无须专门训练便容易进入状态。

4）缺点

① 不能适应大型项目管理需要，而真正需要进行项目管理的工程正是大型项目。

② 不利于对计划体系下的组织体制（固定建制）进行调整。

③ 不利于精简机构。

（3）矩阵式

矩阵式管理组织结构形式呈矩阵状，管理人员由企业有关职能部门派出并进行业务指导，受项目经理的直接领导。图 3-4 是矩阵式项目组织机构示意图。

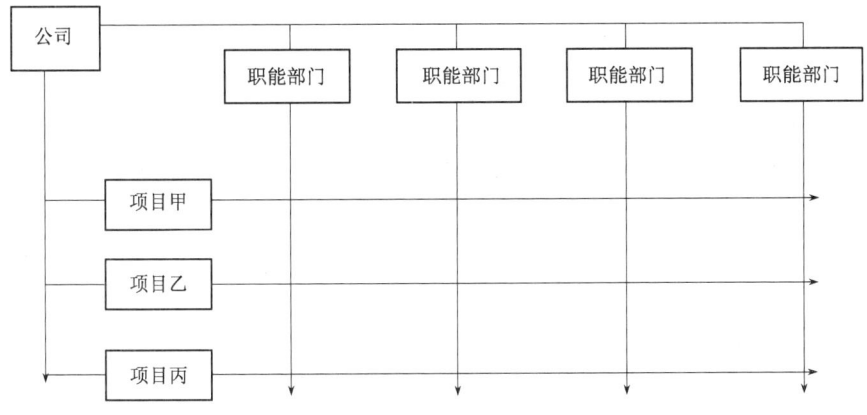

图 3-4　矩阵式组织机构图

1）特点

① 把职能原则和对象原则结合起来，既发挥职能部门的纵向优势，又发挥项目组织的横向优势。

② 专业职能部门是永久性的，项目组织是临时性的。职能部门负责人对参与项目组织的人员有组织调配、业务指导和管理考察的责任。项目经理将参与项目组织的职能人员在横向上有效地组织在一起，为实现项目目标协同工作。

③ 矩阵中的每个成员或部门，接受原部门负责人和项目经理的双重领导。但部门的控制力大于项目的控制力。部门负责人有权根据不同项目的需要和忙闲程度，在项目之间调配本部门人员。一个专业人员可能同时为几个项目服务，特殊人才可充分发挥作用，免得人才在一个项目中闲置又在另一个项目中短缺，大大提高人才利用率。

④ 项目经理对到本项目经理部来的成员，有权控制和使用。当感到人力不足或某些成

员不得力时，他可以向职能部门求援或要求调换，辞退回原部门。

⑤ 项目经理部的工作有多个职能部门支持，项目经理没有人员包袱。但要求在水平方向和垂直方向有良好的信息沟通及良好的协调配合，对整个企业组织和项目组织的管理水平和组织渠道畅通提出了较高的要求。

2）适用范围

① 适用于同时承担多个需要进行项目管理的企业。在这种情况下，各项目对专业技术人才和管理人员都有需求，加在一起数量较大。采用矩阵式组织可充分利用有限的人才对多个项目进行管理，特别有利于发挥稀有人才的作用。

② 适用于大型、复杂的工程项目。因大型复杂的工程项目要求多部门、多技术、多工种配合实施，在不同阶段，对不同人员，有不同数量和搭配各异的需求。显然，部门控制式机构难以满足各种项目要求；混合工作队式组织又因人员固定而难以调配，人员使用固定化，不能满足多个项目管理的人才需要。

3）优点

① 它兼有部门控制式和混合工作队两种组织的优点，即解决了传统模式中企业组织和项目组织相互矛盾的状况，把职能原则与对象原则融为一体，求得了企业长期例行性管理和项目一次性管理的一致性。

② 能以尽可能少的人力实现多个项目管理的高效率。通过职能部门的协调，一些项目上的闲置人才可以及时转移到需要这些人才的项目上去，防止人才短缺，项目组织因此而具有弹性和应变力。

③ 有利于人才的全面培养。可以使不同知识背景的人在合作中相互取长补短，在实践中拓宽知识面；发挥了纵向的专业优势，可以使人才成长有深厚的专业训练基础。

4）缺点

① 由于人员来自职能部门，且仍受职能部门控制，故凝聚在项目上的力量减弱，往往使项目组织的作用发挥受到影响。

② 管理人员如果身兼多职地管理多个项目，便往往难以确定管理项目的优先顺序，有时难免顾此失彼。

③ 双重领导。项目组织中的成员既要接受项目经理的领导，又要接受企业中原职能部门的领导。在这种情况下，如果领导双方意见和目标不一致，乃至有矛盾时，当事人便无所适从。要防止这一问题产生，必须加强经理和部门负责人之间的沟通，还要有严格的规章制度和详细的计划，使工作人员尽可能明确在不同时间内应当干的工作。

④ 矩阵式组织对企业管理水平、项目管理水平、领导者的素质、组织机构的办事效率、信息沟通渠道的畅通，均有较高要求，因此要精干组织、分层授权、疏通渠道、理顺关系。由于矩阵式组织较为复杂，结合部多，容易造成信息沟通量膨胀和沟通渠道复杂化，致使信息梗阻和失真。这就要求协调组织内部的关系时必须有强有力的组织措施和协调办法以排除难题。为此，层次、职责、权限要明确划分，有意见分歧难以统一时，企业领导要出面及时协调。

（4）事业部式

事业部式项目管理组织，在企业内作为派往项目的管理班子，对企业外具有独立法人资格。图3-5是事业部式项目组织机构示意图。

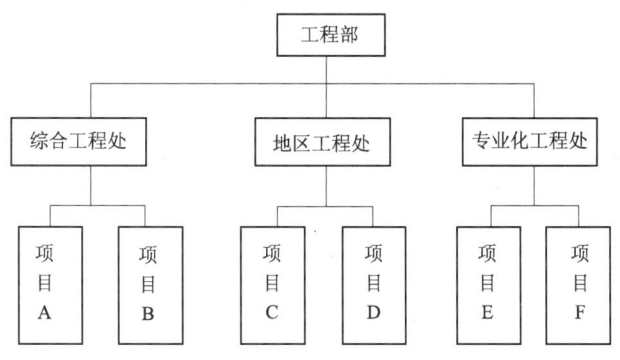

图 3-5 事业部式项目组织机构图

1) 特点

① 企业成立事业部，事业部对企业内来说是职能部门，对企业外来说享有相对独立的经营权，可以是一个独立单位。它具有相对独立的自主权，有相对独立的利益，相对独立的市场，这三者构成事业部的基本要素。事业部可以按地区设置，也可以按工程类型或经营内容设置。事业部能较迅速适应环境变化，提高企业的应变能力，调动部门积极性。当企业向大型化、智能化发展并实行作业层和经营管理层分离时，事业部式是一种很受欢迎的选择，既可以加强经营战略管理，又可以加强项目管理。

② 在事业部（一般为其中的工程部或开发部，对外工程公司是海外部）下边设置项目经理部。项目经理由事业部选派，一般对事业部负责，有的可以直接对业主负责，是根据其授权程度决定的。

2) 适用范围

事业部式项目组织适用于大型经营性企业的工程承包，特别是适用于远离公司本部的工程承包。需要注意的是，一个地区只有一个项目，没有后续工程时，不宜设立地区事业部，也即它适用于在一个地区内有长期市场或一个企业有多种专业化施工力量时采用。在这些情况下，事业部与地区市场同寿命，地区没有项目时，该事业部应予撤销。

3) 优点

事业部式项目组织有利于延伸企业的经营职能，扩大企业的经营业务，便于开拓企业的业务领域。还有利于迅速适应环境变化以加强项目管理。

4) 缺点

事业部式项目组织的缺点是企业对项目经理部的约束力减弱，协调指导的机会减少，故有时会造成企业结构松散，必须加强制度约束，加大企业的综合协调能力。

综上所述，选择什么样的项目组织机构，应将企业的素质、任务、条件、基础同工程项目的规模、性质、内容、要求的管理方式结合起来分析，选择最适宜的项目组织机构，不能生搬硬套某一种形式，更不能不加分析地盲目作出决策。一般说来，可按下列思路选择项目组织机构形式：

① 大型综合企业，人员素质好，管理基础强，业务综合性强，可以承担大型任务，宜采用矩阵式、混合工作队式、事业部式的项目组织机构。

② 简单项目、小型项目、承包内容专一的项目，应采用部门控制式项目组织机构。

③ 在同一企业内可以根据项目情况采用几种组织形式，如将事业部式与矩阵式的项目组织结合使用，将工作队式项目组织与事业部式结合使用等。但不能同时采用矩阵式及混合工作队式，以免造成管理渠道和管理秩序的混乱。

表 3-2 可供选择项目组织机构形式时参考。

表 3-2　选择项目组织形式参考因素

项目组织形式	项目性质	施工企业类型	企业人员素质	企业管理水平
工作队式	大型项目，复杂项目，工期紧的项目	大型综合建筑企业，有得力项目经理的企业	人员素质较强、专业人才多、职工和技术素质较高	管理水平较高，基础工作较强，管理经验丰富
部门控制式	小型项目，简单项目，只涉及个别少数部门的项目	小建筑企业，事务单一的企业，大中型基本保持直线职能制的企业	素质较差，力量薄弱，人员构成单一	管理水平较低，基础工作较差，项目经理难找
矩阵式	多工种、多部门、多技术配合的项目，管理效率要求很高的项目	大型综合建筑企业，经营范围很宽、实力很强的建筑企业	文化素质、管理素质、技术素质很高，但人才紧缺，管理人才多，人员一专多能	管理水平很高，管理渠道畅通，信息沟通灵敏，管理经验丰富
事业部式	大型项目，远离企业基地项目，事业部制企业承揽的项目	大型综合建筑企业，经营能力很强的企业，海外承包企业，跨地区承包企业	人员素质高，项目经营强，专业人才多	经营能力强，信息手段强，管理经验丰富，资金实力大

项目组织确定后，应对其进行评价。基本评价因素如下：

① 管理层次及管理跨度的确定是否合适，是否能产生高效率的组织。
② 职责分明程度。是否将任务落实到各基本组织单元。
③ 授权程度。项目授权是否充分，授权保证的程度，授权的范围。
④ 精干程度。在保证工作顺利完成的前提下，项目工作组成员有多少。
⑤ 效能程度。是否能充分调动人员积极性，高效完成任务。

根据所列各评价因素在组织中的重要程度及对组织的影响程度，分别给予一定的权数，然后对各因素打分，得出总分，以作评价。

3.2.2　工程项目实施的组织模式

每一个工程项目都是一个涉及多学科、多专业的系统工程，具有不同的施工特点和施工条件，这就要求根据项目的不同，将多种专业的企业按照一定的组织方式联合起来，进行项目实施工作，因而，实施的组织模式更具有复杂性。工程项目的实施组织模式是通过研究工程项目的承发包模式，进而来确定工程项目合同的结构；合同结构的确立也就解决了工程项目的管理组织，决定了参与工程项目各方的项目管理的工作内容和任务。

承包方式及合同类型的确定是一个动态过程。一般情况如下，最初由业主先选定一种对自己有利的承包方式和合同类型，但最终的确定要建立在业主与承包商利益——风险平衡的基础上。承包商在投标与谈判过程中应施加一定的影响，以避免选定对自己不利的承包方式和合同类型。确定承包方式和合同类型应考虑以下几方面的问题：

（1）工程项目的工艺技术水平。人们都十分清楚项目投资效益与项目工艺技术水平的关系密切，在某种程度上，项目工艺技术水平的高低，决定着未来产品和服务的竞争力。许多先进工艺技术水平都作为专利或专有技术掌握在个别承包商或咨询公司手里。而这些拥有工艺技术的承包商具备承包管理能力时，对于业主来讲也是一种理想的承包方式。这种项目若采用固定价合同，承包商风险过大，要打入很高的风险费。因此，一般采用开口价合同（主要是成本加酬金合同）。

（2）国家的整体利益。如今世界由发达国家向发展中国家转让工艺技术是最大的技术转让。我国也大量引进国外先进技术，而外商希望将工程总包下来。这样尽管有利于达到项目工艺技术水平，但有三点不利：一是承包费用很高，工程建设费用大笔地流往国外；二是挤占了我国建筑市场；三是不利于我国吸收、消化国外先进技术。这时应尽量采取购买国外工艺包、国内配详细设计并承包工程的做法。具体承包方式可以选择以设计为主体的联合工程总承包方式，或设计、施工分别承包的方式。

（3）建筑企业组织结构。建筑企业组织机构的发展方向，将是形成总承包公司、专业施工公司和劳务基地三层次分离又密切结合的组织机构。这意味着将要培养和发展一批总承包公司，为业主选择总承包方式提供广阔的挑选余地。但是，从传统单一功能的设计院或大型综合性施工企业发展成为总承包公司要有一个过程。就当前来看，总承包公司数量有限，新发展的总承包公司的能力还不很高，限制着业主采用总承包方式。另外，管理型承包商的发展状况和水平同样影响着管理承包方式的采用。

（4）工程项目设计占主导地位的程度。有些项目如石化，冶金，能源和大型、高档次的民用建筑等工程项目，其设计占主导地位的程度高，采用总承包方式有利于工程一体化管理，在缩短工期、保证质量、节约投资等方面效果明显。

一般的工业项目或民用工程，其设计占主导地位的程度较低，不同承包方式的差异小一些。对这些项目应强化工程监理，以实现工程项目一体化管理。

（5）工程项目的工期要求。就同一个项目而言，总承包范围越大，越有利于采用快速跟踪程序，以减少谈判、磋商环节，实现各环节的交叉搭接，缩短工期。

（6）工程项目的可知、可控程度。高新尖项目很难采用固定价合同，多采用成本加酬金合同类型。因为固定价合同的准备时间长，一个大项目往往需要很长的准备时间。对复杂项目、新项目，人们对其工程细节，如时间参数、费用估价、资源消耗等难以较准确地确定。

（7）当时当地的经济、社会、政治环境。经济、社会、政治环境不稳定，如通货膨胀、社会秩序混乱或政局不稳，必然增大了工程的风险性，使承包商很难接受固定价合同及有最高限制的成本加酬金合同，一般采用实际成本加酬金合同。

（8）业主和承包商的意愿。业主和承包商都希望所选定的方式和类型对自己有利，尽量少承担风险。有些业主愿意组织较完善的业主项目管理班子来控制工程建设，另有些业主对建设过程无意过多干预，因而只组织少数监督管理或工程监理人员构成业主项目管理班子。此外，业主的工程管理水平高低与技术力量强弱常常影响着承包方式的确定。选择承包方式和合同类型，要求业主站在科学的立场上，考虑整体和长远利益及自己的项目管理能力，另外还要考虑承包商的合法权益、能力经验等。

工程项目主要涉及三方面的介入，即以业主方为主体的发包体系，以设计、施工、供货方为主体的承建体系，以及以工程咨询、评估、监理方面等为主体的咨询体系。工程项目的复杂性也就决定了市场主体三方的不同组织系统，构成不同的项目实施的组织模式。主要有平行承发包、设计/施工总承包、项目总承包、承包联营模式、CM承包模式、承包监理模式等。

1. 平行承发包模式

这种组织方式也称"分别承包方式"，平行承发包模式是业主根据实际情况将工程项目在分解后，由业主分别委托几家承包单位来进行建造的方式。采用平行承发包模式，对业主而言，其将直接面对多个施工单位，多个材料设备供应单位和多个设计单位，而这些单位之间的关系是平行的，各自对业主负责。

（1）平行承发包模式的合同结构

根据承发包方式的形成特征，即业主将工程分解后分别进行发包，分别于各承建单位签订工程合同。因为工程师采用切块平行发包，如业主将工程施工切成 N 块，则业主就会签订 N 个设计合同；工程任务切块分解越多，业主的合同数量也就越多。其合同结构如图3-6所示。

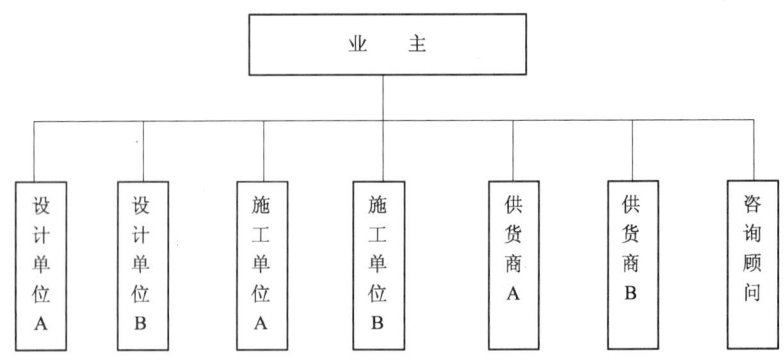

图3-6 平行承发包模式的合同结构

（2）平行承发包模式对业主方项目管理的利弊

1）采用平行承发包模式，合同的乙方数量多，业主对合同各方的协调与组织工作量大，管理比较困难。业主需要管理协调设计与设计、施工与施工、设计与施工等各方相互之间出现的矛盾和问题。因此，客观上就要求业主方建立一个强有力的项目管理班子对工程实施管理，很好地协调各参与单位之间的关系。

2）对投资控制有有利的一面：因业主是直接同各承建方签约，再分包的情况基本很少，业主一般可以得到较有竞争力的投标报价，而合同价会相对较低。

对投资控制不利的一面是：整个工程的总合同价款必须在所有合同全部签订以后才能得知，总合同价不易在短期内确定，在某种程度上会影响到投资控制。

3）采用平行承发包可以提前开始各发包工程的施工，经过合理的切块分解，设计与施工可以交错进行，从而缩短整个项目的工期，有利于实现进度控制的目标。

4）有利于工程质量的控制。由于工程分别发包给各承建单位，合同间的相互制约使各发包的工程内容的质量及进度的要求可以一定程度上得到保证，各承包商能形成相互检查与监督的约束力。如果当前有一工序的工程质量有缺陷的话，则后一工程的承建单位不会同意在不合格的工程上继续进行施工。

5)建设项目招标的组织管理工作量大,同时合同管理的工作量也大,且将项目平行切块的发包单位数越多,导致业主要签订的合同数也就越多,管理的工作量也就越大。采用平行承发包形式的核心是要有效、合理地确定每一发包合同的合同标的物的界面。合同界面不清,业主方合同管理的工作量及难度都会加大,对各个承包商的协调及组织工作量将不可避免地加大好多倍。

平行承发包模式的管理组织形式,在管理组织结构中,业主任命项目经理,也可委托工程咨询单位担任项目经理,组建项目管理班子。项目经理接受业主的工作指令,对工程项目实施规划和控制负责,并代表业主的利益对项目各承建单位进行管理。

2. 设计/施工总承包模式

设计/施工总承包的承发包模式是业主将工程的设计任务委托一家设计单位,将施工任务委托一家施工单位进行承建的方式。这一设计单位就成为设计总承包单位,施工单位就成为施工总承包单位。采用设计/施工总承包形式,业主将直接面对的是两个承建单位,即一个设计总承包单位和一个施工总承包单位。设计总承包单位与施工总承包单位之间的关系是平行的,它们各自对业主负责。

(1)设计/施工总承包模式的合同结构

采用设计/施工总承包模式,业主仅与设计总承包单位签订设计总承包合同,与施工总承包单位签订施工总承包合同。总承包单位与业主签订总承包合同后,可以将其总承包任务的一部分再分包给其他承包单位,形成工程总承包与分包的关系。总承包单位与分包单位分别签订工程分包合同,分包单位对总承包单位负责,业主与分包单位没有直接承发包关系。其合同结构如图3-7所示。

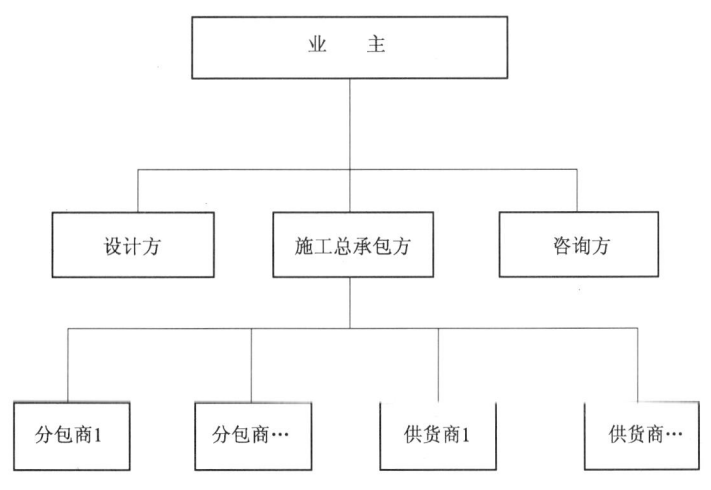

图3-7 设计/施工总承包模式的合同结构

(2)设计/施工总承包形式对业主项目管理的利弊

1)业主方对承建单位的协调管理工作量较小。从合同关系上,业主只需处理设计总承包和施工总承包之间出现的矛盾和问题,总承包单位协调与管理分包单位的工作。总承包单位事项业主负责,分包单位的责任将被业主看作是总承包单位的责任。由此,设计/施工总承包形式有利于项目的组织管理,可以充分发挥总承包单位的专业协调能力,减少业主方的协调工作量,使其能专注于项目的总体控制与管理。

2）设计/施工总承包单位形式的总承包合同价格可以较早地确定,宜于对投资控制。但由于总承包单位需对分包单位实施管理,并需承担包括分包单位在内的工程总承包风险,因此,总承包合同价款相对平行承发包要高,业主方的工程款支出会大一些。

3）在工程质量控制方面,总承包单位能以自己的专业能力和经验对分包单位的质量进行管理,可以监督分包工程质量,对质量控制有利。但如果总承包单位出于切身利益或不负责任,则有可能对工程质量进行隐瞒,对业主方的质量控制造成不利影响。

4）采用设计/施工总承包模式,一般需要在工程设计全部完成以后进行工程的施工招标,设计与施工不能交错进行。但另一方面,总承包单位须对工程总进度负责,须协调各分包工程的进度,因而有利于总体进度的协调控制。

在项目的实施过程中,项目经理接受业主的指令,设计总承包单位和施工总承包单位接受项目经理的工作指令。设计总承包单位和施工总承包单位分别对设计分包单位和施工分包单位的工作进行管理。设计/施工总承包模式的管理组织结构如图3-8所示。

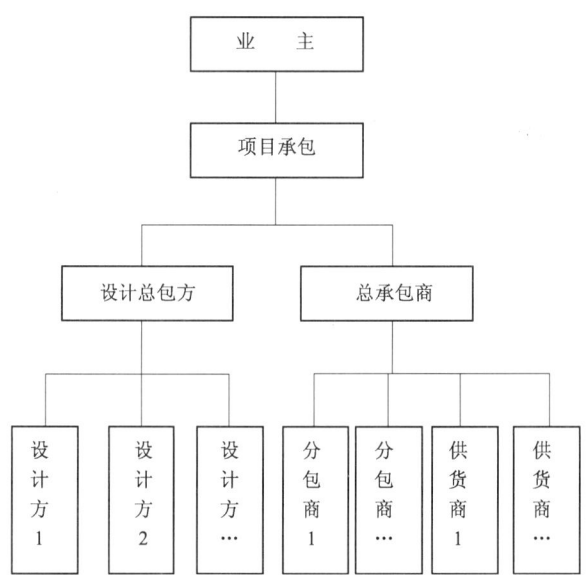

图3-8 设计/施工总承包模式的管理组织结构

3. 项目总承包模式

项目总承包模式是业主将工程的设计和施工任务一并委托一个承建单位进行实施的方式。这一承建单位就称项目总承包单位,由其进行从工程设计、材料设备定购、工程施工、设备安装调试,直至试车生产、交付使用等一系列实质性工程工作。全包单位应自行完成全部设计施工任务,必要时也可将部分设计或施工任务分包给其他设计、施工单位,但分包的前提必须是在取得建设单位的认可之后。

（1）项目总承包模式的合同结构

采用项目总承包模式,业主与项目总承包单位签订总承包合同,只与其发生合同关系。项目总承包单位拥有设计和施工力量,具备较强的综合管理能力。项目总承包单位也可以是由设计单位和施工单位组成的项目总承包联合体，两家单位就某一项目联合与业主签订项目总承包合同，在这个项目上共同向业主负责。对于总承包的工程，项目总承包单位可以将部分的工程任务分包给分包单位完成，总承包单位负责对分包单位的协调和管理，业主与分包单位不存在直接的承发包关系。项目总承包模式的合同结构如图3-9所示。

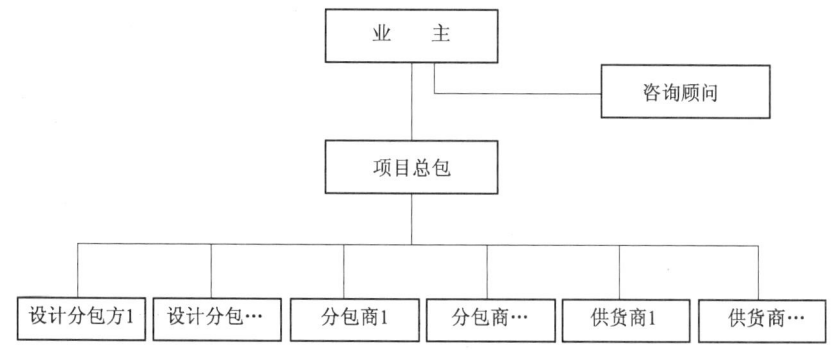

图3-9 项目总承包模式的合同结构

（2）项目总承包模式对业主方项目管理的利弊

1）项目总承包形式对业主而言，只需签订一份项目总承包合同，合同结构简单。由于业主只有一个主合同，相应的协调组织工作量较小，项目总承包单位内部以及设计、施工或单位等方面的关系由总承包单位分别进行协调与管理，相当于业主将对项目总体的协调工作转移给了项目总承包单位。

2）对项目总投资的控制有利，总承包合同一经签订，项目总造价也就确定。但项目总承包的合同总价会因总承包单位的总承包管理费以及项目总承包的风险费而较高。

3）项目总工期明确，项目总承包单位对总进度负责，并需协调控制各分包单位的分进度。实行项目总承包，一般能做到设计阶段与施工阶段的相互搭接，对进度目标控制有利。

4）项目总承包的时间范围一般是从初步设计开始至项目动用交付使用，项目总承包合同的签订在设计之前。因此，项目总承包需按功能招标，招标发包工作及合同谈判与合同管理的难度就比较大。

5）对工程实体质量的控制由项目总承包单位实施，并可以对各分包单位进行质量的专业化管理。但业主对项目的质量标准、功能和使用要求的控制比较困难，主要是在招标时项目的功能与标准等质量要求难以明确、全面、具体地进行描述。因而质量控制的难度大。所以，采用项目总承包形式，质量控制的关键是做好设计准备阶段的项目管理工作。

项目总承包模式的管理组织中，项目经理及其项目管理班子代表业主的利益实施工程项目管理。项目总承包单位接受项目经理发出的工作指令，并对各分包单位的工作进行管理和协调。项目总承包模式的管理组织结构如图3-10所示。

总承包的另一种类型是项目总承包管理。项目总承包管理是指项目总承包管理单位在与业主签订项目总承包合同后，将工程设计与施工任务全部分包给各分包单位，自己不直接进行设计和施工，而是对项目总体实施项目管理，对各分包单位进行协调、组织与控制。项目总承包管理单位一般没有自己的设计队伍和施工队伍，但是具有较高水平和能力的管理人员和技术人员，具备一定的施工机械和一定的经济力量。

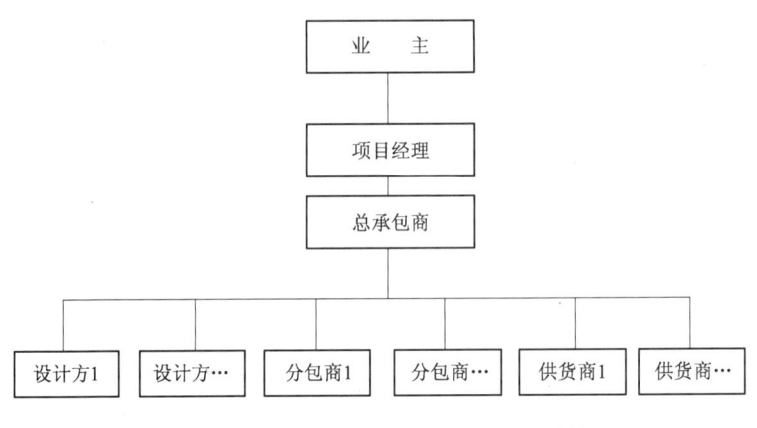

图 3-10 项目总承包模式的管理组织结构

4. 承包联营模式

承包联营又叫"共担风险"（Joint Venture），是目前国际上较流行的一种承包组织法方式。它是指若干企业为完成某项建设项目的施工任务而临时成立的一个联营机构，聚结各企业的人、财、物，重新生成一个经营机构，以便与建设单位签订承包合同，待合同实施期满后，联营体解散，各企业按各自的股权大小分配权大小分配联营所得的一种组织模式。

采用承包联营的组织模式，各施工企业是以联营体的名义与建设单位签订承包合同的，在联营体内部，各联营企业之间还要签订联营协议，以明确彼此之间的经济关系和职权等。承包联营体的各成员企业要共同推选出一位项目总负责人，统一领导、组织和协调工程项目的实施。

承包联营的组织方式，建设单位与承包单位之间的合同结构较简单，在工程施工过程中建设单位的协调工作量也比较少。由于联营体集中了各成员企业的人、财、物，所以联营体资源丰富、实力较强，是大、中、小施工企业和专业施工企业联合起来承包大型工程的一种有力的组织形式。

（1）施工联合体

施工联合体是一种由多家施工企业为承建某项工程而成立的组织机构。工程任务完成后即进行内部清算而解体。施工联合体通常由一家或多家施工单位发起，经过协商确定各自投入联合资金份额、机械设备等固定资产数量及人员等，签署联合体章程，建立联合体的组织机构，产生联合体代表。用联合体的名义与发包方签订承包合同。其合同结构如图 3-11 所示。

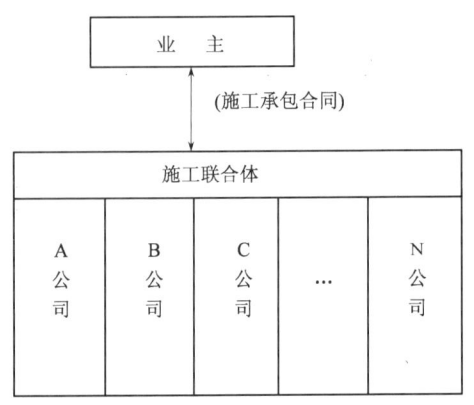

图 3-11 施工联合体承发包关系示意图

施工联合体的工程承包方式，在国际上应用广泛，受到业主的欢迎。因为施工联合体有以下几个显著特点：

1）联合体可以集中各成员单位在资金、技术、管理等方面的优势，克服单一施工企业力不能及的困难，在实力上取得承包资格和业主的信任，也增强了抗风险能力。

2）联合体有自己按照各方参与联合体的合同及组建章程产生的组织机构和代表,可以实行工程的统一经营,并按各方的投入比重确定其经济利益和风险,以明确各方的责任、权利和义务。有的称施工联合体是有福共享、有难同当的承包共同体,因此其各方都能关心和重视承建工程经营的成败得失。

3）联合承包方式,从合同关系上相同于施工总承包,即以业主为一方,施工联合体为另一方的施工总承包合同关系。因此,对业主而言是同样的合同结构,施工过程的组织、管理、协调都比较简单。

4）在项目施工过程中,若一个成员企业破产,其他成员企业共同补充相应的人力、物力、财力,不使工程的进展受到影响,业主不会因此而造成损失。

必须指出,施工联合体并不是一个注册的企业实体,因此它不存在企业资本金,它只是为承建一项工程而进行的联合,是根据工程的施工需要共同投入人力、财力、物力。这样的临时性承包机构要取得承包资质及财务资信,必须有相应法律、法规为其提供具体运作的依据,才能做到合法承包。国外许多国家对联合体的条例规定得相当详细。

（2）施工合作体

施工合作体是一种为承建工程而采取的合作施工的模式。或因工程类型多、数量大或专业配套需要等,当一家施工单位无力实行施工总承包,而发包方又希望施工方有一个统一的施工协调组织的时候,就可能产生由几家施工单位自愿结成合作伙伴,成立一个施工合作体,产生合作体的组织机构及其代表,以合作体的名义与发包方签订施工承包意向合同,其主要是对施工发包方式,发包合同基本条件、施工的总体部署、实施协调的原则和方式等双方作出承诺。

这种意向合同也称基本合同,达成协议后,各承包单位则分别与发包方签订施工承包合同,并在合作体的统一计划、指挥和协调下展开施工,各尽其责、各得其利。其合同结构如图3-12所示。

施工合作体有如下特点：

1）参加合作体的各方都不具备与发包方工程相适应的总承包能力。各方都希望通过结成合作伙伴,增强总体实力,以满足发包方的要求。但他们又出于自主性的要求,或相互间信任度不够等,不采取联合体的捆绑式经营方式。

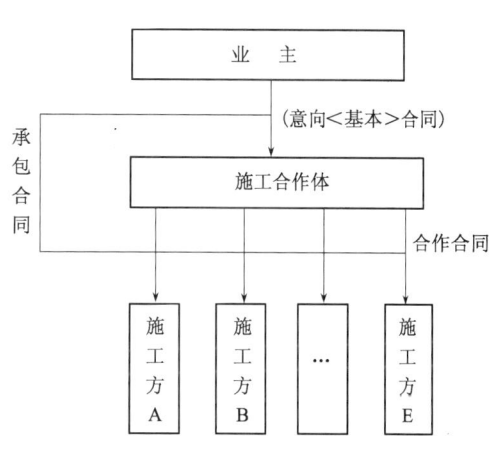

图3-12 施工合作体合同结构示意图

2）合作体的各成员单位都有与所承包施工任务相适应的施工力量,包括人员、设备、资金、技术和管理等生产要素。

3）各成员单位在合作体组织机构的施工总体规划和部署下,实施自主作业管理和经济模式,自负盈亏、自担风险。

4）由于各成员单位与发包方直接签订施工承包合同,履约过程中一旦企业倒闭破产,其他成员单位及合作体机构不承担项目合同的经济责任,这一风险由业主承担。

5）显然,采用施工合作体方式承发包,要使合作体与发包方签订的基本合同具有法律效力，政府必须有相应的法律规定。

5. CM承包模式

CM承包模式全称为Fast-Track-Construction Management。它是由业主委托一家CM单位承担项目管理工作，该CM单位以承包商的身份进行施工管理，并在一定程序上影响工程设计活动，组织快速路径（Fast-Track）的生产方式，使工程项目实现有条件的"边设计、边施工"。

（1）CM承包模式的特点

CM承包模式的主要特点是：

1）采用快速路径法施工。即在工程设计尚未结束之前，当工程某些部分的施工图设计已经完成时，就开始进行该部分工程的施工招标，从而使这部分工程的施工提前到工程项目的设计阶段。

2）CM单位有代理型（Agency）和非代理型（Non-Agency）两种。代理型的CM单位不负责工程分包的发包，与分包商的合同由业主直接签订。而非代理型的CM单位直接与分包商签订分包合同。

3）CM合同采用成本加酬金方式。代理型和非代理型的CM合同是有区别的。由于代理型合同是业主与分包商直接签订，所以采用简单的成本加酬金合同形式。而非代理型合同则采用保证最大工程费用（GMP）加酬金的合同形式。这是因为CM合同总价是在CM合同签订之后，随着CM单位与各分包商签约而逐步形成的。只有采用保证最大工程费用，业主才能控制工程总费用。

（2）实施CM承包模式的价值

CM承包模式特别适用于那些实施周期长、工期要求紧迫的大型复杂建设工程。采用CM承包模式的基本指导思想是缩短工程项目的建设周期，但其价值远不止于此，它在工程质量、进度和造价三大目标控制方面都有很大的价值。

1）在工程质量目标控制方面

① 设计与施工的结合，有利于提高工程质量。采用CM承包模式，实现了工程设计与施工的结合和协调，从而使工程项目采用新的施工工艺和方法，尽量提高工程项目的施工质量成为可能。CM单位根据以往的施工经验，在材料和设备的选择方面提出合理化建议，也为保证和提高工程质量提供了可能。

② 严格的工程质量控制程序，为控制工程质量提供了保证。按照CM合同规定，CM单位在施工阶段要设立专门的现场控制及质量监督班子，建立质量控制和检查程序，编制质量保证计划，监督分包商的施工质量，检查设备材料供应商的产品质量，严格按质量标准和合同进行检查、验收，这一系列措施为控制工程项目的施工质量提供了保证。

2）在工程进度目标控制方面

① 由于采取分阶段发包，集中管理，实现了有条件的"边设计、边施工"，使设计与施工能够充分地搭接，有利于缩短建设工期。

② 尽管工程建设总承包也是在工程设计前期或设计早期进行发包，但由于CM承包模式的招标不需要编制项目功能描述书，因而缩短了招标准备工作时间。因此，采用CM承包模式，比工程建设总承包的招标时间更短。

③ 单位在工程项目设计早期即可参与项目的实施，并对工程设计提出合理化建议，使

设计方案的施工可行性和合理性在设计阶段就得到考虑和证实，从而可以减少施工阶段因修改设计而造成的实际进度拖后。

④ 设计与施工以及施工与施工的合同搭接，CM 承包模式将项目的进度安排看作一个完整的系统工程，一般在项目实施早期即编制供货期长的设备采购计划，并提前安排设备招标、提前组织设备采购，从而可以避免因设备供应工作的组织和管理不当而造成的工程延期。

⑤ CM 单位一般都拥有一套先进的计算机进度控制系统，充分利用现代化管理方法和手段，卓有成效地进行工程项目的进度安排和控制。

3）在工程造价目标控制方面

① 与施工总承包相比，采用 CM 承包模式时的合同价更具合理性。采用 CM 承包模式时，施工任务要进行多次分包，施工合同总价不是一次确定，而是有一部分完整施工图纸，就分包一部分，将施工合同总价化整为零。而且每次分包都通过招标展开竞争，每个分包合同价格都通过谈判进行详细讨论，从而使各个分包合同价格汇总后形成的合同总价更具合理性。

② CM 单位不赚取总包与分包之间的差价。与总分包模式相比，CM 单位与分包商或供货商之间的合同价是公开的，业主可以参与所有分包工程或设备材料采购招标及分包合同或供货合同的谈判。CM 单位在进行分包谈判时，会努力降低分包合同价。经谈判降低合同价的节约部分全部归业主所有，CM 单位可获得部分奖励，这样，有利于降低工程费用。

③ 用价值工程方法挖掘节约投资的潜力。CM 承包模式不同于普通承包模式的"按图施工"，CM 单位早在工程设计阶段就可凭借其在施工成本控制方面的实践经验，应用价值工程方法对工程设计提出合理化建议，以进一步挖掘节省工程投资的可能性。此外，由于工程设计与施工的早期结合，使得设计变更在很大程度上得到减少，从而减少了分包商因设计变更而提出的索赔。

④ GMP 大大减少了业主在工程造价控制方面的风险。当采用非代理型 CM 承包模式时，CM 单位将对工程费用的控制承担更直接的经济责任，他必须承担 GMP 的风险。如果实际工程费用超过 GMP，超出部分将由 CM 单位承担；如果实际工程费用低于 GMP，节约部分全部归业主所有。由此可见，业主在工程造价控制方面的风险将大大减少。

⑤ 采用现代化管理方法和手段控制工程费用。与普通承包商相比，CM 单位不是单"为自己控制成本"，还要承担"为业主控制工程费用"的任务。CM 单位要制定和实施完整的工程费用计划和控制工作流程，并不断向业主报告工程费用情况。在国外，许多成功的 CM 承包商都拥有一套先进的计算机费用控制系统，以便在项目实施过程中编制和调整不同版本的费用预算，进行费用计划值与实际值的动态跟踪比较，发现实际费用超过计划值时，及时采取纠偏措施。

6. Partnering 模式

Partnering 模式于 20 世纪 80 年代中期首先在美国出现，到 20 世纪 90 年代中后期，其应用范围逐步扩大到英国、澳大利亚、新加坡、中国香港等国家和地区，近年来日益受到建设工程管理界的重视。

Partnering 一词看似简单，但是准确地译成中文却比较困难。我国大陆有的学者将其译为伙伴关系，台湾学者则将其译为合作管理。

(1) Partnering 模式的主要特征

Partnering 模式的主要特征表现在以下几个方面：

1）出于自愿。Partnering 协议并不仅仅是业主与承包商双方之间的协议，而需要工程项目建设参与各方共同签署，包括业主、总包商或主包商、主发的分包商、设计单位、咨询单位、主要的材料设备供应单位等。参与 Partnering 模式的有关各方必须是完全自愿，而非出于任何原因的强迫。Partnering 模式的参与各方要充分认识到，这种模式的出发点是实现工程项目建设的共同目标以使参与各方都能获益。只有在认识上达到统一，才能在行动上采取合作和信任的态度，才能愿意共同承担风险和有关费用，共同解决问题和争议。

2）高层管理的参与。Partnering 模式的实施需要突破传统的观念和组织界限，因而工程项目建设参与各方高层管理者的参与以及在高层管理者之间达成共识，对于该模式的顺利实施是非常重要的。由于 Partnering 模式需要参与各方共同组成工作小组，要分担风险、共享资源，因此，高层管理者的认同、支持和决策是关键因素。

3）Partnering 协议不是法律意义上的合同。Partnering 协议与工程合同是两个完全不同的文件。在工程合同签订后，工程建设参与各方经过讨论协商后才会签署 Partnering 协议。该协议并不改变参与各方在有关合同中规定的权利和义务。Partnering 协议主要用来确定参与各方在工程建设过程中的共同目标、任务分工和行为规范，它是工作小组的纲领性文件。当然，该协议的内容也不是一成不变的，当有新的参与者加入时，或某些参与者对协议的某些内容有意见时，都可以召开会议经过讨论对协议内容进行修改。

4）信息的开放性。Partnering 模式强调资源共享，信息作为一种重要的资源，对于参与各方必须公开。同时，参与各方要保持及时、经常和开诚布公的沟通，在相互信任的基础上，要保证工程投资、进度、质量等方面的信息能为参与各方及时、便利地获取。

(2) Partnering 模式的组成要素

Partnering 模式的成功运作所不可缺少的元素包括以下几个方面：

1）长期协议。虽然 Partnering 模式也经常用于单个工程项目，但从各国实践情况看，在多个工程项目上持续运用 Partnering 模式可以取得更好的效果。这也是 Partnering 模式的发展方向。通过与业主达成长期协议、进行长期合作，承包商能够更加准确地了解业主的需求；同时能保证承包商不断地获取工程任务，从而使承包商将主要精力放在工程项目的具体实施上，充分发挥其积极性和创造性。这样既有利于对工程投资、进度、质量的控制，同时也降低了承包商的经营成本。对业主而言，一般只有通过与某一承包商的成功合作，才会与其达成长期协议，这样不仅使业主避免了在选择承包商方面的风险，而且可以大大降低"交易成本"，缩短建设周期，取得更好的投资效益。

2）资源共享、风险共担。工程建设参与各方共享有形资源（如人力、机械设备等）和无形资源（如信息、知识等）、共享工程实施所产生的有形效益（如费用降低、质量提高等）和无形效益（如避免争议和诉讼的产生、工作积极性提高、承包商社会信誉提高等）；同时，参与各方共同分担工程的风险和采用 Partnering 模式所产生的相应费用。

3）相互信任。相互信任是确定工程建设参与各方共同目标和建立良好合作关系的前提，是 Partnering 模式的基础和关键。只有对参与各方的目标和风险进行分析和沟通，并建立良好的关系，彼此间才能更好地理解；只有相互理解，才能产生信任。而只有相互信任，才能产生整体性的效果。Partnering 模式所达成的长期协议本身就是相互信任的结果，其中每一方的承诺都是基于对其他参与方的信任。只有相互信任，才能将工程项目组织管理其他模式中常见的参与各方之间相互对立的关系转化为相互合作的关系，才能够实现参与各方的资源和效益共享。

4）共同的目标。在一个确定的工程项目中，参与各方都有其各自不同的目标和利益，在某些方面甚至还有矛盾和冲突。尽管如此，工程建设参与各方之间还是有许多共同利益的。例如，通过设计、施工、业主三方的配合，可以降低工程的风险，对参与各方均有利；还可以提高工程的使用功能和使用价值，这样不仅提高了业主的投资效益，而且也提高了设计单位和施工承包单位的社会声誉，等等。工程建设参与各方要充分认识到，只有工程建设项目实施结果本身是成功的，才能实现他们各自的目标和利益，从而取得双赢或多赢的结果。

5）合作。工程建设参与各方要有合作精神，并在相互间建立良好的合作关系。但这只是基本原则，要做到这一点，还需要有组织保证。Partnering模式需要突破传统的组织界限，建立一个由工程建设参与各方人员共同组成的工作小组。同时，要明确各方的职责，建立相互之间的信息流程和指令关系，并建立一套规范的操作程序。

值得指出的是，Partnering模式不是一种独立存在的模式，它通常需要与工程项目其他组织模式中的某一种结合使用，如总分包模式、平行承包模式、CM承包模式等。

7. 承包监理方式

建设单位（业主）一方面将设计、施工任务发包给承包商（全包或分包），同时还与社会监理机构签订委托监理合同，委托监理机构对工程承包单位进行监督管理。该方式的优点是监理单位经验丰富，比业主直接管理项目更有优势。承包监理方式的组织系统如图3-13所示。

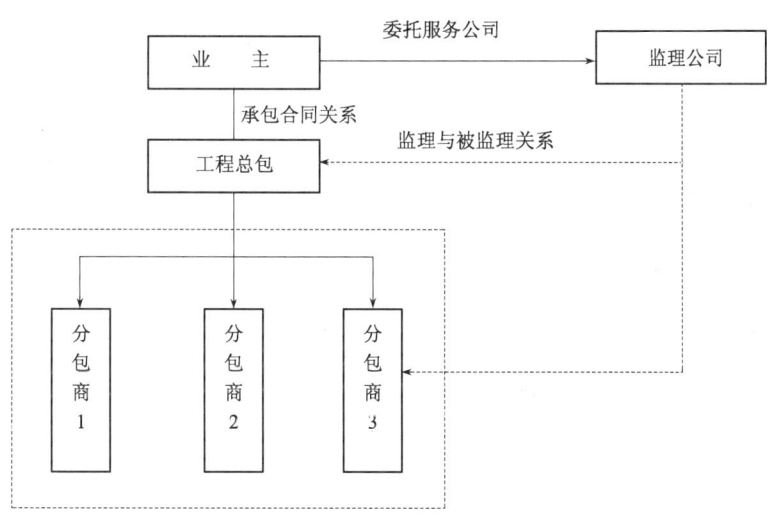

图3-13 承包监理方式

3.3 工程项目的人力资源管理

在本节中，我们主要谈项目经理、项目管理团队和劳动力这三个层面的管理。

3.3.1 项目经理

国内外实践证明,项目经理负责制是符合现代项目管理的项目领导体制;项目经理班子,尤其是项目经理对项目管理的成败关系重大,其素质的高低具有决定性的影响。

项目经理负责制就是将项目经理统一领导、全面负责的组织管理形式作为项目管理的一种制度。项目经理负责制产生于现代西方发达国家,它已成为现代项目管理的基本特征之一。我国一直在探索科学的项目管理领导体制,随着整个经济体制的改革,尤其是在加快建立社会主义市场经济体制和现代企业制度的新形势下,传统的项目领导体制已不适应,项目经理负责制被广泛采用,正在实践中逐步健全和完善。

实行项目经理负责制有利于明确职责,形成合理的责、权、利体系;有利于从行政指令式的管理方式向经济合同制的管理方式转变;有利于优化组织结构,采用弹性矩阵式的组织形式;有利于强化项目意识,树立项目的权威性,统一思想,提高效率,保证项目目标的实现。实行项目经理负责制必然造就一个专家化、专业化的项目经理职业阶层。

1. 项目经理的设置

项目经理是企业法人代表在项目上派出的全权代表,这就决定了项目经理在项目管理上的中心地位。项目经理包括业主的项目经理、受业主委托代业主进行项目管理的咨询机构的项目经理、设计单位的项目经理和施工单位的项目经理四种类型。

(1) 业主的项目经理

业主的项目经理即投资单位领导和组织一个完整工程项目建设的总负责人。一些小型项目的项目经理可由一个人担任,但对一些规模大、工期长且技术复杂的工程项目,则由工程总负责人、工程投资控制者、进度控制者、质量控制者及合同管理者等人组成项目经理部,对项目建设全过程进行管理。业主也可配备分阶段项目经理,如准备阶段项目经理、设计阶段项目经理和施工阶段项目经理等。

(2) 咨询机构的项目经理

当项目比较复杂而业主又没有足够的人员组建一个能胜任管理任务的管理班子时,就要委托咨询机构来组建一个代自己进行项目管理的咨询班子,咨询公司所派出的项目管理总负责人即为项目经理。咨询机构可以代理业主进行项目建设全过程或其中某一阶段的管理。此时,业主一般来说仍要有一个以自己的项目经理为首的项目管理班子,因为有许多重大问题的决策仍需由业主自己作出决定,有许多工作是咨询机构代替不了的。不过,由于委托了咨询机构,业主的项目管理班子可以小一些、精干一些。

(3) 设计单位的项目经理

设计单位项目经理即设计单位领导和组织一个工程项目设计的总负责人。设计单位的项目经理对业主的项目经理负责,从设计角度控制工程项目的总目标。

(4) 施工单位的项目经理

施工单位的项目经理即施工企业法定代表人在承包的建设工程施工项目上的委托代理人。他是工程项目施工的总负责人,是施工项目经理部的最高负责者和组织者。项目经理部是由项目经理在企业的支持下组建并领导和进行项目管理的组织机构,由工程项目施工负责人、施工现场负责人、施工成本负责人、施工进度控制者、施工技术与质量控制者、合同管理者等人员组成。

项目经理大多数是从公司内部选择，有一些是从公司外部招聘。选择项目经理主要是根据其工作能力的大小。

从公司内部选择的优点：

① 熟悉公司组织、制度、流程和合同关键人物，有助于更好地完成任务。

② 人事记录比较完整，可最大限度地授予项目管理责任和权力。

③ 具有良好记录的项目经理及其班子易受顾客欢迎。

从公司外部招聘项目经理也有许多优点：从外部招聘来的新经理由于与公司各部门的非正式联系较少，因此可能公平对待项目。

我国施工项目经理的选择一般有以下三种方式：

1）竞争招聘制。招聘范围可以面向公司内外，其程序是：个人自荐，组织审查，答辩讲演，择优选聘。这种方式既可择优，又可增强竞争意识和责任心。

2）领导委任制。委任的范围一般会限于公司内部，经公司领导提名，人事部门考察，党政决定。这种方式要求公司组织和人事部门严格考核，知人善用。

3）基层推荐，内部协调制。这种方式一般是由公司各基层推荐若干人选，然后由人事部门集中意见，经严格考核后，提出拟聘人选，由党政决定。

总之，由于项目大小不一，组织管理的复杂程度不同，因此，项目经理的设置及其工作班子成员的组成不可能有统一的标准组织模式，应视具体情况而定。

2. 项目经理的任务和职责

不同建设主体的项目经理，因其代表的利益不同，承担工作的范围不同，其任务和职责不可能完全相同。但他们都有统一的目标体系，应当有同向的行为取向。因此无论哪一个建设主体的项目经理的基本任务和职责是有共性的。这里，我们主要介绍建设单位和施工单位项目经理的任务及职责。

（1）建设单位项目经理的主要职责

建设单位项目经理的主要职责是：搞好项目的组织与协调，搞好项目信息与合同管理，控制工程建设的投资、工期和质量，及时验收检查，实现工程项目的总目标。具体内容包括：

1）确定项目组织系统，明确各主要人员的职责分工。

2）确定项目管理系统的目标、项目总进度计划并监督执行。

3）负责组织工程项目可行性研究报告和设计任务书的编制。

4）控制工程项目投资额。

5）控制工程进度和工期。

6）控制工程质量。

7）进行合同管理，当合同有变动时，及时进行协调和调整。

8）制订项目技术文件管理制度，建立完善的工程技术档案。

9）审查批准与工程项目建设有关的物资采购活动。

10）组织并协调与工程项目建设有关的各方面工作，实现工程项目总目标。

（2）施工单位项目经理的职责、权限及应享有的利益

1）施工单位项目经理的职责

施工单位项目经理的主要职责是：搞好工程施工现场的组织管理和协调工作，控制工程

成本、工期和质量，按时竣工交验。具体内容包括：

① 代表企业实施施工项目管理。贯彻执行国家法律、法规、方针、政策和强制性标准，执行企业的管理制度，维护企业的合法权益。

② 履行《项目管理目标责任书》规定的任务。

③ 组织编制项目管理实施规划。

④ 对进入现场的生产要素进行优化配置和动态管理。

⑤ 建立质量管理体系和安全管理体系并组织实施。

⑥ 在授权范围内负责与企业管理层、劳务作业层、各协作单位、发包人、分包人和监理工程师等的协调，解决项目中出现的问题。

⑦ 按《项目管理目标责任书》处理项目经理部与国家、企业、分包单位以及职工之间的利益分配。

⑧ 进行现场文明施工管理，发现和处理突发事件。

⑨ 参与工程竣工验收，准备结算资料和分析总结，接受审计。

⑩ 处理项目经理部的善后工作。

⑪ 协助企业进行项目的检查、鉴定和评奖申报。

2）施工单位项目经理的权限

项目经理应具有下列权限：

① 参与企业进行的施工项目投标和签订施工合同。

② 经授权组建项目经理部确定项目经理部的组织结构，选择、聘任管理人员，确定管理人员的职责，并定期进行考核、评价和奖惩。

③ 在企业财务制度规定的范围内，根据企业法定代表人授权和施工项目管理的需要，决定资金的投入和使用，决定项目经理部的计酬办法。

④ 在授权范围内，按物资采购程序性文件的规定行使采购权。

⑤ 根据企业法定代表人授权或按照企业的规定选择、使用作业队伍。

⑥ 主持项目经理部工作，组织制定施工项目的各项管理制度。

⑦ 根据企业法定代表人授权，协调和处理与施工项目管理有关的内部与外部事项。

3）施工单位项目经理享有的利益

项目经理应享有以下利益：

① 获得基本工资、岗位工资和绩效工资。

② 除按《项目管理目标责任书》可获得物质奖励外，还可获得表彰、记功、优秀项目经理等荣誉称号。

③ 经考核和审计、未完成《项目管理目标责任书》确定的项目管理责任目标或造成亏损的，应按其中有关条款承担责任，并接受经济或行政处罚。

3. 项目经理的素质

美国著名项目管理专家约翰·宾认为，项目经理应具备的素质有六条：

① 具有本专业技术知识。

② 有工作干劲，主动承担责任。

③ 具有成熟而客观的判断能力，成熟是指有经验，能够看出问题来，客观是指他能看到最终目标，而不是只顾眼前。

④ 具有管理能力。

⑤ 诚实可靠与言行一致，答应的事就一定做到。

⑥ 机警、精力充沛，能够吃苦耐劳，随时准备着管理可能发生的事情。

根据我国的项目管理实践，项目经理应具备的素质可概括为以下四个方面：

（1）品格素质

项目经理的品格素质是指项目经理从行为作风中表现出来的思想、认识、品行等方面的特征，如对国家民族的忠诚，良好的社会道德品质，管理道德品质，诚实的态度，坦率的心境及言而有信、言行一致的品格。

（2）能力素质

能力素质是项目经理整体素质体系中的核心素质。它表现为项目经理把知识和经验有机结合起来运用于项目管理的能力，对于现代项目经理来说，知识和经验固然十分重要，但是归根结底要落实在能力上。能力是直接影响和决定项目经理成功与否的关键，概括起来，包括六个方面：

1）决策能力。决策能力集中体现在项目经理的战略战术决策能力上，即能够制定出各项决策并付诸实现。从决策程度来看，经理人员的决策能力可分解为如下三种：收集与筛选信息的能力、确定多种可行方案的能力、选优抉择的能力。

2）组织能力。项目经理的组织能力是指设计组织结构，配备组织成员以及确定组织规范的能力。能够运用现代组织理论，建立科学的、分工合理的、配套成龙的高效、精干的组织机构，确定一整套保证组织有效运转的规范，并能够合理配备组织成员，做到知人善任。

3）创新能力。项目经理的创新能力可归纳为嗅觉敏锐、想象力丰富、思路开阔、设想多样和提法新颖等特征。项目经理必须具备创新能力，这是由项目活动的竞争性所决定的。

4）协调与控制能力。项目经理作为项目的最高领导者必须具有良好的协调与控制能力，而且，项目的规模越大，对这方面的能力要求越高。项目经理的协调与控制能力是指正确处理项目内外各方面关系、解决各方面矛盾的能力。从项目内部看，经理要有较强的能力协调项目中的各部门、所有成员的关系，控制项目资源配置，全面实施项目的总体目标。从项目与外部环境的关系来说，经理的协调能力还包括协调项目与政府、社会、各方面协作者之间的关系，尽可能地为项目创造有利的外部条件，减少或避免各种不利因素的影响。

在经理的协调能力中，最重要的是协调人与人之间的关系，因为项目的内外部关系很大程度上表现为人与人之间的关系，经理协调能力赖以实施的手段是沟通，应倾听各方意见，通过沟通和交流达到相互间的理解和支持。

5）激励能力。项目经理的激励能力可以理解为调动下属积极性的能力。从行为科学角度看，经理的激励能力表现为经理所采用的激励手段与下属士气之间的关系状态。如果采取某种激励手段导致下属士气提高，则认为经理激励能力较强；反之，如果采取某种手段导致下属士气降低，则认为该经理激励能力较低。

6）社交能力。项目经理的社交能力即和企业内外、上下、左右有关人员打交道的能力。待人技巧高的经理会赢得下属的欢迎，因而有助于协调与下属的关系；反之，则常常引起下属反感，造成与下属关系紧张甚至隔离状态。在现代社会中，项目经理仅与内部人员发生交往远远不够，还必须善于同企业外部的各种机构和人员打交道，这种交道不应是一种被动的行为或单纯的应酬，而是在外界树立起良好形象，这关系到项目的生存和发展。那些注重社交并善于社交的项目经理,往往能赢得更多的投资者和合作者,使项目处在强有力的外界支持系统中。

(3) 知识素质

法约尔曾经提出,构成企业领导人的专门能力有技术能力、商业能力、财务能力、管理能力、安全能力等。每一种能力都是以知识为基础的。因此,理想的项目经理应该有解决问题所必要的知识。项目经理应具备两大类知识,即基础知识与业务知识,并懂得在实践中不断深化和完善自己的知识结构。

(4) 体格素质

身体健康,精力充沛。

3.3.2 项目管理团队的管理

在项目运转过程中,项目经理手下汇集了一批各方面的专业精英,项目经理必须将他们组建成一个有效的管理团队,即为了实现一个共同的目标,按照一定的分工和工作程序协同工作而组成的有机整体。它们是在项目实施中紧密协作并互相负责的一群人,他们拥有共同的目标,有分工和合作并由不同层次的权力和责任所构成。显然,工程项目的建设任务要依靠项目管理团队来完成。无论是在技术方面还是管理方面,团队中个体的能力都是工程项目团队能力的必要基础,但是,并不是说团队中的每一个个体能力具备了,工程项目管理目标就一定能够实现的。要实现工程项目管理目标,不仅在于专业分工,更在于加强协作,搞好工程项目团队建设,积极开发工程项目团队能力。

一个团队要实现其工作目标,重要的是其成员要有团队精神。团队精神主要是指团队成员为了实现团队的利益与目标,工作中相互协作、相互信任、相互支持、尽心尽力的意愿与作风。团队精神对项目管理的重要作用早已被实践所证明。

1. 项目管理团队的一般特点

一般来说,有效的项目管理团队应具有以下特点:

(1) 共同的目标

为使项目管理团队工作有效就必须明确项目目标,并在这一目标的感召下,使团队成员凝聚在一起,并为之共同努力。

(2) 合理分工与协作

团队中的每个成员都应明确自己的责任、任务和权力,并为之努力工作,但同时应注意团队成员之间的协作,以形成真正意义上的团队。

(3) 高度的凝聚力

凝聚力是指团队成员之间的团结与团队的吸引力和向心力。团队对成员的吸引力越强,成员的积极性和创造性就越能得到有效发挥。一个有效的项目团队,一定是具有高度凝聚力的团队。团队的凝聚力来源于团队成员共同的愿望、共同的利益和共同的目标;来源于团队成员之间的相互交往、相互合作和有效沟通;来源于团队成员自身愿望的实现。

(4) 团队成员的相互信任

在一个有效的项目管理团队,成员之间应相互信任、相互关心,并承认彼此存在的差异,信任其他人所做和所要做的事情。团队成员应通过公开交流、自由交换意见等方式推进彼此之间的信任。

(5) 有效的沟通

有效的管理团队需要有效的沟通。团队应具备全方位、多种多样、正式的和非正式的沟通渠道；具有开放、坦诚的沟通气氛。

2. 工程项目管理团队的阶段性管理

一个工程项目管理团队从开始到终止要经历不断成长和变化的过程。由于工程项目特殊性的要求，项目管理团队同时具有组织机构的临时性和工作要求的高度效率性的特点，即其组成人员为共同奋斗目标而来，任务完成后即宣布解散，成员被派回原来的工作部门；而在项目运作期间则必须具备高度的责任心、密切的合作意识、强烈的归属感和统一的远景目标。工程项目管理团队的这一特点尤其需要项目经理及其组成人员的相互协调和来自企业管理层、相关部门的支持以及对成员恰当的激励和约束。唯有这样，才能克服其缺陷，发挥其特点，成为高绩效的团队，完成项目管理的目标。

根据国际上许多知名的企业在建立高效的项目管理团队上的成功经验及我国近年来项目管理的具体实践，我们可以将工程项目管理团队的运行周期大致划分为组织初建期、工作磨合期、正常运转期和组织解体期四个阶段，在不同的阶段，工程项目管理团队的组成人员会面临不同的问题，产生不同的反应，因此，管理者亦应根据具体情况采取不同的措施。

(1) 组织初建期

一般来说，在项目初始时，当管理层意识到需要针对某个工程项目成立项目管理部来完成预期的任务时，就会寻找合适的项目经理人选并由他来组阁，决定其他人员的选取。项目经理是企业管理层在该项目中的全权代表，他通过对项目目标的综合分析，制订出大致的实施方案，然后在企业组织内外物色合适的项目管理团队成员。

在这个阶段，企业管理层需要向企业的各组织系统说明组建该项目管理团队的目的，并要求给予最大的支持。同时各个组织系统应该对被抽调的员工作出相应的各方面的安排，以便解除其后顾之忧。这样就可以使项目管理团队的组成人员专心地投身于项目工作，为项目目标的实现打下坚实的基础。

项目经理接到任命后，其首要职责就是建立有效的管理组织，这项工作需要较高的领导技巧和管理艺术以及对组织结构、组织界面的合理设置，正确的用人和激励政策等。项目管理部应结构健全，短小精悍，包容项目管理的所有工作，要选择合适的成员，他们的能力和专业知识应是互补的，形成一个卓有成效的群体。

项目管理团队形成之初，管理成员互相接触，开始时，会有许多初期的不适或情绪的波动。项目经理的目标是要把人们的思想和力量集中起来，真正形成一个组织，使他们了解项目目标和项目组织规则，公布项目的工作范围、质量标准、预算及进度计划的标准和限制。要明确项目管理部中的人员安排，宣布对成员的授权，指出职权使用的限制和注意问题。对每个成员的职责及相互间的活动进行明确定义和分工。要使大家知道，各个岗位有什么责任，该做什么，如何去做，要达到什么结果。要制定或宣布项目管理规范、各种管理活动的内在关系、沟通渠道，并制定管理工作任务分配表。

在这一时期，主要采取的应是目标激励的方法。

(2) 工作磨合期

项目管理团队组织机构建立之后，就进入了工作磨合期。由于组成成员来自各个组织系统，各自的思维方式、工作方法乃至生活习惯不尽相同，在合作过程中难免会出现不适，甚至冲突，这就需要一段时间进行磨合。

随着项目目标和工作逐步明确，成员们开始执行分配到的任务，但由于往往任务比预计的更繁重、更困难，成本或进度计划的限制可能比预计更紧张，会产生许多矛盾。这时候，项目经理要与成员们一起参与解决问题，共同作出决策，应能接受和容忍成员的不满，做导向工作，积极解决矛盾，决不能希望通过压制来使矛盾自行消失。项目经理应创造并保持一种有利的工作环境，激励人们朝预定的目标共同努力，鼓励每个人都把工作做得很出色。

在这一阶段，项目经理与管理团队成员的沟通及各成员之间的沟通最为重要，要运用情感激励即以真挚的情感，增强大家的感情联系和思想沟通。包括：

1）尽可能利用各种方式为管理团队成员提供自由和充分沟通的机会。为他们提供互动的场所和时间，通过经常性的沟通和"互诉苦衷"，达到成员间互相了解、互相信任、互相支持和互相合作的良好关系。

2）要及时解决团队成员之间的矛盾。当团队成员之间产生矛盾时，项目经理要反应敏锐，并采取有效措施进行解决，这时较多采用的方法是正视法和共同目标法。所谓正视法就是将冲突的各方召集到一起，在面对面的基础上讨论彼此的分歧，以便找出解决矛盾的方法。而共同目标法就是通过强化共同目标来调解矛盾，要求冲突各方充分认识到项目目标的重要性，暂时放下个人恩怨。若单独使用共同目标法，虽然能将矛盾暂时搁置起来，但有可能以后在其他因素的引导下再度爆发，不利于今后工作的进行。因此，最好将正视法和共同目标法结合起来使用。

3）项目经理应注意帮助解决团队成员的困难，无论是工作上的还是生活上的。因为实现项目目标的工作时间有限，若因个别成员的问题而延误目标的完成将是巨大的损失，因此项目经理必须最大限度地减少这种情况的发生概率。他需要密切关注项目工作进展情况，了解工作中出现的技术管理等困难，并及时组织解决。当团队成员出现生活上的困难影响工作时，要帮助解决，让成员感到项目组织的温暖，从而加强项目的凝聚力，有利于目标的完成。

在这一阶段，情感激励无疑有着重要意义。

（3）正常运转期

经过工作磨合期的相互了解和沟通，工程项目管理团队的工作进入正常运转期。而这一阶段的工作状况对于项目目标的实现有着决定性的影响。这时在管理团队已形成了一种较为融洽的工作氛围，各成员之间已相互了解，人与人之间和人与机构之间基本适应，大家都致力于工程项目总体目标的实现。在这一阶段，除了一般性的工作要求以外，富有经验的项目经理会非常注意发掘组织成员的潜力，调动其成就感和荣誉感，合理地运用激励机制。由于工程项目建设周期较长的特点，项目目标的实现与否以及它为企业带来的利润和团队成员的工作成绩在这个时期不能显性化，因此除了加班工资和部分奖金等一定的物质奖励以外，主要还应该通过内在激励机制即项目目标的实现来激发和调动管理团队成员的内在需求，即通过挑战性的工作和自身的努力所获得的成功来感受和获得满足。

荣誉的重要性在于项目目标的实现有利于提高该项目管理团队的整体声誉，同时也为其组织成员带来了荣誉，当然最终大家都将获得巨大的利益。由于出色完成项目目标，他们会受到其他项目团队的尊敬，受到企业管理层的表扬。如果其项目目标的实现能帮助企业摆脱困境，在竞争中打败对手，还可以获得同行业其他企业的好评。这些都为项目组织成员带来了荣誉。但是这些荣誉是在项目目标实现的基础上才能得到的，因而关键是激发成员对荣誉满足感的需求，以产生追求荣誉满足感的动机。管理者可以利用个体对成就的需要这一理论采取成就激励和机会激励。成就激励指的是个体对自身成就的内心体验，使个体获得了一种高层次的满足。具体地说就是当人们经过自己的艰苦努力终于完成了一项艰巨任务时，即便没有获得外在报酬也会得到一种满足，这种需要就是"自豪感、自我价值的体验"以及由此产生的内在体验。机会激励指的是通过团队目标、事业理想等启动个体的"超我动力"，促使个体发挥最大的潜能，获得机会带来的满足感。

由此可以看出，在这一阶段，如果能够恰到好处地强化项目目标在管理团队成员心目中的地位，让大家充分认识到目标的实现能为其带来荣誉和成就感，并通过一系列的措施实现对成员的成就激励，这对于项目目标的成功实现无疑是十分重要的。

(4) 组织解体期

在项目目标任务完成后，工程项目管理团队应予解散，这一时期要做好善后工作。随着项目目标的实现，管理团队的业绩受到企业管理层的认可和奖励。团队成员在项目目标实现的过程中消除了由向往获得成就而产生的心理紧张，获得了成就感、荣誉感和自信心，能够在这种良好的情绪氛围中返回到原来组织的工作，或积极投入新的项目管理工作。这时，管理者的工作是把团队成员召集起来，认真总结项目管理团队自组建以来取得的经验和教训。比如，各成员在项目组织中是否获得了归属感，是否发挥出了最大的潜能，以及在合作过程中出现了哪些问题而没有得到很好的解决等。通过总结性的聚会，可以为项目经理与各管理团队成员的下次合作及以后工作提供经验。

当然，对于个别在项目运作过程中表现不佳或任务完成不好的成员来说，其业绩没能得到认可，想要获得成就感的需求不能得到满足，因此会产生挫败感，短时期难以恢复。为调动其积极性，这时管理者要做的工作就是与其一起查找原因，总结经验教训，以充分建立信心，使其以积极的心态回到原部门加倍地努力工作。同时管理者也要考虑自己是否有过失，以避免下次出现同样的错误。

总而言之，工程项目管理团队是进行项目运作的最基层落脚点。我们必须认真研究其内在的运行规律，努力提高其管理艺术，充分发挥其在项目管理中的突击队和战斗队的作用，这对于我们有效地提高项目管理水平，无疑有着极其重要的意义。

3.3.3 劳动力管理

建筑业用工制度的改革，使施工总承包企业和专业承包企业的作业人员有了可靠的来源保证，也为工程项目的劳动力管理带来了改革发展的契机。按照合同，由劳务分包公司提供作业人员，主要由劳务分包公司进行劳动力管理，项目管理部协助管理，这必将大大提高劳动力管理的水平和管理效果。

在项目中对于劳动力的使用，关键是要提高效率。提高效率的关键是如何调动工人的积极性，而最好的办法就是加强思想政治工作和利用行为科学，从劳动力个人的需要和行为的关键点出发进行恰当的激励，这是工程项目劳动力管理的正确思路。

1. 劳动力的优化配置

一般来说，一个工程项目在劳动力安排上应有一个统筹计划，即首先要做好综合劳动力和主要工种劳动力计划，以使管理者在人力使用上做到心中有数。

一个项目所需劳动力和种类、数量、时间、来源等问题，应就项目的具体状况作出安排，劳动力的合理安排要通过劳动力的优化配置来实现。劳动力的优化配置首先要依据项目的不同加以确定，同时要考虑项目的进度计划，而且劳动力资源供应环境也是主要的参考依据。

在劳动力优化配置的方法上，首先应根据项目分解结构，按照充分利用、提高效率、降低成本的原则确定每项工作或活动所需劳动力的种类和数量；然后根据项目的初步进度计划进行劳动力配置的时间安排，在此基础上进行劳动力资源的平衡和优化，同时考虑劳动力资源的来源，最终形成劳动力优化配置计划。

具体来说：

（1）应在劳动力需用量计划的基础上进一步具体化，以防漏配。必要时根据实际情况对劳动力计划进行调整。

（2）配置劳动力应积极可靠，使其有超额完成的可能、以获得奖励，进而激发其劳动积极性。

（3）尽量保持劳动力和劳动组织的稳定，防止频繁变动。但是，当劳动力或劳动组织不能适应任务需要时，则应进行调整，并敢于改变原建制进行优化组合。

（4）工种组合、技术工种和一般工种比例等应适当、配套。

（5）力求使劳动力配置均匀，使劳动资源强度适当，以达到节约的目的。

2. 劳务分包企业和劳务分包合同

（1）劳务分包企业

建筑业企业的资质分为施工总承包、专业承包和劳务分包三个序列。其劳务分包企业就是施工项目的劳动力来源。获得劳务分包资质的企业，可以承接施工总承包企业或者专业承包企业分包的劳务作业。

劳务分包企业共有13类，包括：木工、砌筑、抹灰、石制作、油漆、钢筋、混凝土、脚手架、模板、焊接、水暖电安装、钣金、架线作业分包企业。

（2）劳务分包合同

劳务分包合同一般分为两种形式：一是按施工预算或投标报价承包；二是按施工预算中的清工承包。劳务分包合同的内容包括：工程名称，劳务分包工作内容及范围，提供劳务人员的数量，合同工期，合同价款及确定原则，合同价款的结算和支付，安全施工、重大伤亡及其他安全事故处理，工程质量、验收与保修，工期延误，文明施工，材料机具供应，文物保护，发包人、承包人的权利和义务，违约责任等。

3. 劳动力的动态管理

项目管理部是项目施工范围内劳动力管理的直接责任者，应按照以下原则对劳动力实施动态管理：

① 动态管理以进度计划与劳务合同为依据。

② 动态管理应始终以市场为依托，允许劳动力在市场内作充分的合同流动。

③ 动态管理应以动态平衡和日常调度为手段。

④ 动态管理应以达到劳动力优化组合和劳动力的积极性充分调动为目的。

具体责任是：

① 按计划要求向企业劳务管理部门申请派遣劳务人员。

② 按计划在项目中分配劳务人员，并下达施工任务书。

③ 在施工中不断平衡劳动力需求和供给的矛盾，与劳务企业保持沟通，及时协调解决问题。

④ 按合同支付劳务报酬，任务完成后，劳务人员遣归企业。

4. 劳动力的激励管理

要充分调动项目劳动力的积极性，就必须了解其行为动机，激发劳动力的潜能。应有效地将人的动机和项目所提供的工作机会、工作条件和工作报酬紧密地结合起来，这就是项目劳动力激励的主要内容。

在项目的劳动力激励管理中，应注意以下几方面的基础性工作：

（1）共同的目标和利益是劳动力激励管理的核心基础。

（2）合理的管理制度和奖励分配制度是劳动力激励管理的抓手。

（3）期望心理和公平心理的疏导是劳动力激励管理的重要手段。

（4）健康向上的企业文化是劳动力激励管理的必要环境。

（5）自然形成的群众领袖式人物是劳动力激励管理的条件。

5. 劳动力的绩效评估

绩效评估是用过去制定的标准来比较工作绩效的记录及将绩效评估结果反馈给员工的过程。它是以工作目标为导向，以工作标准为依据，对员工行为及其结果的综合管理，目的是确认员工的工作成就，改进员工的工作方式，奖优罚劣，提高工作效率和经营效益。劳动力的绩效评估大致可以分为如下步骤：

（1）建立业绩标准。

（2）将业绩标准和期望告知员工。

（3）测量员工实际业绩。

（4）将员工实际表现和评价标准作比较。

（5）与员工就业绩评估进行讨论。

（6）必要时采取矫正措施。

实践证明，绩效评估是一项非常复杂而又必须做好的工作。

6. 劳动力的能力培训和提高

劳动力的能力培训和提高指为提高员工技能和知识，增进员工工作能力，从而促进员工现在和未来工作业绩所做的努力，在整个人力资源管理过程中起重要作用。

在提高员工能力方面，为满足新员工的需要，一般可以提供三种类型的培训：技术培训、取向培训和文化培训。一般来说，在招聘过程中，总是尽力挑选有必需的技术知识和技能的人，但这也不能保证所有的工作都将被分配给完全胜任的人，对新员工的技术培训或多或少总是必要的。新员工还需要通过培训来熟悉他们的工作、公司及其政策和程序。

在劳动力培训方面应做好如下几方面的工作：

（1）确定培训目标

培训目标要描述受训者应该能做些什么作为培训结果，即经过培训后，员工应该有什么变化，应该掌握什么新技能。培训结果越具体，就越有可能设计出正确的培训方案并实现它们。同时培训目标也可以被用来判断培训方案的有效性，即作为评估培训效果的依据。

（2）选择培训对象

虽然员工都可以被培训，而且可以从培训中获得收益，但由于资源有限，不可能提供足够的资金、人力、时间做漫无边际的培训，因此，必须有指导性地确定急需人才培训计划，根据项目目标的需求挑选被培训人员。

总之，培训对象是根据个人情况、当时的技术及组织需要而确定的。

（3）选择培训方法

通常，培训方法随工作水平的不同而有所不同。而每种培训方法都有自己独特的优点，常见的有如下几种：

1）在职培训。在职培训是采用较普遍的培训方式，这里指在实际工作职务和工作场地所进行的训练和学习。

2）工作指导培训。工作指导培训方案的开发始于工作分解，就是分步骤地列出应如何进行工作。伴随工作分解的是对每一步骤的关键点进行描述。关键点就是提供建议，帮助员工有效而安全地执行任务。培训者首先讲解并演示任务，然后让受训者一步步地执行任务，必要时给予纠正性反馈。这种方法对教导受训者如何执行相对简单并可以一步步完成的任务非常有效。它的有效性归功于受训者有大量机会实践任务，并接受有益的反馈。

3）讲授法。讲授法就是课程学习，它最适合于以简单地获取知识为目标的情形（比如在新员工培训中描述公司历史）。

4）工作模拟培训。工作模拟是能够提供几近真实的工作条件，同时又不失去对培训过程的有效控制，从而为受训者提供一种较好的学习条件。

本章小结

科学合理的管理组织是进行项目管理的组织保证，许多失败的项目都可以在管理组织上找到原因。本章首先对我国目前实施的项目法人责任制作了大致的介绍，分析其职责及项目法人在项目运行中与各方面的关系。应当明确，组织机构是支撑项目正常运转的骨架，因此，在阐述了项目组织机构的设置原则后分别介绍了工程项目管理中甲乙双方的组织机构，并提供了各种组织机构的选择思路。关于工程项目实施的组织方式，大致介绍了几种主要的承发包模式。

人力资源管理是工程项目管理的重要组成部分，它服务于工程项目管理，且关系到项目管理目标的最终实现。对于工程项目管理的中心人物——项目经理，按其背景不同，明确其职责，并对其素质方面提出了共性的要求；对于管理团队，则依据项目管理部的运行阶段提出了具体的管理要求；最后，对于劳动力层面从优化配置、动态管理、激励管理、绩效评估和培训提高等不同角度也作出了详细的介绍。

思 考 题

1. 何谓项目法人责任制？项目法人的职责是什么？
2. 简述工程项目组织机构的设置原则。
3. 项目甲方的组织机构有哪几种？
4. 项目乙方组织机构常见类型有哪些？
5. 工程项目实施大致有哪几种组织方式？
6. 何谓工程项目人力资源管理？

7. 何谓项目经理？他应具备什么样的素质？谈谈你心目中的项目经理。

8. 有效的项目管理团队有哪些特点？谈谈你对不同阶段管理团队出现的问题及解决办法的理解。

9. 说说你对我国建筑业劳动力管理情况的观察与了解。

第4章 工程项目范围管理

【学习目标】 了解工程项目范围管理的目的和意义；熟知工程范围确定的步骤和项目范围文件中所涉及的内容；掌握工程项目范围管理各个内容的概念；学会对项目进行结构分析。
【关键概念】 工程项目范围管理 工程结构分析 工作分解结构 范围变更控制 范围的核实确认

4.1 概 述

4.1.1 工程项目范围管理的基本概念

项目范围是指为了成功达到项目的目标、顺利完成项目可交付工程而必须完成的相应规定工作的总和。对一个工程项目而言，项目范围就是完成一个确定规模的工程所涉及全部建设任务的范围之和，这些建设任务构成了整个工程项目的实施过程。简言之，工程项目的范围就是工程项目所有活动的组合，即工程项目的行为系统的范围。

项目范围通常由如下三部分工作组成：

(1) 专业工作。各种专业设计、施工组织设计和材料设备供应工作等。

(2) 管理工作。为实现项目目标所必需的预测、决策、计划和控制工作。如按职能划分，可将管理工作划分为进度管理、质量管理、成本管理、合同管理、资源管理和信息管理等。

(3) 行政工作。项目实施过程中的一些行政事务性工作，如行政审批工作等。

工程项目范围管理是为了成功达到项目目标，顺利完成、仅仅完成规定要做的全部建设工作的管理过程。即在满足工程项目使用功能的条件下，对项目应该包括哪些具体的工作进行定义和控制。从定义来看，工程项目范围管理应以确定并完成项目目标为根本目的，成为项目管理的基础工作，并贯穿于项目的全过程。

4.1.2 工程项目范围管理的内容

工程项目范围管理的内容包括项目范围的确定、项目结构分析、项目范围变更控制、项目范围的核实确认。

(1) 项目范围的确定。明确项目的目标和主要可交付成果，确定项目的总体系统范围并形成文件，以作为项目设计、计划、实施和评价项目成果的依据。

(2) 项目结构分析。用可测量的指标定义项目的工作任务，并形成文件，以此作为分解项目目标、落实组织责任、安排工作计划和实施控制的依据。

(3) 实施过程中的范围控制。通过工程项目实施过程中的范围控制，保证项目范围的完整性。

(4) 项目范围的核实确认。对已完成的项目范围以及相应的可交付成果进行验收，确保每一项成果都符合要求。

工程项目范围管理应该贯穿于整个项目建设周期，根据项目建设周期的不同阶段，有着不同的范围管理内容。工程项目的范围管理中，相应项目建设周期各个建设阶段的项目范围管理内容如表4-1所示。

表 4-1　项目建设周期各个建设阶段的项目范围管理内容

项目建设周期各个阶段	决策阶段	准备阶段	实施阶段	竣工阶段
范围管理内容	投资机会研究 可行性研究	设计 招标	建设施工 组织协调 项目采购	竣工验收 项目总结评价

4.1.3　工程项目范围管理的目的

工程项目范围管理的目的是在明确的项目系统范围内，确保项目实施过程和最终交付工程的完备性，进而实现项目目标。

4.2　工程项目范围的确定及定义

4.2.1　工程项目范围确定的概念

项目实施前，要对项目的工作范围进行确定，作为日后进行项目设计、计划、实施、评价和变更的依据。所以项目范围的确定就是明确界定项目的范围，即项目的系统范围，明确项目管理的对象，并提出详尽的项目范围说明文件。在项目的计划文件、设计文件、招标文件和投标文件中应包括对工程项目范围的说明。实施项目范围确定的过程就是项目范围的定义。工程项目范围定义就是把项目的可交付成果（一个主要的子项目）划分为较小的、更易管理的多个单元。然后根据项目的初步范围说明书和单元划分编制详尽的项目范围说明书的一个过程，进而作为工作分解结构的根据。进行项目范围定义有助于提高费用、时间和资源估算的准确性；利于对独立划分的单元进行进度测算，以计算及时发生的工程费用；便于在明确划分各部分的权利和责任基础上，清楚地分派任务。

1. 项目范围确定的步骤

项目范围确定通常要遵循以下过程：

（1）项目目标的分析。

（2）项目环境的调查与限制条件分析。

（3）项目可交付成果的范围和项目范围确定。

（4）对项目进行结构分解工作。

（5）项目单元的定义。

（6）项目单元之间界面的分析，包括界限的划分与定义、逻辑关系的分析，实施顺序安排，将全部项目单元还原成一个有机的项目整体，是进行网络分析、项目组织设计的基础工作。

2. 工程项目范围确定的依据

工程项目范围的确定要根据以下依据：

(1) 项目目标的定义文件。
(2) 项目范围说明文件。
(3) 环境条件调查资料。
(4) 项目的概况、其他限制条件、阶段成果和制约因素。
(5) 其他依据，例如历史资料、各种项目假设。

3. 项目范围确定的影响因素

工程项目的范围就是工程项目所有活动的组合。工程承包项目范围确定的主要影响因素包括：

(1) 最终应交付成果的范围

工程承包项目范围的确定方式因承包模式而不同。在单价合同中，业主会在招标文件中提供比较详细的图纸、工程设计说明、工程量表等，这时的可交付成果可根据以下文件确定：

1) 工程量表。工程量表说明了可交付成果数量，过程成果清单，并对其进行了描述。

2) 技术规范。技术规范主要记录了项目的各个部分在实施过程中采用的通用技术标准和特殊标准，即设计标准、施工规范、详细的施工工艺、竣工验收方法等。

3) 工程的设计任务书。任务书从总体上定义了工程的技术系统要求，是工程范围说明的框架资料。承包商必须根据业主要求编写详细的项目范围说明书（在项目建议书中），并提出报价。在"设计—施工—供应"这种总承包合同中，业主通常会在招标文件描述所要求的最终交付工程的功能。正如工程的设计任务书一样。

(2) 合同条款

合同条款从两个方面定义了承包商的项目范围：

1) 工程施工过程责任。如拟建工程的施工详图设计、项目的永久设备和设施的供应和安装、竣工保修等。

2) 承包商合同责任产生的工程活动。如为了保证材料使用的安全性而进行的试验研究工作。

3) 因环境制约产生的活动。如为了保护环境、周边的建筑、施工人员的安全和健康而采取的保护措施。

4.2.2 项目范围说明文件的内容

在进行范围确定前，一定要有范围说明书，项目范围说明书详细地说明了为什么要进行这个项目，明确了项目的目标、主要的项目的可交付成果和为提交这些可交付成果而必须开展的工作。项目范围说明书还是项目利害关系者之间签订协议的基础，对项目范围的共同理解，也是未来项目实施的基础。项目范围说明书还使项目团队能够实施更详细的规划，在执行过程中指导项目团队的工作，并构成了评价变更请求或增加的工作是否超出了项目的边界的基准。在工程实践中，随着项目的不断实施进展，范围说明要不断进行修改和细化，以反映项目本身和外部环境的变化。不管是对于项目还是子项目，项目管理人员都要编写其各自的项目范围说明书。

项目范围说明书对于哪些工作要做，哪些工作不要做的明确程度和划分的合理水平，决定了项目管理团队控制整个项目范围的好坏。而项目范围管理又进一步决定了项目管理团队规划、管理和控制项目执行的好坏。

详细的项目范围说明书应该涵盖如下事项：

（1）项目目标。项目目标包括可测量项目成功与否的衡量标准。项目目标是所要达到的项目的期望产品或服务，确定了项目目标，也就确定了成功实现项目所必须满足的某些数量标准。项目目标至少应该包括费用、时间进度和技术性能或质量标准。当项目成功地完成时，必须向他人表明，项目事先设定的目标均已达到。值得注意的一点是，如果项目某些目标不能够被量化，则要承担很大的风险。例如项目成本少于××万元人民币。而像拿到鲁班奖这些目标就可以不被量化。

（2）产品范围说明书。逐步细化在项目章程和需求文件中所述的产品、服务或成果的特征。这些特征通常在早期阶段描述得不够详细，而在以后的阶段，随着产品特征的逐步明确，产品范围说明书也逐步详细起来。

（3）项目要求说明书。说明了为了满足合同、标准、技术规定说明书或其他正式强制性文件的要求。说明书中列出了项目可交付成果必须满足的条件或具备的能力，并根据利害关系者的所有需要、需求以及期望的分析结果的相对重要性反映在项目要求说明书中。

（4）项目技术规定说明书。项目技术规定说明书识别了项目应当遵守的技术规定文件。

（5）项目边界界定。通常清楚地说明哪些事项属于项目的内容，哪些事项不应包括在项目之内。

（6）项目可交付成果清单。既包括由组成项目产品或服务的结果，也包括各种辅助成果，如项目管理报告和文件。所谓成果，是指任务的委托者在项目结束或者项目某个阶段结束时要求项目班子交出的成果。对可交付成果的描述可详可简。如果列入项目可交付成果清单的事项一旦被完满实现，并交付给使用者——项目的中间用户或最终用户，就标志着项目阶段或项目的完成。

（7）产品验收准则。确定了验收已完成产品的过程和原则。

（8）项目制约因素。列出并说明与项目范围有关并限制项目团队选择的具体项目制约因素。如果项目是根据合同实施的，那么合同条款通常也是制约因素。有关制约因素的信息可以列入项目范围说明书，也可以独立成册。合同条款一般都是制约因素。

（9）项目假设。列出并说明同项目范围有关的具体项目假设条件，以及假设在不成立时可能造成的潜在后果。有关假设条件的信息可以列入项目范围说明书，也可以独立成册。项目团队应识别、记载并验证假设。

（10）项目资金限制。说明了项目基金方面的所有限制，包括总金额或规定的时间。

（11）项目初步组织。识别了项目团队的成员的内部管理关系。项目的组织也可形成文件。

（12）项目初步风险。识别了项目的已知风险。

（13）进度里程碑。顾客或实施组织可能识别里程碑，并为这些里程碑规定强制性日期。这些日期可以当作进度制约因素看待。

（14）费用估算。项目的费用估算为项目的预期总费用，这种估算通常叫概念性估算或确定估算，指明估算的准确性。

（15）配置管理要求。说明了项目实施的配置管理和变更控制水平。

（16）批准要求。批准要求识别了适用于诸如项目目标、可交付成果、文件和工作等事项的批准要求。

在这16条中，有关项目目标的内容包括目标、产品范围说明书、项目要求说明书、技术规定说明书；有关项目限制的内容包括项目边界、交付成果、假设、制约因素、资金限制、验收准则；有关单独的知识领域的内容包括初步组织、初步风险、进度里程碑（也是制约）、费用估算；有关控制措施的内容包括配置管理要求、批准要求。

无论如何，项目范围说明书至少应该包括项目的合理性说明，项目目标和项目可交付成果清单三个部分。项目的合理性说明即解释为什么要实施这个项目，也就是实施这个项目的目的是什么。项目的合理性说明为将来提供了评估各种利弊关系的基础。

范围说明书因项目类型的不同而不同。规模大、内容复杂的项目，其范围说明书也可能会很长。政府项目通常会有一个被称作工作说明书的范围说明。有的工作说明书可以长达几百页，特别是要对产品进行详细说明的时候。总之，范围说明书应根据实际情况作适当的调整以满足不同的、具体的项目的需要。

4.3 工程项目结构分析

4.3.1 工程结构分析的定义和内容

范围的定义是对项目范围进行结构分解（工作结构分解）工作。范围定义的结果是工作分解结构（Work Breakdown Structure，简称 WBS）以及相关的说明文件。工作分解结构是以可交付成果为对象，将项目按一定的方法划分为较小和更便于管理的项目单元，一直将可交付成果分解到工作包和作业小组，通过控制这些单元的费用、进度和质量目标，使它们之间的关系协调一致，从而控制整个项目目标，即将合同中要做的全部工作分解成合适大小的部分来编制项目目标计划的一种有层次性的结构或框架，每下降一个层次意味着对项目工作更详细的说明。

对项目范围进行结构分解（工作结构分解）工作，即产生 WBS 以及项目管理说明文件的过程，就是工程项目结构分析。工程项目结构分析是项目团队根据项目范围说明文件，为了达到项目目标，将实现可交成果所涉及的工作进行分解，得到一种有层次的结构。项目结构分析应包括项目分解、工作单元定义和工作界面分析三部分内容。

项目分解应符合下列要求：
① 内容完整，不重复，不遗漏。
② 一个工作单元只能从属于一个上层单元。
③ 每个工作单元应有明确的工作内容和责任者，工作单元之间的界面应清晰。
④ 项目分解应有利于项目实施和管理，便于考核评价。

项目分解结构所涉及的工作必须是当前批准的项目范围说明书规定的工作。项目结构分析可以将项目工作分解成更小和更便于管理的多项工作，并将这些工作有条理地组织在一起，便于项目管理者更理解项目之间的联系，并对项目进行监管和控制，有助于项目利害关系者理解项目的可交付成果。

工作单元（活动）应是分解结果中的相对独立的、易于管理较小项目单位，便于落实职责、实施、核算和信息收集等工作，是工作分析结构中低层组成部分的计划工作。工作分解结构中，每下降一级，表示项目单元的描述逐渐变得详细。项目应逐层分解至工作单元，形成树形结构图或项目工作任务表,进行编码。

工作界面分析应达到下列要求:

① 工作单元之间的接口合理,必要时应对工作界面进行书面说明。

② 在项目的设计、计划和实施中,注意界面之间的联系和制约。

③ 在项目的实施中应注意变更对界面的影响。

4.3.2 工程结构分析的实现

工程结构分析通常由以下 13 个步骤实现:

1. 确定项目总目标

根据项目技术规范和项目合同的具体要求,确定最终完成项目需要达到的项目总目标。

2. 确定项目目标层次

确定项目目标层次就是确定工作分解结构的详细程度(即 WBS 的分层数)。

3. 划分项目建设阶段

将项目建设单位的全过程划分成不同的、相对独立的阶段。如设计阶段、施工阶段等。

4. 建立项目组织结构

项目组织结构中应包括参与项目的所有组织或人员和项目环境中的关键人物。

5. 确定项目的组成结构

根据项目的总的和阶段性目标,将项目的最终成果和阶段性成果进行分解,识别项目的主要组成部分,确定该级别的每一单元是否可以恰当地估算费用和工期,识别每一可交付成果的组成单元。它实际上是对子项目或项目的组成部分进一步分解形成的结构图表,其主要技术是按工程内容进行项目分解。这个过程可有如下步骤实现:

(1) 识别项目的主要组成部分。在识别项目主要组成部分时,可以从可作为独立的交付成果(具有相对独立性,一旦建成,即可马上移交给业主使用或投产运营)和便于实际管理两方面进行考虑。在确定各个可交付成果(或子项目)的开始和完成时间时,应使先行完成的可交付成果(或子项目)能相对独立地投产运营。

(2) 确定该级别的每一单元是否可以"恰当"地估算费用和工期。这里使用"恰当"是因为不同的单元有不同的分解级别。

(3) 识别每一可交付成果的组成单元。完成这些单元后所完成的结果应该是切实的、有形的,便于进度测量。

(4) 证实分解的正确性。正确的分解结果应该是:①目前分解的层次,对完成所分解的单元既必要又详尽;②清晰和完整地定义了每一个单元;③能够"恰当"地确定每个单元的起止时间并作出费用估算,这个单元的任务已分派给某一部门(小组或个人),并能承担其全部责任。同时这个分解结构利于管理控制。

6. 建立编码体系

通常以公司现有财务图表为基础,建立项目工作分解结构的编码体系,便于成本控制。

7. 建立工作分解结构

将上述 3~6 项结合在一起,即形成了 WBS。

8. 编制总网络计划

根据工作分解结构的第二或第三层,编制项目总体网络计划。总网络计划确定了项目的总进度目标和关键子目标。在项目实施过程中，项目总体网络计划用于向项目的高级管理层报告完成进度目标的情况。

9. 建立职能矩阵

在分析 WBS 中各个子系统或单元与组织机构之间的关系的基础上，建立项目系统的职能矩阵。

10. 建立项目财务图表

将 WBS 中的每一个项目单元进行编码，形成项目结构的编码系统。将此编码系统与项目的财务编码系统相结合，即可对项目实施财务管理。

11. 编制关键线路网络计划

前述的 10 项步骤完成后，形成了一个完整的 WBS，它是制定详细网络计划的基础。项目的进度控制还须使用详细网络计划，因为详细网络计划定义了各项工作的进度目标，而 WBS 中没涉及项目的具体工作、工作的时间估计、资源使用以及各项工作间的逻辑关系。

12. 建立工作顺序系统

根据 WBS 和职能矩阵，建立项目的工作顺序系统，以明确各职能部门所负责的项目子系统或项目单元的开始和结束时间，前后衔接关系。

13. 建立报告和控制系统

根据项目的整体要求、WBS 以及总体和详细网络计划，便可建立项目的报告体系和控制系统，以核实项目的执行情况。

4.3.3 工作分解结构（WBS）

1. 职能责任矩阵管理方法

不同的可交付成果会有不同层次的分解，为了达到易于管理的目的，有些可交付成果可能只需分解到第二层次，有些则需要分解到更多层次，以达到满足各级别的项目参与者的需要。工作分解结构划分的详细程度要视具体的项目而定。

WBS 是以项目产品进行分类。对简单的小型项目，通常只需分成项目、子项目、工作单元三级。对复杂的大型的项目，为了管理方便，其工作分解结构通常可以分解为七级。一级为建设项目；二级为单项工程；三级为单位工程；四级为分部工程；五级为分项工程；六级为工作包；七级为作业或工序。如图 4-1 所示。

由此可见，第一级工程项目由多个单项工程组成，这些单项工程之和构成整个工程项目。而每个单项工程（第二级）又可以分解成单位工程（第三级），这些单位工程之和构成该单项工程。以此类推，可以将整个项目一直分解到第六级。前三级，即工程项目、单项工程和单位工程，可由业主作出规定。第一级一般用于授权，第二级用于编制项目预算，第三级编制里程碑事件进度计划，这三个级别是复合性的工作，与具体的职能部门无关。更低级别的分解则由承包商完成并用于对承

图 4-1 建设项目按项目产品分类的树形工作分解结构

包商的施工进度进行控制。工作包或工作应分派给某个人或某个作业队伍，由其唯一负责。工作分解结构中的组成单元是一些既相互关联，但又相对独立于项目其他部分的单项工程、单位工程、分部分项工程。相互关联是指这些工作同属于一个项目，在工作顺序安排上有先后之分；而相对独立则是指这些工作可以单独去管理和实施，在管理和实施期间是相对独立的。

工作分解结构可与项目组织结构有机地结合在一起，在项目资源与项目工作之间建立了一种明确的目标责任关系，这就形成了一种职能责任矩阵，有助于项目经理根据各个项目单元的技术要求，赋予项目各部门和各职员相应的职责。职能责任矩阵示意图如图4-2所示。

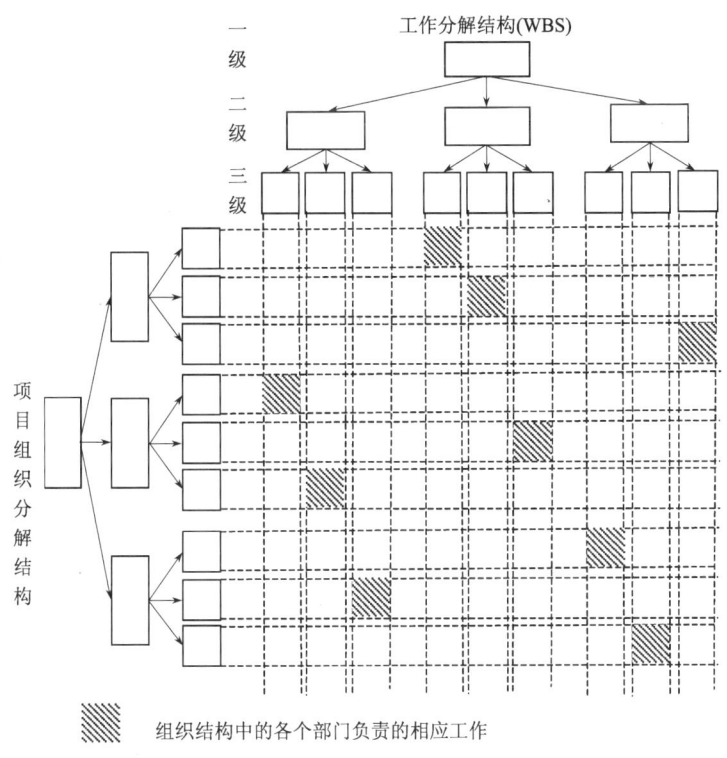

图4-2 职能矩阵示意图

从图4-2中可以看出，项目中所涉及的所有单位工程都有一个组织部门负责，而每个组织部门也都至少负责一个单位工程。职能责任矩阵就要明确地赋予项目各部门和各职员相应的职责。

2. 工作分解结构（WBS）类型

工作分解结构是由项目的全部工作单元组成的有层次性的结构或框架，最常见就是树形结构，除此之外，还有项目结构分析表。所以，工程结构的类型有树形结构（图4-3）和项目结构分析表（表4-2）。

树形结构示意图是树形结构的最简单的表示方法，使用者可以根据工程项目的实际大小和复杂程度将树形结构图进行拓展，即不用局限在图中所示的三层结构中，有时可能只需分解到第二层次，有些则需要分解到更多层次，以达到满足各级别的项目参与者的需要。在第一层子项目中还可以分出很多子项目,而在相应的子项目中也可以进一步划分工作单元,每一次划分都会将工作的组成表示的更详尽。

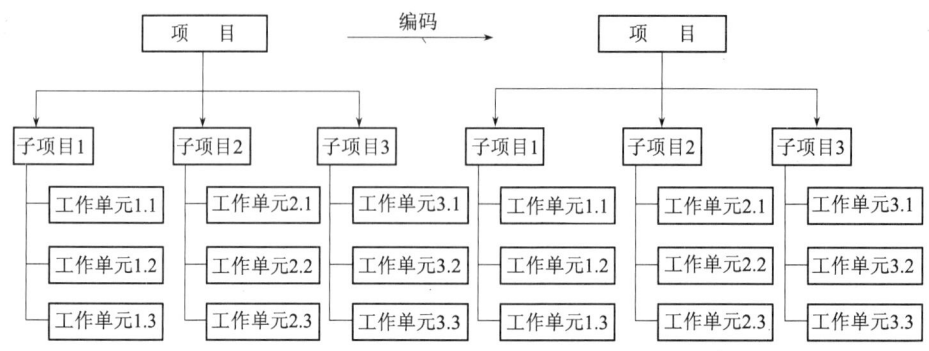

图 4-3 树形结构图示意图

表 4-2 项目结构分析表示例

编码	名 称	负责人	成 本	编码	名 称	负责人	成 本
1000				1300			
1100				1310			
1110				1320			
1120				1330			
1130							
1200							
1210							
1220							
1230							

工程分解结构中应对工作单元进行编码,以满足项目管理者的管理需求,满足项目控制的各种要求。例如与项目的财务编码系统相结合,即可对项目实施财务管理,制作各种财务图表,建立费用目标或者与项目管理软件相结合,便于业主、项目经理能够全面掌握项目的进度,对项目进度进行控制。

项目结构分析表是将项目树形结构图用表格的方式表达出来,相对应图 4-3 所示的结构分层和编码形式,项目结构分析表示例见表 4-2。

从表达形式上来讲,项目结构图更详细地记录了相关工作的属性(名称、负责人、成本等),而项目结构图更直观,使用者可以根据工作特性自行选择。综上,工程分解结构的作用体现在:

(1)将整个项目划分为相对独立的、易于管理的较小的项目单元,这些较小的项目单元有时也称做工作或活动。

(2)将这些工作或活动与组织机构相联系,将完成每一工作或活动的责任赋予具体的组织或个人,这就是组织或个人的目标。

(3)对每一工作或活动作出较为详细的时间、费用估计,并进行资源分配,形成进度目标和费用目标。

（4）可以将项目的每一工作或活动与公司的财务、账目相联系，及时进行财务分析。

（5）确定项目需要完成的工作内容、质量标准和项目各项工作或活动的顺序。

（6）估计项目全过程的费用。

（7）可与网络计划技术共同使用，以规划网络图的形态。

4.4 工程项目范围变更控制

根据合同规定业主有权在项目实施期间对工程进行变更，这是一个惯例。这些变更可能涉及增加合同工作，或从合同中删去某些工作，或对某些工作进行修改，或改变施工方法和方式，或改变业主提供的材料和设施的数量和规格等。项目范围变更是项目变更的最重要内容，是指在实施合同期间项目工作范围发生的改变，如增加或删除某些工作等。施工环境的变化、项目目标的改变、工程技术系统的变更、实施计划或实施方案的变更和一些未能预知的其他原因是引起项目范围变更的原因。在一般的施工合同中，并不区分变更属于项目范围变更，还是属于其他方面的变更（如工期变更），但是都单独列出变更条款，对工程变更作出明确的规定。

范围变更控制需要：

① 对造成范围变更的因素施加影响以确保这些变化给项目带来益处。

② 确定范围变更已经发生。

③ 当变更发生时对实际变更进行管理。

范围变更控制必须完全与其他的控制过程（如进度控制、费用控制、质量控制等）相结合才能收到更好的控制效果。项目范围控制的目的是严格按照项目的范围和结构分析文件，进行项目的计划和实施控制，保证在预定的项目范围内按照规定完成项目。

项目范围变更会给整个项目带来一系列的影响，尤其对项目实施造成影响，主要表现在：

① 重大的变更会打乱整个施工部署。为了应付突来的工作范围变更，工程实施中所涉及的各种文件，如设计图纸、规范、各种计划、合同、施工方案、供应方案等，都应作相应的修改和变更。

② 由于项目组织责任的变化，项目组织结构和责任应该重新明确，避免组织内部争执。

③ 有些工程变更还会引起已完工程的返工，现场工程施工的停滞，施工秩序的打乱，已购材料的损失等。

在考虑项目范围变更给项目带来的影响时，应该知道项目变更及其控制不是孤立的，必须同时考虑对其他因素或方面的影响，因为时间、费用和质量这三个基本要素是互相影响和关联的。尤其频繁地变更会使人们轻视计划的有效性，不利于项目的管理，进而导致项目的混乱和失控。

在项目实施过程中，项目管理人员应严格按照项目的范围和项目分解结构文件进行项目的范围控制，即根据项目范围描述文件对设计、计划和施工过程进行经常性的检查和跟踪，建立各种文档记录实际检查结果，了解项目实施状况。组织在进行项目范围控制中，应判断工作范围有无变化，对范围的变更和影响进行分析与处理。定期或不定期进行现场访问，通过现场观察，了解项目实施状况，控制项目范围。

范围变更控制的依据是：

① 工作范围描述。

② 技术规范和图纸。

③ 变更令。变更令可能要求扩大或缩小项目的工作范围。

④ 工程项目进度计划。

⑤ 进度报告。进度报告提供了项目范围执行状态的信息。

项目范围控制作为项目管理组织成员的责任、工程项目实施控制的工作之一，应体现在项目的实施过程中。在制定项目实施计划，审核设计任务书，进行图纸或技术方案的会审，审查工程承（分）包合同、采购合同、变更指令时，要根据项目实施动态，识别计划的或分派的任务是否属于合同规定的工作范围，工作是否有遗漏或多余。负责合同管理、计划管理、质量管理的工程小组人员都应有相应的项目范围规定的工作。项目范围变更管理应符合下列要求：

① 对项目范围的可能变更有预见性，项目范围变更的影响程度常取决于作出变更的时间。变更发生的时间越早，对项目目标及实施过程的影响越小。

② 项目范围变更要有严格的审批程序和手续。

③ 范围变更后，应及时调整项目的实施计划，如相应的成本、进度、质量和资源计划。

④ 项目范围作出重大变更决策前，应向有关方面提出影响报告，分析项目范围变更对目标的影响。

⑤ 在项目结束后，组织应对项目范围管理的经验教训进行总结。

所以项目相关负责人应在工程实施监督中发挥自身的监督能力，即应加强对承（分）包商工程项目范围的监督，在审核（或批准）承包商的实施计划时，必须严格按照承包商工程项目范围的规定，对工程项目范围内的任何缺陷、遗漏应及时跟踪，查缺补漏，进而确保承（分）包商的整个工程施工在符合合同和计划确定的范围内，顺利地完成项目目标。例如在材料、设备进场前，应对材料设备进行认可、检查，并在施工过程中确保材料的正确使用，设备的正确运转。同时对承包商的施工组织计划、施工方法（工艺）进行施工前的认可和施工过程的监督，保证所有施工过程达到合同所规定的质量、安全、健康和环境的要求。如发现工作内容漏项和超过合同范围，可拒绝付款。

4.5 工程项目范围的核实确认

范围核实是利害关系者对已完成的项目范围与相应的可交付成果正式验收的过程，即项目业主正式接收项目工作成果的过程。此过程要求对项目在执行过程中完成的可交付成果进行及时的检查，保证正确地、满意地完成合同规定的全部工作，确保每一项结果令人满意。如果项目提前终止，则项目范围核实过程应当确定和正式记录项目完成的水平和程度。范围核实不同于质量控制，范围确认表示了业主是否接收完成的工作成果，而质量控制主要关心可交付成果是否满足技术规范的质量要求。也就是说，如果不是合同工作范围的内容，即使满足质量要求，也可能不为业主所接收。

范围确认的依据是：

① 可交付成果。实施项目计划的内容之一是收集有关已经完成的工作信息，并将这些信息编入项目进度报告中。完成工作的信息表明哪些可交付成果已经完成，哪些还未完成，达到质量标准的程度和已经发生的费用是多少等。在项目建设周期的不同阶段，工作成果具有不同的表现形式。

② 有关的项目文件。用于描述项目阶段成果的文件必须随时可以得到并能用于对所完成的工作进行检查。这些文件主要是指双方签订的项目合同、项目计划、项目范围说明书、项目范围管理计划、规范、技术文件、图纸等。

③ 第三方的评价报告。

④ 工作分解结构。工作分解结构方法定义了项目的工作范围，它也是确认工作范围的依据。

范围确认的主要方法是对所完成工作成果的数量和质量进行检查，通常包括以下三个基本步骤：

① 测试。即借助于工程计量的各种手段对已完成的工作进行测量和试验。

② 比较和分析（即评价）。就是把测试的结果与合同规定的测试标准进行对比分析，判断是否符合合同要求。

③ 处理。即决定被检查的工作成果是否可以接收，是否可以开始下一道工序，如果不予接收，采取何种补救措施。

范围确认产生的结果就是对完成成果的正式接收。在项目周期的不同阶段，具有不同的工作成果。各阶段的主要工作成果描述如下：

① 在项目的策划与决策阶段：范围确认的结果是接收项目建议书或预可行性研究报告或可行性研究报告。

② 准备阶段：根据被委托咨询公司的具体任务，范围确认的结果是接收设计图纸、招标文件、项目总体计划等。

③ 实施阶段：范围确认的结果是接收施工单位完成项目的实体成果（如土建工程、生产设备和设施等）。

④ 竣工验收和总结阶段：范围确认的结果是接收竣工图纸、各种实测的统计资料及项目后评价报告。

由此可见，工程项目的确认结果与工程项目的范围管理中相应项目建设周期各个建设阶段的项目范围管理内容是相对应的。

---------- 本章小结 ----------

工程项目范围管理贯穿于项目的全过程，是项目管理的基础工作。在建设项目的业主和承包商共同达成的工程项目范围内，承包商可以明确自己的在建设周期各个阶段的建设任务，而业主也可以根据项目范围规定的可交付成果对工程项目进行逐步的验收，避免双方因为对建设范围定义的不同而造成纠纷。本章开头就交代了项目范围管理的概念、内容和目的。接下来的各个章节分别阐述了范围管理所涉及的各个内容，即范围的确定、项目结构分析、项目范围变更控制、项目范围的核实确认。为了使读者清楚明白各小节所介绍的范围管理的内容，本章从概念、依据、要求、实现过程等几个方面进行介绍。范围的确定、项目范

围变更控制、项目范围的核实确认更多的是条款和概念性的东西。而项目结构分析更重视应用，更需要工程项目管理者根据经验实施，也是本章的难点。

思 考 题

1. 工程项目范围管理的内容有哪些？
2. 工程项目范围管理的步骤、依据是什么？
3. 项目范围说明文件的内容是什么？
4. 工程结构分析一般程序是什么？
5. 怎样确定工作分解结构？
6. 怎样进行范围变更控制？
7. 实现范围确认的步骤是什么？

第5章 工程项目招标投标管理

【学习目标】 通过本章学习,能够熟练掌握工程项目招标与投标的有关知识,深刻认识招标与投标在工程项目管理中的重要性,掌握投标选择方法、投标报价技巧、投标竞争策略。

【关键概念】 招标 投标 标 招标文件 资格预审 开标 评标

5.1 概 述

5.1.1 工程项目招标投标的基本概念

"工程项目招标"是指工程项目建设单位(或称业主)将拟建工程项目的内容和要求以文件形式标明,吸引或邀请工程项目承包单位(或称承包商)前来投标,从中选择理想的承包单位并与之签订工程合同的活动。招标的过程就是择优的过程。一般来说,业主会从四个方面对投标人进行衡量比较,即投标人能否以较低的价格、先进的技术、优良的质量和较短的工期来完成项目的建设。业主会综合考虑以上四个因素,并结合其他的侧重面来确定最后的中标者。

"工程项目投标"是指承包商向招标单位提出承包该工程项目的价格和条件,供招标单位选择以获得承包权的活动。对于承包商来说,参加投标就如同参加一场赛事竞争。这场赛事不仅比的是报价的高低,而且还要比各承包商的技术水平、经济实力以及商业信誉等。特别是当前国际承包市场上,技术密集型的工程项目越来越多,这势必会给承包商带来更大的挑战,一方面是技术上的挑战,这要求承包商能够以先进的技术完成高、新、尖、难的工程;另一方面则是管理上的挑战,这需要承包商具有先进的组织管理水平,能够以较低价中标,并依靠先进的管理来获利。

5.1.2 工程项目招标投标应遵循的原则

工程项目招标投标活动应该遵循公开、公平、公正和诚实信用的原则。

1. 公开原则

公开原则,一是指工程项目的信息要公开,以让尽可能多的潜在投标者了解招标项目信息;二是指投标人的选择标准要公开,以便使潜在投标人对能否参加投标有充足的准备;三是指评标的方法应该公开,以免发生"暗箱"操作。

2. 公平原则

公平原则,一是指工程项目招标信息对所有的投标人来说应该一致,并能够被各投标人公平享有;二是指评标方法应该相同,招标人不应该对不同的投标人制定不同的评标方法。

3. 公正原则

公正原则,一是指评标方法应该符合国家的有关政策并与已经公布的评标方法一致;二是指评标人员在评标过程中应该行为公正,没有偏私;三是指评标委员会的评标专家应该有良好的职业道德，在评标中不应弄虚作假。

4. 诚实信用原则

诚实信用原则，一是指招标人和投标人双方都应该诚实，招标人提供的招标文件应该真实，投标人提供的投标文件也应该出于自己意愿；二是指招标人在招标过程中，不应该违背招标文件的有关承诺，同时，投标人也不应该违背投标文件的有关承诺；三是指招标人和投标人在招标投标具体过程中都不应该有不利于其他投标人的行为。

5.1.3 工程项目招标投标的范围和规模标准

1. 工程项目招标范围

为了规范工程项目招标投标活动，保护国家利益以及维护社会公共利益，并保证工程项目质量，提高经济效益，《中华人民共和国招标投标法》（以下简称《招标投标法》）规定：在中华人民共和国境内进行下列工程建设项目包括项目的勘察、设计、施工、监理以及与工程建设有关的重要设备、材料等的采购，必须进行招标：

（1）大型基础设施、公用事业等关系社会公共利益、公众安全的项目

根据《工程建设项目招标范围和规模标准规定》（以下简称《规定》），关系社会公共利益、公众安全的基础设施项目的范围包括：

① 煤炭、石油、天然气、电力、新能源等能源项目。

② 铁路、公路、管道、水运、航空以及其他交通运输业等交通运输项目。

③ 邮政、电信枢纽、通信、信息网络等邮电通讯项目。

④ 防洪、灌溉、排涝、引（洪）水、滩涂治理、水土保持、水利枢纽等水利项目。

⑤ 道路、桥梁、地铁和轻轨交通、污水排放及处理、垃圾处理、地下管道、公共停车场等城市设施项目。

⑥ 生态环境保护项目。

⑦ 其他基础设施项目。

关系社会公共利益、公众安全的公用事业项目的范围包括：

① 供水、供电、供气、供热等市政工程项目。

② 科技、教育、文化等项目。

③ 体育、旅游等项目。

④ 卫生、社会福利等项目。

⑤ 商品住宅，包括经济适用住房。

⑥ 其他公用事业项目。

（2）全部或者部分使用国有资金投资或者国家融资的项目

根据《规定》，使用国有资金投资项目的范围包括：

① 使用各级财政预算资金的项目。

② 使用纳入财政管理的各种政府性专项建设基金的项目。

③ 使用国有企业事业单位自有资金，并且国有资产投资者实际拥有控制权的项目。

根据《规定》，国家融资项目的范围包括：

① 使用国家发行债券所筹资金的项目。

② 使用国家对外借款或者担保所筹资金的项目。

③ 使用国家政策性贷款的项目（例如，使用国家开发银行、中国农业发展银行、中国进出口银行等政策性银行的贷款）。

④ 国家授权投资主体融资的项目。

⑤ 国家特许的融资项目。

（3）使用国际组织或者外国政府贷款、援助资金的项目

根据《规定》，使用国际组织或者外国政府资金的项目的范围包括：

① 使用世界银行、亚洲开发银行等国际组织贷款资金的项目。

② 使用外国政府及其机构贷款资金的项目（例如，日本海外经协力基金贷款、日本输出入银行贷款、日本黑字环流贷款、科威特阿拉伯经济发展基金贷款）。

③ 使用国际组织或者外国政府援助资金的项目。

2. 工程项目招标规模标准

《规定》中规定的上述各类工程建设项目，包括项目的勘察、设计、施工、监理以及与工程建设有关的重要设备、材料等的采购，达到下列标准之一的，必须进行招标：

（1）施工单项合同估算价在200万元人民币以上的。

（2）重要设备、材料等货物的采购，单项合同估算价在100万元人民币以上的。

（3）勘察、设计、监理的服务的采购，单项合同估算价在50万元人民币以上的。

（4）单项合同估算价低于第（1）、（2）、（3）项规定的标准，但项目总投资额在3000万元人民币以上的。

2001年6月1日，中华人民共和国建设部令第89号发布的《房屋建筑和市政基础设施工程施工招标投标管理办法》（以下简称《工程施工招标投标管理办法》）规定："房屋建筑和市政基础设施工程的施工单项合同估算价在200万元人民币以上的，或者项目总投资在3000万元人民币以上的，必须进行招标。省、自治区、直辖市人民政府建设行政主管部门经报同级人民政府批准，可以根据实际情况，规定本地区必须进行工程施工招标的具体范围和规模标准，但不得缩小本办法确定的必须进行施工招标的范围。"

3. 可以不进行招标的项目范围

《招标投标法》第六十六条规定："涉及国家安全、国家秘密抢险救灾或者属于利用扶贫资金实行以工代赈、需要使用农民工等特殊情况，不适宜进行招标的项目，按照国家有关规定可以不进行招标。"

《规定》第八条规定："建设项目的勘察、设计、采用特定专利或者专有技术的，或者其建筑艺术造型有特殊要求的，经项目主管部门批准，可以不进行招标。"2000年10月18日建设部令第82号发布的《建筑工程设计招标投标管理办法》第三条针对建筑工程的设计作了类似的规定。

《工程施工招标投标管理办法》第十条规定，工程有下列情形之一的，经县级以上地方人民政府建设行政主管部门批准，可以不进行施工招标：

（1）停建或者缓建后恢复建设的单位工程，且承包人未发生变更的。

（2）施工企业自建自用的工程，且该施工企业资质等级符合工程要求的。

（3）在建工程追加的附属小型工程或者主体加层工程，且承包人未发生变更的。

（4）法律、法规、规章规定的其他情形。

5.1.4 工程项目招标投标一般程序

工程项目招标投标活动一般分为四个阶段，现以建设工程施工项目为例进行说明。

1. 招标准备阶段

这一阶段基本分为以下几个步骤：首先由具有招标条件的招标单位填写《建设工程招标申请书》，报有关部门审批；获准后，招标单位组织招标班子和评标委员会，编制招标文件和标底，同时发布招标公告；在审定投标单位之后，发放招标文件，组织招标会议和现场勘察，接受投标文件。

2. 投标准备阶段

这一阶段的主要内容是：投标人根据招标公告或招标单位的邀请，选择符合本单位施工能力的工程，向招标单位提交投标意向，并提供资格证明文件和资料；资格预审通过后，组织投标班子，跟踪投标项目，购买招标文件，参加招标会议并进行现场勘察，编制投标文件，并在规定时间内报送给招标单位。

3. 开标评标阶段

这一阶段是指按照招标公告规定的时间、地点，由招标方和投标方派出有关代表并有公证人在场的情况下，当众开标；招标方对投标者做资格后审、询标、评标；而投标方则要做好询标解答准备，接受询标质疑，等待评标定标。

4. 定标签约阶段

评标委员会提出评标意见后，报送决标单位确定，依据决标内容向中标单位发出《中标通知书》，中标单位在接到通知书后，在规定的期限内与招标单位签订合同。

5.2 工程项目招标

工程项目招标是指由具备招标资格的招标人或由其委托的招标代理机构，将拟建工程的内容和要求以文件形式标明，吸引或邀请承包商前来投标，并经过开标、评标和定标，最终与中标人签订工程建设合同的全过程。

5.2.1 工程项目招标的条件

1. 工程项目招标人应具备的条件

招标人是指依照《招标投标法》规定提出招标项目、进行招标的法人或其他组织。招标人自行办理招标事宜，应当具有编制招标文件和组织评标的能力，具体包括：

① 具有项目法人资格或是依法成立的组织。
② 有进行招标项目的相应资金或者资金来源已经落实，并应当在招标文件中如实载明。
③ 具有与招标工程规模相适应的工程技术、概预算、财务和工程管理等方面的人员。
④ 具有从事同类工程建设项目招标的经验。
⑤ 设有专门的招标机构或者拥有三名以上专职招标人员。
⑥ 熟悉招标法及有关法律规章。

招标人具有编制招标文件和组织评标能力的，可以自行办理招标事宜。任何单位和个人不得强制其委托招标代理机构办理招标事宜。招标人有权自行选择招标代理机构，委托其办理招标事宜。任何单位和个人不得以任何方式为招标人指定招标代理机构。

依法必须进行招标的项目，招标人自行办理招标事宜的，应当向有关行政监督部门备案。招标人在自行办理招标事宜前应向招标办报送以下资料备案：

① 项目法人营业执照、法人证书或者项目法人组建文件。
② 招标项目相适应的专业技术力量情况。
③ 内设的招标机构或者专职招标业务人员的基本情况。
④ 拟使用的专家库情况。
⑤ 以往编制的同类工程建设项目招标文件和评标报告，以及招标业绩的证明材料。
⑥ 其他材料。

2. 招标工程项目应具备的条件

招标项目按照国家有关规定需要履行项目审批手续的，应当先履行审批手续，取得批准。具体来说，进行招标的工程项目一般应具备以下条件：

（1）工程项目已经正式列入国家、部门或者地方的年度固定资产投资计划，或者已经报政府有关部门备案批准。
（2）工程项目已经向招标管理机构办理登记。
（3）工程项目概算已经得到批准，招标范围内所需资金已经落实。
（4）工程项目建设用地使用权已经依法取得。
（5）招标所需的其他条件已经具备。
（6）招标项目所需要的有关文件及技术资料已经编制完成，并经过审批。

5.2.2 工程项目招标的方式

工程项目招标分为公开招标和邀请招标。

1. 公开招标

公开招标，也称无限竞争性招标，是指招标人以招标公告的方式吸引不特定的法人或者其他组织投标。凡符合条件的不特定的承包商都可在规定时间内自愿参加投标。招标人采用公开招标方式的，应当发布招标公告。依法必须进行招标的项目的招标公告，应当通过国家指定的报刊、信息网络或者其他媒介发布。

招标公告应当载明招标人的名称和地址，招标项目的性质、数量、实施地点和时间，以及获取招标文件的办法等事项。

公开招标这一招标方式具有以下特点：

（1）具有很强的竞争性。
（2）招标程序规范、完整。
（3）使用范围广阔，最具有发展前景。
（4）招标过程中所需费用很高，花费的时间也很长。

2. 邀请招标

邀请招标，也称有限竞争性招标或选择性招标，是指招标人以投标邀请书的方式邀请特定的法人或者其他组织投标。

招标人采用邀请招标方式的，应当向三个以上具备承担招标项目的能力、资信良好的特定的法人或者其他组织发出投标邀请书。

投标邀请书页应该载明招标人的名称和地址，招标项目的性质、数量、实施地点和时间，以及获取招标文件的办法等事项。

与公开招标相比，邀请招标具有以下特点：
（1）竞争程度没有公开招标激烈。
（2）招标程序较公开招标简单。
（3）花费的时间和费用较公开招标节省。
（4）不利于自由竞争。

邀请招标限制了竞争，不利于招投标市场的规范，所以只有特殊的项目才应该采用这一招标方式。《招标投标法》规定："国务院发展计划部门确定的国家重点项目和省、自治区、直辖市人民政府确定的地方重点项目不适宜公开招标的，经国务院发展计划部门或者省、自治区、直辖市人民政府批准，可以进行邀请招标。"这样做既有利于增大招标投标市场的透明度和竞争性，也有利于规范招标投标行为。

5.2.3 工程项目招标的程序

工程项目招标是一个连续的、完整的、复杂的过程，它涉及面广，牵扯度大，所以在进行招标投标之前，应该先明确工程项目招标的一般程序，以便能使招标工作有条不紊地进行。一般来说，工程项目招标工作按以下程序开展，如图 5-1 所示。

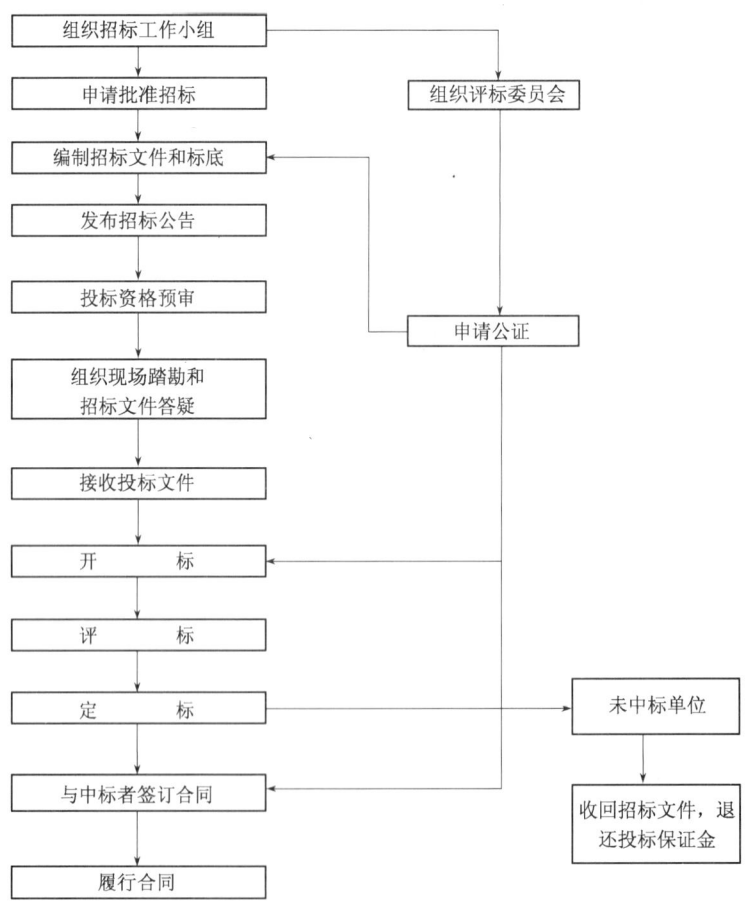

图 5-1 招标程序图

5.2.4 工程项目招标工作机构的组织

我国工程项目招标可以由有资格的招标人自行组建招标工作小组进行，也可以由招标人委托招标代理机构进行。当由招标人自行组织招标工作小组时，其构成人员应该包括：决策者、专业人员以及助理人员。决策者由项目业主来担任，其负责招标工作的领导和组织；专业人员是指技术、财务、管理专业人员，负责处理招标工作中的技术问题，财务问题等；助理人员负责招标工作的日常事务。总的来说，自行组建的工作小组应该具有对投标企业进行资格评审的能力，并有建设单位法人代表或其委托的代理人以及与工程规模相适应的技术、预算、财务和工程管理人员的参加。大型、重要的招标项目一般还要由主管部门、招标单位、设计单位、建设银行或投资金融单位及有关专家共同组成招标领导小组。

如果招标人自己不能满足以上的要求，那么可由其上级主管部门帮助组织招标工作班子，也可以委托招标公司或具有法人资格的咨询服务单位代理招标工作。

不管是建设单位自行组织招标工作小组，还是委托招标代理机构进行工程项目的招标，它们的任务都是：落实工程项目的招标条件；编制招标文件；制定评标方法；办理招标工作审批手续；发布招标公告；对投标人进行资格审查；发售招标文件，组织投标人踏勘现场并答疑；组织评标委员会；组织开标；发布中标和未中标通知书；组织中标单位和建设单位签订工程合同等。

5.2.5 工程项目招标文件和标底的编制

1. 工程项目招标文件的编制

招标文件是标明招标工程数量、规格、要求以及招标投标双方责权利关系的书面文件。招标文件的作用，首先是向投标人提供招标信息，以指导承包人根据招标文件提供的资料进行投标分析与决策；其次，招标文件是承包商投标和业主评标的依据；第三，招标、投标成交后，招标文件是业主和承包商签订合同的主要依据。

招标文件一般在获准招标后，由招标人根据招标项目的特点和需要编制。《招标投标法》第十九条规定：

"招标人应当根据招标项目的特点和需要编制招标文件。招标文件应当包括招标项目的技术要求、对投标人资格审查的标准、投标报价要求和评标标准等所有实质性要求和条件以及拟签订合同的主要条款。

国家对招标项目的技术、标准有规定的，招标人应当按照其规定在招标文件中提出相应要求。"

这条规定对招标文件的编制提出了非常具体的要求。一般来说，招标文件的内容大致可分为三类：一类是关于编写和提交投标文件的规定，目的是为了尽量减少符合资格的承包商或供应商由于不明确如何编写投标文件而使其投标遭到拒绝的可能性；另一类是关于对投标人资格审查的标准以及投标文件的评审标准和方法，这是为了提高招标过程的透明度和公平性，所以这一内容是非常重要的，也是必不可少的；最后一类是关于合同的主要条款，其中主要是商务性条款，这有利于投标人了解中标后签订合同的主要内容，明确双方各自的权利和义务。其中，技术要求、投标报价要求和主要合同条款等内容是招标文件的关键内容，统称实质性要求。

《招标投标法》第十九条还规定:"招标项目需要划分标段、确定工期的,招标人应当合理划分标段、确定工期,并在招标文件中载明。"但是招标人不应该把作为招标项目组成部分的标段划分得过小。标段划分太小,不利于技术力量强、经验丰富的承包商投标。同时,为了保证工程质量,必须保持合理的工期,工期要求的过短,容易造成偷工减料、粗制滥造等现象的发生。因此,在需要划分标段和确定工期时,招标人应当合理划分标段、确定工期,并在招标文件中载明。

同时,《招标投标法》第二十条规定:"招标文件不得要求或者标明特定的生产供应者以及含有倾向或者排斥潜在投标人的其他内容。"

招标人对已发出的招标文件进行必要的澄清或者修改的,应当在招标文件要求提交投标文件截止时间至少十五日前,以书面形式通知所有招标文件收受人。该澄清或者修改的内容为招标文件的组成部分。

2. 标底的编制

标底又称标底价,是招标人对招标项目所需费用自我测算的期望值,它是评定投标价的合理性、可行性的重要依据,也是衡量招标投标活动经济效果的依据。在工程项目的招标活动中,标底可以编制,也可以不编制,但是招标人设有标底的,必须保密。

影响标底的因素很多,在编制时既要充分考虑投资项目的规模大小、技术难易、地理条件、工期要求、材料差价、质量等级要求等因素,还要从全局出发,兼顾国家利益、建设单位利益以及投标单位的利益,总之,要使编制的标底具有合理性、公正性、真实性和可行性。

一般来说,清单计价模式下的标底价应由以下费用组成:分部分项工程费;措施费;其他项目费;规费及税金。在编制时,要确保标底价不要超过经批准的工程概算或修正概算。

5.2.6 投标人资格预审

1. 资格预审程序

资格预审包括以下程序:

(1) 发布资格预审通告

《工程施工招标投标管理办法》第十六条规定:"招标人可以根据招标工程的需要,对投标申请人进行资格预审,也可以委托工程招标代理机构对投标申请人进行资格预审。实行资格预审的招标工程,招标人应当在招标公告或者投标邀请书中载明资格预审的条件和获取资格预审文件的办法。"

根据上述规定,实行资格预审的招标工程,资格预审通告应当与招标公告或招标申请书同时发出。根据《工程施工招标投标管理办法》的规定,并结合《世行采购指南》资格预审通告范本,资格预审通告应当包括以下几方面的内容:

1) 资金的来源,资金用于投资项目的名称和合同的名称。

2) 对申请预审人的要求。主要是投标人应具备以往类似的经验和在设备、人员及资金方面完成本工作能力的要求,有的还对投标者本身成员的政治地位提出要求。

3) 业主的名称和邀请投标人对工程建设项目完成的工作,包括工程概述和所需劳务、材料、设备和主要工程量清单。

4）获取进一步信息和资料预审文件的办公室名称和地址、负责人姓名、购买资格预审文件的时间和价格。

5）资格预审申请递交的截止日期、地址和负责人姓名。

6）向所有参加资格预审的投标人公布资格预审合格的投标人名单（有时也称为"短名单"）的时间。

（2）发售资格预审文件

资格预审通告发布后，招标人向资格预审申请人发售资格预审文件。

（3）发出资格预审合格通知书

招标人在收到申请人完成的资格预审资料之后，根据资格预审须知中规定的程序和方法对资格预审资料进行分析，挑选出符合资格预审要求的申请人。

《工程施工招标投标管理办法》规定："经资格预审后，招标人应当向资格预审合格的投标申请人发出资格预审合格通知书，告知获取招标文件的时间、地点和方法，并同时向资格预审不合格的投标申请人告知资格预审结果。"该办法第十七条还规定："在资格预审合格的投标申请人过多时，可以由招标人从中选择不少于7家资格预审合格的投标申请人。"

2. 资格预审的方法

资格预审是指对申请投标的单位进行事先的资质审查。招标人对投标人进行资格审查的目的是为了了解投标人的技术和财务实力以及管理经验，以限制不符合条件者盲目参加投标，使招标取得理想的结果，并以此作为评标和定标的参考。工程项目进行公开招标的，一般在发售招标文件前就进行资格审查，审查合格后才能购买招标文件，所以称为资格预审。而如果采用邀请招标，则一般在评标的同时进行资格审查。

资格审查一般由建设单位、委托编制标底单位以及建设监理单位组成审查小组，并请政府主管部门参加，在收到投标人的资格预审申请后开始。一般先检查申请书的内容是否完整，并在此基础上拟定评审方法。比较常用的资格评审方法是"定项评分法"，而且常采用比较简便的百分制计分。这种方法是对投标单位报送的资格预审内容，按一定的标准给分，并确定一个授予投标资格的最低分数线。具体方法是：先将影响投标人资格的因素分为若干组，然后根据各个因素的重要程度以及招标项目的特点来给这些因素赋以不同的权重，然后按照这些因素来给投标人进行打分。以取高分、弃低分的方法来实现资格筛选的目的。

3. 资格预审的主要内容

资格预审的内容一般包括：

（1）法人地位

在资格审查时，要首先审查投标单位的法定名称、单位地址、营业执照、公司章程、组织机构和主要领导成员等。要警惕买空卖空的经纪人，或投标单位的经营范围与本工程项目招标内容不符的事情发生。若为联合投标，对合伙人也要审查。

（2）信誉

主要审查投标单位的资信如何，是否发生过违约行为；项目实施质量与服务质量水平是否达到建设单位的要求；投标单位资质等级等。

（3）资金和财务状况

财务状况评审至关重要，它是资格预审的重点，财务不可靠或缺乏一定支付能力的投标单位不可能顺利执行项目承包合同。评审要从投标单位的承包收入、投标能力以及可以获得的信贷资金三方面来评价财务状况。承包收入是指承包单位的年总收入减去其他非承包项目带来的收入。如果投标人近若干年内的承包收入大大低于该工程项目的估算价格，说明投标单位难以承担该工程项目的实施任务。

在国际招标中，通常使用投标人的净资产值或自有流动资金来衡量投标人的投标能力。因为有信誉的投标单位将其自有流动资金存入银行后，比较容易取得更多的"存款冻结限额信贷"，即能够获得更大的信贷资金，以保证项目的顺利完成。

（4）技术资格

对投标人资格审查，既要审查其管理人员的管理经验，又要考察投标人具有的施工设备状况，要从投标人提供的可用于本工程项目的现有设备及拟购设备，确定其能否在数量及容量方面满足工程项目实施的要求。

（5）主要的经营业绩

主要审查投标单位的都完成过哪些工程项目，并考核投标单位是否承担过与本工程项目性质、规模类似的项目，以及类似气候和地质条件下的项目实施经验。

5.2.7 组织现场勘察和文件答疑

招标文件发出后，招标人应根据招标文件规定的时间统一组织投标人到现场进行实地踏勘，并在招标文件规定的时间组织召开招标文件答疑会。

1. 踏勘现场

招标人在招标文件中要注明投标人进行现场踏勘的时间和地点。一般情况下，招标人要在规定的时间内组织投标人统一进行现场勘察并对工程项目作必要的介绍。主要包括：

（1）现场的地理位置和地形、地貌。
（2）现场的地质、土质、地下水位、水文等情况。
（3）现场的气温、湿度、风力、年雨雪量等气候情况。
（4）现场的交通、饮水、污水排放、生活用电、通信等环境情况。
（5）工程在现场中的位置与布置。
（6）临时用地、临时设施搭建等。

由于投标人提出的标价一般是在审核招标文件后并在现场勘察的基础上编制出来的，而且一旦标价提出并经开标以后，投标人就无权因为现场勘察不周、情况了解不详细或其他原因而提出修改标价、调整标价或给予补偿等要求，因此，投标人在现场踏勘之前，应仔细研究招标文件的各项要求，特别是招标文件中的工作范围、工作条款等，然后有针对性地拟订出踏勘提纲，确定出重点需要了解的项目情况，以使踏勘有的放矢，并在招标文件规定的时间内派出适当的负责人员参加现场勘察，作出详细的记录，作为编制投标书的重要依据。

投标人现场勘察的费用由投标人自行承担。

2. 文件答疑

招标人在招标文件中要注明招标文件答疑的具体时间和地点。对招标文件有疑问或不明白的投标人可以在规定的时间内到指定的地点向招标人提出关于招标文件的各种问题，招标人负责逐一解答。招标人或业主在回答问题的同时，要展示工程勘探资料，供投标单位参考。对于答疑会上提出的问题和解答的概要情况，招标人应该做好记录，有必要时还可以作为招标文件的补充部分发给所有投标人。

5.3 工程项目投标

工程项目投标是指工程项目承包商向招标单位提出承包该工程项目的价格和条件，供招标单位选择以获得承包权的活动。

5.3.1 工程项目投标工作机构

投标人要想在投标竞争中获胜，就必须建立一个高效、精干的投标工作机构。投标工作机构的任务就是要在平时搜集招标投标信息，整理企业内部与招标投标有关的资料，并研究竞争对手的有关资料等。当有招标项目时，则承担起接受招标通知、提出投标方案、研究分析招标文件、办理投标手续、参加投标会议、踏勘现场、编制投标文件等任务。

1. 投标工作机构的组织

具体来说，投标工作机构一般由下列三类人才组成：

（1）经营管理类人才

经营管理类人才是指负责投标工作的筹划和安排并制定投标决策的人，一般由经理、副经理、总工程师、总经济师组成。

（2）技术类人才

这类人才主要是指建筑师、结构工程师、设备工程师等各专业技术人员，他们应该具备熟练的专业技能以及丰富的专业知识，能够从本公司的实际出发，制定出合理的投标方案。

（3）经济类人才

这类人才是指概算、财务、合同、金融、保险等方面的人才，他们负责提供有关投标的成本信息，解决投标活动中财务等方面的问题，并为投标人编制合理的投标价格。

为了保守投标报价的秘密，投标工作机构的人员不宜过多，特别是最后的决策阶段，应尽量缩小范围，并采取一定的保密措施。

2. 投标工作机构人员的素质要求

为了更好地完成工程项目的投标工作，并能够最终获得项目的承包权，投标工作机构的人员应该具备以下素质：

（1）有较宽的知识面和较强的业务能力，要既懂技术，又懂经济管理。

（2）具有对信息资料分析、研究并作出合理判断的应变能力。

（3）具有实事求是的精神和脚踏实地的工作作风。

（4）有与外界交往的能力，在交往中能坚持原则，和睦共事。

（5）有较强的语言表达和答辩能力。

5.3.2 工程项目投标程序

工程项目投标的程序主要包括：报名参加投标、办理资格审查、取得招标文件、研究招标文件、调查投标环境、确定投标策略、制定施工方案、编制标书、投送标书等工作内容。

1. 投标准备工作

(1) 招标投标信息的收集与整理

准确、全面、及时地收集与招标投标相关的各项技术经济信息是投标成败的关键，这些信息涉及面比较广，但其主要内容可以概括为以下几方面：

1) 招标信息。通过各种途径，尽可能在招标公告发出前获得工程项目信息。所以必须熟悉当地政府的投资方向、建设规划，综合分析市场的变化和走向。

2) 招标工程项目所在地的信息。包括当地的自然条件、交通运输条件、价格行情以及经济环境和政治法律情况等。

3) 招标单位的情况。包括招标单位的资金状况、社会信誉以及对招标工程的工期、质量、费用等方面的要求。

4) 施工技术发展的信息。包括新规范、新标准、新结构、新技术、新材料、新工艺的有关情况。

5) 其他投标单位的情况。及时了解有哪些竞争者，分析他们的实力、优势、在当地的信誉以及对工程的兴趣、意向。

6) 有关报价的参考资料。收集项目当地近几年类似工程的施工方案、报价、工期及实际成本等资料。

7) 投标单位内部资料。收集整理能反映本单位技术能力、信誉、管理水平、工程业绩的各种资料。

(2) 投标资料准备

1) 准备投标人的营业执照。

2) 准备资质证书。

3) 有委托代理人的，准备委托代理授权书。

4) 准备主要技术人员的资格证书以及简历。

5) 准备主要设备的明细表。

6) 准备合作伙伴资料。

7) 准备财务报表。

做好投标资料的准备，有助于资格预审的顺利通过。

2. 研究招标文件

投标单位报名参加或接受邀请参加某一项目的投标，通过资格审查并取得招标文件后，要认真研究招标文件，充分了解其内容和要求，以便统一安排投标工作，并发现应提请招标单位予以澄清的疑点。招标文件的研究工作包括以下几方面：

(1) 研究招标工程项目综合说明，熟悉工程项目全貌。

(2) 研究工程项目设计图纸，为制定报价和制定施工方案提供确切的依据。

(3) 研究合同条款，明确中标后的权利与义务。

主要的研究内容有：承包方式、开竣工时间、工期奖罚、材料供应方式、价款结算办法、预付款及工程款支付与结算方法、工程变更及停工、窝工损失处理办法、保险办法、政策性调整引起价格变化的处理办法等。这些内容会直接影响到施工方案的安排和施工期间的资金周转，并最终影响到施工企业的获利，因此应在报价上有所反映。

(4) 研究投标单位须知，提高工作效率，避免造成废标。

3. 调查投标环境

招标工程项目的自然条件及经济条件称为投标环境，它会影响项目成本，因此在报价前应尽可能了解清楚。主要调查内容有：

（1）社会经济条件。如劳动力资源、工资标准、专业分包能力、地产材料的供应能力等。

（2）自然条件。如影响施工的天气、山脉、河流等因素。

（3）施工现场条件。如场地地质条件、场地承载能力、地上及地下建筑物、构筑物及其他障碍物、地下水位、道路、供水、供电、通信条件、材料及构配件堆放场地等。

4. 确定投标策略

投标能否成功不仅取决于竞争单位的实力，而且还取决于投标人自身的投标策略是否正确，所以需要很好地研究投标策略。

5. 施工组织设计或施工方案的制订

施工方案或施工组织设计是投标报价的前提条件，也是招标单位评标时考虑的因素之一。为投标而编制的施工组织设计与为施工而编制的具体施工方案有两点不同：一是读者对象不同。为投标而编制的施工方案主要是向招标单位或评标小组介绍投标人的施工能力，所以应简洁明了，突出重点；二是作用不同。为投标而编制的施工方案是为了争取中标，因此应在技术措施、工期、质量、安全以及降低成本方面对招标单位有恰当的吸引力。

6. 报价

投标报价是影响投标能否成功的关键因素。报价的目标是要既能接近招标单位的标底，又能胜过竞争对手，而且能取得较大的利润。所以说，报价是技术与决策相协调的一个完整过程。

7. 编制及投送投标文件

投标人应当按照招标文件的要求编制投标文件。投标文件应当对招标文件提出的实质性要求和条件作出响应。投标文件一般包括以下内容：

（1）综合说明。

（2）标书情况汇总表、工期、质量水平承诺、让利优惠条件等。

（3）详细预算及主要材料用量。

（4）施工方案和选用的机械设备、劳动力配置、进度计划等。

（5）保证工程质量、进度、施工安全的主要技术组织措施。

（6）对合同主要条件的确认及招标文件要求的其他内容。

其中，投标文件情况的汇总表、密封签必须有法人单位公章、法定代表人或其委托代理人的印鉴。投标人应当在招标文件要求提交投标文件的截止时间前，将投标文件送达投标地点。另外，投标人在招标文件要求提交投标文件的截止时间前，可以补充、修改或者撤回已提交的投标文件，并书面通知招标人。补充、修改的内容为投标文件的组成部分。

5.3.3 工程项目投标决策

所谓工程项目投标决策，是指针对一个工程项目的招标，是投标，还是不投标；如果投标，是投什么性质的标以及采用怎样的策略和技巧去投标。投标决策的正确与否，关系到能否中标以及中标后的效益；同时也关系到施工企业的发展前景和职工的经济利益。所以，企业的决策班子必须充分认识到投标决策的重要意义,并要把这一工作摆在企业的重要议事日程上。

1. 工程项目投标决策阶段划分

工程项目投标决策可以分为两阶段进行:投标决策的前期阶段和投标决策的后期阶段。

(1) 工程项目投标决策的前期阶段

工程项目投标决策的前期阶段必须在购买投标人资格预审资料前后完成。决策的主要依据是招标公告,以及投标人对招标工程、业主的情况的调研和了解程度,如果是国际工程,还包括对工程所在国和工程所在地的调研和了解的程度。前期阶段必须对投标与否作出论证。通常情况下,对于下列招标项目应该考虑放弃投标:

1) 本企业主营和兼营能力之外的项目。
2) 工程规模、技术要求超过本企业技术等级的项目。
3) 本企业生产任务饱满,无力承担的项目。
4) 本企业技术等级、信誉、施工水平明显不如竞争对手的项目。

(2) 工程项目投标决策的后期阶段

如果决定投标,即进入投标决策的后期阶段,它是指从申报资格预审至投标报价(封送投标文件)前完成的决策研究阶段。主要研究如果去投标,是投什么性质的标,以及在投标中采取的什么样的策略。

按性质分,投标有保险标和风险标;按效益分,投标有赢利标、保本标和亏损标。

保险标是指在拟投标项目的技术、设备、资金等重大问题都有了解决的对策之后再投标。企业经济实力较弱,经不起失败的打击,则往往投保险标。

风险标是指明知工程承包难度大、风险大,且技术、设备、资金上都有未解决的问题,但为了开拓一片新的市场或者被项目的高赢利性所吸引而决定投的标。

赢利标是指当招标工程既是本企业的强项,又是竞争对手的弱项,或建设单位意向明确时,此种情况下的投标,称为投赢利标。

保本标是指当企业无后续工程,或已经出现部分窝工,必须争取中标来维持企业的运作时,同时招标的工程项目对本企业又无优势可言,竞争对手又多,中标的话也只能保本,那么,此时可以决定投保本标。

亏损标是指当企业出现大量窝工时,为了有活可干宁愿以亏损为代价来达到中标的目的。此时,就称为亏损标。但亏损标不意味着承包商必然亏损,如果在工程实际建设中,承包商能够认真地研究合同,并抓住一切可能的机会,采取调价索赔、工程变更等方式的话,那么就会使项目不亏损甚至实现赢利。

2. 影响工程项目投标决策的因素

影响工程项目投标决策的因素有主观因素和客观因素之分。

(1) 主观因素

影响投标决策的主观因素有技术实力、经济实力、管理实力以及信誉实力。

1) 技术实力。技术实力是指企业的工程项目设计、施工专业特长,以及解决工程施工中技术难题的能力。
2) 经济实力。经济实力是指企业所具有的固定资产、现金流量、机器设备以及垫付资金的能力和支付各种税金、保险的能力。

3）管理实力。管理实力是指企业能否以有效的清单计价管理、合同管理、信息管理等来使工程任务顺利完成。

4）信誉实力。信誉实力是指承包商是否有良好的信誉，是否遵守法律和行政法规，或按国际惯例办事，同时能否认真履约，保证工程的施工安全、工期和质量。

（2）客观因素

影响工程项目投标决策的客观因素主要有：

1）业主和监理方的情况。主要指业主的合法地位、支付能力、履约信誉以及监理工程师处理问题的公正性、合理性等。

2）竞争对手情况。在投标决策时，还应该注意研究竞争对手的实力、优势及投标环境的优劣情况。

3）当地法律、法规的情况。对于国内工程承包，要研究适用本国的法律和法规。对于国际工程承包，一定要认真地去了解国际通用的工程承包等的法律知识，做到有的放矢，有备无患。

4）投标风险情况。国内的承包工程，风险相对较小，国际承包工程则风险相对较大，所以在投标决策时，要仔细考虑投标的风险情况。

5.3.4 工程项目投标报价的确定

1. 清单计价模式下的投标报价费用组成

清单模式下的投标报价一般由以下费用组成：

（1）分部分项工程费。包括直接工程费、企业管理费、利润等。

（2）措施费。

（3）其他项目费。包括招标人的预留金和材料购置费以及投标人的承包服务费和零星工作项目费。

（4）规费。

（5）税金。

2. 清单模式下投标报价的计价方法

工程量清单模式下的投标报价一般采用综合单价法计价。具体来说有以下三种方法：

（1）直接费单价法。这种方法指的是先计算分部分项消耗量，然后套用市场价计算出直接工程费，接着进行取费和报价。

（2）"清单规范"综合单价法。先计算分部分项消耗量，然后套用市场价计算出直接工程费，接着对管理费和利润进行分摊，得出分项综合单价，再加上规费和税金等其他费用，然后报价。这种方法是我国现在实行的清单投标报价方法。

（3）全费用综合单价法。先计算分部分项消耗量，然后套用市场价计算出直接工程费，接着对所有费用进行分摊，得出分项综合单价，然后报价。

5.3.5 工程项目投标的报价技巧

工程项目投标报价技巧的研究，其实质是在保证工程质量与工期的条件下，寻求一个好的报价技巧的问题，以使在中标后能够获得更多的利润。

1. 不平衡报价法

不平衡报价法，是指投标报价在总价基本确定的前提下，如何调整项目内部各个子项的报价，使之既不影响总报价，又能够在中标后获取较好的经济效益。通常采用的不平衡报价有下列几种情况：

（1）对于能够早期结账并收回工程款的项目（如土方、基础等）的单价可报以较高的价格，以利于资金周转，而对于后期工程项目（装饰、电气安装等），单价则可适当降低。

（2）估计今后工程量可能增加的项目，其单价可提高，而工程量可能减少的项目，其单价可降低。

上述两点要统筹考虑，对于工程量计算有错误的早期工程，如不可能完成工程量表中的数量，则不能盲目抬高单价，需要具体分析后再确定。

（3）图纸内容不明确或有错误，估计修改后工程量要增加的项目，其单价可提高，而工程内容不明确的，其单价不宜提高。

（4）没有工程量而只需填报单价的项目（如疏浚工程中的开挖淤泥工作等），其单价可提高。这样，既不影响总的投标价，又可多获利。

（5）对于暂定项目，其实施的可能性如果很大，则报价时可定高价；估计该工程不一定实施的项目则可定低价。

2. 零星用工（计日工）报价法

零星用工的单价一般可稍高于工程单价表中的工资单价。原因是零星用工不属于承包总价的范围，发生时实报实销，可多获利。

3. 多方案报价法

一种情况是，若业主拟订的合同条件要求过于苛刻，为使业主修改合同要求，可准备"两个报价"，并阐明，按原合同要求规定，投标报价为某一数值；倘若合同要求作某些修改，则投标报价为另一数值，即比前一数值的报价低一定的百分点，以此吸引对方修改合同条件。

另一种情况是自己的技术和设备满足不了原设计的要求，但在修改设计以适应自己的施工能力的前提下仍希望中标，则可以报一个原设计施工的投标报价（高报价）；另一个则按修改设计施工的方案进行低一些的投标报价，诱导业主采用合理的报价或修改设计。但是，这种修改设计，必须符合设计的基本要求。

4. 突然袭击法

由于投标竞争激烈，所以为迷惑对方，可"泄露"一些假情报，如不打算参加投标，或准备报高价，表现出无利可图不想干的假象。然而，到投标截止之前几个小时，突然前往投标，并压低标价，从而使对手因措手不及而败北。

5. 低投标价夺标法

这是一种非常手段。如企业大量窝工，为减少亏损，或为打入某一建筑市场，或为挤走竞争对手而保住自己的地盘，于是制定严重亏损标，力争夺标。若企业无经济实力，信誉又不佳，此法不一定奏效。

6. 联保法

这一方法指的是，当一家实力不足时，可联合其他企业分别进行投标。无论谁家中标，都联合进行施工。

5.4 工程项目开标、评标与中标

5.4.1 工程项目开标

工程项目开标，指的是把所有投标人递交的投标文件启封揭晓的过程。开标应当在招标文件确定的提交投标文件截止时间的同一时间公开进行；开标地点应当为招标文件中预先确定的地点。

1. 开标的组织

（1）开标前的准备

工程项目开标前应做好以下准备工作：

1）成立工程项目评标委员会。
2）制定评标方法。
3）委托公证，以确认开标是合法有效的。
4）按招标文件规定的截止时间密封标箱。

（2）工程项目开标的程序

工程项目开标活动应该在招投标管理机构的有效监督下进行。招标人自行组织招标的，由招标人负责主持；招标人委托代理机构进行招标的，由代理机构负责主持。开标的程序一般如下：

1）介绍开标支持人、记录人、监督人以及其他相关人员。
2）宣布废标条件及评标方法。
3）检查投标文件的密封情况，并当众启封。
4）宣读投标人的投标报价、工期等，并由记录人员做好备案记录。
5）宣布有效投标文件，并公布标底。
6）填写工程投标文件汇总表，并由有关方签字。
7）宣读开标见证书。

2. 工程项目开标时的废标情况

在开标时，投标文件出现下列情况时，可定为废标：

1）投标文件没有密封。
2）投标文件未加盖法人印章和法人代表印章。
3）投标文件未按规定时间送达。
4）投标人没有按时参加开标会。
5）投标文件的主要内容不全，字迹模糊，辨认不清。
6）投标文件的汇总表经涂改后没有加盖法定代表人印章。

5.4.2 工程项目评标

工程项目评标，指的是按照招标文件的内容和要求对投标文件进行评审、比较的过程。工程项目评标由招标人依法组建的评标委员会负责。

1. 评标委员会的组建

评标委员会是由招标人依法组建的，它负责评标活动，并向招标人推荐中标候选人或者根据招标人的授权直接确定中标人。评标委员会成员名单一般应于开标前确定。

评标委员会由招标人或其委托的招标代理机构熟悉相关业务的代表，以及有关技术、经济等方面的专家组成，成员人数为五人以上单数，其中招标人、招标代理机构以外的技术、经济等方面的专家不得少于成员总数的三分之二。

评标委员会设负责人的，评标委员会负责人由评标委员会成员推举产生或者由招标人确定。评标委员会负责人与评标委员会的其他成员有同等的表决权。

评标委员会的专家成员应当从建设行政主管部门及其他有关政府部门提供的专家名册或者招标代理机构的专家库内的相关专家名单中确定。确定专家成员一般应当采取随机抽取的方式。

评标委员会成员应当客观、公正地履行职责，遵守职业道德，对所提出的评审意见承担个人责任。评标委员会成员不得与任何投标人或者与招标结果有利害关系的人进行私下接触，不得收受投标人、中介人、其他利害关系人的财物或者其他好处。不得透露对投标文件的评审和比较、中标候选人的推荐情况以及与评标有关的其他情况。

2. 工程项目评标中的初步评审

（1）投标文件的符合性评审

工程项目评标中的符合性评审指的是在众多的投标文件中，筛选出符合最低要求标准的合格投标文件，淘汰不合格的投标文件，这一评审主要从以下几方面进行：

1）投标文件的有效性。评标委员会要审查投标单位的名称、负责人和地址与资格预审的内容是否一致以及投标保函是否符合要求。

2）投标文件的完整性。主要审查招标文件规定应递交的文件是否全部包括在投标书中，如：报价单、工程进度计划表、施工方案、现金流动计划、主要施工设备清单等。

3）投标文件与招标文件的一致性。对于招标文件中指明是"反应标"的，投标书必须完全对照招标文件的每一空白栏填写，不得修改或附带条件。

4）报价计算的正确性。指的是报价中的分项报价和总价是否有明显的算术上和文字上的计算错误。投标文件中的大写金额和小写金额不一致的，以大写金额为准；总价金额与单价金额不一致的，以单价金额为准，但单价金额小数点有明显错误的除外；对不同文字文本投标文件的解释发生异议的，以中文文本为准。

（2）技术评审

对投标文件进行技术性评审是为了确定招标单位完成本工程项目的技术能力和施工方案的可靠性，它是要重点评定投标单位将如何实施招标工程项目。主要评审内容包括：

1）施工总体布置。如场内交通布置、料场堆放的合理性、加工与生产的协调等。

2）施工进度计划。如进度计划与竣工时间是否一致，进度计划是否可行。

3）施工方法及技术措施。如配备的施工设备性能是否合适，数量能否满足要求，施工方法是否先进可行，安全措施是否可靠等。

4）投标文件建议。主要评审的是投标单位对招标项目在技术上的保留意见和建议是否影响项目的技术性能和质量，并研究所提建议的可行性和技术经济价值。

（3）商务评审

这一评审主要是从成本、财务和经济分析等方面评定投标报价的合理性和可靠性，估算各投标单位的中标经济效果。尤其要和标底估算数据进行对比，发现有较大差异的地方并分析其原因。

3. 评标中的废标情况

（1）在评标过程中，评标委员会发现投标人以他人的名义投标、串通投标、以行贿手段谋取中标或者以其他弄虚作假方式投标的，该投标人的投标应做废标处理。

（2）在评标过程中，评标委员会发现投标人的报价明显低于其他投标报价或者在设有标底时明显低于标底，使得其投标报价可能低于其个别成本的，应当要求该投标人作出书面说明并提供相关证明材料。投标人不能合理说明或者不能提供相关证明材料的，由评标委员会认定该投标人以低于成本报价竞标，其投标应作废标处理。

（3）评标委员会应当审查每一投标文件是否对招标文件提出的所有实质性要求和条件作出响应。未能在实质上响应的投标，应作废标处理。

4. 投标文件中的投标偏差

评标委员会应当根据招标文件，审查并逐项列出投标文件的全部投标偏差。投标偏差分为重大偏差和细微偏差。下列情况属于重大偏差：

（1）没有按照招标文件要求提供投标担保或者所提供的投标担保有瑕疵。

（2）投标文件没有投标人授权代表签字和加盖公章。

（3）投标文件载明的招标项目完成期限超过招标文件规定的期限。

（4）明显不符合技术规格、技术标准的要求。

（5）投标文件载明的货物包装方式、检验标准和方法等不符合招标文件的要求。

（6）投标文件附有招标人不能接受的条件。

（7）不符合招标文件中规定的其他实质性要求。

投标文件有上述情形之一的，为未能对招标文件作出实质性响应，作废标处理。

细微偏差是指投标文件在实质上响应招标文件要求，但在个别地方存在漏项或者提供了不完整的技术信息和数据等情况，并且补正这些遗漏或者不完整不会对其他投标人造成不公平的结果。细微偏差不影响投标文件的有效性。评标委员会应当书面要求存在细微偏差的投标人在评标结束前予以补正。拒不补正的，在详细评审时可以对细微偏差做不利于该投标人的量化，量化标准应当在招标文件中规定。

5. 工程项目评标中的详细评审

经初步评审合格的投标文件，评标委员会应当根据招标文件确定的评标标准和方法，对其技术部分和商务部分作进一步评审、比较。

工程项目评标方法包括经评审的最低投标价法、综合评估法或者法律、行政法规允许的其他评标方法。

（1）经评审的最低投标价法

经评审的最低投标价法一般适用于具有通用技术、性能标准或者招标人对其技术、性能没有特殊要求的招标项目。采用经评审的最低投标价法评标时，投标人须按招标文件提供的工程量清单报价。

采用经评审的最低投标价法评标时，可采用百分制办法评审计分，按得分由高到低排列名次，评审指标应包括工程量清单总报价、措施项目费、主要清单项目综合单价、主要材料价格、其他项目费等。

采用经评审的最低投标价法的，评标委员会应当根据招标文件中规定的评标价格调整方法，以所有投标人的投标报价及投标文件的商务部分作必要的价格调整。

另外，根据经评审的最低投标价法完成详细评审后，评标委员会应当拟定一份《标价比较表》，连同书面评标报告提交招标人。《标价比较表》应当载明投标人的投标报价、对商务偏差的价格调整和说明以及经评审的最终投标价。

（2）综合评估法

不宜采用经评审的最低投标价法的招标项目，一般应当采取综合评估法进行评审。衡量投标文件是否最大限度地满足招标文件中规定的各项评价标准，可以采取折算为货币的方法、打分的方法或者其他方法。需量化的因素及其权重应当在招标文件中明确规定。评标委员会对各个评审因素进行量化时，应当将量化指标建立在同一基础或者同一标准上，使各投标文件具有可比性。对技术部分和商务部分进行量化后，评标委员会应当对这两部分的量化结果进行加权，计算出每一投标的综合评估价或者综合评估分。

根据综合评估法完成评标后，评标委员会应当拟订一份《综合评估比较表》，连同书面评标报告提交招标人。《综合评估比较表》应当载明投标人的投标报价、所作的任何修正、对商务偏差的调整、对技术偏差的调整、对各评审因素的评估以及对每一投标的最终评审结果。

5.4.3 工程项目中标

工程项目中标，指的是最终确定承包工程项目中标人的过程。

1. 中标人的确定

一般情况下，由招标人召开定标会议，然后根据评标委员会撰写的评标报告，从评标委员会推荐的中标候选人中选出中标人，但招标人也可以授权评标委员会直接确定中标人。评标委员会推荐的中标候选人应当限定在1~3人，并标明排列顺序。在确定中标人之前，招标人不得与投标人就投标价格、投标方案等实质性内容进行谈判。

中标人的投标应当符合下列条件之一：

（1）能够最大限度满足招标文件中规定的各项综合评价标准。

（2）能够满足招标文件的实质性要求，并且经评审的投标价格最低。但是投标价格低于成本的除外。

使用国有资金投资或者国家融资的项目，招标人应当确定排名第一的中标候选人为中标人。排名第一的中标候选人放弃中标、因不可抗力提出不能履行合同，或者招标文件规定应当提交履约保证金而在规定的期限内未能提交的，招标人可以确定排名第二的中标候选人为中标人。排名第二的中标候选人因同样原因不能签订合同的，招标人可以确定排名第三的中标候选人为中标人。

2. 中标通知书

中标人确定后，招标人应当向中标人发出中标通知书，同时通知未中标人。中标通知书对招标人和中标人具有法律效力。中标通知书发出后，招标人改变中标结果，或者中标人放弃中标项目的，应当依法承担法律责任。

3. 合同的订立

招标人应当与中标人在30个工作日之内按照招标文件和投标人的投标文件订立书面合

同，招标人和中标人不得再行订立背离合同实质性内容的其他协议。

招标人与中标人签订合同后5个工作日内，应当向中标人和未中标的投标人退还投标保证金。

中标人应当按照合同约定履行义务，完成中标项目。中标人不得向他人转让中标项目，也不得将中标项目肢解后分别向他人转让。中标人按照合同约定或者经招标人同意，可以将中标项目的部分非主体、非关键性工作分包给他人完成。接受分包的人应当具备相应的资格条件，并不得再次分包。

中标人应当就分包项目向招标人负责，接受分包的人就分包项目承担连带责任。

4. 中标无效的法律规定

根据《招标投标法》第五章法律责任的规定，中标无效有如下几种情况：

（1）招标代理机构违反规定，泄露应当保密的与招标投标活动有关的情况和资料，或者与招标人、投标人串通损害国家利益、社会公共利益或者他人合法权益，影响中标结果的，中标无效。

（2）依法必须进行招标的项目的招标人向他人透露以获取招标文件的潜在投标人的名称、数量或者可能影响公平竞争的其他情况，或者泄露标底，影响中标结果的，中标无效。

（3）投标人相互串通投标或者与招标人串通投标的，投标人以向招标人或者评标委员会成员行贿的手段谋取中标的，中标无效。

（4）投标人以他人名义投标或者以其他方式弄虚作假，骗取中标的，中标无效。

（5）依法必须进行招标的项目，招标人违反法律规定，与投标人就投标价格、投标方案等实质性内容进行谈判，影响中标结果的，中标无效。

（6）招标人在评标委员会依法推荐的中标候选人以外确定中标人的，依法必须进行招标的项目在所有投标被评标委员会否决后自行确定中标人的，中标无效。

依法必须进行招标的项目违反《招标投标法》规定，中标无效的，应当依照规定的中标条件从其余投标人中重新确定中标人或者按照本法重新进行招标。

本章小结

本章在介绍了基本概念后，重点阐述了下述内容：

工程项目招标需具备一定的条件，包括招标人应该具备的条件以及招标项目应该具备的条件。招标文件是标明招标工程数量、规格要求和招标投标双方责、权、利关系的书面文件。在工程项目招标中，还要做好投标人的资格审查，并在规定的时间内安排投标人踏勘现场以及答疑。

工程项目投标单位应设置投标工作机构，积累各种资料，掌握市场动态，遇到招标项目，则研究投标策略，编制标书，争取中标。投标程序一般包括：报名参加投标、办理资格审查、取得招标文件、研究招标文件、调查投资环境、确定投资策略、制定施工方案、编制标书、投送标书等阶段。

工程项目投标决策，是指针对工程项目是否投标，以及采用怎样的策略和技巧去投标。投标技巧的研究，其实质是在保证工程质量与工期的条件下，寻求一个好的报价技巧的问题。

开标、评标是复杂而又重要的工作，评标委员会应由懂技术、懂经济、懂法律的人员组成，坚持公平态度，按预先确定的原则，一视同仁地对待每份合格的投标文件，从技术、工期、管理、服务、商务、法律等方面进行分析、评价。评标方法包括经评审的最低报价法和综合评估法。

思 考 题

1. 招标投标应遵循哪些基本原则？
2. 招标投标有哪几种方式？
3. 招标投标的一般程序是什么？
4. 简述投标工作机构的组织。
5. 如何掌握投标技巧？
6. 工程项目评标中的评审方法有哪些？

第6章 工程项目的合同管理

【学习目标】 通过本章学习，能够了解并熟知工程项目合同的基本概念、法律特征、作用、类型等知识。初步掌握签订工程项目合同、履行工程项目合同以及合同索赔的相关知识。

【关键概念】 工程项目合同　项目合同履行　工程索赔

6.1 概　　述

6.1.1 工程项目合同的概念

《中华人民共和国合同法》（以下简称《合同法》）规定，工程项目合同是承包人进行工程建设，发包人支付相应价款的合同。建设工程合同包括勘察、设计、施工合同。

工程项目合同的双方当事人分别称为承包人和发包人。承包人，是指在工程项目合同中负责工程的勘察、设计、施工任务的一方当事人；发包人，是指在工程项目合同中委托承包人进行工程的勘察、设计、施工任务的建设单位（业主、项目法人）。

在合同中，承包人最主要的义务是进行工程建设，即进行工程的勘察、设计、施工等工作。发包人最主要的义务是向承包人支付相应的价款。这里的价款除了包括发包人对承包人因进行工程建设而支付的报酬外，还包括对承包人提供的建筑材料、设备支付的相应价款。

6.1.2 工程项目合同的特点

工程项目合同是一种特殊的承揽合同。它与一般的承揽合同相同，均为诺成合同、双务合同和有偿合同，并都是承揽人（承包人）按照定做方（发包方）的要求完成一定工作，由定做方交付报酬或价款的合同。但工程项目合同也与一般承揽合同有明显区别，主要有如下特征：

1. 合同的标的仅限于基本建设工程

工程项目合同的标的主要是指土木工程、建筑工程、线路管道和设备安装工程及装修工程。正是因为工程项目合同规定的是基本建设工程，而基本建设工程对国家和社会有特殊的意义，其工程建设对合同双方当事人有特殊的要求，这才使建设工程合同成为与一般承揽合同不同的一类合同。

2. 工程项目合同具有较强的国家管理性

由于建设工程的标的物为不动产，工程建设对国家和社会生活的方方面面影响较大，在建设工程合同的订立和履行上，就具有强烈的国家干预的色彩。

3. 工程项目合同的要式性

《合同法》规定，当事人订立合同，有书面形式、口头形式和其他形式。对一些比较重要的合同，为了保护交易安全，法律和行政法规一般都规定应当采用书面形式。建设工程合同即属于这种情形。由于工程项目合同通常的工程量较大，当事人的权利、义务关系复杂，因此,《合同法》明确规定,工程项目合同应当采用书面形式。

6.2 工程项目合同的主要内容、形式和组成

6.2.1 工程项目合同的主要内容

工程项目合同应当具备一般合同的条款,如发包人、承包人的名称和住所;标的;数量;质量;价款;履行方式、地点、期限;违约责任;解决争议的方法等。由于建设工程合同标的特殊性,法律对建设工程合同中某些条款作出了明确或特殊的规定,成为建设工程合同中不可少的条款。

1. 勘察、设计合同的基本条款

勘察、设计合同的内容包括提交有关基础资料和文件的期限、质量要求,费用以及其他协作条件等条款。

(1) 提交有关基础资料和文件(包括概预算)的期限

这是对勘察人、设计人提交勘察、设计成果时间上的要求。当事人之间应当根据勘察、设计的内容和工作难度确定提交工作成果的期限。勘察人、设计人必须在此期限内完成并向发包人提交工作成果。超过这一期限,应当承担违约责任。

(2) 勘察或者设计的质量要求

这是此类合同中最为重要的合同条款,也是勘察或者设计所应承担的最重要的义务。勘察或者设计人应当对没有达到合同约定质量的勘察或者设计方案承担违约责任。

(3) 勘察或者设计费用

这是勘察或者设计合同中的发包人所应承担的最重要的义务。勘察设计工作的费用具体标准和计算办法需按《工程勘察取费标准》、《工程设计收费标准》中的规定执行。

(4) 其他协作条件

除上述条款外,当事人之间还可以在合同中约定其他协作条件。至于这些协作条件的具体内容,应当根据具体情况来认定。如发包人提供资料的期限,现场必要的工作和生活条件,设计的阶段、进度和设计文件份数等。

2. 工程施工合同的基本条款

工程施工合同的内容包括工程范围、建设工期、中间交工工程的开工和竣工时间、工程质量、工程造价、技术资料交付时间、材料设备供应责任、拨款和结算、竣工验收、质量保修范围和质量保证期、双方相互协作等条款。

(1) 工程范围

当事人应在合同中附上工程项目一览表及其工程量,主要包括建筑栋数、结构、层数、资金来源、投资总额以及工程的批准文号等。

(2) 建设工期

即全部建设工程的开工和竣工日期。

(3) 中间交工工程的开工和竣工日期

所谓中间交工工程,是指需要在全部工程完成期限之前完工的工程。对中间交工工程的开工和竣工日期,也应当在合同中作出明确约定。

（4）工程质量

这是最重要的条款。发包人、承包人必须遵守有关规定，保证工程质量符合工程建设强制性标准。

（5）工程造价

工程造价，或工程价格，由成本（直接成本、间接成本）、利润（酬金）和税金构成。工程造价包括合同价款、追加合同价款和其他款项。实行招标投标的工程应当通过工程所在地招标投标监督管理机构采用招标投标的方式定价；对于不宜采用招标投标的工程，可采用审定施工图预算为基础，甲乙双方商定加工程变更增减价的方式定价。

（6）技术资料交付时间

发包人应当在合同约定的时间内向承包人按时提供与本工程项目有关的全部技术资料，否则造成的工期损失或者工程变更应由发包人负责。

（7）材料和设备供应责任

即在工程建设过程中所需要的材料和设备由哪一方当事人负责提供，并应对材料和设备的验收程序加以约定。

（8）拨款和结算

即发包人向承包人拨付工程价款和结算的方式和时间。

（9）竣工验收

竣工验收是工程建设的最后一道程序，是全面考核设计、施工质量的关键环节，合同双方还将在该阶段进行决算。竣工验收应当根据有关规定执行。

（10）质量保修范围和质量保证期

合同当事人应当根据实际情况确定合理的质量保修范围和质量保证期，但不得低于《建设工程质量管理条例》规定的最低质量保修期限。

除了上述10项基本合同条款以外，当事人还可以约定其他协作条款，如施工准备工作的分工、工程变更时的处理办法等。

6.2.2 工程项目合同的形式

订立工程项目合同应当采用书面形式。

工程项目合同具有标的额大、履行时间长、不能即时清结等特点，因此应当采用书面形式。对有些建设工程合同，国家有关部门制定了统一的示范文本，订立合同时可以参照相应的示范文本。合同的示范文本，实际上就是含有格式条款的合同文本。采用示范文本或其他书面形式订立的工程项目合同，在组成上并不是单一的，凡能体现招标人与中标人协商一致协议内容的文字材料，包括各种文书、电报、图表等，均为建设工程合同文件。订立建设工程合同时，应当注意明确合同文件的组成及其解释顺序。

采用合同书包括确认书形式订立合同的，自双方当事人签字或者盖章时合同成立。签字或盖章不在同一时间的，最后签字或盖章时合同成立。

6.2.3 工程项目合同文件的组成和解释顺序

1. 工程项目合同文件的组成

工程项目合同文件，一般包括以下几个组成部分：

(1) 合同协议书。
(2) 中标通知书。
(3) 投标书及其附件。
(4) 合同通用条款。
(5) 合同专用条款。
(6) 洽商、变更等明确双方权利义务的纪要、协议。
(7) 工程量清单、工程报价单或工程预算书、图纸。
(8) 标准、规范和其他有关技术资料、技术要求。

2. 工程项目合同文件的解释顺序

工程项目合同的所有合同文件，应能互相解释，互为说明，保持一致。当事人对合同条款的理解有争议的，应按照合同所使用的词句、合同的有关条款、合同的目的、交易习惯以及诚实信用原则，确定该条款的真实意思。合同文本采用两种以上的文字订立并约定具有同等效力的，对各文本使用的词句推定具有相同含义。各文本使用的词句不一致的，应当根据合同的目的予以解释。

在工程实践中，当发现合同文件出现含糊不清或不相一致的时候，通常按合同文件的优先顺序进行解释。合同文件的优先顺序，除双方另有约定的外，应按合同条件中的规定确定，即排在前面的合同文件比排在后面的更具有权威性。因此，在订立建设工程合同时，对合同文件的排列最好按其优先顺序排列。

6.3 工程项目合同的谈判、签订、审批与履行

6.3.1 工程项目合同的谈判

项目合同的签订都需要一段谈判过程，一般可以分为如下几个阶段：

1. 初步洽谈阶段

在初步接洽中，项目合同的双方当事人一般是为达到一个预期的效果，就双方各自最感兴趣的事项，相互向对方提出，澄清一些问题。这些问题一般包括：项目的名称、规模、内容和所要达到的目标与要求；项目是否列入年度计划或实施的许可；当事人双方的主体性质；双方主体以往是否从事参与过同类或相类似的项目开发、实施或完成；双方主体的资质状况与信誉；项目是否已具备实施的条件（重点在于物资方面）等。以上一些问题，有的可以当场予以澄清，有的可能当场不能澄清。如果双方了解的资料及信息同各自所要达到的预期目标相符，觉得有继续保持接触与联系的必要，就可为下一阶段实质性谈判作准备。

2. 实质性谈判阶段

实质性谈判是双方在广泛取得相互了解的基础上举行的。主要是双方就项目合同的主要条款进行具体商谈。项目合同的主要条款一般包括：标的、数量和质量、价款或酬金、履行、验收、违约责任等条款。

（1）标的。标的是指合同权利、义务所指向的对象。有关标的的谈判，双方当事人都必须严肃对待，特别是项目合同的标的比较复杂时。对标的的说明应力求叙述完整、准确，不得出现遗漏及概念混淆的现象。

（2）质量和数量。项目合同中的质量与数量应严格注明名标的物的数量和质量要求及规范。由于数量和质量涉及双方的权利与义务，所以要慎重处理。这一问题在涉外合同中尤为突出。另外，还要注意对质量标准达成共识。

（3）价款或酬金。价款或酬金是谈判中最主要的议项之一。价款或酬金采用何种货币计算、支付是首先要确定的，这在国内合同中不成问题，但在涉外合同中，以何种货币计算、支付是至关重要的。这里还涉及一个汇率问题，一般可以选择比较坚挺、汇率比较稳定的硬通货。此外，考虑到汇率的浮动还应注意选择购入外汇的时机，以及考虑购买外汇期货以保值。把握价格也是重要的一环，必须掌握各类产品的市场动态，可以通过比价、询价、生产厂让利或者组织委托招标等手段使自己处于有利位置。

（4）履行的期限、方式和地点，合同谈判中应逐项加以明确规定。履行的方式和地点直接关系到以后可能发生的纠纷管辖地，要有所注意。此外，履行的方式和运杂费、保险费由何方承担，关系到标的物的风险何时从一方转向另一方。

（5）验收方法。合同谈判中应明确规定何时验收，验收的标准及验收的人员或机构。

（6）违约责任。当事人应就双方可能出现的错误而导致影响项目的完成而订立违约责任条款，明确双方的责任。具体规定还应符合法律规定的违约金限额和赔偿责任。

3. 签约阶段

签订项目合同必须尽可能明确、具体、条款完备，避免使用含糊不清的词句。一般应严格控制合同中的限制性条款；明确规定合同生效条件、合同有效期以及延长的条件、程序；对仲裁和法律适用条款作出明确的规定；对选择仲裁或诉讼作出明确约定。另外在合同文件正式签订前，应组织有关专业和会计人员、律师合同进行仔细推敲，在双方对合同内容达成一致意见后进行签订。重大项目合同的签订应由律师、公证人员参加，由律师见证或公证人员公证，只有高度重视合同签订的规范化，才能使合同真正起到确认和保护当事人双方合法权益的作用。

6.3.2 工程项目合同的签订

项目合同的签订需要一定的程序，它通常包括邀请、要约、还约和承诺四个阶段，其中要约和承诺是两个最基本、最主要的阶段，它是项目合同签订两个必不可少的步骤。

1. 要约的邀请

要约的邀请是指项目当事人的一方向另一方就项目合同的某些条款，即项目合同的有关交易条件的询问。在通常的项目合同签订中，要约邀请并非必不可少的环节，它只是项目当事人意欲同另一方当事人进行交易的表示，因而没有法律上的约束力。要约的邀请一般都具有试探的性质，用来了解对方的交易条件和交易诚意，从而作出是否与对方继续谈判协商的决定。

2. 要约

要约是指项目合同的一方向另一方提出一定的交易条件，并愿意按照所提出的交易条件达成协议、签订项目合同的意思表示。提出要约的一方称为要约人，收到要约的一方称为受要约人，要约具有法律效力，对当事人具有约束力，不得随意撤回和撤销，构成要约的三个条件是：

（1）要约必须是特定的当事人（承约商或客户的一方）所做的意思表示，并且指向特定的当事人。

（2）要约必须是订立项目合同的建议，即项目的当事人与另一方当事人有订立合同的诚意。

（3）要约的主要内容必须"十分确定"，即包括合同成立的主要交易条件。要约是否具备合同成立的条件，主要看要约的主要内容、主要条件是否"十分确定"，即有关合同的标的、数量、价格、成本约束、付款方式、项目执行时间等主要条款规定是否明了、清晰。要约一般都要规定有效期，即当事人的一方答复另一方当事人的期限。在要约有限期内，要约人要受要约的约束，即要约一旦被受要约人在有效期内接受，要约人就要按所提出的条件与受要约人签订项目合同。

在进行项目洽商时，究竟是采用要约邀请还是要约的形式，要根据洽商交易的实际情况来灵活运用。要约邀请与要约的主要区别是两者的法律效力不同。要约具有法律效力，易引起当事人的注意，有利于迅速达成交易，签订项目合同。但要约缺乏灵活性，一旦对市场行情项目的工程量估算不准确，要约内容不当，容易陷于被动局面，因为要约一经发出，要约人即受其约束。要约邀请不具有法律上的约束力，或保留了最后的确认权，所以行情、环境发生了变化，可以修改、调整交易条件或干脆不予确认，故比较灵活，有充分的回旋余地。正因如此，受要约人（即项目另一当事人）往往不予重视，不易迅速达成交易、签订合同。

3. 还约

还约是指受要约人不同意或不完全同意要约人提出的条件，为了进一步协商，对要约的条件提出修改意见。还约也可以采用口头或书面的方式表达出来，一般应与要约中采用的方式相符。

在项目合同的交易洽商中，还约具有以下的性质：还约是对原要约的拒绝，是一项新的要约，原要约即行失效；还约是有约束力的一项新的要约。

在通常的项目交易谈判中，一方在要约中提出的条件与另一方当事人能够接受的条件不完全吻合的情况是经常发生的。特别是在大型、复杂的项目中，很少有项目一方当事人的要约条件能被另一方当事人完全接受的情况。所以，虽然从法律上讲，还约并非交易磋商的基本环节，就是说，交易的达成可以不经过还约这一环节，然而，在实际的项目交易谈判中，还约的情况是普遍的。有时，一项大型、复杂的项目往往要经过多次还约，才能最后达成协议、签订合同。

4. 承诺

承诺也叫接受，是指受要约人接到要约人的要约后，同意对方提出的条件，愿意按所列条款达成交易、签订合同的意思表示。承诺与要约一样，既属于商业行为，也属于法律行为。承诺产生的重要法律后果是交易达成、合同成立。

构成一项有效的承诺，必须具备以下条件：

（1）承诺必须由受要约人作出

要约必须是向特定的项目当事人发出的，即表示受要约人愿意按要约人所提出的条件与对方订立合同，但这并不表示他愿意按这些条件与任何人订立合同。因此，承诺或接受只能由受要约人作出，才具有效力，其他人即使了解要约的内容并表示完全同意，也不构成有效的承诺。当然，这不是说要约人（或项目的一方当事人）不能同原定的另一项目当事人之外的其他人进行交易，而是说，在此次项目谈判的交易中，第三方所作出的承诺不具有法律效力，它对要约人没有约束力。如果要约人愿意按照同样的条件与第三方进行交易，他必须向对方表示同意才能订立合同。因为，受要约人之外的第三方作出的所谓"承诺"或"接受"只是具有"要约"的性质，并不能表示合同的成立。

（2）必须在有效期内接受

要约中通常都规定了有效期。这一有效期含有两方面的约束力，一方面是，它约束要约人使要约人承担义务，在有效期内不能随意撤销或修改要约的内容；另一方面，要约人规定有效期，用来约束受要约人，受要约人只有在有效期内作出承诺或接受，才有法律效力。

（3）承诺或接受必须是无条件同意要约的全部内容

原则上说，当承诺中含有对要约内容的增加、限制或者修改，承诺均不能成立，并具有还约或新的要约的性质。在西方发达资本主义国家的项目合同管理中，把这种对要约内容作出了实际的、重要的修改后的承诺，称为"有条件的承诺"。在实际的项目合同洽商中，有时项目合同的一方当事人在答复另一方当事人的要约时，虽然使用了"承诺"这个词，但却附加上某种条件，或者在答复要约的内容时对其中的某些条件作了一些修改。例如：项目合同的一方当事人把"三月之内移交标的"改为"四月之内移交标的"。"有条件的承诺或接受"不是真正有效的承诺，仍然具有还约的性质，实际上是对原要约的拒绝，其法律后果同还约是完全相同的，要约人可以不受其约束。

由于项目合同的特殊性质，即涉及关系复杂、金额巨大、标的极大等，在项目合同的磋商中，无论是要约的邀请、要约，还是还约、承诺或接受，都必须采取书面形式。

6.3.3 工程项目合同的审批

项目合同的审批一般具有两层含义：一是由国家或国家有关主管部门对合同的审批；二是项目合同当事人对合同的审批。通过国家或国家有关主管部门及项目合同当事人对项目合同的审批，来确定合同的有效性、合法性，通过法律程序予以批准，使之产生法律效力。

1. 国家或国家有关主管部门按照有关规定对一定的项目合同的审批

主要内容有：

（1）审查合同内容是否符合国家的法律、法令以及有关政策。

（2）审查合同当事人是否具有合法的名称、经营内容与资格。

（3）审查当事人双方有无实际履行能力。

（4）审查合同的签订是否根据自愿协商、平等互利的原则。

（5）审查合同当事人双方的权利义务是否明确。

（6）审查合同的条款是否完备、手续是否齐全。

2. 项目合同当事人对合同的审批

这种审批与国家或国家有关主管部门的审批既有共同点也有不同之处。它们的共同点在于两者都是通过对合同的审批来确定双方当事人的权利、义务，确认合同的有效性。两者的不同之处则在于两者审批的侧重点不同，前者主要侧重于当事人的履行能力，侧重于项目是否能够如期按计划完成规定的工作任务和所要达到的目标等。后者则侧重于合同的合法性，合同双方主体资格的合法性的项目对国计民生、社会公益等产生的作用等方面。

6.3.4 工程项目合同的履行

项目合同履行是指项目合同的双方当事人根据项目合同的规定，在适当的时间、地点，以适当的方式全面完成自己所承担的义务。

严格履行项目合同是项目双方当事人的义务，因此，项目合同的当事人必须共同按计划履行合同，实现项目合同所要达到的各类预定的目标。项目合同的履行分为实际履行和适当履行两种形式。

1. 项目合同的实际履行

项目合同的实际履行，就是要求项目合同的当事人按照合同规定的目标来履行。实际履行，已经成为我国合同法规的一个基本原则。采用该原则对项目合同的履行具有十分重大的意义。由于项目合同的标的物大都为指定物，因此不得以支付违约金或赔偿经济损失来免除项目合同一方当事人继续履行合同规定的义务。如果允许合同当事人一方可用货币代偿合同规定的标的，那么，项目合同当事人的另一方可能在经济上蒙受更大的损失或无法计算的间接损失。此外，即使项目合同当事人一方在经济上没有遭受损失，但是，对于预定的项目目标或任务，某些涉及到的国计民生、社会公益项目不能得到实现，实际上的损失很大。所在，实际履行的正确含义只能是按照项目合同规定的标的履行。

当然，在贯彻以上原则时，还应从实际出发。在某些情况下过于强调实际履行，不仅在客观上不可能，还会给项目合同的另一方当事人和社会利益造成更大的损失。这样，应当允许用支付违约金和赔偿损失的办法，代替合同的实际履行。

2. 项目合同的适当履行

项目合同的适当履行，即项目合同的当事人按照法律和项目合同条款规定的标的，按质、按量、按时地履行。合同的当事人不得以次充好，以假乱真、否则，项目合同的另一方当事人有权拒绝接受。所以，在签订项目合同时，必须对标的物的规格、数量、质量等要求作出具体规定，以便当事人按规定履行，另一方当事人在项目结束时也能按规定验收，这对提高项目的质量，满足另一方当事人的需求，甚至是满足人民日益增长的需求具有十分重要的意义。

合同履行的期限，是指义务人向权利人履行义务的时间或时间范围。双方当事人应当在合同中明确规定年月日，不能明确规定的，也必须注意某年、某季或某年的上半年或下半年等。

明确规定合同履行的地点也是十分重要的。合同履行的方法，应当符合权利人的利益，同时也应当有利于义务人的履行。

6.4 工程项目合同的变更、解除和终止

6.4.1 工程项目合同的变更、解除

由于一定的法律事实，可能会导致项目合同发生变更。在项目合同变更时，当事人必须协商一致，这将会使合同的内容和标的，亦即使项目发生变更。合同变更的法律后果是将产生新的权益和义务关系。

1. 项目合同变更的特征

项目合同的变更通常是指由于一定的法律事实而改变合同的内容和标的的法律行为。它的特征有如下几点：

（1）项目合同的双方当事人必须协商一致。

（2）改变合同的内容和标的。

（3）合同变更的法律后果是将产生新的债权和债务关系。

2. 项目合同解除的特征

项目合同解除是指消灭既存的合同效力的法律行动，主要特征有如下三点：

（1）项目合同的双方当事人必须协商一致。

（2）合同当事人应负恢复原状的义务。

（3）项目合同解除的法律后果是消灭原合同的效力。

合同的变更和解除，属于两种法律行为，但也有其共同之处，即都是经项目合同双方当事人协商一致，改变原合同的法律关系。其不同的地方是，前者产生新法律关系，后果是消灭原合同关系，而不是建立新的法律关系。

3. 合同变更或解除的条件

根据我国现行的法律，有关的合同法规以及经济生活与司法实践来看，一般须具备下列条件才能变更和解除项目合同。

（1）双方当事人确实自愿协商同意，并不因此损害国家利益和社会公共利益。

（2）由于不可抵抗力致使项目合同的全部义务不能履行。

（3）由于另一方面在合同约定的期限内没有履行合同，且在被允许的推迟履行的合理期限内仍未履行。

（4）由于项目合同当事人的一方违反合同，以致严重影响订立项目合同时所期望实现的目的，或致使项目合同的履行成为不必要。

（5）项目合同约定的解除合同的条件已经出现。

当项目合同的一方当事人要求变更、解除项目合同时，应当及时通知另一方当事人。因变更或解除项目合同使一方当事人遭受损失的，除依法可以免除责任之外，应由责任方负责赔偿。当事人一方发生合并、分立时，由变更后的当事人承担或者分别承担项目合同的义务，并享受相应的权利。

4. 项目合同变更或解除的程序

项目合同的变更和解除需要一定的程序。根据我国目前的有关法规和司法实践，其程序一般为：

（1）当事人一方要求变更或解除项目合同时，应当事先向另一方用书面的形式提出。

（2）另一方当事人在接到有关变更或解除项目合同的建议后应即时作出书面答复，如同意，则项目合同的变更或解除发生法律效力。

实际上，以上两点同合同订立的程度基本相同，即一方提出要约，另一方作出承诺或接受，其区别在于项目合同的变更和解除是在原合同的基础上进行的。

（3）变更和解除项目合同的建设与答复，必须在双方协议的期限之内或者在法律或法令规定的期限之内。

（4）项目合同的变更和解除如涉及国家指令性产品或工程项目时，必须在变更或解除项目合同之前报请下达该计划的有关主管部门批准。

（5）因变更和解除项目合同发生的纠纷，依双方约定的解决方式或法定的解决方式处理。

除由于不可抗力致使项目合同的全部义务不能履行，或者由于项目合同的另一方当事人违反合同以致严重影响订立合同所期望实现目的的情况之外，在协议尚未达成之前，原项目合同当仍然有效。任何一方不得以变更和解除为借口而逃避责任和义务，否则仍要承担法律上的后果。

5. 项目合同的违约责任

违反合同必须负赔偿责任，这是我国合同法中规定的一项重要的法律制度。

合同关系是一种法律关系，合同依法成立之时，即具有法律上的约束力。因此，当项目合同的一方当事人不履行项目合同时，另一方当事人有权要求其履行合同，并支付违约金或者赔偿损失。支付违约金或赔偿损失，是对不履行合同的一方的一种法律制裁。对于项目合同的一方当事人不履行合同，合同的另一方当事人可向仲裁机关和人民法院提出申请和起诉，请求在必要时采取强制措施，强制其履行合同和赔偿损失。

追究不履行合同行为，须具备以下条件：

（1）要有不履行合同的行为，当事人一方不履行或不适当履行既定的义务都是一种不履行合同的行为。

（2）要有不履行合同的过错。过错是指不履行合同一方的主观心理状态，包括故意和过失。故意和过失是承担法律责任的一个必要条件。法律只对故意和过失给予制裁，因此，故意和过失是行为人（即不履行或不适当履行项目合同的当事人）承担法律责任的主观条件。根据过错原则，违反合同的不管是谁，合同的一方当事人也好，合同双方当事人也好，或者合同以外的第三方，都必须承担赔偿责任。

（3）要有不履行合同造成损失的事实。不履行或不适当履行项目合同必然会给项目合同的另一方当事人造成一定的经济损失。一般来说，经济损失包括直接的经济损失和间接的经济损失两部分。在通常情况下，是通过支付违约金来赔偿直接的经济损失，而间接损失在实际的经济生活中很难计算，多不采用，但是，法律、法令另有规定或项目双方当事人另有约定的例外。

如前所述，法律只要求行为人对其故意和过失行为造成不履行项目合同负赔偿责任。而对于无法预知防止的事故致使合同不能履行时，则不能要求合同当事人承担责任。所以在下列情况下，可免除合同当事人不履行项目合同的赔偿责任：

① 合同当事人不履行或不适当履行，是由于当事人无法预知或防止的事故所造成时，可免除赔偿责任，这种事由在法律上称为不可抗力，即个人或法人无法抗拒的力量。

② 法律规定和合同约定有免负责条件，当发生这些条件时，可不承担责任。

③ 由于一方的故意和过失造成不能履行合同，另一方不仅可以免除责任，而且还有权要求赔偿损失。

6.4.2 工程项目合同的终止

项目当事人双方按照合同的规定，履行其全部义务后，项目合同即告终止。合同签订以后，因一方的法律事实的出现而终止合同关系，叫合同的终止。合同签订以后，是不允许随意终止的。根据我国的现行法律和有关司法实践，合同的法律关系可由以下的原因而终止。

（1）合同因履行而终止。合同的履行，就意味着合同规定的义务已经完成，权利已经实现，因而合同的法律关系自行消灭。所以，履行是实现合同、终止合同的法律关系的最基本的方法，也是项目合同终止的最通常的原因。

（2）合同因行政关系而终止。项目合同的双方当事人根据国家计划或行政指令而建立的合同关系，可因国家计划的变更或行政指令的取消而终止。

（3）合同因不可抗力的原因而终止。项目合同不是由于项目合同的当事人的过错，而是由于某种不可抗力的原因而致使合同义务不能履行的，应当终止合同。

（4）当事人双方混同一人而终止。法律上对权利人和义务人合为同一人的现象，称为混同。既然要发生项目合同当事人合并为一人的情况，那么原来的合同已无履行的必要或已不需要依靠这种契约关系而维系项目的实施，因而项目合同自行终止。

（5）合同因双方当事人协商同意而终止。项目合同的当事人双方可以通过协议来变更和终止合同关系，所以通过双方当事人协议而解除合同关系或者免除义务人的义务，也是终止项目合同的一种方法。

（6）仲裁机构或者法院判决终止合同。当项目合同的一方当事人不履行，或不适当履行合同，另一方当事人可以通过仲裁机构或法院进行裁决以终止合同。

6.5 解决工程项目合同纠纷的主要方式

基于项目合同的特有属性，发生合同纠纷是比较正常和常见的。如何解决项目合同纠纷对项目合同的双方当事人都极为重要。通常，解决项目合同纠纷的主要有四种方式，即协商解决、调解解决、仲裁解决和诉讼解决。

6.5.1 协商解决

协商解决，也称之为友好解决，是指双方当事人进行磋商，在相互谅解的基础上，为了促进双方的关系，为了今后双方之间的业务继续往来与发展，相互都怀有诚意作出一些有利于纠纷实际解决的让步，并在彼此都认为可以接受继续合作的基础上达成和解协议。

目前，许多不同类型的合同中，有关纠纷解决条款大都写明了类似"凡由于在执行本项目合同所引起的或与合同有关的一切争议和纠纷，双方当事人都应首先通过友好协商解决。"这样的条款。在通常情况下，项目合同的双方当事人遇到争议和纠纷时，一般都愿意先进行协商，这样既可以不影响双方的和气和以后业务的正常往来，又可以在作出一定让步的基础上换取项目合同的正常履行。特别是在项目合同的执行中，即项目的实际实施中，这种解决方式比较普遍。

协商解决的优点在于，不必经过仲裁机构或司法程序，省去仲裁和诉讼所浪费的时间和金钱，气氛一般比较友好，而且双方协商的灵活性较大，更重要的是协商解决给双方留下的余地较大。

当然，在履行项目合同中如发生争议和纠纷，也不能因为为了获得协商的解决而一味让步，让步必须是有原则的让步。在通常情况下，仅靠这种通过友好协商解决的良好愿望是不够的。如果争议纠纷涉及的金额较大，双方都不愿或不可能作太大的让步；或者一方故意毁约，没有协商的诚意；或者经过反复磋商，双方相持不下，各持一端，无法达成协议等，这就必须通过必要的法律程序来解决了。

6.5.2 调解解决

调解是由第三者从中调停，促进双方当事人和解。调解可以在交付仲裁和诉讼前进行，也可以在仲裁和诉讼过程中进行。通过调解达成和解后，即不可再求助于仲裁和诉讼。

重视通过调解来解决我国经济纠纷和涉外经济纠纷，是我国民事诉讼中的一个重要原则。实践证明，很多纠纷案件经过双方协商或者第三者的调解是可以得到解决的。调解的过程是查清事实、分清是非的过程，也是协调双方关系，更好地履行合同的过程。

在受理争议案件时，应广泛采用调解与仲裁、判决相结合的方式，仲裁机关和人民法院应随时注意对双方当事人进行调解，尽可能促使双方当事人在自愿的基础上达成和解协议。调解时，要弄清楚纠纷的原因，双方争执的焦点和各自应负的责任，要客观、细致、实事求是地做好当事人的思想工作。调解必须双方自愿，不得强迫。达成协议的内容，不得违背国家的法律、法令和方针政策。调解达成协议的，仲裁机关和人民法院应及时制作调解书。调解书应写明当事人争议的内容与事实，当事人达成协议的内容。调解书一经送达，即发生法律效力。

合同当事人的合同管理机关申请调解的，应从其知道或应当知道权利被侵害之日起一年内提出，超过期限的，一般不予受理。但当事人自愿履行的不在此限。

调解不能达成协议的，或者达成协议后又反悔的，仲裁机关和人民法院应当尽快作出裁决或判决。

6.5.3 仲裁解决

仲裁也称"公断"，是指双方当事人自愿把争议提交一定的第三者审理，由其依照一定的程序作出判决或裁决。这个第三者或为双方选定的仲裁人，或为仲裁机构。仲裁分为国内仲裁和涉外仲裁。

目前，我国的仲裁机构有官方的和民间的两种。官方仲裁机构指各级合同主管机关，民间的有中国国际贸易促进委员会、对外经济贸易仲裁委员会。

仲裁是一种行政措施，是维护合同法律效力的必要手段。仲裁要依照法律、法令和有关政策严肃处理合同纠纷，该赔偿的就要责令负有责任的一方赔偿，该罚款的一定要罚款，直至追究有关人员的行政责任和其他法律责任。

依照有关合同法规和有关规定，进行仲裁的基本做法一是申诉人必须在其权利受到侵害之日起一年内，以书面形式向仲裁机关提出申请书，具体写明合同纠纷及其主要问题，提出自己的要求，同时附有原合同和有关材料的正本或者复制本；二是仲裁机关在接到申请书后，先审查申诉手续是否完备，如不符要求，可通知申诉人补交材料或者不予管理；三是案件受理后，由仲裁机关将申诉副本转交受诉人，并限期提出答辩，提供有关材料；四是仲裁机关应对受理的案件组织调查，取得有关的人证、物证；五是在弄清事实的基础上，进行调解，调解不成时，根据有关法律、法令和政策，由双方当事人参加作出裁决，并制作裁决书。裁决书经主管机关盖章后，即具有法律效力；六是一方或双方事后反悔的，必须在收到仲裁决定书之日起 15 天内，向人民法院起诉。已生效的裁决，由仲裁机关督促执行，并在当事人拒绝执行时，通知开户银行划拨贷款或赔偿金。这里须说明的是，仲裁不是起诉的必须程序，当事人不愿仲裁或对仲裁裁决不服，可以向人民法院提出诉讼。

6.5.4 诉讼解决

诉讼是指司法机关和案件当事人在其他诉讼参与人的配合下为解决案件依法定诉讼程序所进行的全部活动。基于所要解决案件的不同性质，可以分为民事诉讼、刑事诉讼和行政诉讼。这里主要叙述民事诉讼，包括一般的民事诉讼和经济诉讼。

项目合同当事人因合同纠纷而提起的诉讼一般属于经济合同纠纷的范畴。此类案件一般由各级人民法院的经济审判庭受理，并审判。根据合同的特殊情况，还可能必须由专门的法院对一些合同纠纷案件进行审理，如铁路运输法院、水上运输法院、森林法院以及海事法院等。

当事人一方在提起诉讼前必须充分做好诉讼准备，收集各类证据，进行必要的取证工作。在向法院提交起诉状时应准备下列文件或证词以及有关凭证：起诉状、合同文本以及附件、营业执照、法定代表人、委托人员授权证书、合同双方当事人往来的财务凭证、合同双方当事人往来的信函、电报等。

合同纠纷的一方当事人在诉讼之前还应注意到管辖问题，也就是向哪一级法院、哪一个地方法院提出诉讼的问题，如果当事人对此不了解的话，可以向律师事务所进行法律咨询或直接聘请律师处理案件。

一方当事人在面临合同纠纷时，都应注意诉讼时效问题。即使暂时无意以诉讼手段来解决纠纷，也应采取各种有效手段使诉讼时效得以延长。

6.6 工程项目合同的索赔

6.6.1 概念及特征

工程索赔是合同当事人保护自身正当权益、弥补工程损失、提高经济效益的重要和有效手段。许多工程项目，通过成功的索赔，能使工程收入得到极大的提高，有些工程的索赔额甚至超过了工程合同额本身。索赔管理以其本身花费较小、经济效果明显而受到高度的重视。

1. 索赔的含义

索赔一词具有较为广泛的含义，其一般含义是指对某事、某物权利的一种主张、要求和坚持等。工程索赔通常是指在工程合同履行过程中，合同当事人一方因非自身因素或对方不履行或未能正确履行合同而受到经济损失或权利损害时，通过一定的程序向对方提出经济或时间补偿的要求。提到索赔，很容易使人联想到争议的仲裁、诉讼或双方激烈的对抗，其实，索赔是一种正当的权利要求，它是业主方、监理工程师和承包方之间一项正常的、大量发生而且普遍存在的合同管理业务，是一种以法律和合同为依据的、合情合理的行为。索赔是在正确履行合同的基础上争取合理的偿付，不是无中生有，无理争利，它同守约、合作并不矛盾，其本身就是市场经济中合作的一部分，只要是合法的或符合有关规定和惯例的，就应该理直气壮地、主动地向对方索赔。大部分索赔都可以通过协商谈判和调解等方式获得解决，只有在双方无法达成一致时才会提出仲裁或诉讼，即使诉诸法律程序，也应当被看成是守法守约的正当行为。

2. 索赔的特征

从索赔的含义中，可以看出索赔具有以下基本特征：

1）索赔是双向的，不仅承包商可以向业主索赔，业主同样也可以向承包商索赔。由于实践中业主向承包商索赔发生的频率相对较低，而且在索赔处理中，业主始终处于主动和有利地位，他可以直接从应付工程款中扣抵或没收履约保函，扣留保留金甚至留置承包商的材料、设备作为抵押等来实现自己的索赔要求，因此在实践中大量发生的、处理比较困难的是承包商向业主的索赔。承包商的索赔范围非常广泛，一般认为只要因非承包商自身责任造成其工期延长或成本增加，都可以向业主提出索赔。业主违反合同造成承包商损失，承包商可向业主提出赔偿要求，有时业主未违反合同，而是由于其他原因，如合同范围内的工程变更，恶劣气候条件影响，国家法令、法规修改等造成承包商损失或损害的，也可以向业主提出补偿要求。

2）只有实际发生了经济损失或权利损害，一方才能向对方索赔。经济损失是指因业主因素造成合同外的额外支出，如人工费、材料费、机械费、管理费等额外开支；权利损害是指虽然没有经济上的损失，但造成了一方权利上的损害，如由于恶劣气候条件对工程进度的不利影响，承包商有权要求工期延长等。因此发生了实际的经济损失或权利损害，应是一方提出索赔的一个基本前提条件。有时上述两者同时存在，如业主未及时交付合格的施工现场，既造成承包商的经济损失，又侵犯了承包商的工期权利，因此，承包商既可以要求经济赔偿，又可以要求工期延长；有时两者则可单独存在，如恶劣气候条件影响、不可抗力事件等，承包商根据合同规定或惯例则只能要求工期延长，很难或不能要求经济赔偿。

3）索赔是一种未经对方确认的单方行为。它与我们通常所说的工程签证不同。在施工过程中，签证是承发包双方就额外费用补偿或工期延长等达成一致的书面证明材料和补充协议，它可以直接作为工程款结算或最终增减造价的依据，而索赔则是单方面行为，对对方尚未形成约束力，其要求能否最终实现，必须要通过确认（如双方协商、调解或仲裁、诉讼）后才能实现。

因此归纳起来，索赔具有如下一些本质特征：

1）索赔是要求给予补偿（赔偿）的一种权利、主张。
2）索赔的依据是法律法规、合同文件及工程建设惯例，但主要是合同文件。
3）索赔是因非自身原因导致的，要求索赔一方没有过错。
4）与合同相比较，已经发生了额外的经济损失或工期损害。
5）索赔必须有切实有效的证据。
6）索赔是单方行为，双方没有达成协议。

6.6.2 索赔的分类

1. 按涉及当事双方分类

（1）承包商与业主（建设单位）之间的索赔。

(2) 承包商与分包商之间的索赔。
(3) 承包商与供应商之间的索赔。

2. 按索赔原因分类

(1) 地质条件变化引起的索赔。
(2) 施工中人为障碍引起的索赔。
(3) 工程变更命令引起的索赔。
(4) 合同条款的模糊和错误引起的索赔。
(5) 工期延长引起的索赔。
(6) 设计图纸错误引起的索赔。
(7) 工期提前引起的索赔。
(8) 施工图纸拖延引起的索赔。
(9) 增减工程量引起的索赔。
(10) 业主（建设单位）拖延付款引起的索赔。
(11) 货币贬值引起的索赔。
(12) 价格调整引起的索赔。
(13) 业主（建设单位）的风险引起的索赔。
(14) 不可抗拒的自然灾害引起的索赔。
(15) 暂停施工引起的索赔。
(16) 终止合同引起的索赔。

3. 按索赔的依据分类

(1) 合同规定的索赔。索赔内容可以在合同条款中找到依据。例如设计图纸错误、变更工程的计量和价格等。

(2) 非合同规定的索赔。即索赔的内容及权利虽然在合同条款中难以找到依据，但权利可能来自普通法律，通常这种合同外索赔表现属于违约造成的损害或可能违反担保造成的损害。

(3) 道义索赔。又称"额外支付"，指承包商对标价估计不足遇到了巨大的困难而蒙受重大损失时，建设单位会超越合同条款，给承包商以相应的经济补偿。

4. 按索赔的目的分类

(1) 延长工期索赔。承包商要求业主延长施工时间，拖后竣工日期。
(2) 经济索赔。承包商要求业主给付增加的开支或亏损，弥补承包商的经济损失。

6.6.3 索赔的起因

引起工程索赔的原因非常复杂，主要有以下几方面：

1. 工程项目的特殊性

随着社会发展，现代工程项目呈现出新的特性：投资多、规模大、工期长、差异性大、综合性强、风险加大，使得项目在实施过程中存在许多不确定因素，而合同则必须在工程开始前签订，它不可能对工程项目所有的问题都能作出合理的预见和规定，而且业主在实施过程中还会有许多新的决策，这一切使得合同变更极为频繁，而合同变更必然会导致项目工期和成本的变化。

2. 内外部环境的多变性

工程项目的经济环境、社会环境、法律环境及技术环境的变化，诸如地质条件变化、材料价格上涨、货币贬值、国家政策法规的变化等，会在工程实施过程中经常发生，使得工程的计划实施过程与实际情况不一致，这些因素同样会导致工程工期和费用的变化。

3. 参与主体的多元性

由于工程参与单位多，一个工程项目往往会有业主、总包商、监理工程师、分包商、指定分包商、材料设备供应商等众多参加单位，各方面的技术、经济关系错综复杂，相互联系，又相互影响，只要一方失误，不仅会造成损失，而且会影响其他合作者，造成他人损失，从而导致索赔和争执。

4. 工程合同的复杂性

工程项目合同文件繁多而复杂，经常会出现措词不当、文字缺陷、图纸错误，以及合同文件前后矛盾或者可作不同解释等问题，容易造成合同双方对合同文件理解不一致，从而出现索赔。

以上这些问题会随着工程的逐步开展而不断出现，使工程项目受到影响，导致工程项目成本和工期的变化，这就是索赔形成的根源。因此，索赔的发生，从本质上讲，是一种难以避免的客观存在。

6.6.4 承包商索赔的一般内容

（1）工程地质条件变化索赔。
（2）工程变更索赔。
（3）因业主原因引起的工期延长和延误索赔。
（4）施工费用索赔。
（5）业主终止工程施工索赔。
（6）物价上涨引起的索赔。
（7）法规、货币及汇率变化引起的索赔。
（8）拖延支付工程款的索赔。
（9）特殊风险索赔。

6.6.5 建设单位（业主）索赔的一般内容

（1）工程建设失误索赔。
（2）因承包商拖延施工工期引起的索赔：

1）增大工程管理费开支。建设单位为监理、咨询机构及其职员由于承包商拖延工期而发生的扩大支付费用；由建设单位提供的施工设备在延长期内的租金支付；建设单位筹资贷款由于承包商延误工期而引起的利息支付。

2）建设单位赢利和收入损失。
（3）承包商未履行的保险费用索赔。
（4）对超额利润的索赔。
（5）对指定分包商的付款索赔。
（6）建设单位合理终止合同或承包商无正当理由放弃工程的索赔。

6.6.6 索赔工作程序

索赔工作程序是指从索赔事件产生到最终处理全过程所包括的工作内容和工作步骤。由于索赔工作实质上是承包商和业主在分担工程风险方面的重新分配过程，涉及到双方的经济利益，因而是一项繁琐、细致、耗费精力和时间的过程。这就要求双方必须严格按照合同规定办事，按合同规定的索赔程序工作，才能获得成功的索赔。

具体工程的索赔工作程序，应根据双方签订的施工合同产生。在工程实践中，比较详细的索赔工作程序一般可分为如下主要步骤：

1. 索赔意向的提出

在工程实施过程中，一旦出现索赔事件，承包商应在合同规定的时间内，及时向业主或工程师书面提出索赔意向通知，亦即向业主或工程师就某一个或若干个索赔事件表示索赔愿望、要求或声明保留索赔的权利。索赔意向的提出是索赔工作程序中的第一步，其关键是抓住索赔机会，及时提出索赔意向。

FIDIC 合同条件及我国建设工程施工合同条件都规定：承包商应在索赔事件发生后的 28 天内，将其索赔意向通知工程师，否则将会丧失在索赔中的主动和有利地位；业主和工程师也有权拒绝承包商的索赔要求，这是索赔成立的有效和必备条件之一。因此在实际工作中，承包商应避免合理的索赔要求由于未能遵守索赔时限的规定而导致无效。

2. 索赔资料的准备

从提出索赔意向到提交索赔文件，是属于承包商索赔的内部处理阶段和资料准备阶段。此阶段的主要工作包括：

（1）跟踪和调查干扰事件，掌握事件产生的详细经过和前因后果。

（2）分析干扰事件产生原因，划清各方责任，确定由谁承担，并分析干扰事件是否违反了合同规定，是否在合同规定的赔偿或补偿范围内。

（3）损失或损害调查或计算。通过对比实际和计划的施工进度和工程成本，分析经济损失或权利损害的范围和大小，并由此计算出工期索赔和费用索赔值。

（4）搜集证据，从干扰事件产生、持续直至结束的全过程，都必须保留完整的当时记录，这是索赔能否成功的重要条件。在实际工作中，许多承包商的索赔要求都因没有或缺少书面证据而得不到合理解决，这个问题应引起承包商的高度重视。

3. 索赔文件的提交

承包商必须在合同规定的索赔时限内向业主或工程师提交正式的书面索赔文件。FIDIC 合同条件和我国建设工程施工合同条件都规定，承包商必须在发出索赔意向通知后的 28 天内或经工程师同意的其他合理时间内，向工程师提交一份详细的索赔文件；如果干扰事件对工程的影响持续时间长，承包商则应按工程师要求的合理间隔，提交中间索赔报告，并在干扰事件影响结束后的 28 天内提交一份最终索赔报告。

4. 工程师（业主）对索赔文件的审核

工程师是受业主的委托和聘请，对工程项目的实施进行组织、监督和控制工作。工程师根据业主的委托或授权，对承包商索赔的审核工作主要分为判定索赔事件是否成立和核查承包商的索赔计算是否正确、合理两个方面，并可在业主授权的范围内作出自己独立的判断。

承包商索赔要求的成立必须同时具备如下四个条件：

(1) 与合同相比较，已经造成了实际的额外费用增加或工期损失。
(2) 造成费用增加或工期损失的原因不是由于承包商自身的过失所造成。
(3) 这种经济损失或权利损害也不是应由承包商应承担的风险所造成。
(4) 承包商在合同规定的期限内提交了书面的索赔意向通知和索赔文件。

上述四个条件没有先后主次之分，并且必须同时具备，承包商的索赔才能成立。其后监理工程师对索赔文件的审查重点主要有两步：

第一步，重点审查承包商的申请是否有理有据，即承包商的索赔要求是否有合同依据，所受损失确属不应由承包商负责的原因造成，提供的证据是否足以证明索赔要求成立，是否需要提交其他补充材料等。

第二步，监理工程师以公正的立场、科学的态度，审查并核算承包商的索赔值计算，分清责任，剔除承包商索赔值计算中的不合理部分，确定索赔金额和工期延长天数。

我国建设工程施工合同条件规定，工程师在收到承包商送交的索赔报告和有关资料后应于28天内给予答复，或要求承包商进一步补充索赔理由和证据。如在规定期限内未予答复或未对承包人作进一步要求，视为该项索赔已经认可。

5. 索赔的处理与解决

从递交索赔文件到索赔结束是索赔的处理与解决过程。经过工程师对索赔文件的评审，与承包商进行了较充分的了解后，工程师应提出对索赔处理决定的初步意见，并参加业主和承包商之间的索赔谈判，根据谈判达成索赔最后处理的一致意见。如果业主和承包商通过谈判达不成一致，则可根据合同规定，将索赔争议提交仲裁或诉讼，使索赔问题得到最终解决。

工程项目实施中会发生各种各样、大大小小的索赔、争议等问题，应该强调，合同各方应该争取尽量在最早的时间、最低的层次，尽最大可能以友好协商的方式解决索赔问题，不要轻易提交仲裁。因为对工程争议的仲裁往往是非常复杂的，要花费大量的人力、物力、财力和精力，对工程建设也会带来不利，有时甚至会对工程建设造成严重的影响。

在工程项目的实施过程中，会产生大量的工程信息和资料，这些信息和资料是开展索赔的重要依据。如果项目资料不完整，索赔就难以顺利进行，因而在施工过程中应始终做好资料积累工作，建立完善的资料记录和科学管理制度，认真、系统地积累和管理施工合同文件、质量、进度及财务收支等方面的资料。对于可能会发生索赔的工程项目，从开始施工时就要有目的地收集证据资料，系统地拍摄施工现场，妥善保管开支收据，有意识地为索赔文件积累必要的证据材料。

6.6.7 索赔的证据

索赔证据是当事人用来支持其索赔成立或和索赔有关的证明文件和资料。索赔证据作为索赔文件的组成部分，在很大程度上关系到索赔的成功与否。证据不全、不足或没有证据，索赔是不可能获得成功的。

证据在合同签订和合同实施过程中产生，主要为合同资料、日常的工程资料和合同双方信息沟通资料等。在正常的项目管理系统中，应有完整的工程实施记录。一旦索赔事件发生，自然会收集到许多证据。但如果项目信息流通不畅，文档散杂零乱、不成系统，或对事件的发生未记录到文档中，待提出索赔要求时再搜集证据，就要花费很多时间，并可能丧失索赔机会（超过索赔有效期限），甚至为他人索赔和反索赔提供可能，因为人们对过迟提交的索赔文件和证据容易产生怀疑。

索赔证据的基本要求是：

（1）真实性。索赔证据必须是在实际工程过程中产生，完全反映实际情况，能经得住对方的推敲。由于在工程过程中，合同双方都在进行合同管理，收集工程资料，所以双方应有相同的证据。使用不实的或虚假的证据是违反商业道德甚至法律的。

（2）全面性。所提供的证据应能说明事件的全过程。索赔报告中所提到的干扰事件、索赔理由、影响、索赔值等都必须有相应的证据，否则对方有权退回索赔报告，要求重新补充证据，这样就会拖延索赔的解决。

（3）及时性。这包括两方面要求：一方面，要求证据是工程活动或其他活动发生时记录或产生的文件，除了专门规定外，后补的证据通常不容易被认可。干扰事件发生时，承包商应有同期记录，这对以后提出索赔要求，支持其索赔理由是必要的。而工程师在收到承包商的索赔意向通知后，应进行审查，并可指令承包商保持合理的同期记录，在这里承包商应邀请工程师检查并请其说明是否需作其他记录。按工程师要求作记录，对承包商来说是有利的。另一方面，证据作为索赔报告的一部分，一般和索赔报告一齐交付工程师和业主。FIDIC规定，承包商应向工程师递交一份说明索赔款项及提出索赔依据的"详细材料"。

（4）法律证明效力。索赔证据必须有法律证明效力，特别对准备递交仲裁的索赔报告更要注意这一点。这就要求：①证据必须是当时的书面文件，一切口头承诺、口头协议不算。②合同变更协议必须由双方签署，或以会谈纪要的形式确定，且为决定性决议。一切商讨性、意向性的意见或建议都不算。③工程中的重大事件、特殊情况的记录应由工程师签署认可。

在工程项目实施过程中，常见的索赔证据主要有：

（1）各种工程合同文件。

（2）施工日志。

（3）工程照片及声像资料。

（4）来往信件、电话记录。

（5）会谈纪要。

（6）气象报告和资料。

（7）工程进度计划。

（8）投标前业主提供的参考资料和现场资料。

（9）工程备忘录及各种签证。

（10）工程结算资料和有关财务报告。

（11）各种检查验收报告和技术鉴定报告。

（12）其他，如分包合同、订货单、采购单、工资单、物价指数、国家法律、法规等。

6.6.8 索赔报告

1. 编写索赔报告的基本要求

索赔报告是向对方提出索赔要求的书面文件，业主及调解人和仲裁人是通过索赔报告了解和分析合同实施情况和承包商的索赔要求，并据此作出判断和决定。所以索赔报告的表达方式对索赔的解决有重大影响。索赔报告应充满说服力、合情合理、有根有据、逻辑性强，能说服工程师、业主、调解人和仲裁人，同时它又应是有法律效力的正规的书面文件。

索赔报告如果起草不当，会损害承包商在索赔中的有利地位和条件，使正当的索赔要求得不到应有的妥善解决。

起草索赔报告需要实际工作经验。重大的索赔或一揽子索赔最好在有经验的律师或索赔专家的指导下起草。索赔报告的一般要求是：

（1）索赔事件应真实无误。这是整个索赔的基本要求，关系到承包商的信誉和索赔的成败，不可含糊。对索赔事件的叙述必须清楚、明确，不包含任何估计和猜测，也不可用估计和猜测式的语言。如果承包商提出不实的索赔要求，工程师会立即拒绝。这还将影响对承包商的信任和以后的索赔。索赔报告中所指出的干扰事件必须有得力的证据来证明。这些证据应附于索赔报告之后。

（2）责任分析应清楚、准确。一般索赔报告中所针对的干扰事件都是由对方责任引起的，应将责任全部推给对方。不可用含混的字眼和自我批评式的语言，否则会丧失自己在索赔中的有利地位。

（3）在索赔报告中应特别强调于己有利的关键点：第一，干扰事件的不可预见性和突然性。对它的发生承包商不可能预见或准备，亦无法制止或影响。第二，在干扰事件发生后已立即将情况通知了工程师，听取并执行了工程师的处理指令；为减轻干扰事件的影响尽了最大努力，采取了能够采取的措施。在索赔报告中可叙述所采取的措施以及产生的效果。第三，由于干扰事件的影响，使承包商的工作受到严重干扰。应强调干扰事件、对方责任、工程受到的影响和索赔之间有直接的因果关系。这个逻辑性对索赔的成败至关重要。业主反索赔常常也通过否定这个逻辑关系来否定承包商的索赔要求。第四，索赔要求应有合同文件的支持，要非常准确地选择作为索赔理由的相应的合同条款。

强调这些是为了使索赔理由更充足，使工程师、业主和仲裁人在感情上易于接受。

（4）索赔报告应简洁扼要，条理清楚，定义准确，逻辑性强。但索赔证据和索赔值的计算应详细、精确。索赔报告的逻辑性，主要在于将索赔要求与干扰事件、责任、合同条款、影响连成一条自然而又合理的逻辑链。应尽力避免索赔报告中出现用词不当、语法欠妥、计算错误、打字错误等问题，这会降低索赔报告的可信度，给人以轻率或弄虚作假的感觉。

（5）用词、语气要婉转。特别作为承包商，在索赔报告中应避免使用强硬的、不友好的抗议式的语言。不能因为语言而伤了和气和双方的感情，导致索赔的失败。索赔目的是取得赔偿，说服对方承认自己索赔要求的合理性，而不能损害对方的面子。所以在索赔报告以及索赔谈判中应强调干扰事件的不可预见性，强调不可抗力的原因，或应由对方负责的第三者责任，应避免出现对业主代表和监理工程师当事人个人的指责。这在实际工作中应予以注意。

2. 索赔报告的格式和内容

在实际工作中，索赔文件通常包括三个部分：

（1）承包商或他的授权人致业主或工程师的信，在信中简要介绍索赔要求、干扰事件经过和索赔理由等。

（2）索赔报告正文。在工程中，对单项索赔，应设计统一格式的索赔报告，以使得索赔处理比较方便。

一揽子索赔报告的格式可以比较灵活，但实质性的内容一般应包括：

1) 题目。简洁地说明针对什么提出索赔。

2) 索赔事件。叙述事件的起因（如业主的变更指令、通知等）、事件经过、事件过程中双方的活动，重点叙述我方按合同所采取的行为、对方不符合合同的行为或没履行合同责任的情况。要提出事件的时间、地点和事件的结果，并引用报告后面的证据作为证明。

3) 理由。总结上述事件，同时引用相应合同条文，证明对方行为违反合同或对方的要求超出合同规定，造成了该干扰事件，有责任对由此造成的损失作出赔偿。

4) 影响。说明上述事件对承包商的影响，而两者之间有直接的因果关系。重点围绕由于上述事件原因造成成本增加和工期延长，与后面的费用分项的计算又应有对应关系。

5) 结论。由于上述事件的影响，造成承包商的工期延长和费用增加。通过详细的索赔值的计算，提出具体的费用索赔值和工期索赔值。

（3）附件。报告所列举事实、理由、影响的证明文件和各种计算基础、计算依据的证明。

6.6.9 索赔技巧和艺术

索赔工作既有科学严谨的一面，又有艺术、灵活的一面。对于一个确定的索赔事件往往没有预定的、确定的解，它往往受制于双方签订的合同文件，各自的工程管理水平，索赔能力以及处理问题的公正性、合理性等因素。因此，要想索赔成功，不仅需要令人信服的法律依据、充足的理由和正确的计算方法，索赔的策略、技巧和艺术也相当重要。如何对待索赔，实际上是个经营战略问题，是承包商对利益、关系、信誉等方面的综合权衡。在这个问题上，承包商应防止两种极端倾向：一是只讲关系、义气和情意，忽视应有的合理索赔，致使企业遭受不应有的经济损失；二是不顾关系，过分注重索赔，斤斤计较，缺乏长远和战略目光，以致影响合同关系、企业信誉和长远利益。

此外，合同双方在开展索赔工作时，还要注意以下索赔技巧和艺术：

1. 正确把握提出索赔的时机

过早提出索赔，往往容易遭到对方反驳或在其他方面可能施加的挑剔、报复等；过迟提出，则容易留给对方借口，索赔要求遭到拒绝。因此索赔方必须在索赔时效范围内适时提出。如果老是担心或害怕影响双方合作关系，有意将索赔要求拖到工程结束时才正式提出，可能会事与愿违，适得其反。

2. 索赔谈判中注意方式、方法

合同一方向对方提出索赔要求，进行索赔谈判时，措辞应婉转，说理应透彻，以理服人，而不是得理不让人，尽量避免使用抗议式提法，既要正确表达自己的索赔要求，又不伤害双方的和气、感情，以达到索赔的良好效果。

如果对于索赔方一次次合理的索赔要求，对方拒不合作或置之不理，并严重影响工程的正常进行，索赔方可以采取较为严厉的措辞和切实可行的手段，以实现自己的索赔目标。

3. 索赔处理时作适当、必要的让步

在索赔谈判和处理时，应根据情况作出必要的让步，有所失，才有所得。可以放弃金额小的小项索赔，坚持大项索赔。这样使对方容易作出让步，达到索赔的最终目的。

4. 发挥公关能力

除了进行书信往来和谈判桌上的交涉外，有时还要发挥索赔人员的公关能力，采用合法的手段和方式，营造适合索赔争议解决的良好环境和氛围，促使索赔问题尽早圆满解决。

索赔是一门融自然科学、社会科学于一体的边缘科学，涉及工程技术、工程管理、法律、财会、贸易、公共关系等众多学科知识，因此索赔人员在实践过程中，应注重对这些知识的有机结合和综合应用，不断学习，不断体会，总结经验教训，才能更好地开展索赔工作。

6.6.10 反索赔

1. 反索赔的含义

反索赔，顾名思义就是反驳、反击或防止对方提出的索赔，不让对方索赔成功或全部成功。对于反索赔的含义一般有两种理解：第一，认为承包商向业主提出补偿要求为索赔，而业主向承包商提出补偿要求则认为是反索赔；第二，认为索赔是双向的，业主和承包商都可以向对方提出索赔要求，任何一方对对方提出索赔要求的反驳、反击则认为是反索赔。我们这里采用后者的理解。

面对合同一方提出的索赔，合同另一方无非会有如下三种选择：

第一，全部认可对方的索赔，包括索赔值数额。

第二，全部否决对方的索赔。

第三，部分否决对方的索赔。

如果索赔方提出的索赔依据充分，证据确凿，计算合理，另一方应实事求是地认可对方的索赔要求，赔偿或补偿对方的经济损失或损害，反之则应以事实为根据，以法律（合同）为准绳，反驳、拒绝对方不合理的索赔要求或索赔要求中的不合理部分，这就是反索赔。

2. 反索赔的作用

在合同实施过程中，合同双方都在进行合同管理，都在寻找索赔机会。干扰事件发生后，合同双方都企图推卸自己的合同责任，并向对方提出索赔。因此不能进行有效的反索赔，同样会蒙受经济损失，反索赔与索赔具有同等重要地位，其作用主要表现在：

（1）减少或预防损失的发生。由于合同双方利益不一致，索赔与反索赔又是一对矛盾，如果不能进行有效的、合理的反索赔，就意味着对方索赔获得成功，则必须满足对方的索赔要求，支付赔偿费用或满足对方延长工期、免于承担误期违约责任等要求。因此，有效的反索赔可以预防损失的发生，即使不能全部反击对方的索赔要求，也可能减少对方的索赔值，保护自己正当的经济利益。

（2）一次有效的反索赔不仅会鼓舞工程管理人员的信心和勇气，有利于整个工程的施工和管理，也会影响对方的索赔工作。相反的，如果不进行有效的反索赔，则是对对方索赔工作的默认，会使对方索赔人员的"胆量"越来越大，被索赔方会在心理上处于劣势，丧失工作中的主动权。

（3）做好反索赔工作不仅可以全部或部分否定对方的索赔要求，使自己免于损失，而且可以从中重新发现索赔机会，找到向对方索赔的理由，有利于自己摆脱被动局面，变守为攻，能达到更好的反索赔效果，并为自己索赔工作的顺利开展提供帮助。

（4）反索赔工作与索赔一样，也要进行合同分析、事态调查、责任分析、审查对方索赔报告等项工作，既要有反击对方的合同依据，又要有事实证据，因此离开了企业平时良好的基础管理工作，反索赔同样也是不能成功的。因此，有效的反索赔要求企业加强基础管理，促进和提高企业的基础管理工作水平。

3. 索赔与反索赔的辩证关系

索赔表现为当事人自觉地将索赔管理作为工程及合同管理的重要组成部分，成立专门机构认真研究索赔方法，总结索赔经验，不断提高索赔成功率。在工程实施过程中，能仔细分析合同缺陷，主动寻找索赔机会，为己方争取应得的利益；而反索赔在索赔管理策略上表现为防止被索赔，不给对方留下可以索赔的漏洞，使对方找不到索赔机会。在工程管理中体现为签署严密合理、责任明确的合同条款，并在合同实施过程中，避免己方违约；在索赔解决过程中表现为，当对方提出索赔时，对其索赔理由予以反驳，对其索赔证据进行质疑，指出其索赔计算的问题，以达到尽量减少索赔额度，甚至完全否定对方索赔要求的目的。

因此，完整的索赔管理应该包括索赔和反索赔两个方面，两者密不可分，相互影响，相互作用。通过索赔可以追索损失，获得合理经济补偿，而通过反索赔则可以防止损失发生，保证工程项目的经济利益。如果把索赔比作进攻，那么反索赔就是防御，没有积极的进攻，就没有有效的防御；同样，没有积极的防御，也就没有有效的进攻。在工程合同实施过程中，一方提出索赔，一般都会遇到对方的反索赔，对方不可能立即予以认可，索赔和反索赔都不太可能一举成功，合同当事人必须能攻善守，攻守相济，才能立于不败之地。

如前所述，索赔是双向的，不仅承包商可以向业主索赔，业主也同样可以向承包商索赔，因此，反索赔也是双向的。例如在工程项目实施过程中承包商向业主提出索赔，而业主则反索赔；同时业主又可能向承包商提出索赔，承包商则必须反索赔。索赔与反索赔之间的关系有时是错综复杂的。由于工程项目的复杂性，对于干扰事件常常双方都负有责任，所以索赔中有反索赔，反索赔中又有索赔。业主或承包商不仅要对对方提出的索赔进行反驳，而且要反驳对方对己方索赔的反驳。

4. 反索赔的工作内容

主要包括两个方面：一是防止对方提出索赔；二是反击或反驳对方的索赔要求。

（1）防止对方提出索赔

要成功地防止对方提出索赔，应采取积极防御的策略。首先，自己严格履行合同中规定的各项义务，防止自己违约，并通过加强合同管理，使对方找不到索赔的理由和根据，使自己处于不能被索赔的地位。如果合同双方都能很好地履行合同义务，没有损失发生，也没有合同争议，索赔与反索赔从根本上也就不会产生。其次，如果在工程实施过程中发生了干扰事件，则应立即着手研究和分析合同依据，搜集证据，为提出索赔或反击对手的索赔做好两手准备。再次，体现积极防御策略的常用手段是先发制人，先向对方提出索赔。因为在实际工作中干扰事件的产生常常双方均负有责任，原因错综复杂且互相交叉，一时很难分清谁是谁非。先提出索赔，既可防止自己因超过索赔时限而失去索赔机会，又可争取索赔中的有利地位，打乱对方的工作步骤，争取主动权，并为索赔问题的最终处理留下一定的余地。

（2）反击或反驳对方的索赔要求

如果对方提出了索赔要求或索赔报告，则自己一方应采取种种措施来反击或反驳对方的索赔要求。常用的措施有：第一，抓住对方的失误，直接向对方提出索赔，以对抗或平衡对方的索赔要求，达到最终解决索赔时互作让步或互不支付的目的。如业主常常通过找出工程中的质量问题、工程延期等问题，对承包商处以罚款，以对抗承包商的索赔要求，达到少支付或不支付的目的。第二，针对对方的索赔报告，进行认真的研究和分析，找出理由和证据，证明对方索赔要求或索赔报告不符合实际情况和合同规定，没有合同依据或事实证据，索赔值计算不合理或不准确等问题，反击对方不合理的索赔要求或索赔要求中的不合理部分，推卸或减轻自己的赔偿责任，使自己不受或少受损失。

---------- 本章小结 ----------

本章在介绍了基本概念后，重点阐述了下述内容：

项目合同的谈判分为三个阶段。在初步洽谈阶段，项目合同的当事人就双方感兴趣的事项进行协商；在实质谈判阶段，双方就项目合同的主要条款进行具体的商谈；在最后的签约阶段，双方达成协议，并用项目合同的形式来约束当事人的行为。

项目合同的签订通常包括邀请、要约、还约和承诺四个阶段，其中要约和承诺是两个最基本、最主要的阶段，它是项目合同签订时两个必不可少的步骤。

项目合同的履行是指合同的当事人根据项目合同的规定，在适当的时间、地点，以适当的方式全面完成自己所承担的义务。项目合同的履行又可分为实际履行和适当履行两种方式。

项目合同的变更通常是指由于一定的法律事实，而改变项目合同的内容、标的的法律行为。在项目合同变更时，当事人必须协商一致，这将会使合同的内容和标的发生变更。项目合同变更的法律后果是将产生新的权益和义务的关系。

违反合同必须负赔偿责任，这是合同法中规定的一项重要的法律制度。发生项目合同的纠纷是常见和正常的，解决项目合同纠纷主要有四种方式，即协商解决，调解解决、仲裁解决及诉讼解决。

索赔是由合同一方寻求某项权利、合同条款的调整与解释，或其他有关合同条款责任解除的要求。索赔必须以书面形式出具。

思 考 题

1. 合同具有哪些法律上的特征？项目合同又具有哪些特点？
2. 项目合同的签订程序是什么？每阶段的特点是什么？
3. 为什么说要约的邀请不具有法律上的约束力，而要约则对项目双方的当事人具有约束力？
4. 项目合同签订程序中的两个基本阶段是什么？以你的实际经验说明这两个阶段为什么是必须的。
5. 一项有效的承诺应当具备哪些条件？
6. 项目合同的履行有哪两种方式？每种方式各有什么特点？
7. 在哪些情况下可以不追究项目当事人不履行合同的责任？
8. 解决项目合同纠纷主要有哪几种方式，每种方式各有什么特点？
9. 索赔有几种类型？包括哪些内容？
10. 索赔的工作程序是什么？
11. 何谓反索赔？其工作内容是什么？

第7章 工程项目的计划管理

【学习目标】 认识计划管理在项目管理中的"龙头"作用，了解工程项目的计划系统及管理内容；了解工程项目计划的编制原则和程序，初步掌握工程项目网络计划技术的基本知识。

【关键概念】 工程项目计划管理　网络计划技术

7.1　概　　述

7.1.1　工程项目计划管理的概念

工程项目计划管理是对项目预期目标进行筹划安排等一系列活动的总称。工程项目计划管理是项目管理的重要组成部分，它对工程项目的总体目标进行规划，对工程项目实施的各项活动进行周密的安排，系统地确定项目的任务、综合进度和完成任务所需的资源等。如对工程项目的可行性研究和论证、工程项目的选址、勘察设计、建筑施工、设备安装、竣工验收以及投产使用等全过程的人力、物力、财力和内外关系进行有计划、有步骤、高效率地规划、组织、指导和控制，从而使工程项目在合理的工期内以较低的价格、高质量地完成任务。

7.1.2　工程项目计划管理的主要任务

工程项目计划管理的主要任务是：

（1）按照国家法令和有关政策，经过市场预测和可行性研究，使工程项目目标符合国民经济发展总目标，并获得良好的经济效益、社会效益和环境效益。

（2）在广泛收集资料的基础上，运用科学的预测方法，通过计划的编制，使工程项目实施计划的各项工作得以统筹安排、综合平衡、优化组合；拟定有效的措施，在项目计划统一指导下协调地、有节奏地进行，以充分挖掘和发挥人力、物力、财力的潜力，实现项目的预期目标。

（3）通过项目计划实现过程中的检查、控制、调节等手段和统计分析，揭露矛盾、解决问题、总结经验教训、反馈信息，达到改善管理、提高效率的目的。

7.1.3　工程项目计划管理的主要作用

项目计划管理的主要作用是：

（1）为工程项目的决策提供更为详尽的论证和依据。工程项目计划过程是一个决策过程，尤其是大型工程项目综合性极强，往往涉及到政治、经济和技术等诸方面的决策问题，因而项目计划管理的作用，就是通过收集、整理和分析所掌握的信息，为项目决策人提供工程项目需不需要进行、有没有可能进行、怎样进行以及可能达到的目标等一系列决策依据。

（2）项目计划是工程项目实施的指导性文件。凡工程项目都必须有明确的项目目标和实施方案，而项目各项工作的开展，要以项目计划为依据，使工程项目在实施中做到有法可依、有据可查，以此来协调各项活动。因此，项目计划管理就是使整个工程项目的实施过程都在项目计划指导下进行。

（3）项目计划是实现项目目标的一种手段。通过计划管理使人力、材料、机械、资金等各种资源得到充分、有效的运用，并在项目实施过程中，及时地对各方面的活动进行协调，以达到质量优良、工期合理、造价较低的理想目标。

7.1.4 工程项目计划管理的特点

工程项目计划管理的特点主要是指：

（1）计划的被动性。建筑产品在某种意义上是以销定产，是在确定了使用者以后才开始建造。工程项目计划管理工作是随着项目的确立而展开的，诸多的外部因素直接影响着项目计划的编制。特别是工程实行招标投标制，中标与否，对施工企业的计划管理影响更大。这种计划的被动性无疑加大了管理的难度。

（2）计划的多变性。在工程项目运行过中，由于项目的复杂性，不可预见因素太多，再加上建筑施工点多、线长、面广，施工条件的变化以及设计中的不可预见因素，影响着工程项目的计划管理。因此，计划必须留有余地。

（3）计划的波动性。工程项目施工有明显的季节性，各工地的开工、竣工，此起彼伏，难以组织均衡施工、连续施工。因此，工程项目施工的计划必须统筹安排，充分考虑主客观因素，认真搞好综合平衡。

7.2 工程项目的计划系统及主要内容

7.2.1 工程项目的计划系统

工程项目的计划是一个持续的、循环的、渐进的过程。随着工程项目的进展，情况也在不断变化发展，这就要求对计划不断地研究、修改、调整，形成一个前后相继的计划系统，如图 7-1 所示。

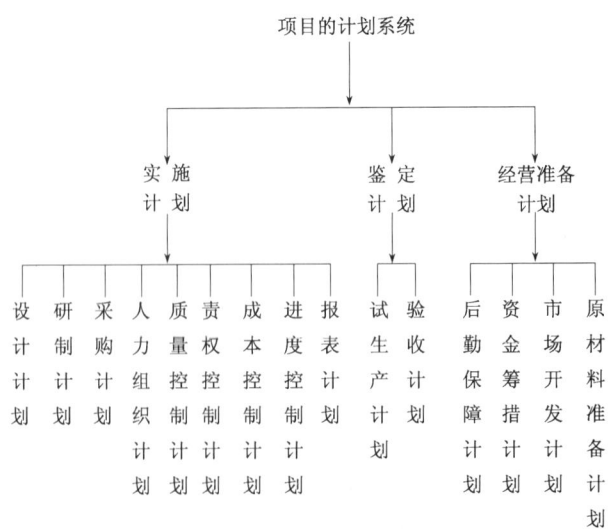

图 7-1 项目计划系统图

7.2.2 工程项目计划的主要内容

在工程项目的运行过程中,既要有统筹全局的总体性计划,也要有诸方面的工作计划。项目计划的构成文件很多,不同的项目、项目不同的层次或项目不同的组织方式,计划的编制过程和计划的表达方式是不同的。

工程项目计划主要包括以下内容:

1. 工程项目总体计划的编制内容

项目总计划一般应包括下列内容:

(1) 总则

1) 项目背景、工程概况的简要描述。
2) 项目的目标、性质、范围。
3) 项目的环境与项目的关系。
4) 发、承包的权力、义务、责任和奖罚方法。
5) 项目规格(采用的规范、标准)。
6) 项目管理机构。
7) 项目进度的主要关键点。
8) 特殊问题说明。

(2) 项目的目标和基本原则

1) 详细说明项目的总目标。
2) 项目的组织机构原则。
3) 业主参与的范围。
4) 与其他方面的关系。
5) 质量衡量标准,语言的规定。
6) 其他特殊事项的规定,如设计变更、图纸修改的规定。

(3) 项目实施总方案

1) 技术方案(工艺、工程设计、施工方案、技术措施等)。
2) 管理方案(承发包形式、采购运输、施工管理、成本控制等)。

(4) 合同形式

1) 合同类型和选择。
2) 承包商的选择。
3) 咨询方式。
4) 合同双方的通信方式。
5) 业主方面提供的资源。
6) 项目复查、审核、付款的手续、程序。
7) 特殊管理的规定。
8) 移交的方式、规定和进度安排。

(5) 进度计划

1) 说明并列举各项进度安排,说明各关键工作点。
2) 各项工作的执行者作出其完成工作的时间估计。

3）以1）、2）为依据规定项目的总进度计划。
4）各级负责人在最终计划上签字作保。
（6）资源使用
1）资源分类：资金、设备、材料、人力等。
2）预算。
3）成本监督、控制方法、程序。
（7）人事安排，组织机构
1）人员培训，人员补充。
2）人事制度、法律、政策。
3）安全保障（保密要求、人身安全）。
4）组织机构的人事安排，责权分工。
5）人员流动与项目计划的关系。
（8）监理、控制与评价
1）监理、控制的内容范围。
2）通信方式。
3）文件、信息收集（内容、时间）、整理、管理。
4）评价方法、指标。
（9）潜在问题
1）列举可能发生的意外事故，障碍因素分析，气候、资源短缺、扯皮、分包商破产、技术失败等事故。
2）应急计划。

上述项目计划的内容是基本内容，其他更详细的分类计划是由相应的职能部门做出。

2. 工程项目各项分计划编制的内容

（1）工程项目的组织计划

为保证工程项目的顺利实施，应当作出组织方面的规划。目的是保证建立一个健全的组织机构，以便工程实施中指挥灵便，协调一致，互相配合，信息传递、反馈准确及时，出现问题能迅速、妥善解决，从而保证工程项目的高效管理。

项目的组织计划包括：

1）组织机构设计计划。如项目经理人选、经理班子组成、职能机构设置等。
2）生产人员的组织计划。如生产工人的专业构成、专业班组设置、工人来源及人员培训等。
3）协作计划。如与设计单位、施工单位、设备材料供应单位以及与政府有关部门的协作计划等。
4）规章制度的建立计划。如项目投产后的经营管理制度、生产技术制度、劳动制度及行政管理制度等。
5）管理信息系统的计划。如有关项目实施过程中各种信息的传递方式、渠道、存储、处理各环节的设计等。

（2）工程项目的综合进度计划

工程项目的综合进度计划是把各参与单位的工作进行统一安排和部署的综合性计划。通过这一计划，可以对工程项目进行有效管理。综合进度计划必须考虑和解决局部与整体、当前与长远以及各个局部之间的关系，以确保工程项目从前期决策到试投产全过程的各项工作能按照计划安排的日程顺利完成。

根据工程项目计划控制的需要，综合进度计划一般包括下列内容：

1）总进度计划。主要确定哪些工作必须完成以及每一阶段的工作量和所需要的时间。

2）设计工作进度计划。设计进度是设计单位按照项目计划的总体要求，并根据施工进度的要求和设计工作中各专业的工作顺序，安排各个设计专业的进度计划，同时还必须确定分阶段的出图日期。

3）设备供应进度计划。根据工艺流程图和设备系统图以及电气和水暖系统图，编制出设备采购清单及采购和到达现场的时间。

4）施工进度控制计划。此项计划必须明确规定工程项目的开工和竣工时间。施工单位和施工配合单位据此再按照施工工序的要求制定出整个工程的施工进度计划，并具体编排出工程项目年度、季度计划和月、旬作业计划。

5）竣工验收和试生产计划。根据工程进度计划和有关方面的资料，在工程竣工后，安排出竣工验收、设备运转试验及生产等一系列活动的日期，以此作为各方共同的工作目标，以便各自做好人力、物力和财力方面的安排。

根据工程项目的特点，进度计划大都采用图和表的形式来表示将要进行的工作。编制程序一般采用工作分解结构方法，将整个工程逐层分解为若干工作单元，按逻辑顺序排列，以图或表来确定其相互制约关系。因进度计划是项目计划的关键，而工期又是进度计划的核心，所以要根据工程项目的估算，经分解后确定每一工作单元所需的工时数，求出每一单元的工期和整个工程的总工期。

（3）工程项目的经济计划

包括劳动工资计划、材料计划、构件及加工半成品需用量计划、施工机具需要量计划、项目降低成本计划、资金使用计划、利润计划等。

1）劳动力需用量及工资计划

劳动力需用量计划应根据工程项目的组织计划、劳动定额及工程进度计划进行编制。用工计划的控制数按施工预算确定，不应超过设计预算数。施工进度计划编制以后，即可得出各工种用工数及需要的供应进度，因此它是劳动力供应计划的编制依据。

无论编制劳动力计划还是配备劳动力，均应同时核算工资。

2）材料计划

工程项目实施的材料计划包括材料需用量计划、材料供应计划、材料申请计划、材料订货计划和材料采购计划。

3）构件及加工半成品需用量计划

预制加工品需用量计划是根据施工图纸、设计预算及施工进度计划编制的。该计划又是翻样和委托加工订货的依据。

4）施工机具需用量计划

该计划要提出机具型号、规格，用以落实机具来源、组织进场，它是根据施工方案及施工进度计划编制的。

5）工程项目降低成本措施及降低成本计划

工程项目降低成本的措施是在预算成本的基础上，以施工预算为尺度，以企业的年度、季度降低成本计划和技术组织措施计划为依据进行编制的，制定时，要针对工程中降低成本潜力大（工程量大、造价高，有采取措施的可能性）的项目提出措施。这些措施必须不影响质量，能保证施工安全。降低成本措施应包括节约劳动力、节约材料、节约机械设备费用和工具费用、节约施工管理费、节约临时设施费和节约资金等措施。

降低成本计划是在预算成本（或概算成本）的基础上，考虑降低成本措施的经济效果后编制的计划。该计划提供成本控制目标，实际上也是编制利润计划的基础。

6）资金使用计划

工程项目承包单位施工所需的流动资金如果实行预付备料款制度，则除开工前支付部分外（一般为25%），其余均按进度按月结算拨给承包方，对一个工程项目无须编制流动资金计划。

如果工程项目承包方的流动资金改为银行贷款，则需要根据工程施工进度计划编制贷款计划向银行贷款，并支付利息。因此在编制贷款计划时，应考虑使支付的利息最少。

7）利润计划

建筑工程项目的利润称为工程结算利润，由法定利润额、降低成本额和管理费用节约额构成。法定利润额的计算是工程的预（概）算成本与法定利润率的乘积。降低成本额由降低成本计划确定。

编制利润计划应在量本利分析的基础上进行。

(4) 物资供应和设备采购计划

要确定物资供应和设备采购的方针和策略、顺序和责任、数量和质量、到货日期和地点等，以满足工程施工、设备安装和试投产的需要。

(5) 施工总进度计划和单位工程进度计划

施工单位要按照项目综合进度计划对施工阶段的进度要求，编制施工总进度计划和单位工程进度计划。

施工总进度计划是施工组织设计的重要组成部分，是施工总体方案在时间序列上的反映，是根据施工合同的工期要求，合理确定各主要工程项目施工的先后顺序、施工期限、开工和竣工日期以及各项目之间的搭接关系、搭接时间，综合平衡各施工阶段建筑安装工程工作量、不同时期的资源量以及投资分配等，它确定工程施工的总体部署和实现目标。

一项建筑工程是由多种专业相互配合、共同施工安装而完成的综合性产品，在整个工程施工中是以土建总包单位为主体，其他专业紧密配合，按设计图纸合理地进行工序穿插，分层、分段、有节奏地配合完成。因此，为指导整个工程科学、有序、协调地施工，就必须编制综合施工进度计划。

(6) 项目质量计划

项目质量计划是针对工程项目实施质量管理的文件，包括以下主要内容：

1）确定工程项目的质量目标。依据项目的重要程度和可能达到的管理水平确定工程预期达到的质量等级（如合格、优良或省、市、部优质工程等）。

2）明确工程项目从施工准备到竣工交付使用各阶段质量管理的要求，对企业在质量手册、程序文件或管理制度中没有明确的内容，如材料检验、文件和资料控制、工序控制等作出具体规定。

3）施工全过程应形成的施工技术资料等。

工程项目质量计划经批准发布后，工程项目的所有人员都必须贯彻实施，以规范各项质量活动，达到预期的质量目标。

（7）报表计划

项目经理在项目实施过程中，需要及时了解项目的进展情况及存在的问题，以便预测今后的发展趋势和寻找解决问题的办法。这些都需要及时了解情况，报表计划是完成这一工作的主要手段。

报表有的采用表格形式，有的采用简报或一般的报告形式。

在报表计划中应规定：谁负责编写报告，向谁报告，报告的内容，报告所含的信息范围，报告的时间等。

（8）应变计划

由于工程项目实施中不确定因素很多，项目计划与实际不符是经常发生的，因此从项目实施一开始，就应考虑在工期预算方面留有余地（如宽限工期和资金的额外储备），以备应急需要。这种难以预料的需要称为"意外需要"（它不包括预先能估计到的需要），它是管理上的储备量，除项目经理外，其他人不准动用。

储备有两种：一是业主的储备，二是项目经理的储备，以应付偶然事件的发生。有经验的项目经理往往要准备一套全面的应急计划，预先估计各种可能发生的不测事件，并准备应急行动方案以及相应的时间和资金。

（9）竣工验收计划

它是根据承包合同中对工程竣工日期的总要求而制定的工程验收、移交计划。其中明确了工程验收的时间、依据、标准、程序及向甲方移交的日期等内容，是工程竣工验收的指导性文件。

7.3 工程项目计划的编制

7.3.1 计划编制的原则

（1）统一性与灵活性相结合。工程项目计划是宏观计划指导下的微观计划，所以，必须维护宏观计划的统一性。但是计划的统一性并不排斥个别项目计划在一定范围的灵活性。这就是说，项目计划应在宏观计划的指导下，可根据项目的实际情况作出有利于项目发展的工作安排。

（2）预见性与现实性相结合。项目计划既有相对的长期计划，又有短期的现实奋斗目标。这就要求编制计划时必须长短结合，才能使计划保持连续性和阶段性，既实现长远目标，又可随着形势发展因时制宜地挖掘潜力，促进项目发展。

（3）系统性与综合性相结合。项目计划的内容是复杂的，每项工作都应制定自成体系的计划，但是项目全部计划是一个统一体，必须从全局出发统筹兼顾，全面安排，也就是要搞好综合平衡。这样才能把整个项目的各个环节统一起来，使每个局部都能自觉地服从整体，使项目的全部活动形成一个完整的系统。

7.3.2 计划编制的程序

项目计划编制一般按下列六个步骤进行：

1. 计划信息的收集和整理

有效的项目计划取决于信息系统的结构、质量和效率。作为编制项目计划的第一步，必须收集与项目有关的各种信息。

应通过正式的、非正式的多种渠道收集有关的历史资料、上级文件，调查有关的政治、经济、技术、法律的信息，召开必要的专家会，对与编制计划有关的问题进行分析预测。

对信息的收集和整理应尽可能做到：及时、全面、准确。

2. 确认项目目标及项目环境分析

（1）目标的识别

根据获得的信息，首先明确项目的具体投资额、工期或质量等，并在识别项目目标时，明确业主的真正目的，提出目标的背景，实现这些目标的标准、条件以及目标与目标之间的关系。

（2）目标实现的先后顺序

项目往往有多个目标，在确认了项目各目标之间的关系后，需要对目标进行排序，分清主次。如果把工期作为主要目标，则成本和质量目标就要作出让步。

（3）目标的衡量（量化）

对项目的目标，最好将其量化。对难以量化的目标，应找出可量化的相关指标或标准，同时对目标的实现程度给出"满意度"要求，如确定一个可接受的置信水平（规定一个适度偏差 $\pm\Delta$），则目标实现程度在 $E\pm\Delta$ 范围内时，就认为目标实现是满意的。

（4）实现项目目标的环境分析与评价

应从政策、法律、自然条件、施工条件等方面进行分析。

3. 工作说明

工作说明是对实现项目目标所进行的工作或活动的描述。

一般讲，在项目目标确定之后，需列举实现这些目标的工作和任务，说明这些工作或任务的内容、要求和工作的程序，并按一定的格式写出，称为工作说明。

4. 工作分解结构

工作分解机构是将项目的各项内容按其相关关系逐层进行工作分解，直到工作内容单一、便于组织管理的单项工作为止，并把各单项工作在整个项目中的地位、相对关系直观地用树形图表示出来，以便更有效地计划、组织、控制项目整体的实施，它是项目计划和控制的基础，其目的是为了使项目各方从整体上了解自己承担的工作与全局的关系。

工作分解结构的编制程序：

（1）根据工作说明，列出项目的任务清单和有关规定的说明。据此明确有哪些任务需要完成，这些任务是否存在着等级相关（指两项任务之间是否存在一项是另一项的一部分）或相互重叠，如果存在，应重新安排，使其等级关系明朗化。

（2）将项目的各项活动按其工作内容进行逐级分解，直到相对独立的工作单元（如分部与分项工程）。每个工作单元既表示一项基础活动，又表示一个输入输出单元，还要表示一个责任班组或个人。工作单元要求具有下列性质：①易于管理；②有确定的衡量工作任务的标准；③实施过程中人、财、物的消耗易测定，便于成本核算；④责、权明确，工作单元的任务能完整地分派给某个班组或个人来完成。

(3) 明确每个工作单元需要输入的资源和完成的时间。为此,要说明每个工作单元的性质、工作内容、目标,并确定执行施工任务的负责人及组织形式。

(4) 分析并明确各工作单元实施的先后顺序及它们的逻辑关系,确定它们之间的等级关系和平行关系,即各项活动之间的纵向隶属关系和横向关系。

(5) 将各工作单元的费用逐级汇总,累积成项目的"总概算",作为各分计划成本控制的基础。再根据各工作单元作业时间的估算及关键活动与各项活动的逻辑关系,汇总为项目的"总进度计划",作为各分计划的基础。将各工作单元所需的资源汇总成项目的"总资源使用计划"。

(6) 项目经理对工作分解结构作出综合评价,然后拟订项目的"实施方案",形成项目计划,上报审批。

5. 编制线性责任图

将工作分解结构与组织机构图对照使用,则形成线性责任图,如图 7-2 所示。

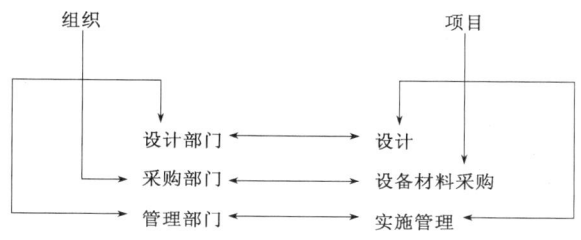

图 7-2 线性责任示意图

它将所分解的工作落实到有关部门、班组或个人,并明确表示出有关部门对该项工作的关系、责任和地位,以便分工负责和实施管理。

6. 绘制逻辑关系图

在将一项目的总体任务分解为许多单项工作的基础上,按各项活动的先后顺序和衔接关系画出各项活动的关系图叫作逻辑关系图。

对于工程项目的实施来讲,有两种逻辑关系:一是由项目策划开始到交付使用所要求的各项工作的先后次序所决定的逻辑关系,称为生产工艺选择关系,如施工工艺选择关系就是其中的一部分;二是组织逻辑关系,是指由资源平衡或组织管理上的需要决定的各项工作的次序关系。

在项目实施过程中,各项作业的逻辑关系分为平行、顺序和搭接三种。

(1) 平行关系。指相邻两种活动同时开始工作。

(2) 顺序关系。指相邻两种活动按顺序进行,如前一活动结束,后一活动马上开始,称为紧连顺序;若后一活动在前一活动结束后隔一定的时间才开始,则称为间隔顺序关系。

(3) 搭接关系。若两活动只有一段时间平行进行,则称为搭接关系。搭接关系是最一般的关系,平行和顺序关系只是搭接关系的特例。

有些活动之间只存在先后顺序关系,其中间并没有实质性的活动(不占时间、不消耗资源),在逻辑关系图中称为虚活动(虚工序)。

7.4 工程项目的网络计划技术

7.4.1 网络图的有关知识及进度计划的表示方法

1. 网络图及网络计划

网络图有单代号网络图和双代号网络图，限于篇幅，本书仅介绍双代号网络图，以下所说网络图皆指这个概念。

（1）网络图

网络图是由箭线和节点组成，用来表示工作流程的有向、有序网状图形。双代号网络图（图7-3）又称箭线式网络图，它以箭线表示工作，以节点表示工作的开始或结束，并以工作两端节点的编号代表一项工作。

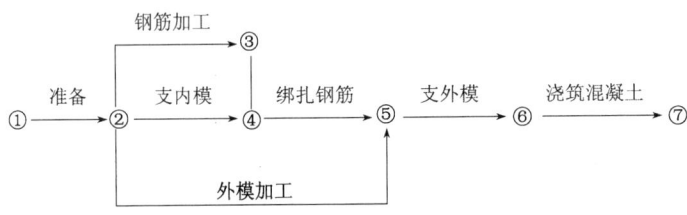

图7-3 双代号网络图

（2）网络计划

网络计划是在网络图上加注各项工作的时间参数而成的工作进度计划。网络计划有以下作用：

1）网络计划能明确表达各项工作之间的逻辑关系。
2）网络计划通过计算和分析，可以找出关键工作路线。
3）网络计划通过计算和分析，能确定可以利用的机动时间。
4）网络计划通过计算和分析，可以得到许多用于计划控制的时间信息。
5）网络计划可以利用计算机进行计算、调整和优化。

2. 工作、虚工作

（1）工作

工作是网络计划的基本组成部分，根据计划编制的粗细程度不同，工作既可以是一项简单的工序操作，也可以是一个复杂的施工过程或一个工程项目，它需要消耗时间或资源。

工作的表示方法。

1）工作用矢箭表示，箭头的方向表示工作的进展方向（一般从左向右）。
2）矢箭的长短与时间无关。
3）箭尾表示工作的开始，箭头表示工作的完成。
4）工作的名称或内容写在矢箭的上面，工作的持续时间写在矢箭的下面：

$$i \xrightarrow{\text{工作名称}}_{\text{持续时间}} j \qquad A \xrightarrow{\text{浇筑混凝土}}_{\text{3 小时}} B$$

5）箭尾和箭头的编号是该工作的代号。一个工作有两个代号，故称为双代号，如A—B工作就表示浇筑混凝土，需要时间为3小时。

（2）虚工作

虚工作是双代号网络图中只表示相邻工作之间的先后关系，既不消耗时间，也不消耗资源的虚拟工作。虚工作用虚箭线表示。当虚箭线很短时，用虚箭线表示不清时，也可实箭线表示，但持续时间应用零表示。虚工作一般起联系、区分、断路三个作用。

3. 事件（节点）

网络图中的圆圈表示工作之间的联系，在网络图上称为节点。在时间上它表示指向某节点的工作全部完成后，该节点后面的工作才能开始，所以节点也称为事件，它反映前后工作交接过程的出现。对事件有如下规定：

（1）事件用○表示，圆圈中编写上正整数（称为事件编号）。

（2）在同一个网络图中不得有相同的事件编号。

（3）事件的编号应箭尾号码小于箭头的号码。

4. 线路

线路是指网络图中从开始事件到结束事件各条路径的全程，从图7-3可以看出，该网络图有三条线路。

通过计算，可以找到工期最长的线路，该线路称为关键线路。位于关键线路上的工作称为关键工作。关键工作完成的快慢直接影响着整个工程的工期。关键工作在网络图上常用黑粗线或双线箭杆表示。

5. 逻辑关系、工艺关系、组织关系

工作之间的先后顺序关系叫逻辑关系。逻辑关系包括工艺关系和组织关系。

（1）工艺关系。生产性工作之间由工艺过程决定的、非生产性工作之间由工作程序决定的先后顺序关系叫工艺关系。

（2）组织关系。工作之间由于组织安排需要或资源调配的需要而规定的先后顺序关系叫组织关系。

6. 紧前工作、紧后工作、平行工作

（1）紧前工作。紧排在本工作之前的工作称为本工作的紧前工作。本工作和紧前工作之间可能有虚工作。

（2）紧后工作。紧排在本工作之后的工作称为本工作的紧后工作。本工作和紧后工作之间可能有虚工作。

（3）平行工作。可与本工作同时进行的工作称为本工作的平行工作。

7. 先行工作、后续工作

（1）先行工作。自起点节点至本工作之前各条线路上的所有工作都称为本工作的先行工作。紧前工作是先行工作，但先行工作不一定是紧前工作。

（2）后续工作。本工作之后至终点节点各条线路上的所有工作都称为本工作的后续工作。紧后工作是后续工作，但后续工作不一定是紧后工作。

8. 进度计划的表示方法

进度计划可以用横道图表示，也可以用网络图表示，用网络图表示的进度计划也称为网络计划。

7.4.2 网络图的绘制原则

（1）网络图中的所有节点都必须编号，所编的数码称为代号，代号必须标注在节点内。代号严禁重复，应使箭尾号码小于箭头号码。

（2）网络图必须按照已定的逻辑关系绘制。例如，按表 7-1 所示的逻辑关系绘制的网络图如图 7-4 所示。

表 7-1　逻辑关系表

工　作	A	B	C	D
紧前工作	—	—	A、B	B

（3）网络图中严禁出现从一个节点出发，沿箭线方向又回到原出发点的循环回路。

（4）网络图中的箭线（包括虚线）应保持自左向右的方向，不应出现箭头自右向左的水平箭线或左向的斜向线，以避免出现循环回路现象。

（5）网络图中严禁出现双向箭头和无箭头的连线。

（6）严禁在网络图中出现没有箭尾节点号码或没有箭头节点号码的箭线。

（7）严禁在箭线上引入或引出箭线。

（8）当网络图的起点节点有多条外向箭线，或终点节点有多条内向箭线时，为使图形简洁，可用母线法绘图。即使用一条公用母线从起点节点引出，或使用一条公用母线引入终点节点，母线可以使用特殊的箭线，如粗箭线、双箭线等，如图 7-5 所示。

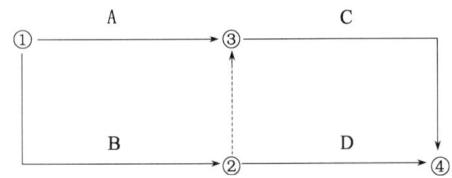
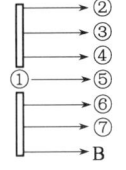
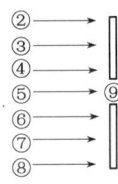

图 7-4　根据表 7-1 的逻辑关系绘制的网络图　　　　图 7-5　母线的画法

（9）绘制网络图时，宜避免箭线交叉，当交叉不可避免时，可用过桥法或指向法表示，如图 7-6 所示。

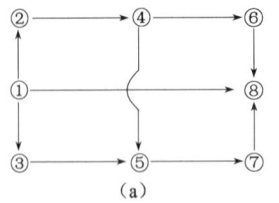
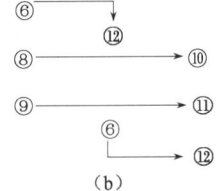

(a)　　　　　　　　　　(b)

图 7-6　箭线交叉的表示方法
(a) 过桥法；(b) 指向法

（10）网络图应只有一个起点节点和一个终点节点（多目标网络计划除外）。除起点节点和终点节点以外，不允许出现没有内向箭线的节点和没有外向箭线的节点。

7.4.3 网络图的绘制

当已知每一项工作的紧前工作时,可按下述步骤绘制网络图:

第一步,绘制没有紧前工作的工作,使它们具有相同的开始节点,以保证网络只有一个起点节点。

第二步,依次绘制其他各项工作。这些工作的绘制条件是其所有紧前工作都已经绘制出来。在绘制这些工作时,应注意:①当所要绘制的工作只有一个紧前工作时,则将该工作箭线直接画在其紧前工作箭线之后;②当所要绘制的工作有多个紧前工作时,应采取相应画法,正确表达它们之间的逻辑关系。

第三步,当各项工作箭线都绘制出来之后,应合并那些没有紧后工作之工作箭线的箭头节点,作为终点节点,以保证网络图只有一个终点节点(多目标网络计划例外)。

第四步,当确认所绘制的网络图正确后(包括没有多余的虚工作),即可进行节点编号。网络图的节点编号在满足前述要求的前提下,既可采用连续的编号方法,如1,2,3,4,…,也可采用不连续的编号方法,如1,3,5,…,或5,10,15,…等,以避免以后增加工作时改动整个网络图的节点编号。节点编号应遵循 $i<j$ 的要求。

以上所述是已知每一项工作的紧前工作时的绘图方法,当已知每一项工作的紧后工作时,也可按类似的方法进行网络图的绘制。

7.4.4 网络计划时间参数计算

所谓网络计划,是指在网络图上加注工作时间参数而编制成的进度计划。网络计划时间参数计算应在各项工作的持续时间确定之后进行。

1. 网络计划时间参数的概念

(1) 工作持续时间

工作持续时间是对一项工作规定的从开始到完成的时间。工作 $i—j$ 的持续时间用 D_{i-j} 表示。

$$D_{i-j} = \frac{Q_{i-j}}{S_{i-j}R_{i-j}} \tag{7-1}$$

式中 Q_{i-j}——工作 $i—j$ 的工程量;

S_{i-j}——工作 $i—j$ 的产量定额;

R_{i-j}——工作 $i—j$ 所使用的工人数或机械数。

此外,还可参照以往实践经验估算。

(2) 工期

工期泛指完成一项任务所需要的时间。工期一般有以下三种:

1) 计算工期。计算工期是根据网络计划时间参数计算而得到的工期,用 T_c 表示。

2) 要求工期。要求工期是业主所要求的工期,用 T_r 表示。

3) 计划工期。计划工期是在要求工期和计算工期的基础上综合考虑需要与可能而确定的工期,用 T_p 表示。

① 当已规定了要求工期时,计划工期不应超过要求工期,即式(7-2):

$$T_p \leqslant T_r \tag{7-2}$$

② 当未规定要求工期时，可令计划工期等于计算工期，即式（7-3）：
$$T_p = T_c \tag{7-3}$$

（3）网络计划的工作时间参数

网络计划的工作时间参数是：最早开始时间、最早完成时间、最迟完成时间。最迟开始时间、总时差、自由时差。

1）最早开始时间和最早完成时间。工作的最早开始时间是指在其所有紧前工作全部完成后，本工作最早可能开始的时刻。工作的最早完成时间则等于本工作的最早开始时间与其持续时间之和。工作 $i—j$ 的最早开始时间和最早完成时间分别用 ES_{i-j} 和 EF_{i-j} 表示。

2）最迟完成时间和最迟开始时间。工作的最迟完成时间是指在不影响整个任务按期完成的条件下，本工作最迟必须完成的时刻。工作的最迟开始时间则等于本工作的最迟完成时间与其持续时间之差。工作 $i—j$ 的最迟完成时间和最迟开始时间分别用 LF_{i-j} 和 LS_{i-j} 表示。

3）总时差和自由时差。工作总时差是指在不影响工期的前提下，本工作可以利用的机动时间。工作自由时差则是在不影响其紧后工作最早开始时间的前提下，本工作可以利用的机动时间。工作 $i—j$ 的总时差和自由时差分别用 TF_{i-j} 和 FF_{i-j} 表示。

从总时差和自由时差的定义可知，对同一项工作而言，自由时差不会超过总时差。当工作的总时差为零时，其自由时差必然为零。

（4）相邻两项工作之间的时间间隔

相邻两项工作之间的时间间隔是指工作的最早完成时间与其紧后工作最早开始时间之间可能存在的差值。

2. 网络计划时间参数的计算和关键线路的确定

网络计划的时间参数既可以按工作计算，也可以按节点计算，下面分别以简例说明。

（1）按工作计算法

所谓按工作计算法，就是以网络计划中的工作为对象，直接计算各项工作的时间参数和网络计划的计算工期。

下面以图 7-7 所示网络计划为例，说明按工作计算法计算时间参数的过程。其计算结果如图 7-8 所示。

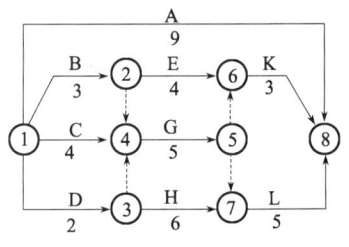

图 7-7 网络计划

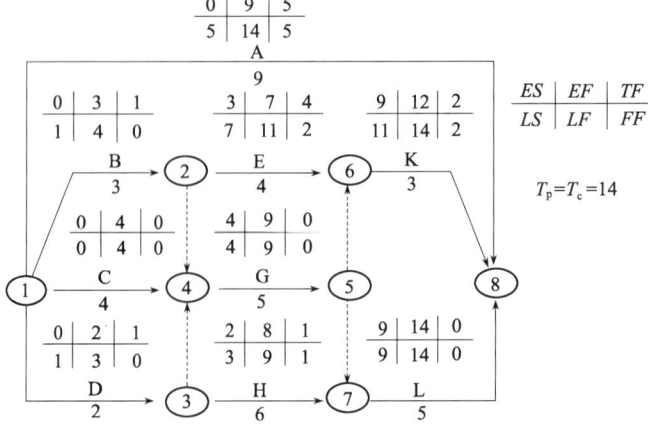

图 7-8 按工作计算法计算的网络计划时间参数

1）计算工作的最早开始时间和最早完成时间

工作最早开始时间和最早完成时间的计算应从网络计划的起点节点开始，顺着箭线方向依次进行。其计算步骤如下：

① 以网络计划起点节点为开始节点的工作，其最早开始时间为零。例如在本例中，工作 A、B、C、D 的最早开始时间都为零。

② 工作的最早完成时间可利用式（7-4）进行计算：

$$EF_{i-j} = ES_{i-j} + D_{i-j} \tag{7-4}$$

式中　EF_{i-j}——工作 i—j 的最早完成时间；

　　　ES_{i-j}——工作 i—j 的最早开始时间；

　　　D_{i-j}——工作 i—j 的持续时间。

例如，在本例中，工作 A、B、C 和 D 的最早完成时间分别为

工作 A：　　　　　　$EF_{1-8} = ES_{1-8} + D_{1-8} = 0 + 9 = 9$

工作 B：　　　　　　$EF_{1-2} = ES_{1-2} + D_{1-2} = 0 + 3 = 3$

工作 C：　　　　　　$EF_{1-4} = ES_{1-4} + D_{1-4} = 0 + 4 = 4$

工作 D：　　　　　　$EF_{1-3} = ES_{1-3} + D_{1-3} = 0 + 2 = 2$

③其他工作的最早开始时间计算，若其仅有一项紧前工作时，以其最早开始时间等于其紧前工作的最早完成时间，如式（7-5）：

$$ES_{i-j} = EF_{h-i}(h < i < j) \tag{7-5}$$

若其有多项紧前工作时，其最早开始时间应等于其紧前工作最早完成时间的最大值，即式（7-6）：

$$ES_{i-j} = \max\{EF_{h-i}\} = \max[ES_{h-i} + D_{h-i}] \tag{7-6}$$

式中　ES_{i-j}——工作 i—j 的最早开始时间；

　　　EF_{h-i}——工作 i—j 的紧前工作 h—i 的最早完成时间；

　　　ES_{h-i}——工作 i—j 的紧前工作 h—i 的最早开始时间；

　　　D_{h-i}——工作 h—i 的持续时间。

例如，在本例中，工作 G 的最早开始时间为

$$ES_{4-5} = \max\{EF_{1-2}, EF_{1-3}, EF_{1-4}\} = \max\{3, 2, 4\} = 4$$

④ 网络计划的计算工期应等于以网络计划终点节点为完成节点的工作的最早完成时间的最大值，即式（7-7）：

$$T_c = \max\{EF_{i-n}\} = \max\{ES_{i-n} + D_{i-n}\} \tag{7-7}$$

式中　T_c——网络计划的计算工期；

　　　EF_{i-n}——以网络计划终点节点 n 为完成节点的工作的最早完成时间；

　　　ES_{i-n}——以网络计划终点节点 n 为完成节点的工作的最早开始时间；

　　　D_{i-n}——以网络计划终点节点 n 为完成节点的工作的持续时间。

例如，在本例中，

$$T_c = \max\{EF_{1-8}, EF_{6-8}, EF_{7-8}\} = \max\{9, 12, 14\} = 14$$

2）确定网络计划的计划工期

网络计划的计划工期应按式（7-2）或式（7-3）确定。在本例中，假设未规定要求工期，则其计划工期就是其计算工期。即

$$T_p = T_c = 14$$

计划工期应标注在网络计划终点节点的右上方，如图 7-9 所示。

3）计算工作的最迟完成时间和最迟开始时间

工作最迟完成时间和最迟开始时间的计算应从网络计划的终点节点开始，逆着箭线方向依次进行。其计算步骤如下：

① 以网络计划终点节点为完成节点的工作，其最迟完成时间等于网络计划的计划工期，即式（7-8）：

$$LF_{i-n} = T_p \tag{7-8}$$

式中 LF_{i-n}——以网络计划终点节点 n 为完成节点的工作的最迟完成时间；

T_p——网络计划的计划工期。

例如，在本例中，工作 A、K、L 的最迟完成时间为

$$LF_{1-8} = LF_{6-8} = LF_{7-8} = T_p = 14$$

② 工作的最迟开始时间可利用式（7-9）进行计算：

$$LS_{i-j} = LF_{i-j} - D_{i-j} \tag{7-9}$$

式中 LS_{i-j}——工作 $i—j$ 的最迟开始时间；

LF_{i-j}——工作 $i—j$ 的最迟完成时间；

D_{i-j}——工作 $i—j$ 的持续时间。

例如，在本例中，工作 A、K、L 的最迟开始时间分别为

工作 A： $LS_{1-8} = LF_{1-8} - D_{1-8} = 14 - 9 = 5$

工作 K： $LS_{6-8} = LF_{6-8} - D_{6-8} = 14 - 3 = 11$

工作 L： $LS_{7-8} = LF_{7-8} - D_{7-8} = 14 - 5 = 9$

③ 其他工作的最迟完成时间计算。若其仅有一项紧后工作时，其最迟完成时间等于其紧后工作的最迟开始时间，如式（7-10）。

$$LF_{i-j} = LS_{j-k} \quad (i < j < k) \tag{7-10}$$

若其有多项紧后工作时，其最迟完成时间应等于其紧后工作最迟开始时间的最小值，即式（7-11）：

$$LF_{i-j} = \min\{LS_{j-k}\} = \min\{LF_{j-k} - D_{j-k}\} \tag{7-11}$$

式中 LF_{i-j}——工作 $i—j$ 的最迟完成时间；

LS_{j-k}——工作 $i—j$ 的紧后工作 $j—k$ 的最迟开始时间；

LF_{j-k}——工作 $i—j$ 的紧后工作 $j—k$ 的最迟完成时间；

D_{j-k}——工作 $i-j$ 的紧后工作 $j-k$ 的持续时间。

例如,在本例中,工作 E、G 的最迟完成时间为

工作 E: $\quad LF_{2-6} = LS_{6-8} = 11$

工作 G: $\quad LF_{4-5} = \min\{LS_{6-8}, LS_{7-8}\} = \min\{11, 9\} = 9$

4) 计算工作总时差

工作总时差等于该工作的最迟开始时间减其最早开始时间,或等于该工作的最迟完成时间减其最早完成时间,即式(7-12):

$$TF_{i-j} = LS_{i-j} - ES_{i-j} = LF_{i-j} - EF_{i-j} \tag{7-12}$$

式中 TF_{i-j} 为工作 $i-j$ 的总时差;其余符号同前。

例如,在本例中,工作 E 的总时差为

$$TF_{2-6} = LS_{2-6} - ES_{2-6} = 7 - 3 = 4$$
$$TF_{2-6} = LF_{2-6} - EF_{2-6} = 11 - 7 = 4$$

5) 计算工作自由时差

工作自由时差应等于本工作之紧后工作最早开始时间的最小值减本工作的最早完成时间。

① 当本工作 $i-j$ 与其紧后工作 $j-k$ 之间无虚工作时,则工作 $i-j$ 的自由时差 FF_{i-j} 为

$$FF_{i-j} = ES_{j-k} - EF_{i-j} \tag{7-13}$$

② 当本工作 $i-j$ 与其紧后工作之间存在虚工作 $j-k$ 时,紧后工作的代号为 $k-e$,则有

$$FF_{i-j} = \min\{ES_{k-l}\} - EF_{i-j} \tag{7-14}$$

③ 当本工作无紧后工作时,其自由时差等于总时差。

例如,在本例中,工作 E、G、K 的自由时差分别为

工作 E: $\quad FF_{2-6} = ES_{6-8} - EF_{2-6} = 9 - 7 = 2$

工作 G: $\quad FF_{4-5} = \min\{ES_{6-8}, ES_{7-8}\} - EF_{4-5}$
$\quad\quad\quad\quad = \min\{9, 9\} - 9 = 0$

工作 K: $\quad FF_{6-8} = TF_{6-8} = 2$

由于工作的自由时差不会超过其相应的总时差,所以当工作的总时差为零时,其相应的自由时差必为零。如在本例中,工作 C、G、L 的总时差全部为零,故其自由时差亦全部为零。

6) 确定网络计划的关键线路

在网络计划中,总时差最小的工作为关键工作,当网络计划的计划工期等于计算工期时,总时差为零的工作就是关键工作。例如在本例中,工作 C、G、L 的总时差均为零,故它们都是关键工作。

找出关键工作之后,将这些关键工作首尾相连(必要时会经过一些虚工作),便构成从起点节点到终点节点的通路,位于该通路上各项工作的持续时间总和最大,这条通路就是关键线路。在关键线路上可能有虚工作存在。

在一个网络计划中,至少有一条关键线路,也可能有多条关键线路。关键线路一般用粗

箭线或双线箭线标出，也可以用彩色箭线标出。例如在本例中，线路①—④—⑤—⑦—⑧即为关键线路。关键线路上各项工作的持续时间总和应等于网络计划的计算工期，这一特点也是判别关键线路是否正确的准则。

（2）按节点计算法

所谓按节点计算法，就是计算网络计划中各个节点的最早时间和最迟时间，然后再据此计算各项工作的时差值和网络计划的计算工期。

下面仍以图7-8所示网络计划为例，说明按节点计算法计算时间参数的过程。其计算结果如图7-9所示。

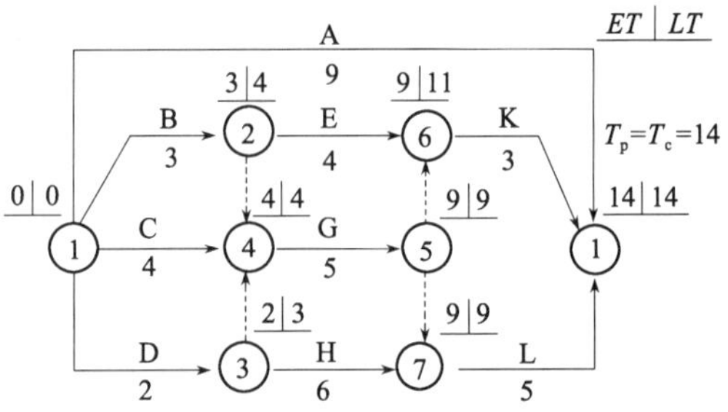

1）计算节点的最早时间

图7-9 按节点计算法计算的网络计划时间参数

节点最早时间是以该节点为开始节点的工作的最早开始时间。如果节点 i 的最早时间用 ET_i 表示，则

$$ET_i = ES_{i-j} \tag{7-15}$$

节点最早时间的计算应从网络计划的起点节点开始，顺着箭线方向按节点编号从小到大的顺序依次进行。其计算步骤如下：

第一步，网络计划起点节点的最早时间等于零。例如在本例中，起点节点①的最早时间为零。

第二步，其他节点的最早时间计算，若其仅有一个紧前节点时，其最早时间按式（7-16）进行计算：

$$ET_j = ET_i + D_{i-j} \tag{7-16}$$

若其有多个紧前节点时，其最早时间应利用式（7-17）进行计算：

$$ET_j = \max \{ ET_i + D_{i-j} \} \tag{7-17}$$

式中 ET_j——工作 $i—j$ 的完成节点 j 的最早时间；

ET_i——工作 $i—j$ 的开始节点 i 的最早时间；

D_{i-j}——工作 $i—j$ 的持续时间。

例如在本例中，节点⑧的最早时间为

$$\begin{aligned} ET_8 &= \max \{ ET_1 + D_{1-8}, ET_6 + D_{6-8}, ET_7 + D_{7-8} \} \\ &= \max \{ 0+9, 9+3, 9+5 \} \\ &= 14 \end{aligned}$$

第三步，网络计划的计算工期等于网络计划终点节点的最早时间，即

$$T_c = ET_n \tag{7-18}$$

式中 T_c——网络计划的计算工期；

ET_n——网络计划终点节点 n 的最早时间。

在本例中，网络计划的计算工期为

$$T_c = ET_8 = 14$$

2）确定网络计划的计划工期

网络计划的计划工期由式（7-2）或式（7-3）确定。在本例中，假设未规定要求工期，则其计划工期就是其计算工期，即

$$T_p = T_c = 14$$

计划工期应标在网络计划终点节点右上方，如图7-10所示。

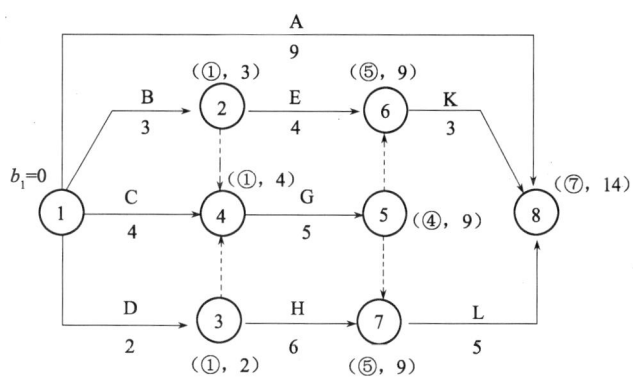

图7-10 网络计划标号法

3）计算节点的最迟时间

节点最迟时间是以该节点为完成节点的工作的最迟完成时间。如果节点j的最迟时间用LF_j表示，则有

$$LT_j = LF_{i-j} \tag{7-19}$$

节点最迟时间的计算应从网络计划的终点开始，逆着箭线方向按节点编号从大到小的顺序依次进行。其计算步骤如下：

第一步，网络计划终点节点的最迟时间等于网络计划的计划工期，即

$$LT_n = T_p \tag{7-20}$$

式中 LT_n——网络计划终点节点n的最迟时间；

T_p——网络计划的计划工期。

例如在本例中，终点节点⑧的最迟时间为

$$LT_8 = T_p = 14$$

第二步，其他节点的最迟时间计算。若其仅有一个紧后节点时，其最迟时间按式（7-21）进行计算

$$LT_i = LT_j - D_{i-j} \tag{7-21}$$

若其有多个紧后节点时，应利用式（7-22）进行计算：

$$LT_i = \min\{LT_j - D_{i-j}\} \tag{7-22}$$

式中　LT_i——工作 $i—j$ 的开始节点 i 的最迟时间；
　　　LT_j——工作 $i—j$ 的完成节点 j 的最迟时间；
　　　$D_{i—j}$——工作 $i—j$ 的持续时间。

例如在本例中，节点①的最迟时间为

$$LT_1 = \min\{LT_2 - D_{1—2}, LT_3 - D_{1—3}, LT_4 - D_{1—4}, LT_8 - D_{1—8}\}$$
$$= \min\{4-3, 3-2, 4-4, 14-9\}$$
$$= 0$$

4）计算工作总时差

工作总时差的计算只能利用节点的最早时间和最迟时间。由于节点的最早时间就是以该节点为开始节点的工作的最早开始时间，节点的最迟时间就是以该节点为完成节点的工作的最迟完成时间，于是根据式（7-12）、式（7-14）、式（7-15）和式（7-19）得到

$$\begin{aligned} TF_{i—j} &= LF_{i—j} - EF_{i—j} \\ &= LT_j - [ES_{i—j} + D_{i—j}] \\ &= LT_j - ET_i - D_{i—j} \end{aligned} \tag{7-23}$$

例如在本例中，工作 E 的总时差为

$$TF_{2—6} = LT_6 - ET_2 - D_{2—6} = 11 - 3 - 4 = 4$$

5）计算工作的自由时差

工作自由时差的计算与工作总时差的计算相类似，也只能利用节点的最早时间和最迟时间。

① 当工作 $i—j$ 与其紧后工作之间无虚工作时，虚工作 $i—j$ 的自由时差根据式（7-13）、式（7-15）和式（7-19）可以得

$$\begin{aligned} LF_{i—j} &= \min\{ES_{j-k}\} - EF_{i—j} \\ &= ET_j - [ES_{i—j} + D_{i—j}] \\ &= ET_j - ET_i - D_{i—j} \end{aligned} \tag{7-24}$$

例如在本例中，工作 K 的自由时差为

$$FF_{6—8} = ET_8 - ET_6 - D_{6—8} = 14 - 9 - 3 = 2$$

② 当工作 $i—j$ 与其紧后工作之间存在虚工作时，则工作的代号为 $j—k$，紧后工作的代号为 $k—l$，则工作 $i—j$ 的自由时差根据式（7-14）、式（7-15）和式（7-19）可得

$$\begin{aligned} FF_{i—j} &= \min[ES_{k-l}] - EF_{i—j} \\ &= \min[ET_k] - [ES_{i—j} + D_{i—j}] \\ &= \min[ET_k] - ET_i - D_{i—j} \end{aligned} \tag{7-25}$$

例如，在本例中，当计算工作 G 的自由时差时，应考虑节点⑥和节点⑦的最早的时间，而不是节点⑤的最早时间，即

$$FF_{4—5} = \min\{ET_6, ET_7\} - ET_4 - D_{4—5}$$
$$= \min\{9, 9\} - 4 - 5$$
$$= 0$$

6) 确定网络计划的关键线路

按节点计算法计算网络计划的时间参数之后,可以利用以下两种方法确定关键线路:

① 利用关键工作确定关键线路。如前所述,总时差为零的工作为关键工作。将这些关键工作首尾相连(必要时经过一些虚工作),便构成关键线路。

② 利用关键节点确定关键线路。在网络计划中,凡是最早时间等于最迟时间的节点就是关键节点。例如在本例中,节点①,④,⑤,⑦,⑧就是关键节点。关键节点必然处在关键线路上。

关键工作两端的节点必为关键节点,但两端为关键节点的工作不一定是关键工作。例如,在本例中,工作 A 两端的节点①和⑧都是关键节点,但工作 A 并不是关键工作。

当利用关键节点判别关键线路时,凡满足下列三个条件的工作必为关键工作:

$$LT_i - ET_i = T_p - T_c \tag{7-26}$$

$$LT_j - ET_j = T_p - T_c \tag{7-27}$$

$$LT_j - ET_i - D_{i-j} = T_p - T_c \tag{7-28}$$

如果式(7-26)和式(7-27)成立,说明节点 i 和节点 j 均为关键节点。若式(7-28)成立,说明工作 i—j 的总时差最小,故工作 i—j 必为关键工作(包括虚工作)。将这些关键工作首尾相连,便构成关键线路。

在本例中,由于线路①—④—⑤—⑦—⑧上的所有工作(包括虚工作)均满足式(7-26)、式(7-27)和式(7-28),故该线路即为关键线路。

(3) 标号法

标号法是一种快速寻求网络计划计算工期和关键线路的方法。它利用按节点计算法的基本原理,对网络计划中的每一个节点进行标号,然后利用标号值确定网络计划的计算工期和关键线路。

下面以图 7-7 所示网络计划为例,说明用标号法确定计算工期和关键线路的过程。节点的标号应从网络计划的起点节点开始,顺着箭线方向按节点编号从小到大的顺序依次进行,其标号结果如图 7-10 所示。

1) 网络计划起点节点的标号值为零。例如,在本例中,节点①的标号值为零,即

$$b_1 = 0 \tag{7-29}$$

2) 其他节点的标号值等于以该节点为完成节点的各项工作的开始节点标号值加持续时间所得之和的最大值,即

$$b_j = \max \{ b_i + D_{i-j} \}$$

式中 b_j——工作 i—j 的完成节点 j 的标号值;

b_i——i—j 的开始节点 i 的标号值;

D_{i-j}——i—j 的持续时间。

节点的标号宜用双标号法,即用源节点(得出标号值的节点)作为第一标号,用标号值作为第二标号。例如在本例中,节点④的标号值为

$$\begin{aligned} b_4 &= \max \{ b_1 + D_{1-4}, b_2 + D_{2-4}, b_3 + D_{3-4} \} \\ &= \max \{ 0+4, 3+0, 2+0 \} \\ &= 4 \end{aligned}$$

由以上计算可知,节点④的标号值是由节点①的标号值决定的,故节点①就是节点④的源节点。因此,节点④的标号为(①,④)。

3) 网络计划的计算工期就是网络计划终点节点的标号值。例如在本例中,其计算工期就等于终点节点⑧的标号值14。

4) 关键线路应从网络计划的终点节点开始,逆着箭线方向按源节点确定。例如在本例中,从终点节点⑧开始,逆着箭线方向按源节点可以找出关键线路①—④—⑤—⑦—⑧。

7.4.5 时标网络图

时标网络图是将双代号网络图节点的位置、箭线的长度按一定的时间比例水平投影在同一时间坐标上而绘制的网络图。在时标网络图上,用水平实箭线的投影长度表示工作的持续时间,用水平波形线的投影长度表示工作的自由时差(或时间间隔),用垂直虚箭线表示虚工作,用垂直实线表示连接线。在时标网络图上,各项工作的起止日期、持续时间和时差值,以及关键线路皆能明确地表示出来,比起一般的网络图直观易懂。根据时标网络图可以绘制资源动态图,并在此基础上进行资源优化和时间费用优化。用时标网络图还便于进行进度控制和调整。

时标网络图可分为按工作最早时间绘制的时标网络图和按工作最迟时间绘制的时标网络图。

1. 时标网络图的绘制

通常均按工作最早时间绘制时标网络图。按工作最早时间绘制的时标网络图是在网络计划时间参数计算的基础上,按以下步骤绘制:

(1) 恰当地确定时间比尺,划分时间刻度,时间刻度应与工作的持续时间单位(日或月)相吻合,绘出时间坐标线。

(2) 按时间刻度确定每项工作的最早开始时间的节点位置。首先确定关键工作的节点位置,画出关键线路。然后在关键线路的上下两侧,从始节点开始,按节点号从小到大的顺序确定非关键工作的节点位置,画出各条非关键线路。

(3) 按各项工作的持续时间沿水平方向以实线画出箭线长度,在时间坐标上的水平投影长度,即表示该工作的持续时间。

(4) 用水平波形线把工作的实箭线箭头与其紧后工作的最早开始节点相连接,波形线水平投影长度就是该工作的自由时差。

(5) 虚工作用垂直的虚箭线表示,当有时差值时,将时差值用水平波形线表示。

(6) 终节点的时间位置就是网络计划的完工时间。

例如,已知网络计划的有关资料如表7-2所示,绘制时标网络图。

表7-2 网络计划资料

工 作	A	B	C	D	E	G	H
持续时间	9	4	2	5	6	4	5
紧前工作	—	—	—	B	B,C	D	D,E

① 绘出一般的网络图,计算节点时间参数及计算工期如图7-11所示。
② 画出时间坐标线并划分刻度。画出节点位置如图7-12所示。

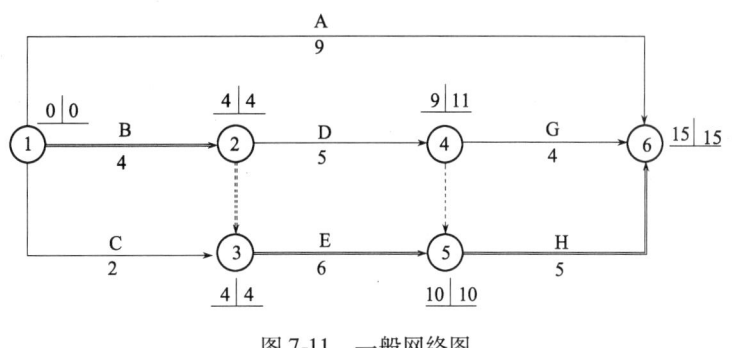

图 7-11 一般网络图

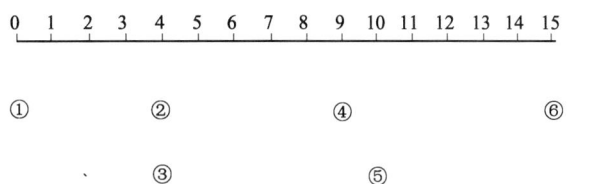

图 7-12 画出时标网络计划的节点

③ 从各节点出发绘出关键线路和非关键线路，如图 7-13 所示。

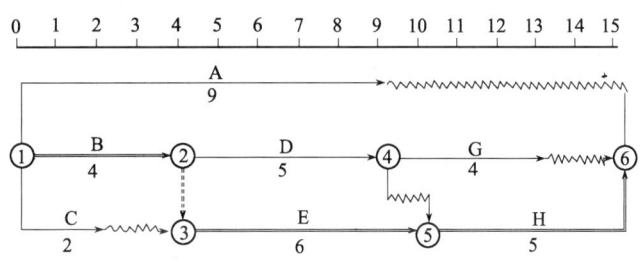

图 7-13 时标网络计划

2. 时标网络计划时间参数的确定
（1）从图上直接确定
1）工作最早开始时间

工作箭线左端节点中心所对应的时标值为该工作的最早开始时间。如图 7-13 所示：A、B、C 的最早开始时间为 0；D、E 的最早开始时间为 4；G 的最早开始时间为 9；H 的最早开始时间为 10。

2）工作最早完成时间

① 如箭线右段无波纹线，则该箭线右端节点中心所对应的时标值为该工作的最早完成时间。

② 如箭线右段有波纹线，则该箭线的箭头所对应的时标值为该工作的最早完成时间。如图 7-13 所示，A 的最早完成时间为 9；C 的最早完成时间为 2；G 的最早完成时间为 13。

3）时间间隔和自由时差

如图 7-13 所示，工作 D 和工作 H 之间的时间间隔为 1；工作 C、工作 A 和工作 G 的自由时差分别为 2，6 和 2。

4）关键线路、关键工作及关键节点

时标网络计划的关键线路可自终点节点逆箭线方向朝起点节点逐次进行判定；自始至终都不出现波形线的线路即为关键线路。

关键线路上的工作为关键工作。

关键工作两端的节点必为关键节点。

（2）间接计算

1）工作最迟开始时间

根据式（7-12）， $LS_{i-j} = TF_{i-j} + ES_{i-j}$ （7-30）

2）工作最迟完成时间

根据式（7-12）， $LF_{i-j} = TF_{i-j} + EF_{i-j}$ （7-31）

3. 时标网络计划的坐标体系

时标网络计划的坐标体系有：计算坐标体系、工作日坐标体系、日历坐标体系。

1）计算坐标体系

计算坐标体系主要用作计算时间参数。采用这种坐标体系计算时间参数较为简便，但不够明确。如按计算坐标体系，网络计划从零天开始。就不易理解，应为第1天开始，或明确示出开始日期。

2）工作日坐标体系

工作日坐标体系可明确示出工作在开工后第几天开始，第几天完成。但不能示出开工日期、工作开始日期、工作完成日期及完工日期等。

工作日坐标示出的开工时间和工作开始时间等于计算坐标示出的开工时间和工作开始时间加1。

工作日坐标示出的完工时间和工作完成时间等于计算坐标示出的完工时间和工作完成时间。

3）日历坐标体系

日历坐标体系可以明确示出工程的开工日期和完工日期，以及工作的开始日期和完成日期。编制时要注意扣除法定的节假日和双休日时间。

图7-14所示为具有三种坐标体系的时标网络计划。上面为计算坐标体系，中间为工作日坐标体系，下面为日历坐标体系。此处假定工程在4月24日（星期二）开始，星期六、星期日和五一节休息。

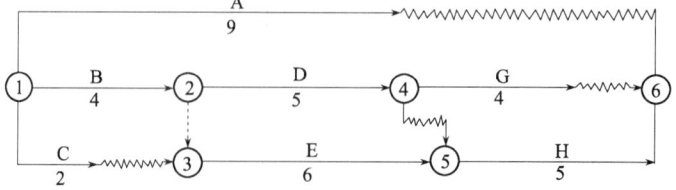

图7-14 具有三种坐标体系的时标网络计划

7.4.6 网络计划的优化

网络计划的优化就是利用时差不断改善网络计划的最初方案，在满足既定目标的条件下，按某一衡量指标来寻求最优方案。

网络计划的优化有工期优化、费用优化和资源优化。

1. 工期优化

工期优化是压缩计算工期，以达到要求工期的目标，或在一定约束条件下使工期最短的过程。

工期优化一般通过压缩关键工作的持续时间来达到优化目标。在优化过程中要注意不能将关键工作压缩成非关键工作，但关键工作可以不经压缩而变成非关键工作。

网络计划的优化可按下面步骤进行：

（1）找出网络计划中的关键线路并求出计算工期。

（2）按要求工期计算应压缩的工期时间，即计算工期与要求工期之差。

（3）按下列因素选择关键工作来压缩持续时间：

1）压缩持续时间对质量和安全影响不大的关键工作。

2）有充足备用资源的关键工作。

3）压缩持续时间所增加的费用最小。

（4）将优先压缩的关键工作压缩至持续时间最短，并找出关键线路。若被压缩的工作变成了非关键工作，则应适当延长该工作的持续时间，使之仍为关键工作。

（5）若计算工期仍超过要求工期，则重复以上步骤，直到满足工期要求或工期已不能再短了为止。

（6）当所有关键工作或部分关键工作已达到最短持续时间而寻求不到继续压缩工期的方案，但工期仍不满足工期要求时，应对计划原技术、组织方案进行调整，或要求工期重新审定。

2. 费用优化

在建筑工程中，工期短、成本低、质量优是人们追求的目标。其中，工期与成本是相互联系和相互制约的，要加快施工速度、缩短工期，资源的投入就会增加，有些费用也会增加，结果工程成本提高、效益下降。因此，费用优化可以理解为是寻求最低成本时的最短工期，或按要求工期条件下寻求最低成本的网络计划。

网络计划的总费用是由直接费用和间接费用组成，随工期缩短而增加的费用是直接费，随工期缩短而减少的费用是间接费。由于直接费随工期缩短而增加，间接费随工期缩短而减少，所以必定存在一个总费用最少的工期，这就是费用优化所寻求的目标。图 7-15 表示的是工期费用关系曲线。

费用优化可按如下步骤进行：

（1）算出工程总直接费。

（2）算出各项工作直接费用增加率（简称直接费率）。

（3）找出网络计划中的关键线路，并求出计算工期。

（4）算出计算工期为 t 的网络计划的总费用。

（5）当只有一条关键线路时，将直接费率最小的一项工作压缩至最短持续时间，并找出关键线路。若被缩短的工作变成非关键工作，则应将其持续时间延长，使之仍为关键工作。当有多条关键线路时，可压缩一项或多项直接费率或组合直接费率最小的工作，将其中正常持续时间与最短持续时间的差值最小的进行压缩，再找出关键线路。若被压缩的工作变成非关键工作，则还要适当延长其持续时间，使其保持为关键工作。

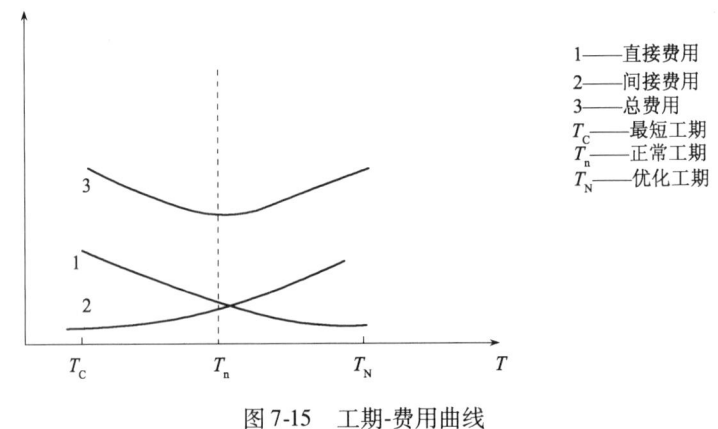

图 7-15　工期-费用曲线

在确定了压缩方案后，必须检查被压缩工作的直接费率或组合直接费率是否等于、小于、大于间接费率。若等于间接费率，则已得到最优方案；若小于间接费率，则应继续按上述方法进行压缩；若大于间接费率，则在此前一次的小于间接费率的方案就为最优方案。

（6）列出优化表。
（7）计算出优化后的总费用。
（8）绘制优化网络计划。
在箭杆上方标注直接费，在箭杆下面标注持续时间。

3. 资源优化

资源是指为完成任务所需的人力、材料、机械设备和资金等。在人力、材料、设备和资金有限的条件下，寻求工期最短；在工期规定的条件下，寻求投入的人力、材料、设备和资金等资源的数量最小。这些都属于资源优化的问题。资源优化是通过改变工作的开始时间，使资源按时间的分配符合优化目标。根据优化目标的不同，一般有两种优化方法，一是资源有限—工期最短的优化；另一个是工期固定—资源均衡的优化。

---------- 本章小结 ----------

一个好的计划是项目成功的一半。工程项目计划管理的被动性、多变性和波动性等特点无疑加大了其管理的难度。本章在介绍了计划管理的概念、作用及特点之后，对工程项目的计划体系及其主要内容作了分层次介绍，并对工程计划的编制原则、编制程序作了较详细的说明。在本章中，用较大篇幅详尽地介绍了工程项目的网络计划技术：在网络图的绘制中，侧重介绍原则和要求，并要求掌握绘图要领；在时间参数计算和时标网络图中，侧重基本道理，为将来运用电子计算机计算打下基础，也为以后的专业深入作一些有益的铺垫。

思 考 题

1. 何谓工程项目计划管理,其主要作用和特点是什么?
2. 试用图表示工程项目的计划系统。
3. 简述工程项目计划编制的原则及程序。
4. 工程项目的网络计划技术,要求:掌握网络图的绘制要求,能绘制网络图。
5. 掌握时间参数的计算方法,能作简单的时标网络图。

第8章 工程项目的控制与协调

【学习目标】 认识控制与协调是工程项目管理中最复杂的工作;清楚了解工程项目几大目标控制的重要性及其相互间的内在联系及规律,并掌握控制的主要方法。
【关键概念】 工程项目控制 工程项目费用控制 工程项目进度控制 工程项目质量控制 工程项目环境及安全控制

8.1 概　　述

8.1.1 工程项目控制与协调的概念

工程项目控制是指管理者为实现项目目标,通过有效的监督手段及项目受控后的动态效应,不断改变项目控制状态以保证项目目标实现的综合管理过程。

在实践中,人们往往把控制理解为项目实施阶段的工作,这种狭义的理解似乎是很自然的,因为在项目实施阶段,由于技术设计、计划、合同等已全面定义,控制的目标十分明确,所以人们十分强调这个阶段的控制工作,这无可厚非。实际上,工程项目控制并非在项目实施阶段才开始,而是在项目酝酿、目标设计阶段即已开始。显而易见,控制措施愈早作出,损失愈小,成效愈大,这一点并不难理解,但遗憾的是那时对项目的技术要求、实施方法等各方面的目标尚未明确,控制依据不足,因此人们常常疏于项目前期的控制,这对于项目目标的实现是极为不利的。所以我们强调,控制工作不应仅限于实施阶段,而是从项目前期就应开始,直至项目目标实现。

工程项目控制与工程项目协调有密切的联系。所谓工程项目的协调是指项目管理者为实现项目的特定目标,通过联合沟通方式,调动相关组织的力量和活动,以提高其组织效率的综合管理过程。它与工程项目控制是功能与手段的关系,即项目控制要发挥它工程管理的功能,经常需要运用协调这一手段来实现。因此,人们通常把控制与协调结合起来而称调控。

8.1.2 工程项目控制基本理论

工程项目实施是一个动态的复杂系统,为实现项目建设的目标,参与项目建设的有关各方(业主、承包商、监理单位、设计单位等),必须在系统控制理论指导下,围绕工程建设的工期、质量、成本和安全,对项目的实施状态进行周密的、全面的监控。在项目控制中主要运用下述基本控制理论:

(1) 控制是一定主体为实现一定的目标而采取的一种行为。实现最优化控制必须首先满足两个条件,一是要有合格的控制主体;二是要有明确的控制目标。

(2) 控制是按事先拟定的标准和计划进行的。控制活动就是要检查实际发生的情况与标准的偏差并加以纠正。

(3) 控制的方法是检查、分析、监督、引导和纠正。

(4) 控制是对被控制系统而言的。既要对被控制系统进行全过程控制,又要对其所有要素进行全面控制。全过程控制有事先控制、事中控制和事后控制;要素控制包括人力、物力、财力、信息、技术、组织、时间、信誉等。

(5) 控制是动态的。

(6) 提倡主动控制,即在偏离发生之前预先分析偏离的可能性,采取预防措施,防止发生偏离。

(7) 控制是一个大系统,包括组织、程序、手段、措施、目标和信息等若干个分系统。

8.1.3 工程项目控制的步骤

项目控制过程包括三个基本步骤:制定控制标准、衡量执行结果和采取措施纠正偏差。

1. 制定控制标准

管理工作是从编制计划开始的,各项计划是控制的基本标准,计划从数量、质量、时间、成本、效益等多方面作出规定,控制工作应以各项实施计划为准绳。

2. 衡量执行结果

控制工作的第二步是对实际执行情况的检查、测量,并与计划标准作比较,由此发现问题。检查测量的方法有三种:一是直接观察法,即直接检查受控对象,掌握第一手资料并作出判断;二是统计分析法,即根据统计报表分析受控对象的实际情况;三是例会报告法,即通过定期或不定期会议检查受控对象的实际情况。通过这些方法及时掌握准确、可靠的信息,作出正确的判断,进行有效的控制。

3. 纠正偏差

找出偏差之后要分析产生偏差的原因,才能采取可行的有针对性的纠偏措施,或重新修订计划,或重新调配资源,或改善项目管理方法等。

项目控制是贯穿于项目实施全过程的一项经常性的工作。在项目实施之前,就要对未来可能遇到的问题作出预测,并在事先制定应急计划,即在时间上留有"应急宽限",在资金上留有"应急额度"。

8.1.4 工程项目控制的主要内容

工程项目控制有极其丰富的内涵,从理论上讲,它几乎涉及工程项目管理的所有内容。一般情况下,人们习惯将工程项目控制归纳为三大控制,即费用控制、进度控制和质量控制。这主要是由项目管理的三大目标引导而来的。在本书中,一些重要的控制工作如合同控制、风险控制等,已经在相关章节论述。这里需要指出的是,作为打造绿色环境、构建和谐社会的一项重要内容,在项目管理中理应将环境与安全作为重要内容加以考虑,工程项目环境与安全控制显然是题中应有之义。因此,我们这里主要讨论四个方面的内容:工程项目费用控制、工程项目进度控制、工程项目质量控制和工程项目环境及安全控制。

8.2 工程项目的费用控制

完成任何工程项目,都必然会发生各种物化劳动和活劳动的耗费,把这些日常分散、个别反映的耗费,运用一定的方法归集到工程项目中,就构成工程项目的费用。工程项目费用控制是在完成一个工程项目的过程中,对所发生的所有费用支出有组织、系统地进行预测、计划、控制、核算、分析等一系列科学管理工作的总称。工程项目费用控制水平的高低体现了整个工程项目的管理水平。

由于参与工程项目的各方主体不同,它们对费用管理的出发点就有所不同。对于业主来说,是对整个工程项目负责,以尽可能少的投资保质、保量地按期完成工程项目,称为投资控制;而承包商则是针对合同任务对象,根据合同价来进行管理,以最低成本获取最大利润,称为成本控制。

8.2.1 工程项目的投资控制

工程项目投资控制,就是在项目决策阶段、设计阶段、承发包阶段和建设实施阶段,把投资的发生控制在批准的投资限额以内,随时纠正发生的偏差,以保证项目投资管理目标的实现,有效使用人力、物力、财力,取得较好的投资效益和社会效益。工程项目投资的有效控制是工程项目管理的重要组成部分。

1. 投资控制的原则

(1) 分阶段设置明确的投资控制目标

控制是为确保目标的实现,没有目标,控制也就失去意义了。目标的设置是很严肃的,并要有科学的依据。

工程项目建设过程是一个周期长、数量大的生产消费过程,建设者在一定时间内所拥有的知识经验是有限的,不但常常受科学条件和技术条件的限制,而且也受客观过程的发展及其表现程度的限制,因而不可能在工程项目的开始就设置一个科学的、一成不变的投资控制目标,而只能设置一个大致的投资控制目标,也就是投资估算。随着工程建设的实践、认识、再实践、再认识,投资控制目标一步步清晰、准确,从而形成设计概算、施工图预算、承包合同价等。也就是说,工程项目投资控制目标应是随着工程项目建设实践的不断深入而分阶段设置的。具体地讲,投资估算应是设计方案选择和进行初步设计的投资控制目标;设计概算应是进行技术设计和施工图设计的投资控制目标;设计预算或建设安装工程承包合同价则应是施工阶段控制建设安装工程投资的目标。有机联系的阶段目标相互制约,相互补充,前者控制后者,后者补充前者,共同组成项目投资控制的目标系统。

分阶段设置的投资控制目标应既具有先进性,又有实现的可能性,目标水平要能激发执行者的进取心和充分发挥他们的工作能力。

(2) 投资控制贯穿于以设计阶段为重点的建设全过程

项目投资控制贯穿于项目建设全过程,这一点是没有疑义的,但是必须重点突出。图8-1是不同建设阶段影响项目投资程度的坐标图。从该图可看出,对项目投资影响最大的阶段,是约占工程项目建设周期1/4的技术设计结束前的工作阶段。在初步设计阶段,影响项目投资的可能性为75%~95%;在技术设计阶段,影响项目投资的可能性为35%~75%;在施工图设计阶段,影响项目投资的可能性则为5%~35%。很显然,项目投资控制的关键在于施工以前的投资决策和设计阶段,而在项目作出投资决策后,控制项目投资的关键就在于设计。要想有效地控制工程项目投资,就要坚决地把工作重点转移到建设前期,当前尤其是抓住设计这个关键阶段。

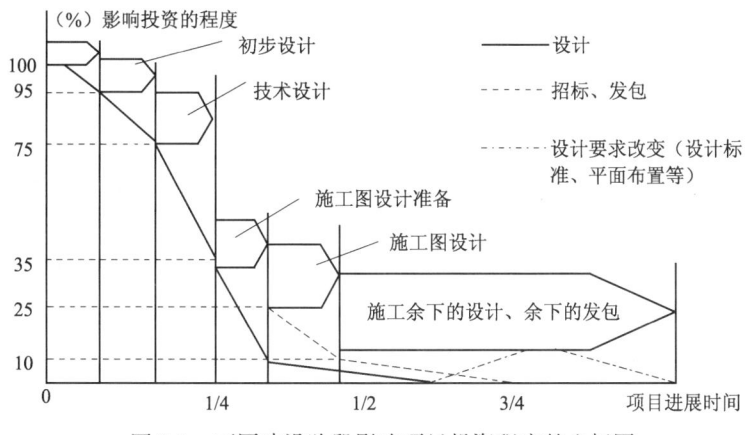

图 8-1 不同建设阶段影响项目投资程度的坐标图

(3) 采取主动控制，能动地影响投资决策

工程项目投资控制应立足于事先主动采取措施，尽可能地减少以至避免目标值与实际值的偏离，这是主动的、积极的控制方法。如果仅仅是机械地比较目标值与实际值，当实际值偏离目标值时，分析其产生偏差的原因，并确定下一步的对策，这种被动控制虽然在工程建设中也有其存在的实际意义，但它不能使已产生的偏差消失，不能预防可能发生的偏差。所以，我们的项目投资控制应采取主动、积极的控制方法。要能动地去影响投资决策，影响设计、发包和施工。

(4) 技术与经济相结合

技术与经济相结合是控制项目投资的有效手段。在我国工程建设领域中，技术与经济脱节严重。工程技术人员与财会、概算人员往往不熟悉工程进展中的各种关系和问题，单纯地从各自角度出发，难以有效地控制项目投资。为此，当前迫切需要解决的是以提高项目投资效益为目的，在工程建设过程中把技术与经济有机结合，要通过技术比较、经济分析和效果评价，正确处理技术先进与经济合理两者之间的对立统一关系，力求在技术先进条件下的经济合理，在经济合理基础上的技术先进，把控制项目投资观念渗透到各项设计和施工技术措施之中。

(5) 遵循"最适"原则

传统的决策理论是建立在绝对逻辑基础上的一种封闭式决策模型，它把人看作是具有"绝对理性的人"或"经济人"，在决策时，会本能地遵循最优化原则（即影响目标的各种因素的最有利的值）来选择方案。但现代决策理论的核心则是"最适"准则，现代决策理论的创始人——美国经济学家西蒙认为，由于人的头脑能够思考和解答问题的容量同问题本身规模相比较是非常渺小的，所以在现实世界里，要采取客观的合理举动，哪怕接近客观合理性，也是很困难的，因此对决策人来说，最优化决策几乎是不可能的。应该用"最适"这个词来代替"最优化"。

由工程项目的三大目标（工期、质量、投资）组成的目标系统，是一个相互制约、相互影响的统一体，其中任何一个目标的变化，势必会引起另外两个目标的变化，并受到它们的影响和制约。在项目建设时，一般不可能同时最优，即不能同时做到投资最省、工期最短、质量最高。为此，在工程项目建设中，应根据业主要求、建设的客观条件进行综合研究，确定一套切合实际的衡量准则，只要投资控制的方案符合这套衡量准则，取得令人满意的结果，投资控制就算达到了预期目标。

2. 投资控制的内容

(1) 决策阶段的投资控制

所说决策阶段是指项目建议书阶段、可行性研究阶段和设计任务书阶段。

在项目建议书阶段要进行投资估算和资金筹措设想。对打算利用外资的项目，应分析利用外资的可能性，初步测算偿还贷款的能力。还要对项目的经济效益和社会效益作初步估计。

在可行性研究阶段，要在完成市场需求预测、场址选择、工艺技术方案选择等可行性研究的基础上，对拟建项目的各种经济因素进行调查、研究、预测、计算及论证，运用定量分析及定性分析相结合、动态分析与静态分析相结合的方法，计算内部收益率、净现值率、投资利润率等指标，完成财务评价；大中型项目还利用影子价格、影子汇率、社会折现率等国家参数，进行国民经济评价，从而考察投资行为的宏观经济合理性。

在设计任务书中，决定一个工程是否建设和怎么建设，提出了编制设计文件的依据。设计任务书阶段要估算出较准确的投资控制数额，作为建设期投资控制的最高限额。

(2) 设计阶段的投资控制

在投资和工程质量之间，工程质量为核心，投资的大小和质量要求的高低直接相联系。因此，应在满足现行技术规范标准和业主的要求条件下，符合投资和工程质量的要求。具体的要求是：

1) 在初步设计阶段要提出设计要求，进行设计招标，选择设计单位并签订合同，审查初步设计和初步设计概算，以此进行投资控制，应不突破决策阶段确定的投资估算。

2) 在技术设计阶段，对重大技术问题进一步深化设计作为施工图设计的依据，编制修正预算，修正投资控制额，控制目标应不突破初步设计阶段确定的概算。

3) 在施工图设计阶段，要控制设计标准及主要参数，通过施工图预算审查，确定项目的造价，控制目标应不突破技术设计阶段确定的设计概算。

4) 设计阶段投资控制有以下方法：①完善设计阶段投资控制的手段；②应用价值工程原理和方法协调设计的目标关系；③通过技术经济分析确定工程造价的影响因素，提出降低造价的措施；④采用优秀设计标准和推广标准设计；⑤采用技术手段和方法进行优化设计等。

(3) 招标投标阶段的投资控制

施工招标投标阶段主要是编制与审查标底，编制与审核招标文件，与总承包单位签订发包合同等，以此进行投资控制。

(4) 施工阶段的投资控制

施工阶段是投资活动的物化过程，是真正的大量投资支出阶段。这个阶段投资控制的任务是按设计要求实施，使实际支出控制在施工图预算之内，施工图预算要控制在初步设计概算之内。因此，要减少设计变更，努力降低造价，竣工后搞好结算和决算。当然，根据具体情况，允许对控制目标进行必要的调整，调整的目的是使控制目标永远处于最佳状态，切合实际。

施工阶段投资控制的任务主要包括：编制施工阶段投资控制详细的工作流程图和投资计

划；建立、健全施工阶段投资控制的措施；监督施工过程中各方合同的履行情况；处理好施工过程中的索赔工作等。

3. 投资控制的措施

（1）组织措施

建立投资控制组织保证体系，有明确的项目组织机构，使投资控制有专门机构和人员管理，任务职责明确，工作流程规范化。

（2）技术措施

应用价值工程于设计、施工阶段，进行多方案选择，严格审查初步设计、施工图设计、施工组织设计和施工方案，严格控制设计变更，研究采取相应的有效措施来达到节约投资的目的。

（3）经济措施

推行经济承包责任制，将计划目标进行分解，落实到基层，动态地对工程投资的计划值与实际支出值进行比较分析，严格各项费用的审批和支付，对节约投资采取奖励措施。

（4）合同措施

通过合同条款的制订，明确和约束在设计、施工阶段控制工程投资，不突破计划目标值。

（5）信息管理

采用计算机辅助工程投资管理。

8.2.2 工程项目的施工成本控制

施工成本控制就是在保证工程质量、工期等方面满足合同要求的前提下，对项目实际发生的费用支出采取一系列监督措施，及时纠正发生的偏差，把各项费用支出控制在计划成本规定的范围内，以保证成本计划的实现。

施工成本指施工过程中所发生的全部生产费用的总和。施工成本是项目总成本的主要组成部分，是由承包人在实施过程中产生的。因此，从某种意义上讲，项目成本控制实际上是施工成本控制。从建设单位讲，所关心的是投资控制；从施工企业讲，为获得最大利润，所关心的是施工成本控制。

成本控制不仅仅是财会人员的职责，所有有关人员都应各负其责，项目经理更应重视这方面的工作，要确定严格的成本责任系统，将成本责任制度融合于经济责任制中，即将可控成本指标分解、落实到各个责任部门和责任个人，并据此考核、评价其业绩及应承担的经济责任。通过成本责任中心和制定各项成本责任节超奖惩办法，行政手段和经济手段双管齐下，以保证目标成本的实现，使项目获得最佳的经济效益。

1. 施工成本费用分类

成本是一种耗费，是耗费劳动（物化劳动和活劳动）的货币表现形式。

施工成本是施工企业为完成施工合同所约定的施工项目的全部任务所耗费的各项生产、管理、服务和经营费用等的总和。由于各种费用的性质和特点各异，必须对这些费用进行科学分类，成本的分类方法很多，按照研究目的的不同，有不同的分类。

（1）按成本习性划分

1）固定成本。是指在一定的时期和一定的工程范围内不随工程量变化而改变的成本，如折旧费、企业管理人员工资、规费等。

2）变动成本。是指随着工程量变化而变化的成本，如人工费、材料费、施工机械使用费等。

（2）按生产费用计入成本的方法划分

可划分为直接成本和间接成本。

（3）按成本发生的时间划分

1）预算成本。它是按照建筑安装工程实物量和国家（或部）或地区或企业制定的预算定额及取费标准计算的社会平均成本或企业平均成本，以施工图预算为基础进行分析、预测、归集和计算确定的。预算成本包括直接费用和间接费用。

2）计划成本。它是在预算成本的基础上确定的标准成本。计划成本确定的根据施工企业的要求（如内部承包合同的规定），结合项目的技术特征、项目管理人员素质及设备情况等。它是成本管理的目标，也是控制项目成本的标准。

3）实际成本。它是项目施工过程中实际发生的、可以列入成本支出的费用总和。

上述三种成本的关系是：实际成本与预算成本比较，反映的是对社会平均成本（或企业平均成本）的超支或节约；计划成本与预算成本比较，差额是计划成本降低额；计划成本与实际成本相比较，差额是实际成本降低额。

2. 影响施工成本的因素

影响施工成本的因素很多，主要有工程施工质量、工期长短、材料人工价格和管理水平。

（1）工程施工质量对施工成本的影响

这一部分成本属于质量保证成本，即为保证和提高工程质量而采取相关措施而耗费的开支，如购置监测设备、增加检测工序、提高监测水平、保证施工质量所耗费的开支等。质量保证成本随质量的变化而变化。

（2）工期对施工成本的影响

工期越长，越增加施工企业的人工费、设备折旧费和财务费用。但缩短工期，就要加大资源投入，也会增加成本。

（3）材料、人工费价格变化对施工成本的影响

目前，我国建筑材料价格和人工费用变动较频繁，总的趋势是上升，虽然在作施工图预算和合同计算时对价格作了预测，但很难预测准确，这一部分成本的变化较难掌握，应在合同条款中作出必要规定。

（4）管理水平对施工成本的影响

这里既包括施工企业的管理水平，也包括建设单位的管理水平。由于管理不善造成预算成本估计不准，或由于资金原材料供应不及时造成拖延工期，或由于施工组织混乱造成材料、人工和设备利用浪费等，都会影响施工成本。

3. 施工成本控制的程序和一般内容

施工成本控制的目标是合同文件和成本计划。进度报告、工程变更与索赔资料作为控制动态资料，承包人就可以按程序顺利地进行成本控制了。

（1）成本控制程序大致如下：

1）收集实际成本数据。

2）实际成本数据与成本计划目标进行比较。

3）分析成本偏差及原因。

4）采取措施纠正偏差。
5）必要时修改成本计划。
6）按规定的时间间隔编制成本报告。
（2）成本控制的一般内容
1）按照计划成本目标值来控制生产要素的采购价格，并认真做好材料、设备进场数量和质量的检查、验收与保管。
2）控制生产要素利用效率和消耗定额，如任务单管理、限额领料、验收报告审核等。同时做好不可预见成本风险的分析与预控工作，包括编制相应的应急措施等。
3）控制影响效率和消耗量的其他因素（如工程变更等）所造成的成本增加。
4）把项目成本管理责任制度与对项目管理者的激励机制结合起来，以增强管理人员的成本意识和控制能力。
5）在企业已建立的项目财务管理制度基础上，按规定的权限和程序审核项目资金的使用和进行费用的结算支付。
6）加强施工合同和施工索赔管理，正确运用施工合同条件和有关法规，及时进行索赔。

4. 施工成本的日常控制

施工成本的日常控制，必须由项目全员参加，根据各自的责任成本对自己分工内容负责成本控制。

（1）施工技术和计划经营部门及职能人员
1）根据施工项目管理大纲，科学地组织施工；及时组织已完工程的计量、验收、计价、收回工程价款，保证施工所用资金的周转。
2）按建设工程施工合同示范文本通用条款规定，资金到位组织施工，避免垫付资金施工。

（2）材料和设备部门及职能人员
1）根据施工项目管理规划的材料需用量计划制定合理的材料采购计划，严格控制主材的储备量，既保证施工需要，又不增大储备资金。
2）按采购计划和经济批量进行采购订货，严格控制采购成本，如就近采购，选择最经济运输方式，将采购材料、配件直接运入施工现场等。
3）量大的主要材料可以公开或邀请招标。这样可以降低成本，保证材料质量按时供应，保证连续施工。
4）签订材料供应合同，保证采购材料质量。供应商违约，可以利用索赔减少损失或增加收益。
5）坚持限额领料，控制材料消耗。可以分别按施工任务书控制、定额控制、指标控制、计量控制，小型配件或零星材料可以钱代物包干控制。

（3）财务部门或职能人员
1）按间接费使用计划控制间接费用。其中，特别是要控制财务费用和项目经理部不可控的成本费用，如上交管理费、折旧费、税金、提取工会会费、劳动保险费、待业保险费、固定资产大修理费、机械退场费等。财务费用主要是控制资金的筹集和使用，调剂资金的余缺，减少利息的支出，增息收入。

2）严格执行其他应收款、预付款的支付手续规定，如购买材料配件等预付款，一般不得超过合同价的80%，并经项目经理部集体研究确定。

3）其他费用按计划、标准、定额控制执行。

4）对分包商、施工队支付工程价款时，手续应齐全，有计量、验工计价单及项目部领导签字，方可支付。

（4）其他职能部门或职能人员

其他职能部门，根据分工不同控制施工成本。如质监部门责任是控制质量，安全不出大事故；合同管理部门防止自己违约，避免对方向自己索赔等。

（5）施工队或职工

施工队包括机械作业队，主要控制人工费、材料费、机械使用费的发生和可控的间接费用。

（6）班（机）组或职工

主要控制人工费、材料费、机械使用费的使用。要严格领料、退料，避免窝工、返工，注重提高劳动效率。机组主要控制燃料费、动力费和经常修理费，认真执行维修保养制度，保持设备的完好率和出勤率。

5. 常用的施工项目成本控制方法

（1）价值工程

价值工程是把技术和经济结合起来的管理技术，其运用需要多方面的业务知识和实际数据，涉及经济和技术部门，所以必须按系统工程的要求，有组织地集合各部门的智慧，才能取得较理想的效果。

用价值工程控制成本的核心目的是合理处理成本与功能的关系（性价比），保证在确保功能的前提下能降低成本。价值工程的公式为

$$V = F/C$$

式中　V——项目的生产要素和实施方案的价值；
　　　F——项目的生产要素和实施方案的功能；
　　　C——项目的生产要素和实施方案的全寿命成本。

价值工程原理不仅在施工期间被承包人广泛使用，而且在设计阶段也能对设计方案进行选择和优化。具体应用可参考相应书籍。

（2）赢得值法

赢得值法（又称为偏差分析法）是对成本和进度综合控制的方法。现在国际工程承包的业主出于自身考虑，在选择工程公司时，把能否运用赢得值法进行项目管理和控制作为审查和能否中标的先决条件之一。

赢得值法需要使用实际项目中的三项成本数据：计划完成工作预算成本；实际完成工作预算成本（即赢得值）和实际完成工作实际成本等。

常见的计算评价指标有：

1）成本偏差

$$成本偏差 = 实际完成工作预算成本 - 实际完成工作实际成本$$

结果为"-"，说明预算超支；反之，说明预算节约。

2) 进度偏差

$$进度偏差 = 实际完成工作预算成本 - 计划完成工作预算成本$$

结果为"-",说明进度拖后;反之,说明进度提前。

3) 成本效果执行指数

$$成本效果执行指数 = 实际完成工作预算成本/实际完成工作实际成本$$

结果小于1,说明预算超支,工作效果差;反之,说明工作效果好。

4) 进度效果执行指数

$$进度效果执行指数 = 实际完成工作预算成本/计划完成工作预算成本$$

结果小于1说明进度落后,工作效果差;反之,说明工作效果好。

5) 项目完成时成本差异

$$项目完成时成本差异 = 项目完成预算成本 - 项目完成预测成本$$

结果为"-",表示项目任务执行效果不佳,预算超支;反之,说明预算节约。

(3) 成本计划评审法

成本计划评审法是在施工项目的网络图上标出各工作的计划成本和工期,箭线下方数字为工期,箭线上方 C 后的数字为成本费用。在计划开始实施后,将实际进度和费用的开支(主要是直接费)累计算出,标于箭杆附近的方格中,就可以看出每道工序的计划进度与实际进度对比情况。若出现偏差,及时分析原因,采取措施加以纠正。

当然,成本控制方法还很多,比如成本横道图法、香蕉图法可对实际成本和计划成本进行比较,及时发现偏差予以纠正。在实际工作中,由于计算机的普及应用,通过项目管理软件的快速信息处理,运用不同的控制方法可以及时地计划和监控每个环节的费用支出,并加以有效控制,都取得了很好的经济效果。

以上是成本与进度相结合的成本控制方法。其实,质量与成本的关系极为密切,成本与质量相结合的控制方法,称为质量成本控制法。

(4) 质量成本控制法

质量成本是指为保证质量而必须支出的和未达到质量标准而损失的费用总和。

质量成本占产品总成本的比重不尽相同,它的重要意义在于,通过开展质量成本控制工作,可以看到施工质量及管理中存在的薄弱环节,提醒管理者采取措施,提高经济效益。

1) 质量成本的内容

① 控制成本。产品质量的保证费用,包括预防成本,如质量管理工作费、质量保证宣传费等,以及鉴定成本,如材料检验试验费、工序监测和计量费等。控制成本与质量呈正比关系,即质量越高,此费用越大。

② 故障成本。未达到质量标准造成的损失费用,包括内部故障成本,如返工、返修、停工损失费、事故处理费等,以及外部故障成本,如保修、赔偿费、担保费、诉讼费等。故障成本与质量呈反比关系,即质量越高,此成本越低。

2) 质量成本控制步骤

① 编制质量成本计划。质量成本计划编制的依据,理论上应该是故障成本和预防成本

之和最低时的值。同时还应考虑本企业或本项目的实际管理能力、生产能力和管理水平，考虑本企业质量管理与质量成本管理的历史资料，综合编制，计划就有可能更接近实际。

② 核算质量成本。按照质量成本的分类，主要通过会计账簿和财务报表的资料整理加工而得，也有一部分可从技监部门获得资料。

③ 分析质量成本。主要分析质量成本总额的构成内容、构成比例，各要素间的比例关系，以及它占预算成本的比例，反映在质量成本分析表中。

④ 控制质量成本。根据分析资料，确定影响质量成本较大的关键因素并执行有效措施加以控制。

6. 降低施工成本的主要途径

降低施工项目成本的途径可从组织措施、技术措施、经济措施几个方面分别来考虑，具体来说：

（1）制定先进、合理、经济、适用的施工方案。
（2）认真审核图样，积极提出修改意见。
（3）组织流水施工，加快施工进度。
（4）切实落实技术组织措施。
（5）以激励机制调动职工增产节约的积极性。
（6）加强合同管理，增创工程收入。
（7）降低材料成本。
（8）降低机械使用费等。

8.3 工程项目的进度控制

工程项目进度控制是指对项目各建设阶段的工作内容、工作程序、持续时间和衔接关系编制计划，对实际进度与计划进度出现偏差时进行纠正，并控制整个计划的实施。进度控制在工程项目建设中与质量控制、费用控制之间有着相互影响、相互依赖、相互制约的关系。从经济角度看，并非所有工程项目的工期越短越好。如果盲目地缩短工期，会造成工程项目财政上的极大浪费。工程项目的工期确定下来后，就要根据具体的工程项目及其影响因素对工程项目的施工进度进行控制，以保证工程项目在预定工期内完成建设任务。

8.3.1 影响工程项目进度的因素

影响工程项目进度的因素很多，有人的因素、材料设备因素、技术因素、资金因素、工程水文地质因素、气象因素、环境因素、社会环境因素等。归纳起来，在工程项目上有如下具体表现：

（1）不满足业主使用要求的设计变更。
（2）业主提供的施工场地不满足施工需要。
（3）勘察资料不准确。
（4）设计、施工中采用的技术及工艺不合理。
（5）不能及时提供设计图纸或图纸不配套。
（6）施工场地无水、电供应。

（7）材料供应不及时和相关专业不协调。
（8）各专业、工序交接有矛盾，不协调。
（9）社会环境干扰。
（10）出现质量事故时的停工调查。
（11）业主资金有问题。
（12）突发事件的影响等。

按照责任的归属，上述影响因素可分为两大类：

第一类，由承包商自身的原因造成工期的延长，称为工程延误。其一切损失由承包商自己承担，包括承包商在监理工程师同意下所采取加快工程进度的任何措施所增加的各种费用。同时，由于工程延误所造成的工程损失，承包商还要向业主支付误期损失赔偿金。

第二类，由承包商以外的原因造成工期的延长，称为工程延期。经监理工程师批准的工程延期，所延长的时间属于合同工期的一部分，即工程竣工的时间，等于标书规定的时间加上监理工程师批准的工程延期的时间。

8.3.2 工程项目进度控制的内容

1. 设计阶段的进度控制

（1）设计进度控制目标体系

1）设计进度控制总目标

设计进度控制的总目标就是按质、按量、按时间要求提供施工图设计文件。在这个总目标之下，设计进度控制还有各设计阶段目标和专业（水、电、消防、空调等）设计目标。

2）设计阶段进度控制目标

① 设计准备目标。包括：规划设计条件确定的时间目标和设计基础资料提供目标。

② 时间目标。即方案设计、初步设计、技术设计、施工图设计交付时间。

③ 各有关阶段设计审批目标。它与设计质量、审批部门工作效率以及送审人员工作态度等有关，特别是设计单位的配合要积极主动。审批手续完成，才是设计各阶段的目标实现。

3）设计进度控制分目标

即将各设计阶段目标进行具体化，分解为各分目标。例如：施工图设计阶段划分为基础设计、结构设计、装饰设计、安装设计等。使设计进度目标构成一个从分目标到总目标的完整目标体系。

（2）设计进度控制计划体系

根据设计工作进度目标，应协助设计单位编制各阶段的设计工作进度计划，其内容如下：

1）设计总进度计划

设计总进度计划是控制自设计准备工作起至施工图设计完成的总设计时间。设计总进度计划包括：设计准备工作；方案设计；初步设计；技术设计及施工图设计各阶段的进度计划。考虑到各阶段审批设计的时间在内，精度以月或半月计。

2）阶段性设计进度计划

阶段性设计进度计划包括：工程设计准备工作计划；单项工程初步设计（技术设计）工作进度计划；施工图设计工作进度控制计划。这些计划的任务是具体控制各阶段的设计进度，实现各设计阶段进度目标，保证设计总进度计划的实现。

3）设计进度作业计划

编制设计进度作业计划的目的是为了实现具体的设计时间目标，指导设计人员实行设计任务承包和控制设计作业进度。其编制依据主要有：施工图设计工作进度控制计划；单项工程建筑设计工日定额；参加本工程设计人员数。

设计进度作业计划可编制成水平进度计划形式或可应用网络计划技术形式。

(3) 设计进度控制措施

1）设计单位要有计划部门，健全设计技术经济定额，实行设计工作经济责任制。设计单位的计划部门负责编制设计年度计划和建设项目设计的进度计划，并负责计划的实施领导和监督，确保计划完成；设计单位应健全设计技术经济定额，按技术经济定额来编制设计计划和考核设计人员的设计质量、完成的工作量以及设计进度；要实行设计工作责任制，调动和激励设计人员的积极性，把设计人员的经济利益与完成任务的数量和质量挂钩。

2）编制切实可行的设计进度计划并认真执行。在编制计划时，加强各方面的配合，搞好协作，使计划的完成得到保证。认真实施设计进度计划，使设计工作有节奏、有秩序、合理地进行。在执行计划时，加强协调，及时对设计进度进行调整，使设计工作始终处于可控制状态。

3）尽量减少施工过程中的设计变更。施工过程中，设计变更直接影响施工进度和损失。应协助设计人员将工程的技术问题在设计过程中周密考虑，予以解决。设计单位尽量避免"三边"设计，要严格遵循基本建设程序办事。

4）设计单位要接受监理单位的进度控制。监理单位应严格按设计合同控制设计工作的进度，加强对设计图纸及说明的审核。

2. 施工阶段的进度控制

施工阶段是工程实体的形成阶段，对其进行进度控制是整个工程项目进度控制的重点。

(1) 确定施工阶段进度控制的原则

1）为更好满足进度目标的要求，大型工程项目可根据尽早提供可动用单元的原则，集中力量分期、分批建设，从进度上缩短工期，尽快地发挥投资效益。这时应保证每一动用单元要包括交付使用所必需的全部配套项目，以形成完整的生产能力。因此，要处理好前期动用和后期建设的关系、每期工程中主体工程与辅助、附属工程之间的关系，地下工程与地上工程之间的关系，场外工程与场内工程之间的关系等。

2）合理安排土建与设备的综合施工。按它们各自的特点，合理安排土建施工与设备基础、设备安装的先后顺序及搭接、交叉或平行施工方法，明确设备工程对土建的要求和土建为设备提供施工条件。

3）结合本工程项目的特点，参考同类工程项目的经验来确定进度目标。防止只按主观愿望定进度目标的盲目性，保持速度适当，既不拖延，也不抢工。

4）做好资金供应、施工力量配备、材料物资到货与进度需要的平衡，尽力保证进度目标的要求而不使其落空。

5）考虑外部协作条件的配合情况，包括施工中及工程项目竣工动用所需的水、电、气、通信、道路及其他社会服务项目的满足程度和满足时间，必须与有关项目的进度目标协调。

6）现场所在地区地形、地质、水文、气象等方面的限制，或克服限制可能采取的措施。

7）要全面而细致地分析与工程进展有关的主客观有利与不利因素，使进度目标制定得恰当、合理，有助于提高计划的预见性和进度控制的主动性。

（2）施工阶段进度控制目标的分解

根据工程项目进度总目标，从以下不同角度进行层层分解：

1）按项目组成分解

将进度总目标细化，做好进一步分解的基础。单项工程的进度目标在工程项目总进度计划和工程建设年度计划中都有体现。它也是确定设计进度、进行施工招标的依据，并列入设计、施工承包合同条款。

2）按承包单位分解

对每个单项工程进度目标按承包单位分解为总包和各分包单位的进度目标，列入分包合同，以便落实分包责任，并根据各专业工程交叉施工方案和前后衔接条件，明确不同施工单位工作面交接的条件和时间。

3）按任务性质分解

劳动力、材料、构配件、机具和设备供应的品种、规格、数量和日期都要按施工进度的需要落实，其他外部协作条件，如上下水、电、道路等市政管线工程施工及其与现场的衔接，现场拆迁、清障、文物、绿化、平整工程和临时占地审批等的进度，都要紧密配合施工进度目标，按保证工程需要的原则确定各项工作的进度分目标。

4）按施工阶段分解

土建工程可根据工程特点分为基础、结构、内外装修等阶段或分部工程。大型工程还可先划分为工程区段。专业工程的管线配置、设备安装、调试等阶段的划分等，都要突出各阶段之间的衔接时间。特别是不同单位承包的不同阶段工程之间，更要明确划定时间分界点，以它作为形象进度的控制标志，使单项工程动用目标具体化。

5）按计划期分解

按年度、季度和月（旬）度分解的进度目标，必要时进一步细分为周的进度目标，用计划期内应完成的实物工程量、货币工作量及形象进度表示，以更有利于明确对各承包商的进度要求。同时，还可以据此监督其实施，检查其完成情况。计划期愈短，进度目标愈细，进度跟踪就愈及时，发生进度偏差时也就更能有效地采取措施予以纠正。这样，就能形成一个有计划、有步骤、协调施工、长期目标对短期目标自上而下地逐级控制、短期目标自下而上地逐级保证，逐步趋近进度总目标的局面，最终达到工程项目按期竣工交付使用的目的。

（3）施工阶段进度控制的内容

施工阶段进度控制的主要内容包括事前、事中、事后进度控制。

1）事前进度控制

事前进度控制是指项目正式施工前进行的进度控制，其具体内容有：

① 编制施工阶段进度控制工作细则。控制工作细则是针对具体的施工项目来编制的，它是实施进度控制的一个指导性文件。

② 编制或审核施工总进度计划。总进度计划的开竣工日期必须与项目总进度计划的时间要求相一致。为此，要审核承包商编制的总进度计划。

③ 审核单位工程施工进度计划。通常，施工单位在编制单位工程施工进度计划时，除满足关键控制日期的要求外，大多数施工过程的安排具有相当大的灵活性，以协调其本身内

部各方面的关系。只要不影响合同规定和关键控制工作的进度目标的实现,业主、监理工程师可不予干涉。

④ 进度计划系统的综合。业主、监理工程师在对施工单位提交的施工进度计划进行审核后,往往要把若干个相互关系的处于同一层次或不同层次的施工进度计划综合成一个多阶群体的施工总进度计划,以利于进度总体控制。这是因为当工程规模较大时,若不进行综合,而只是形成若干个独立部分,那么,要想迅速、准确地了解某一局部对另一局部的影响或其对总体的影响是非常困难的。

⑤ 编制年度、季度、月度工程进度计划。进度控制人员应以施工总进度计划为基础编制年度进度计划,安排年度工程投资额、单项工程的项目、形象进度和所需各种资源(包括资金、设备、材料和施工力量),做好综合平衡,相互衔接。年度计划可作为建设单位拨付工程款和备用金的依据。此外,还需编制季度和月度进度计划,作为施工单位近期执行的指令性计划,以保证施工总进度计划的实施。最后适时发布开工令。

2)事中进度控制

事中进度控制是指项目施工过程中进行的进度控制,这是施工进度计划能否付诸实现的关键过程。进度控制人员一旦发现实际进度与目标偏离,必须及时采取措施以纠正这种偏差。事中进度控制的具体内容包括:

① 建立现场办公室,以保证施工进度的顺利实施。

② 协助施工单位实施进度计划,随时注意施工进度计划的关键控制点,了解进度实施的动态。

③ 及时检查和审核施工单位提交的进度统计分析资料和进度控制报表。

④ 严格进行检查。为了了解施工进度实际状况,避免承包单位谎报工作量的情况,需进行必要的现场跟踪检查,以检查现场工作量的实际完成情况,为进度分析提供可靠的数据资料。

⑤ 做好工程施工进度记录。

⑥ 对收集的进度数据进行整理和统计,并将计划与实际进行比较,从中发现是否有进度偏差。

⑦ 分析进度偏差将带来的影响并进行工程进度预测,从而提出可行的修改措施。

⑧ 重新调整进度计划并付诸实施。

⑨ 定期向建设单位汇报工程实际进展状况,按期提供必要的进度报告。

⑩ 组织定期和不定期的现场会议,及时分析、通报工程施工进度状况,并协调施工单位之间的生产活动。

⑪ 核实已完工程量,签发应付工程进度款。

3)事后进度控制

事后进度控制是指完成整个施工任务后进行的进度控制工作,具体内容有:

① 及时组织验收工作。

② 处理工程索赔。

③ 整理工程进度资料。施工过程中的工程进度资料一方面为业主提供有用信息,另一方面也是处理工程索赔必不可少的资料,必须认真整理,妥善保存。

④ 工程进度资料的归类、编目和建档。施工任务完成后,这些工程进度资料将作为今

后类似项目施工阶段进度控制的有用参考资料，应将其编目和建档。

⑤ 根据实际施工进度，及时修改和调整验收阶段进度计划及监理工作计划，以保证下一阶段工作的顺利开展。

8.4 工程项目的质量控制

工程项目质量是国家现行的有关法律、法规、规范、规程、技术标准、设计文件及工程合同对工程项目的安全、适用、经济、美观等性能在规定期限内的综合要求。工程项目质量有普遍性和特殊性两个方面，普遍性由国家的相关法律、法规对它们给予规定；特殊性则根据具体的工程项目和业主对它们的要求而定，它们分别体现在工程项目的适用性、经济性、可靠性、外观及环境协调等方面。因此，工程项目质量的目标必须由业主用合同的形式约定。

任何工程项目的建设，都是通过一道道工序来完成的，所以，工程项目质量由工序质量、分项工程质量、分部工程质量和单位工程质量等组成。从另一个角度看，工程项目质量包括工程建设各个阶段的质量及其相应的工作质量，即项目论证决策阶段、项目设计阶段、项目施工阶段和项目使用保修阶段的质量。

工程项目质量控制就是指为满足工程项目的质量需求而采取的作业技术和活动。

对工程质量的控制是实现工程项目管理各大控制的重点。

8.4.1 工程项目质量的特点

工程项目质量的特点是由其自身的特点所决定的，这就决定了工程项目的质量有如下特点：

(1) 涉及面广、影响因素多

工程项目建设周期长、项目投资大。因此，有很多人为因素与自然因素影响工程项目的质量。诸如论证决策阶段的不缜密，造成工程项目与地质条件不符；设计阶段的粗心大意，导致结构受力不合理；施工阶段盲目追求经济利益、偷工减料，以及施工工艺、施工方案、施工环境、施工人员素质、管理制度、技术措施、操作方法、工艺流程等都会影响工程项目的质量。

(2) 工程质量离散、变异性大

由于工程项目的建设具有不可重复性，某一处或某一部位质量好，如果不注意，另一处就可能质量不好。如果某一关键部位质量不好，就可能造成整个单项工程质量不好，或引起整个工程项目的质量变异。

(3) 工程质量隐蔽性强

工程项目建设过程中，大部分工序是隐蔽过程，完工后很难看出质量问题，而其内部可能有质量问题。另外，工序之间的交接也容易造成隐蔽性质量事故。

(4) 工程质量终检局限性大

工程项目完全建成后，再全面检查工程质量，此时的检查结论有很大的局限性，所以在施工过程中，必须实施现场监督管理，以及时发现隐蔽工程的质量问题。因此，工程质量的控制应重视事前控制、事中监理，消灭工程质量事故。

8.4.2 工程项目质量的形成过程

工程项目质量的形成是伴随着工程建设过程而形成的。

在工程项目决策阶段，需要确定与投资目标相协调的工程项目质量目标。可以说，项目的可行性研究直接关系到项目的决策质量和工程项目的质量，并确定工程项目应达到的质量目标和水平，因此，工程项目决策阶段是影响工程项目质量的关键阶段，在此阶段要能充分反映业主对质量的要求和意愿。

工程项目勘察设计阶段，是根据项目决策阶段确定的工程项目质量目标和水平，通过初步设计使工程项目具体化。然后再通过技术设计阶段和施工图设计阶段，确定该项目技术是否可行、工艺是否先进、经济是否合理、设备是否配套、结构是否安全可靠等。因此，设计阶段决定着工程项目建成后的使用功能和价值，也是影响工程项目质量的决定性环节。

工程项目施工阶段是根据设计和施工图纸的要求，通过一道道工序施工，形成工程实体。这一阶段将直接影响工程的最终质量。因此，施工阶段是工程质量控制的关键环节。

工程项目竣工验收阶段是对施工阶段的质量通过试运车、检查、评定、考核，检查质量目标是否达到。这一阶段是工程项目从建设阶段向生产阶段过渡的必要环节，体现了工程质量的最终结果。因此，工程竣工验收阶段是工程项目质量控制的最后一个重要环节。

8.4.3 工程项目质量控制的过程

从工程项目质量的形成过程可知，要控制工程项目的质量，就应按照程序依次控制各阶段的工程质量。

在工程项目决策阶段，要认真审查可行性研究，使工程项目的质量标准符合业主的要求，并应与投资目标协调，使工程项目与所在地的环境相协调，避免产生环境污染，使工程项目的经济效益和社会效益得到充分发挥。

在工程项目设计阶段，要通过设计招标，组织设计方案竞赛，从中选择优秀设计方案和优秀设计单位。还要保证各部分的设计符合决策阶段确定的质量要求，并保证各部分的设计符合国家现行有关规范和技术标准，同时应保证各专业设计部分之间的协调，还要保证设计文件、图纸应符合施工图纸的深度要求。

在工程项目施工阶段，要组织工程项目施工招标，依据工程质量保证措施和施工方案以及其他因素，从中选择优秀的承包商。在施工过程中，应严格监督，按施工图纸进行施工。

8.4.4 工程项目质量控制的原则

在工程项目建设过程中，对其质量控制应遵循以下几项原则：

（1）质量第一原则

"百年大计，质量第一"，工程建设与国民经济的发展和人民生活的改善息息相关。质量的好坏，直接关系到国家繁荣富强，关系到人民生命财产的安全，关系到子孙幸福，所以必须树立强烈的"质量第一"的思想。

要确立质量第一的原则，必须弄清并且摆正质量和数量、质量和进度之间的关系。不符合质量要求的工程，数量和进度都失去意义，也没有任何使用价值。而且数量越多，进度越快,国家和人民遭受的损失也将越大,因此,好中求多,好中求快,好中求省,才是符合质量管理所要求的质量水平。

(2) 预防为主原则

对于工程项目的质量,我们长期以来采取事后检验的方法,认为严格检查,就能保证质量,实际上这是远远不够的。应该从消极防守的事后检验变为积极预防的事先管理。因为好的建筑产品是好的设计、好的施工所产生的,不是检查出来的。必须在项目管理的全过程中,事先采取各种措施,消灭种种不合质量要求的因素,以保证建筑产品质量。如果各质量因素(人、机、料、法、环)预先得到保证,工程项目的质量就有了可靠的前提条件。

(3) 为用户服务原则

建设工程项目应满足用户的要求,尤其要满足用户对质量的要求。真正好的质量是用户完全满意的质量。进行质量控制,就是要把为用户服务的原则,作为工程项目管理的出发点,贯穿到各项工作中去。同时,要在项目内部树立"下道工序就是用户"的思想。各个部门、各种工作、各种人员都有个前后的工作顺序,在自己这道工序的工作一定要保证质量,凡达不到质量要求,不能交给下道工序,一定要使"下道工序"这个用户感到满意。

(4) 用数据说话原则

质量控制必须建立在有效的数据基础上,必须依靠能够确切反映客观实际的数字和资料,否则就谈不上科学的管理。一切用数据说话,就需要用数理统计方法,对工程实体或工作对象进行科学的分析和整理,从而研究工程质量的波动情况,寻求影响工程质量的主次原因,采取改进质量的有效措施,掌握保证和提高工程质量的客观规律。

在很多情况下,我们评定工程质量,虽然也按规范、标准进行检测计量,也有一些数据,但是这些数据往往不完整、不系统,没有按数理统计要求积累数据、抽样选点,所以难以汇总分析,有时只能统计加估计,抓不住质量问题,不能表达工程的内在质量状态,也不能有针对性地进行质量教育,提高企业素质。所以,必须树立起"用数据说话"的意识,从积累的大量数据中,找出控制质量的规律性,以保证工程项目的优质建设。

8.4.5 工程项目质量控制的任务

工程项目质量控制的任务就是根据国家现行的有关法规、技术标准和工程合同规定的工程建设各阶段质量目标实施全过程监督管理。由于工程建设各阶段的质量目标不同,因此需要分别确定各阶段的质量控制对象和任务。

1. 工程项目决策阶段质量控制的任务

(1) 审核可行性研究报告是否符合国民经济发展的长远规划、国家经济建设的方针政策。

(2) 审核可行性研究报告是否符合工程项目建议书或业主的要求。

(3) 审核可行性研究报告是否具有可靠的基础资料和数据。

(4) 审核可行性研究报告是否符合技术经济方面的规范、标准和定额等指标。

(5) 审核可行性研究报告的内容、深度和计算指标是否达到标准要求。

2. 工程项目设计阶段质量控制的任务

(1) 审查设计基础资料的正确性和完整性。

（2）编制设计招标文件，组织设计方案竞赛。

（3）审查设计方案的先进性和合理性，确定最佳设计方案。

（4）督促设计单位完善质量保证体系，建立内部专业交底及专业会签制度。

（5）进行设计质量跟踪检查，控制设计图纸的质量。在初步设计和技术设计阶段，主要检查生产工艺及设备的选型、总平面与运输布置、建筑与设施的布置、采用的设计标准和主要技术参数；在施工图设计阶段，主要检查计算是否有错误，选用的材料和做法是否合理、标注的各部分设计标高和尺寸是否有错误、各专业设计之间是否有矛盾等。

3. 工程项目施工阶段质量控制的任务

施工阶段质量控制是全过程质量控制的关键环节。根据工程质量形成的时间，它又可分为质量的事前控制、事中控制和事后控制，其中事前控制是重点。

（1）事前控制

1）审查承包商及分包商的技术资质。

2）协助完善质量体系，包括完善计量及质量检测技术和手段等，同时对承包商的试验室资质进行考核。

3）督促承包商完善现场质量管理制度，包括现场会议制度、现场质量检验制度、质量统计报表制度和质量事故报告及处理制度等。

4）与当地质量监察站联系，争取其配合、支持和帮助。

5）组织设计交底和图纸会审，对有的工程部位应下达质量要求标准。

6）审查承包商提交的施工组织设计，保证工程质量具有可靠的技术措施。审核工程中采用的新材料、新结构、新工艺、新技术的技术鉴定书；对工程质量有重大影响的施工机械、设备，应审核其技术性能报告。

7）对工程所需原材料、构配件的质量进行检查与控制。

8）对永久性生产设备或装置，应按审批同意的设计图纸组织采购或订货，到场后进行检查验收。

9）对施工场地进行检查验收。检查施工场地的测量标桩、建筑物的定位放线以及高程水准点，重要工程还应复核，落实现场障碍物的清理、拆除等。

10）把好开工关。对现场各项准备工作检查合格后，方可发开工令；停工的工程，未发复工令者不得复工。

（2）事中控制

1）督促承包商完善工序控制。工程质量是在工序中产生的，工序控制对工程质量起着决定性的作用。应把影响工序质量的因素都纳入控制状态中，建立质量管理点，及时检查和审核承包商提交的质量统计分析资料和质量控制图表。

2）严格工序交接检查。主要工作作业，包括隐蔽作业，需按有关验收规定经检查验收后，方可进行下一工序的施工。

3）重要的工程部位或专业工程（如混凝土工程）要做试验或技术复核。

4）审查质量事故处理方案，并对处理效果进行检查。

5）对完成的分项、分部工程，按相应的质量评定标准和办法进行检查验收。

6）审核设计变更和图纸修改。

7）按合同行使质量监督权和质量否决权。

8）组织定期或不定期的质量现场会议，及时分析、通报工程质量状况。

（3）事后控制

1）审核承包商提供的质量检验报告及有关技术性文件。

2）审核承包商提交的竣工图。

3）组织联动试车。

4）按规定的质量评定标准和办法，进行检查验收。

5）组织项目竣工总验收。

6）整理有关工程项目质量的技术文件，并编目、建档。

4. 工程项目保修阶段质量控制的任务

（1）审核承包商的工程保修书。

（2）检查、鉴定工程质量状况和工程使用情况。

（3）对出现的质量缺陷，确定责任者。

（4）督促承包商修复缺陷。

（5）在保修期结束后，检查工程保修状况，移交保修资料。

8.4.6 工程项目质量影响因素的控制

在工程项目建设的各个阶段，对工程项目质量影响的主要因素就是"人、机、料、法、环"五大方面。为此，应对这五个方面的因素进行严格的控制，以确保工程项目建设的质量。

1. 对"人"的因素的控制

人是工程质量的控制者，也是工程质量的"制造者"。控制人的因素，即调动人的积极性、避免人的失误等，是控制工程质量的关键因素。

（1）领导者的素质

领导者是具有决策权力的人，其整体素质是提高工作质量和工程质量的关键，因此在对承包商进行资质认证和选择时，一定要考核领导者的素质。

（2）人的理论和技术水平

人的理论水平和技术水平是人的综合素质的表现，它直接影响工程项目质量，尤其是技术复杂、操作难度大、要求精度高、工艺新的工程对人员素质要求更高，否则，工程质量很难保证。

（3）人的生理缺陷

根据工程施工的特点和环境，应严格控制人的生理缺陷，如高血压、心脏病的人，不能从事高空作业和水下作业；反应迟钝、应变能力差的人，不能操作快速运行、动作复杂的机械设备等，否则，将影响工程质量，引起安全事故。

（4）人的心理行为

影响人的心理行为因素很多，而人的心理因素如疑虑、畏惧、抑郁等很容易使人产生愤怒、怨恨等情绪，使人的注意力转移，由此引发质量、安全事故。所以，在审核企业的资质水平时，要注意企业职工的凝聚力如何，职工的情绪如何，这也是选择企业的一条标准。

（5）人的错误行为

人的错误行为是指人在工作场地或工作中吸烟、打赌、误视、误听、误判断、误动作等，这些都会影响工程质量或造成质量事故。所以，在有危险的工作场所，应严格禁止吸烟、嬉戏等。

（6）人的违纪、违章

人的违纪、违章是指人的粗心大意、注意力不集中、不履行安全措施等不良行为，会对工程质量造成损害，甚至引起工程质量事故。所以，在使用人的问题上，应从思想素质、业务素质和身体素质等方面严格控制。

2. 对施工机械设备的控制

施工机械设备是工程建设不要缺少的设施，目前工程建设的施工进度和施工质量都与施工机械关系密切。因此，在施工阶段，必须对施工机械的性能、选型和使用操作等方面进行控制。

（1）机械设备的选型

机械设备的选型，应因地制宜，按照技术先进、经济合理、生产适用、性能可靠、使用安全、操作和维修方便等原则来选择施工机械。

（2）机械设备的主要性能参数

机械设备的性能参数是选择机械设备的主要依据，为满足施工的需要，在参数选择上可适当留有余地，但不能选择超出需要很多的机械设备，否则，容易造成经济上的不合理。机械设备的性能参数很多，要综合各参数，确定合适的施工机械设备。在这方面，要配合承包商，结合机械施工方案，择优选择机械设备，要严格把关，对不符合需要和有安全隐患的机械，不准进场。

（3）机械设备的使用、操作要求

合理使用机械设备，正确地进行操作，是保证工程项目施工质量的重要环节，应贯彻"人机固定"的原则，实行定机、定人、定岗位的制度。操作人员必须认真执行各项规章制度，严格遵守操作规程，防止出现安全质量事故。

3. 对材料、构配件的质量控制

材料及构配件的质量是工程项目质量的基础，加强材料和构配件的质量控制是工程质量的重要保证。

（1）材料质量控制的要点

1）掌握材料信息，优选供货厂家。应掌握材料信息，优选有信誉的厂家供货。主要材料、构配件在订货前，必须经监理工程师论证同意后，才可订货。

2）合理组织材料供应。应协助承包商合理地组织材料采购、加工、运输、储备。尽量加快材料周转，按质、按量、如期满足工程建设需要。

3）合理地使用材料，减少材料损失。

4）加强材料检查、验收。用于工程上的主要建筑材料，进场时必须具备正式的出厂合格证和材质化验单。否则，应做补检。工程中所有各种构配件，必须具有厂家批号和出厂合格证。

凡是标志不清或质量有问题的材料，对质量保证资料有怀疑或与合同规定不相符的一般材料，应进行一定比例的材料试验，并需要追踪检验。对于进口的材料和设备以及重要工程或关键施工部位所用材料，则应进行全部检验。

5）重视材料的使用认证，以防错用或使用不当。

（2）材料质量控制的内容

1）材料质量的标准。材料质量的标准是用以衡量材料标准的尺度，并作为验收、检验材料质量的依据。其具体的材料标准指标可参见相关材料手册。

2）材料质量的检验、试验

材料质量的检验目的是通过一系列的检测手段，将取得的材料数据与材料的质量标准相比较，用以判断材料质量的可靠性。

（3）材料的选择和使用要求

材料的选择不当和使用不正确，会严重影响工程质量或造成工程质量事故。因此，在施工过程中，必须针对工程项目的特点和环境要求及材料的性能、质量标准、适用范围等多方面综合考察，慎重选择和使用材料。

4. 对方法的控制

对方法的控制主要是指对施工方案的控制，也包括对整个工程项目建设期内所采用的技术方案、工艺流程、组织措施、检测手段、施工组织设计等的控制。对一个工程项目而言，施工方案恰当与否，直接关系到工程项目质量，关系到工程项目的成败，所以，应重视对方法的控制。这里说的方法控制，在工程施工的不同阶段，其侧重点也不相同，但都是围绕确保工程项目质量这个目的。

5. 对环境因素的控制

影响工程项目质量的环境因素很多，有工程技术环境、工程管理环境、劳动环境等。环境因素对工程质量的影响复杂而且多变。因此，应根据工程特点和具体条件，对影响工程质量的环境因素严格控制。

8.4.7 质量控制的数学工具与方法简介

通过对质量数据的收集、整理和统计分析，找出质量的变化规律和存在的质量问题，提出进一步的改进措施，这种运用数学工具进行质量控制的方法是所有涉及质量管理的人员所必须掌握的，它可以使质量控制工作定量化和规范化。下面介绍几种在质量控制中常用的数学工具及方法。

1. 直方图法

（1）直方图的用途

直方图又称频率分布直方图，它们将产品质量频率的分布状态用直方图形来表示，根据直方图形的分布形状和与公差界限的距离来观察、探索质量分布规律，分析和判断整个生产过程是否正常。

利用直方图可以制定质量标准、确定公差范围，可以判明质量分布情况是否符合标准的要求。

（2）直方图的分析

直方图有以下几种分布形式，如图8-2所示。

1）对称型。说明生产过程正常，质量稳定，如图8-2（a）所示。

2）左右缓坡型。主要是在质量控制中对上限或下限控制过严，如图8-2（b）、图8-2（c）所示。

3）锯齿型。原因一般是分组不当或组距确定不当，如图8-2（d）所示。

4）孤岛型。原因一般是材质发生变化或他人临时替班所造成，如图8-2（e）所示。

5）绝壁型。一般是剔除下限以下的数据造成的，如图8-2（f）所示。

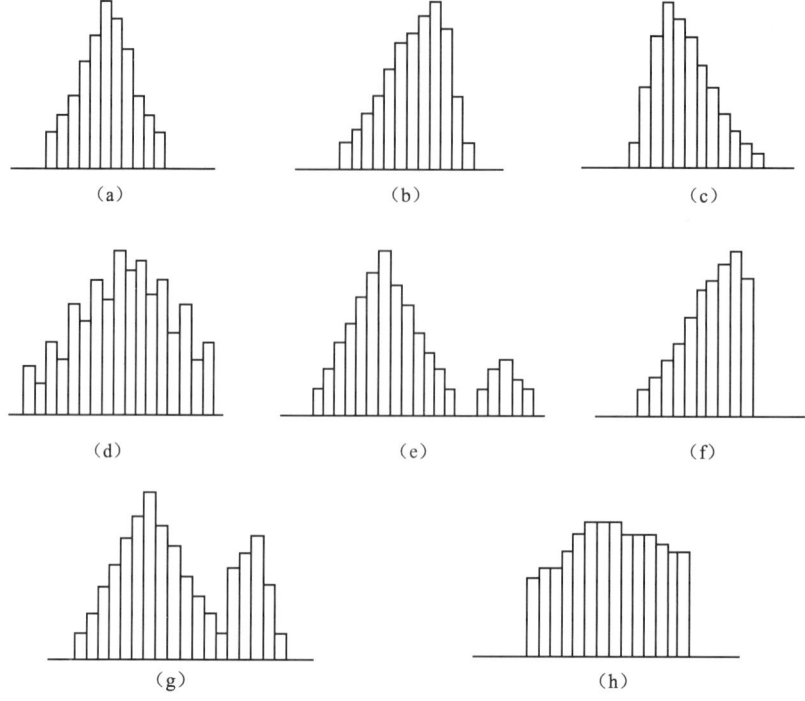

图 8-2 常见的几种直方图形式
(a) 对称型；(b) 左缓坡型；(c) 右缓坡型；(d) 锯齿型；
(e) 孤岛型；(f) 绝壁型；(g) 双峰型；(h) 平峰型

6）双峰型。把两种不同的设备或工艺的数据混在一起造成的，如图 8-2（g）所示。

7）平峰型。生产过程中有缓慢变化的因素起主导作用，如图 8-2（h）所示。

（3）注意事项

1）直方图属于静态的，不能反映质量的动态变化。

2）画直方图时，数据不能太少，一般应大于 50 个数据，否则画出的直方图难以正确反映总体的分布状态。

3）直方图出现异常时，应注意将收集的数据分层，然后再画直方图。

4）直方图呈正态分布时，可求平均值和标准差。

2. 排列图法

排列图法又称巴雷特法、主次排列图法，是分析影响质量主要问题的有效方法，将众多的因素进行排列，主要因素就一目了然，如图 8-3 所示。

排列图法是由一个横坐标、两个纵坐标、几个长方形和一条曲线组成。左侧的纵坐标是频数或件数，右侧纵坐标是累计频率，横轴则是项目或因素，按项目频数大小顺序在横轴上自左而右画长方形，其高度为频数，再根据右侧的纵坐标，画出累计频率曲线，该曲线也称巴雷特曲线。

3. 因果分析图法

因果分析图也叫鱼刺图、树枝图，这是一种逐步深入研究和讨论质量问题的图示方法。在工程建设过程中，任何一种质量问题的产生，一般都是多种原因造成的，这些原因有大有小，把这些原因按照大小顺序分别用主干、大枝、中枝、小枝来表示，这样，就可一目了然地观察出导致质量问题的原因，并以此为据，制定相应对策，如图8-4所示。

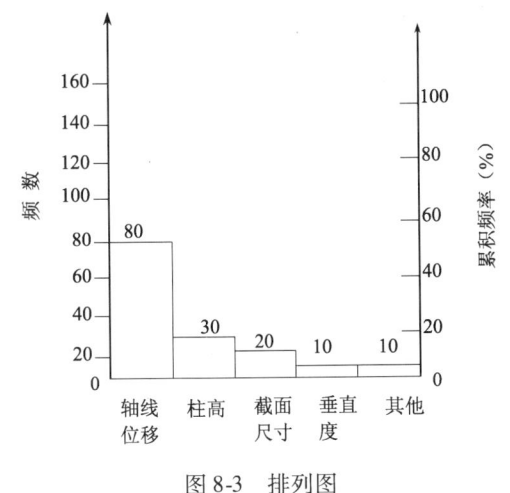

图 8-3 排列图

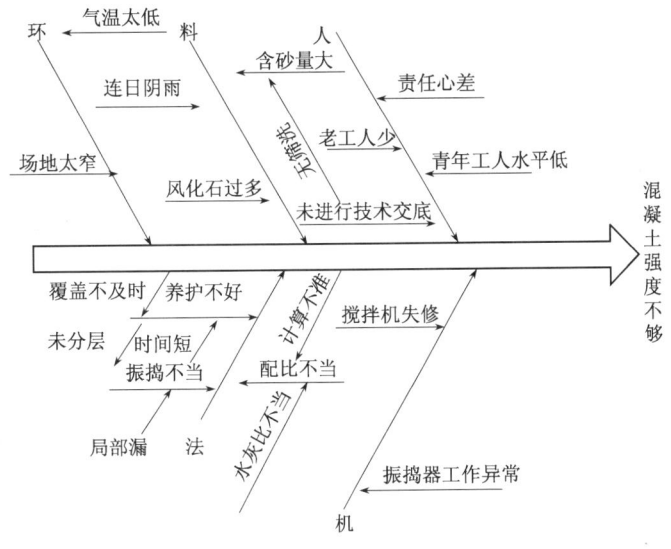

图 8-4 因果分析图

4. 管理图法

管理图也称控制图，它是反映生产过程随时间变化而变化的质量动态，即反映生产过程中各个阶段质量波动状态的图形，如图8-5所示。管理图利用上下控制界限，将产品质量特性控制在正常波动范围内，一旦有异常反映，通过管理图就可以发现，及时处理。

5. 相关图法

产品质量与影响质量的因素之间，常有一定的相互关系，但不一定是严格的函数关系，这种关系称为相关关系。利用直角坐标系将两个变量之间的关系表达出来。相关图的形式有正相关、负相关、非线性相关和无相关。

此外，还有调查表法、分层法等。

187

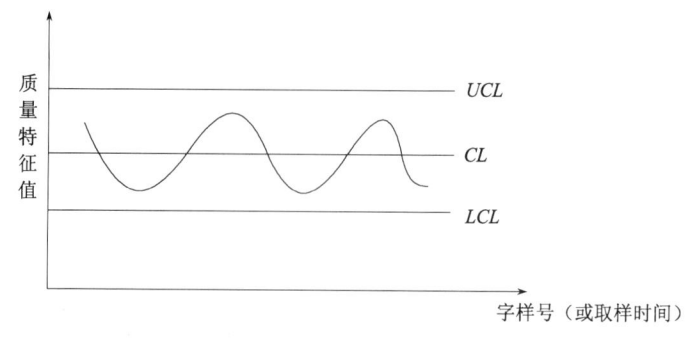

图 8-5 控制图

8.5 工程项目的环境与安全控制

8.5.1 概述

1. 工程项目环境与安全控制的概念

工程项目环境与安全控制是指在项目施工的全过程中，运用科学管理的理论、方法，通过法规、技术、组织等手段所进行的规范劳动者行为控制劳动对象、劳动手段和施工环境条件，消除或减少不安全因素，使人、物、环境构成的施工生产体系达到最佳安全状态，实现项目安全目标等一系列活动的总称。

2. 工程项目环境与安全控制的目的

工程项目环境控制的目的是通过对环境因素的管理活动，使环境免遭污染，使资源得到节约，使社会的经济发展与人类的生存环境相协调。

工程项目安全控制的目的是通过安全生产的管理活动，并通过对生产因素的具体的状态控制，使生产因素的不安全的行为和状态减少或消除，并不引发事件，尤其不引发使人受到伤害的事故，以保护生产活动中人的安全和健康。

对于工程项目的环境与安全控制，一方面，要控制作业现场的各种粉尘、废水、废气、固体废弃物以及噪声、振动对环境的污染和危害，考虑能源节约和避免资源的浪费；另一方面，要控制影响工程项目所有生产工作人员、访问者和其他有关部门人员健康和安全的条件和因素，考虑和避免因工程项目对使用者造成的健康和安全的危害。

3. 工程项目环境与安全控制的任务

工程项目环境与安全控制的任务，就是为达到建筑工程的职业健康安全与环境管理目的而进行的一系列指挥、控制和协调活动，包括制定、实施、实现、评审和保持职业健康安全与环境方针所需的组织机构、计划活动、职责、惯例、程序、过程和资源等。应根据工程项目的实际情况制定方针，建立组织机构、策划活动，明确职责，遵守有关法律、法规和惯例，编制程序控制文件，实行过程控制，并提供人员、设备、资金和信息资源，保证职业健康安全与环境管理任务的完成。

4. 工程项目环境与安全控制的特点

（1）工程项目环境与安全控制的复杂性

建筑产品的固定性和生产的流动性及受外部环境影响因素多，致使职业健康安全与环境管理工作很复杂，稍有考虑不周就会出现问题，由此决定了工程项目环境与安全控制的复杂性。

(2) 工程项目环境与安全控制的多样性

建筑产品的多样性和生产的单件性决定了工程项目建设要根据其特定要求进行，因此，对于每个工程项目都要根据其实际情况，制定健康安全与环境管理计划，不可相互套用，这就决定了工程项目环境与安全管理的多样性。

(3) 工程项目环境与安全控制的协调性

建筑产品生产过程的连续性和分工性决定了工程项目环境与安全管理的协调性。建筑产品不能像其他工业产品那样分解为若干部分同时生产，而必须在同一固定场地按严格程序连续施工，上一道工序生产的结果往往会被下一道工序所掩盖，且很多工序由不同的人员和单位来完成。因此，要求各方面的横向配合和协调，共同注意施工过程接口部分的环境与安全控制的协调性。

(4) 工程项目环境与安全控制的不符合性

建筑产品的委托性决定了工程项目环境与安全控制的不符合性。建筑产品在建造前就确定了买主，按建设单位特定的要求委托进行建造。业主经常会压低标价，造成工程施工单位对现场环境与安全管理的费用投入的减少，不符合环境与安全管理有关规定的现象时有发生。这就要求建设单位和施工单位都必须重视对健康安全和环保费用的投入，不可不符合健康和安全与环境控制的要求。

(5) 工程项目环境与安全控制的持续性

工程项目建设的阶段性要求环境与安全控制的持续性。工程项目从立项到投产使用要经历前期准备、设计、施工、使用前的准备、保修等若干个阶段，这就要求十分重视项目的环境与安全问题，持续不断地对项目各个阶段可能出现的环境与安全问题实施管理。否则，一旦在某个阶段出现安全问题和环境问题就会造成极大的损失，甚至造成项目的夭折。

(6) 工程项目环境与安全控制的经济性

建筑产品作为社会性产品，必须适应可持续发展的要求，因此要求工程不仅应考虑建造成本的消耗，还应考虑其寿命期内的使用成本消耗，这就决定了工程项目安全与环境控制的经济性。环境管理注重包括工程使用期内的成本，如能源、水耗、维护、保养、改建更新的费用，并通过比较分析，判定工程是否符合经济要求，一般采用生命周期法作为对其进行管理的参考。另外，环境管理要求节约资源，以减少资源消耗来降低环境污染，这些都体现了经济性的要求。

8.5.2 工程项目环境控制

1. 工程项目环境保护的意义

(1) 保护和改善环境是构建和谐社会、保障人民群众身体健康的需要

工程项目建设是社会发展的需求，而施工过程中对环境的污染势必使施工工人和周边群众成为直接受害者，因此，防止粉尘、噪声和水源污染，控制施工环境，将项目建设带来的不良影响降至最低，是构建和谐社会、进行绿色施工、保障人民群众身体健康的课题中应有之义，必须高度重视。

(2) 保护和改善施工环境是现代化大生产的客观要求

现代化施工广泛应用新设备、新技术、新的生产工艺，对环境质量要求很高。如果粉尘、振动超标，就可能损坏设备、影响其功能发挥，再好的设备、再先进的技术也难以发挥作用，严重者将带来项目建设中的隐患。

(3) 保护和改善施工现场环境是防止扰民、保证施工顺利进行的需要

工程建设经常带来扰民问题，随着人们的法制观念和自我保护意识增强，反映扰民问题的来信来访增多，有的甚至同周围居民发生冲突，影响施工生产，严重者环保部门罚款整治。如果及时采取防治措施，防止污染环境，有利于消除外部干扰，使施工顺利进行。

2. 工程项目环境控制的工作内容

项目经理负责现场环境管理工作的总体策划和部署，建立项目环境管理组织机构，制定相应制度和措施，组织培训，使各级人员明确环境保护的意义和责任。

这方面的工作应包括以下几项内容：

(1) 按照分区划片原则，搞好项目的环境管理，进行定期检查，加强协调，及时解决发现的问题，实施纠正和预防措施，保持现场良好的作业环境、卫生条件和工作秩序，做到污染预防。

(2) 对环境因素进行控制，制定应急准备和相应措施，并保证信息通畅，预防可能出现的非预期的损害。在出现环境事故时，应及时消除污染，并应制定相应措施，防止环境二次污染。

(3) 应保存有关环境管理的工作记录。

(4) 进行现场节能管理，有条件时应规定能源使用指标。

3. 工程项目环境保护措施

(1) 实行环保目标责任制

把环保指标以责任书的形式层层分解到有关单位和个人，列入承包合同和岗位责任制，建立一个懂行业、善于管理的环保监控体系。项目经理是环保工作的第一责任人，是施工现场环境保护自我监控体系的领导者和责任者，要把环保政绩作为考核项目经理的一项重要内容。

(2) 加强检查和监控工作

要加强对施工现场粉尘、噪声、废气的检查、监测和控制工作。要与文明施工现场管理一起检查、考核、奖罚。及时采取措施消除粉尘、废气和污水的污染。

(3) 保护和改善施工现场的环境

施工单位和建设单位齐动员。一方面，施工单位要采取有效措施控制烟尘、污水、噪声污染；另一方面，建设单位应该负责协调外部关系，同当地相关单位、环保部门加强联系，认真对待来信来访，凡能解决的问题，立即解决，一时不能解决的也要说明情况，求得谅解并限期解决。

(4) 要有技术措施，严格执行国家法律、法规

在编制施工组织设计时，必须有环境保护的技术措施。在施工现场平面布置和组织、施工过程中都要执行国家、地区、行业和企业有关防治空气污染、水源污染、噪声污染等环境保护的法律、法规和规章制度。

(5) 防止大气污染措施

1）施工现场垃圾、渣土要及时清理出现场。高层建筑物和多层建筑物清理施工垃圾时，要搭设封闭式专用垃圾道，采用容器吊运或将永久性垃圾道随结构安装好，以供施工使用，严禁凌空随意抛撒。

2）施工现场道路采用焦砟、级配砂石、粉煤灰级配砂石、沥青混凝土或水泥混凝土等，有条件的可利用永久性道路，并指定专人定期洒水清扫，形成制度，防止道路扬尘。

3）袋装水泥、白灰、粉煤灰等易飞扬的细颗粒散体材料，应库内存放。室外临时露天存放时，必须下垫上盖，严密遮盖，防止扬尘。散装水泥、粉煤灰、白灰等细颗粒粉状材料，应存放在固定容器（散装罐）内；没有固定容器时，应设封闭式库存放，并具备可靠的防扬尘措施。运输水泥、粉煤灰、白灰等细颗粒粉状材料时，要采取遮盖措施，防止沿途遗撒、扬尘。卸货时，也应采取措施，以减少扬尘。

4）车辆不带泥砂出现场措施：可在大门口铺一段石子，定期过筛清理；设置一段水沟冲刷车轮。

5）除设有符合规定的装置外，禁止在施工现场焚烧油毡、橡胶、塑料、皮革、树叶、枯草、各种包皮等以及其他会产生有毒、有害烟尘和恶臭气体的物质。

6）机动车都要安装 PCV 阀，对那些尾气排放超标的车辆要安装净化消声器，确保不冒黑烟。

7）工地水炉、大灶、锅炉，尽量采用消烟除尘型。

8）工地搅拌站除尘是治理的重点。有条件的要修建集中搅拌站，由计算机控制进料、搅拌、输送全过程，在进料仓上方安装除尘器，使水泥、砂、石子中的粉尘降低 99% 以上。采用现代化先进设备是解决工地粉尘污染的根本途径。

9）拆除旧有建筑物时，应适当洒水，防止扬尘。

（6）防止水源污染措施

1）禁止将有毒有害废弃物作土方回填。

2）施工现场搅拌站废水、现制水磨石的污水、电石（碳化钙）的污水须经沉淀池沉淀后再排入城市污水管道或河流。最好将沉淀水用于工地洒水降尘或采取措施回收利用。上述污水未经处理不得直接排入城市污水管道或河流中。

3）现场存放油料，必须对库房地面进行防渗处理。如采用防渗混凝土地面、铺油毡等。使用时要采取措施，防止油料跑、冒、滴、漏，污染水体。

4）施工现场 100 人以上的临时食堂，污水排放时可设置简易有效的隔油池，定期掏油和杂物，防止污染。

5）工地临时厕所及化粪池应采取防渗漏措施。中心城市施工现场的临时厕所可采取水冲式厕所，蹲坑上加盖，并有防蝇、灭蛆措施，防止污染水体和环境。

6）化学药品、外加剂等要妥善保管，库内存放，防止污染环境。

（7）防止噪声污染措施

1）严格控制人为噪声，进入施工现场不得高声喊叫、无故摔打模板、乱吹哨，限制高音喇叭的使用，最大限度地减少噪声扰民。

2）凡在人口稠密区进行强噪声作业时，须严格控制作业时间。一般晚 10 点到次日早 6 点之间停止强噪声作业。确系特殊情况必须昼夜施工时，尽量采取降低噪声的措施，并会同建设单位找当地居委会、村委会或当地居民协调，出安民告示，求得群众谅解。

3）在传播途径上控制噪声。采取吸声、隔声、隔振和阻尼等声学处理的方法来降低噪声。

8.5.3 工程项目安全控制

所谓安全，指的是免除不可接受的损害风险状态。不可接受的损害风险通常是指：超出了法律、法规和规章的要求；超出了方针、目标和企业规定的其他要求；超出了人们普遍接受（通常是隐含的）要求。

安全的基本含义包括两个方面：一是预知危险，二是消除危险，两者缺一不可。从广义上讲，安全就是预知人类活动各个领域里存在的固有的或潜在的危险，并且为了消除这些危险所采取的各种方法、手段和行动的总称。从狭义上说，安全通常是指在社会生产活动中，在科学和技术的应用过程中可能的危险所产生的人身伤害和损失问题，是指伴随着人类社会生产而产生的安全问题。

工程项目安全控制是通过对施工过程中涉及的计划、组织、监控、调节和改进等一系列致力于满足生产安全所进行的管理活动。

1. 工程项目安全控制的内容、方针和目标

工程项目安全控制的内容就是对施工生产中人的不安全行为、物的不安全状态、作业环境的不安全因素和管理缺陷的控制。主要包括：

（1）安全管理要点。如安全生产许可证、各类人员持证上岗、安全培训记录等；安全生产保证体系，如安全生产管理机构和专职安全生产管理人员、安全物资的保障、安全生产资金的保障等。

（2）安全生产管理制度。如安全生产责任制度、安全教育培训制度、安全技术管理制度、安全检查制度、安全事故报告制度、应急救援制度、安全生产资金保障制度、三类人员考核任职制与特种作业人员持证上岗制等。

（3）安全事故管理。如安全事故报告、现场保护、事故调查与处理等。

（4）施工现场的环境保护、文明施工、消防安全等的控制。

安全控制的目的是为了安全生产，因此安全控制的方针也应符合安全生产的方针，即"安全第一、预防为主"。

安全控制的目标是减少和消除生产过程中的事故，保证人员健康安全和财产免受损失。具体可包括：减少或消除人的不安全行为的目标；减少或消除设备、材料的不安全状态的目标；改善生产环境和保护自然环境的目标。

2. 工程项目安全控制的方法和手段

（1）工程项目安全控制方法

做好工程项目安全管理工作，要遵循安全生产管理机制，采用政府建筑安全监督管理、建筑企业自我安全管理、工程监理企业安全生产监督管理和群众参与监督相结合的方法。

1）政府建筑安全监督管理

政府建筑安全监督管理是建设行政管理部门以及安全生产综合管理部门对建筑安全生产的监督，是以规范企业行为、督促和帮助企业建立安全生产自律机制为宗旨的。国务院负责安全生产监督管理的部门依照《安全生产法》，对全国安全生产工作实施综合监督管理；县级以上地方各级人民政府负责安全生产监督管理的部门依照《安全生产法》，对本行政区域内安全生产工作实施综合监督管理。

为了加强对建筑安全生产的监督管理，政府有关部门对建筑安全生产实施安全生产计划管理和安全生产国家监察。国家安全生产计划管理是通过制定相应的安全生产发展规划来明确安全生产工作的指导思想、基本方针、主要任务、保障措施，以指导全国安全生产发展的规划；安全生产国家监察是国家法律、法规授权的行政部门，代表政府对企业的生产过程实施职业健康安全监察，以政府的名义，运用国家权力对生产单位在履行职业健康安全职责和执行职业健康安全政策、法律、法规和标准的情况依法进行监督、检举和惩戒。国家监察机构在法律的授权范围内可以采取包括强制性手段在内的多种监督检查形式和方法来执行监察任务。

　　2）建筑企业自我安全管理

　　建筑企业自我安全管理是建筑企业依法对本单位的安全生产工作全面负责，同时也包括建设单位、勘察设计单位、工程监理单位及其他与建设工程安全生产有关的单位必须遵守安全生产法律、法规的规定，保证建设工程安全生产，依法承担建设工程安全生产责任。所有有关单位都必须坚决贯彻执行国家的法律、法规和方针政策，建立和保持安全生产管理体系。

　　建筑施工企业应当建立健全安全生产责任制度和安全生产教育培训制度。建设工程实行施工总承包的，由总承包单位对施工现场的安全生产总负责；总承包单位依法将建设工程分包给其他单位的，分包合同中应当明确各自的安全生产方面的权利、义务，总承包单位和分包单位对分包工程的安全生产承担连带责任。分包单位应当服从总承包单位的安全生产管理，分包单位不服从管理导致生产安全事故的，由分包单位承担主要责任。

　　3）工程监理企业安全生产监督管理

　　安全监理是工程建设监理的重要组成部分，是对建筑施工过程中安全生产状况所实施的监督管理。应当加强安全监理工作，提高施工现场安全生产管理水平。

　　随着《建设工程安全生产管理条例》的颁布实施，监理单位在建设工程中所承担的安全责任已经法制化、规范化。《建设工程安全生产管理条例》明确指出：工程监理单位应当审查施工组织设计中的安全技术措施或者专项施工方案是否符合工程建设强制性标准；工程监理单位在实施监理过程中，发现存在安全事故隐患的，应当要求施工单位整改，情况严重的，应当要求施工单位暂时停止施工，并及时报告建设单位。施工单位拒不整改或者不停止施工的，工程监理单位应当及时向有关主管部门报告；工程监理单位和监理工程师应当按照法律、法规和工程建设强制性标准实施监理，并对建设工程安全生产承担监理责任。

　　4）群众监督

　　群众监督是保证国家建筑安全管理目标得以实现的基础。施工单位应广泛、深入地开展宣传教育工作，增强全体职工的安全意识和安全素质以及搞好安全生产的自觉性。自下而上的监督必须通过有关法律、法规予以强化。例如劳动法和建筑法都规定劳动者对危及生命安全和人身健康的行为有权提出批评、检举和控告。但只有劳动者对企业安全管理及其状况的知情权、批评权及控告权得到有效的法律保护，这种监督才能起作用。同样，企业对政府主管部门的执法行为也应有权提出异议甚至控告，从而保证行政部门的公正执法并防止腐败行为的孳生。

　　(2）工程项目安全控制手段

　　工程项目安全控制是安全管理的手段和原则在建筑业中的具体应用。随着政府职能的转变，在进行安全管理时，政府应该尽量减少对各种市场行为的直接行政干预，加强依靠法律、经济、科技和文化等手段来规范建筑市场各方的行为。

1）法律手段

安全生产法律、法规是国家以强制力保证其实施的一种行为规范。法律手段是国家依靠强制力推行一定的安全标准，保障职工在生产过程中的安全和健康，提高企业经济效益，促进生产发展。

在实践中，我国形成全国人大，国务院，行政部门、地方立法部门的三级立法体系，层次由高到低分别为：国家根本法、国家基本法、其他法律、行政法规、部门规章、地方法规和规章、安全技术标准规范。宪法为最高层次，每类部门法均由若干个法律组成；国务院及住建部制定的大量建筑安全法规、规章，是效力范围较大、法律效力程序较强的建筑安全行政法规。

2）经济手段

经济手段通过建筑市场内在的经济联系，调整各安全生产主体之间的利益，从而保证安全管理的经济基础。经济手段是各类安全生产责任主体通过各类保险和担保来维护自身利益，同时国家运用经济杠杆使质量好、信誉高的企业得到经济利益，这是市场机制发挥基础作用的手段。工伤保险、建筑意外伤害保险、经济惩罚制度、提取安全费用和提取风险抵押金等经济手段，是在建筑业中普遍使用的经济手段。各种经济手段通过经济刺激方式促进企业安全管理系统的改善，促进企业安全业绩的提高。

3）科技手段

安全管理需要安全科技的推动，安全科技手段的使用可以帮助人们带来更低廉的成本和更有效的安全防护。要实现安全生产，必须依靠科技进步，大力发展安全科学技术，以改造传统建筑业的生产过程，从设计、施工、技术装备、劳动保护用品等方面保障安全生产，从本质上为促进建筑安全管理水平的提高提供技术手段支持，最终提高安全管理水平和管理效率。

4）文化手段

安全文化是国际劳工大会所指的预防性国家安全与健康文化。安全文化手段属于内在驱动力，可以改变企业对安全问题的价值观和基本标准，从而完全自愿地去管理安全。文化手段能够从本质上改善建筑业的安全状况，但是安全文化的形成需要比较长的时间。建筑施工企业应该加强安全文化的建设，将企业的安全理念落实到企业的管理制度中，将安全管理融入企业整个管理中，将安全法律法规、制度落实到决策者、管理者和员工的行为方式中，将安全标准落实在施工工艺、技术和过程中，由此在企业内部形成一个良好的安全生产氛围，从而以安全文化的力量保障建筑施工企业安全生产。

3. 工程项目安全影响因素的控制

影响工程项目安全的因素主要是施工中人的不安全行为、物的不安全状态、作业环境的不安全因素和管理缺陷。项目负责人应根据施工中人的不安全行为、物的不安全状态、作业环境的不安全因素和管理缺陷进行相应的安全控制。

（1）人的控制

人是生产活动的主体，也是工程项目建设的决策者、管理者、操作者。工程建设施工全过程都是通过人来完成的。人在生产活动中，曾引起或可能引起事故的行为，必然是不安全行为。人的不安全行为表现出来的，与人的心理特征相违背，属非正常行为。人出现一次不安全行为，不一定就会发生事故而造成伤害，然而不安全行为，一定是事故的潜在危险因素。即使物的因素作用是事故的主要原因，也不能排除隐藏在不安全状态背后的人的行为失误的转换作用。

所以人员的素质，即人的文化水平、技术水平、决策能力、管理能力、组织能力、作业能力、控制能力、身体素质及职业道德等，都将直接或间接地对施工安全产生影响。

建设行业实行企业资质管理、安全生产许可证管理和各类专业从业人员持证上岗制度是施工安全生产保证人员素质的重要管理措施。

（2）物的控制

人机系统把生产过程中发挥一定作用的机具、物料、生产对象以及其他生产要素统称为物。物都具有不同形式、性质的能量，有出现能量意外释放、引发事故的可能。由于物的能量可能释放引起事故的状态，称为物的不安全状态。在施工过程中，物的不安全状态极易出现，又都与人的不安全行为或人的失误有关。物的不安全状态的运动轨迹，一旦与人的不安全行为的运动轨迹交叉，就是发生事故的时间与空间。因此，物的不安全状态是发生事故的直接原因。正确判断物的具体不安全状态，控制其发展对预防、消除事故有直接的现实意义。

物的控制包括施工机械、材料、设备、安全防护等安全物资的控制。

施工机具、设备是施工生产的手段，对工程施工安全有重要的影响。材料和防护用品等安全物资的质量是施工安全生产的基础，是工程建设的物质条件。安全生产设施条件的安全状况，很大程度上取决于所使用的安全物资。为了防止假冒、伪劣或存在质量缺陷的物资从不同渠道流入施工现场，造成安全隐患，应对安全物资供应单位的评价和选择、供货合同条款约定和进场安全物资的验收的管理要求等作出具体规定，并组织实施。通过供货合同约定安全物资的产品质量和验收要求以及对进场安全物资进行验收，并形成记录等。未经验收或验收不合格的安全物资应做好标识，并清退出场。

（3）环境条件的控制

环境的控制指对工程施工安全起重要作用的环境因素，包括：工程技术环境，如工程地质、水文、气象等；工程作业环境，如施工环境作业面大小、防护设施、通风照明和通信条件等；工程现场自然环境，如未来的施工期内，自然环境条件（包括冬季、雨季等）可能对施工安全生产的不利影响；工程周边环境，如工程邻近的地下管线、建（构）筑物等。环境条件往往对工程施工安全产生特定的影响。加强环境管理和控制，改进作业条件，把握好技术环境，辅以必要的措施，是控制环境对施工安全影响的重要保证。

（4）管理条件的控制

加强施工安全管理，建立、完善和严格执行安全生产规章制度，包括安全生产责任制度、安全教育培训制度、安全检查制度、安全技术管理制度等要素。如安全技术管理制度中，施工方案是否合理，施工工艺是否先进，施工操作规定是否正确，都将对工程施工安全产生重大的影响。

4. 工程项目安全控制程序及措施

（1）工程项目安全控制的程序

工程项目安全控制实施应遵循下列程序：

1）确定项目的安全目标

按"目标管理"方法在以项目经理为首的项目管理系统内进行分解，从而确定每个岗位的安全目标，实现全员安全控制。

2）编制项目安全技术措施计划

对生产过程中的不安全因素，用技术手段加以消除和控制，并用文件化的方式表示，这是落实"预防为主"方针的具体体现，是进行工程项目安全控制的指导性文件。

3）安全技术措施计划的落实和实施

包括建立健全安全生产责任制、设置安全生产设施、进行安全教育和培训、沟通和交流信息、通过安全控制使生产作业的安全状况处于受控状态。

4）安全技术措施计划的验证

包括安全检查、纠正不符合情况，并做好检查记录工作。根据实际情况补充和修改安全技术措施。

5）持续改进，直至完成建设工程项目的所有工作。

工程项目安全控制的程序具体如图 8-6 所示。

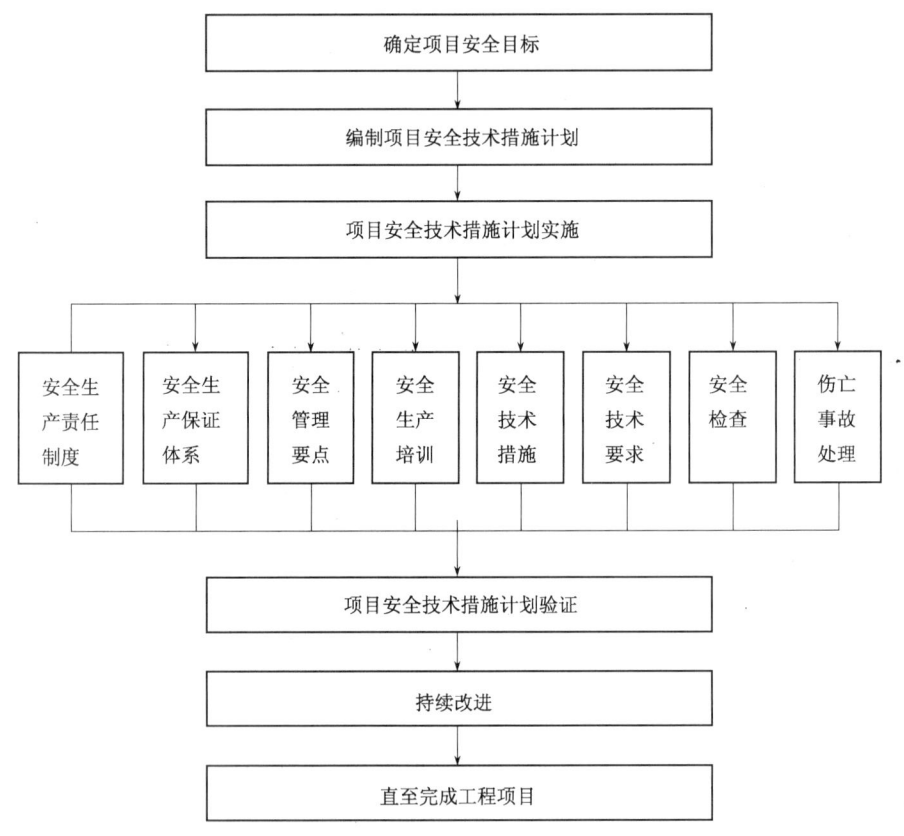

图 8-6 工程项目安全控制的程序

（2）工程项目安全控制的措施

1）建立安全控制体系

建立安全控制组织机构，形成安全组织系统，有组织、有领导地开展安全管理活动；明确各部门、各级人员的安全责任，形成安全控制责任系统；配备必要的安全设施，形成安全控制要素系统。总之，通过制定安全管理制度，落实安全责任，建立安全教育体系，加强安全检查和安全事故处理，最终形成具有安全控制和管理功能的有机整体。

2）加强安全教育培训

诱发安全事故的主要原因有人的不安全行为、物的不安全状态及管理上的缺陷。因此安全教育既要从提高安全意识入手，也要从增强安全技术知识方面进行教育和培训。未经教育的人员不得上岗作业，要实施培训考核上岗制，建立健全培训档案制度。安全教育的主要内容包括：

① 安全思想教育。教育操作人员具有良好的自我保护意识，时时、处处注意安全，防范风险于未然。

② 安全技术教育。教育操作人员了解其施工生产的一般流程，安全生产一般应注意的事项，工种、岗位安全生产知识，重点熟悉安全生产技术和安全技术操作规程等。

③ 安全法制和纪律教育。让操作人员充分了解安全生产法规和责任制度、安全生产规章制度、职工守则、劳动纪律、安全生产奖惩条例。

3）强化安全检查处理

① 强化安全检查的重点就是查思想、查管理、查制度、查隐患、查事故处理。

② 安全检查的组织。主要是指：制定安全检查制度，按制度要求的规模、时间、原则、处理、报偿全面落实；成立由第一责任人为首，业务部门、全体人员参加的安全检查组织；安全检查必须做到有计划、有目的、有准备、有整改、有总结、有处理。

③ 安全检查的准备。主要是指思想准备和业务准备。

④ 安全检查的形式。主要包括：定期安全检查、突击性安全检查和特殊检查。

⑤ 安全检查结果的处理。安全检查的目的是发现、处理、消除危险因素，实现安全生产。对于一些由于种种原因而一时不能消除的危险因素，应逐项分析，寻求解决办法，安排整改计划，尽快予以消除。

4）安全设施管理

安全设施是工程项目安全控制的物质保障，必须强化管理。施工项目的安全设施有脚手架、安全帽、安全带、安全网、操作平台、防护栏杆、临时用电防护等。

5）安全技术措施

施工安全技术措施是指为了防止工伤事故及职业病的危害，从技术革新上采取的各种措施。在建筑工程施工中，要针对工程特点、施工现场环境、施工方法、劳动组织、作业工艺、使用的机械动力设备、配电方法、架设工具以及各种安全设施等，来制定出确保安全施工的预防措施。

5. 工程项目安全事故的分类和处理

（1）工程项目安全事故的分类

工程项目安全事故分两大类型，即职业伤害事故与职业病。

1）职业伤害事故

职业伤害事故是指因生产过程及工作原因或与其相关的其他原因造成的伤亡事故。

2）职业病

经诊断因从事接触有毒有害物质或不良环境的工作而造成急慢性疾病的属于职业病。

（2）工程项目安全事故的处理

1）安全事故处理的原则（"四不放过"的原则）

① 事故原因不清楚不放过。

② 事故责任者和员工没有受到教育不放过。
③ 事故责任者没有处理不放过。
④ 没有指定防范措施不放过。
2）安全事故处理程序
① 报告安全事故。
② 迅速抢救伤员并保护好现场。
③ 组织调查组进行安全事故调查。
④ 分析事故原因，明确责任者。
⑤ 制定预防措施。
⑥ 提出处理意见，写出调查报告。
⑦ 事故的审定和结案。
⑧ 员工伤亡事故登记记录。

8.6 工程项目的协调管理

工程项目的运行会涉及到很多方面的关系，为了处理好这些关系，就需要协调。协调是管理的重要职能，其目的就是通过协商和沟通，取得一致，齐心协力，保证项目目标的实现。因此，工程项目协调对项目目标的实现具有重要意义。

8.6.1 工程项目协调管理的内容

工程项目协调的内容大致可以分为以下几个方面：

（1）人际关系的协调。包括：项目组织内部的人际关系，项目组织与关联单位的人际关系。人际关系的协调主要解决人员之间在工作中的联系和矛盾。

（2）组织关系的协调。主要是解决项目组织内部的分工与配合问题。

（3）供求关系的协调。包括工程项目实施中所需人力、资金、设备、材料、技术、信息的供应，主要通过协调解决供求平衡问题。

（4）配合关系的协调。包括求得本公司、建设单位、设计单位、分包单位、供应单位、监理单位在配合关系上的协助和配合，以达到同心协力的目的。

（5）约束关系的协调。主要是了解和遵守国家及地方在政策、法规、制度等方面的制约，求得执法部门的指导和许可。

8.6.2 工程项目协调管理的范围

把工程项目作为系统，则协调的范围可分为系统内部的协调和对系统外部的协调。项目外部协调管理又分为近外层协调与远外层协调。项目与近外层单位一般建有合同关系，和远外层关联单位一般没有合同关系。与本公司、设计、监理、建设、供应等单位均为近外层关系；与其余单位（政府部门、金融组织与税收部门、现场环境单位等）均为远外层关系。

1. 工程项目管理的内部关系及协调

（1）项目内部人际关系的协调。指项目经理与其下属的关系，职能人员之间的关系等。协调这些关系主要靠执行制度，坚持民主集中制，做好思想政治工作，充分调动每个人的积极性。要用人所长、责任分明、实事求是地对每个人的绩效进行评价和激励。在调解人与人之间的矛盾时要注意方法,重在疏导。

（2）项目内部组织关系的协调。项目中的组织形成系统,系统内部各组织部分构成一定的分工协作和信息沟通关系。组织关系的协调,要靠组织运转正常,发挥组织能力的作用。

（3）项目内部需求关系的协调。项目运作需要资源,因此资金、劳动力、材料、机械设备、动力等需求,实际上是求得项目的资源保证。需求关系协调就是要按计划供应,抓重点和关键,健全调度体系,充分发挥调度人员的作用。

2. 工程项目管理组织与外层关系的协调

（1）与近外层关系的协调

工程项目的近外层关系,包括：

1）甲乙方的关系。
2）与监理单位的关系。
3）与设计单位的关系。
4）与供应单位的关系。
5）与公用部门的关系。

以上这些关系都是合同关系,应在平等的基础上进行协调。

（2）与远外层关系的协调

工程项目与远外层的关系包括与政府部门、金融组织与税收部门、现场环境单位的关系。这些关系的处理没有定式,协调更加困难,应按有关法规、公共关系准则、经济联系规定处理。例如,与政府部门的关系是请示、报告、汇报的关系,与银行的关系是送审、申请及借贷、委托关系,与现场环境单位的关系则是遵守规定,取得支持的关系等。

8.6.3 工程项目协调管理技术

主要包括：激励、交际、批评、会议与会谈、报表计划与报告技术等。

1. 激励

在管理心理学中,激励是一种刺激,是促进某种行为再发生的手段。在项目管理工作中,要调动起各级工作人员的积极性,首先要取得各级人员的合作,其有效的做法是真诚地、主动地爱护下属人员。这里主要指表扬、正面评价等。

2. 交际

项目管理中项目经理与有关人员的交际方式有：文字沟通（书信、便条）,语言沟通（包括体态语言）等。

3. 批评

项目经理要掌握好批评的分寸。

4. 会议和会谈

会议是协调和指导项目活动的重要工具。成功的会议依赖于如下因素：会议的目标、任务和时间安排；会议的程序；议事清单和会议记录；会议的物质准备。

5. 报表计划与报告技术

项目经理应随时了解项目的进展情况,因此,每个项目均应编制报表计划。其中要确定：由谁向谁报告；报告的内容（信息、范围等）；报告的周期。

对报表的要求，必须确定到底需要传递和交流哪些信息。

本章小结

控制是自始至终贯穿于整个项目的综合性管理工作，也是难度极高的工作。这就要求：熟练运用项目控制的基本理论，把握控制的依据，按照控制的步骤，对工程项目实施费用控制、进度控制、质量控制和环境及安全控制。

在费用控制中，对投资的控制要遵循控制的原则，重点放在前期控制，在各阶段中均不得超过控制限额；在施工成本控制中，要掌握常用的几种控制方法。

在进度控制中，要准确分析影响进度的因素，重点抓好施工阶段的进度控制（包括事前、事中、事后进度控制）。

在质量控制中，要了解工程质量的形成过程、质量控制的原则和任务，尤其是"人、机、料、法、环"五大因素的控制，要初步了解和掌握质量控制的数理统计工具。

在环境及安全控制中，要了解工程项目环境控制的工作内容和保护措施；要理解安全控制是项目管理中最重要的任务，重点掌握安全控制的方法和手段，尤其是对人的不安全行为、物的不安全状态、作业环境的不安全因素和管理缺陷四大影响因素进行相应的安全控制，了解工程项目安全控制程序及措施。

思 考 题

1. 何谓工程项目控制？简述工程项目控制的基本理论及控制步骤。
2. 何谓工程项目的费用控制？
3. 何谓投资控制？投资控制的原则是什么？为什么说投资控制要贯穿于以设计阶段为重点的建设全过程？
4. 何谓施工成本控制？影响施工成本的主要因素有哪些？
5. 何谓进度控制？其控制重点是哪个阶段？如何确定这个阶段进度控制的原则？
6. 何谓质量控制？工程项目质量及其特点是什么？
7. 工程质量控制原则有哪些？影响工程质量的五大方面因素是什么？
8. 掌握质量控制的几种数理统计工具。
9. 何谓工程项目环境与安全控制？
10. 工程项目环境保护的意义和工作内容是什么？
11. 工程项目安全控制程序及措施？
12. 工程项目安全事故的分类和处理？
13. 何谓工程项目协调管理？包括哪几方面内容？

第9章 工程项目的风险管理

【学习目标】 清醒地认识工程项目的风险，牢固树立起风险管理意识。准确地辨识和分析风险，并懂得防范和处理风险。同时具备工程保险和工程担保的基本知识。

【关键概念】 工程项目风险　工程项目风险管理　工程项目保险　工程保证担保制度

9.1　概　　述

风险管理技术是现代项目管理中不可缺少的工具，现代项目管理与传统项目管理的不同之处就是引入了风险管理技术。但我国在 20 世纪 70 年代末引进项目管理理论与方法时，只评价、引进了项目管理的基本理论、方法与程序，未能同时引进风险管理理论，原因是当时经济发展水平较低，人们的风险意识较差，还有体制上的原因。但是后来，随着经济的不断发展，国外各种风险管理的理论、方法与技术被介绍到我国，并被逐渐应用到项目管理之中，尤其是在大型土木工程项目管理中显示了广阔的前景。

风险管理强调对项目目标的主动控制，对工程实现过程中遭遇的风险或干扰因素可以做到防患于未然，以避免和减少损失。目前，项目管理界已把风险管理和目标管理列为项目管理的两大基础，认为只有把这两者有机地结合起来才能较好地实现工程项目目标。

9.1.1　基本概念

1. 风险

（1）风险的概念

风险的存在，是因为人们对任何未来的结果不可能完全预料，实际结果与主观预料之间的差异就构成了风险。因此，风险可定义为：在给定的情况下和特定的时间内，那些可能发生的结果间的差异。若两种可能各占50%，则风险最大。

（2）风险的分类

为了深入、全面地认识项目风险，并有针对性地进行管理，有必要将风险分类。分类可以从不同的角度、根据不同的标准进行。

1）按风险后果划分

① 纯粹风险

不能带来机会、无获得利益可能的风险，称为纯粹风险。纯粹风险只有两种可能的后果：造成损失和不造成损失。纯粹风险造成的损失是绝对的损失。工程项目蒙受了损失，全社会也跟着受损失。如某项目空气压缩机房在施工过程中失火，蒙受了损失。该损失不但是这个工程项目的，也是全社会的，没有人从中获得好处。纯粹风险总是和威胁、损失和不幸相联系。

② 投机风险

既可能带来机会、获得利益，又隐含威胁、造成损失的风险，称为投机风险。投机风险有三种可能的后果：造成损失、不造成损失和获得利益。投机风险如果使工程项目蒙受了损失，但全社会不一定也跟着受损失。相反，其他人有可能因此而获得利益。例如，私人投资的房地产开发项目如果失败，投资者要蒙受损失。但是发放贷款的银行却可将抵押的土地和房屋收回，等待时机转手高价卖出，不但可收回贷款，而且还有可能获得高额利润。

纯粹风险和投机风险在一定条件下可以相互转化。项目管理人员必须避免投机风险转化为纯粹风险。

2) 按风险来源划分

① 自然风险

由于自然力的作用，造成财产毁损或人员伤亡的风险属于自然风险。例如，水利工程施工过程中因发生洪水或地震而造成的工程损害、材料和器材损失。

② 人为风险

人为风险是指由于人的活动而带来的风险。人为风险又可以细分为行为、经济、技术、政治和组织风险等。

A. 行为风险是指由于个人或组织的过失、疏忽、侥幸、恶意等不当行为造成财产毁损、人员伤亡的风险。

B. 经济风险是指人们在从事经济活动中，由于经营管理不善、市场预测失误、价格波动、供求关系发生变化、通货膨胀、汇率变动等导致经济损失的风险。

C. 技术风险是指伴随着科学技术的发展而来的风险。如核燃料出现之后产生的核辐射风险；伴随宇宙火箭技术而来的卫星发射风险。

D. 政治风险是指由于政局变化、政权更迭、罢工、战争等引起社会动荡而造成财产损失和损害以及人员伤亡的风险。

E. 组织风险是指由于项目有关各方关系不协调以及其他不确定性而引起的风险。现代的许多合资、合营或合作项目组织形式非常复杂。有的单位既是项目的发起者，又是投资者，还是承包商。由于有关各方参与项目的动机和目标不一致，在项目进行过程中常常出现一些不愉快的事情，影响合作者之间的关系、项目进展和项目目标的实现。组织风险还包括项目发起组织内部的不同部门由于对项目的理解、态度和行动不一致而产生的风险。

(3) 按风险是否可管理划分

可管理的风险是指可以预测，并可采取相应措施加以控制的风险，反之，则为不可管理的风险。风险能否管理，取决于风险不确定性是否可以消除以及工程项目的管理水平。要消除风险的不确定性，就必须掌握有关的数据、资料和其他信息。随着数据、资料和其他信息的增加以及管理水平的提高，有些不可管理的风险可以变为可管理的风险。

(4) 按风险影响范围划分

风险按影响范围划分，可以有局部风险和总体风险。局部风险影响的范围小，而总体风险影响范围大。局部风险和总体风险也是相对的。项目管理班子特别要注意总体风险。例如，项目所有的活动都有拖延的风险，但是处在关键路线上的活动一旦延误，就要推迟整个项目的完成日期，形成总体风险。而非关键路线上活动的延误在许多情况下是局部风险。

(5) 按风险后果的承担者划分

项目风险，若按其后果的承担者来划分，则有项目业主风险、政府风险、承包商风险、投资方风险、设计单位风险、监理单位风险、供应商风险、担保方风险和保险公司风险等。这样划分有助于合理分配风险，提高项目的风险承受能力。

（6）按风险的可预测性划分

按这种方法，风险可以分为已知风险、可预测风险和不可预测风险。

已知风险就是在认真、严格地分析项目及其计划之后就能够明确的、那些经常发生的，而且其后果亦可预见的风险。已知风险发生概率高，但一般后果轻微，不严重。项目管理中常见的有：项目目标不明确，过分乐观的进度计划，设计或施工变更，材料价格波动等。

可预测风险就是根据经验，可以预见其发生，但不可预见其后果的风险。这类风险的后果有时可能相当严重。项目管理中常见的有：业主不能及时审查批准，分包商不能及时交工，施工机械出现故障，不可预见的地质条件等。

不可预测风险就是有可能发生，但其发生的可能性即使最有经验的人亦不能预见的风险。不可预测风险有时也称未知风险或未识别的风险。它们是新的、以前未观察到或很晚才显现出来的风险。这些风险一般是外部因素作用的结果。例如地震、百年不遇的暴雨、通货膨胀、政策变化等。

2. 工程项目风险

（1）工程项目风险的概念

工程项目风险是泛指那些导致原先基于正常理想的技术、管理和组织基础之上的工程项目运行过程受到干扰，使得项目目标不能实现，而事先又不能确定的内部和外部的干扰因素及事件。

风险在任何工程项目中都存在。工程项目作为集合经济、技术、管理、组织各方面的综合性社会活动，它在各个方面都存在着不确定性。这些风险造成工程项目实施的失控现象，如工期延长、成本增加、计划修改等，最终导致工程经济效益降低，甚至项目失败。而且现代工程项目的特点是规模大、技术新颖、持续时间长、参加单位多、与环境接口复杂，可以说在项目过程中危机四伏。许多领域，由于其项目风险大，如国际工程承包、国际投资和合作等，常被人们称为风险型事业。

（2）工程项目风险的特点

1）风险的多样性

在一个项目中有许多种类的风险存在，如政治风险、经济风险、法律风险、自然风险、合同风险、合作者风险等。

2）风险的覆盖性

项目的风险不仅在实施阶段，而且隐藏在决策、设计及所有相关阶段的工作中，如目标设计中可能存在构思的错误、重要边界条件的遗漏；可行性研究中可能有方案的失误、高层分析错误；技术设计中存在图纸和规范错误；施工中，物价上涨，气候条件变化；运行中，市场变化，产品不受欢迎，达不到设计能力，操作失误等。

3）风险的相关性

风险的影响往往不是局部的，在某一段时间风险也会随着项目的发展，其影响会逐渐扩大。例如一个活动受到风险干扰，可能影响与它相关的许多活动，所以在项目中，风险影响会随着时间推移有扩大的趋势。

4）风险的规律性

项目的实施有一定的规律性，所以风险的发生和影响也有一定的规律性，是可以预测的。重要的是要有风险意识，重视风险，对风险进行全面的控制。

3. 工程项目风险管理

所谓工程项目风险管理就是指人们对工程项目潜在的意外损失进行识别、评估，并根据具体情况采取相应的措施进行处理，即在主观上尽可能有备无患或在无法避免时亦能寻求切实可行的补偿措施，从而减少意外损失或进而使风险为我所用的工作过程。

近年来，人们在工程项目管理中提出了全面风险管理的概念。全面风险管理是用系统的、动态的方法进行风险控制，以减少项目过程中的不确定性。它不仅使各层次的项目管理者建立风险意识、重视风险问题，防患于未然，而且在各阶段、各方面实施有效的风险控制，形成一个前后连贯的管理过程。

（1）项目全过程的风险管理

全面风险管理首先是体现在对项目全过程的风险管理上。

1）在项目目标设计阶段，就应对影响重大的风险进行预测，寻找目标实现的风险和可能的困难。

2）在可行性研究中，对风险的分析必须细化，进一步预测风险发生的可能性和规律性，同时必须研究各风险状况对项目目标的影响程度，即项目的敏感性分析。

3）随着技术设计的深入，实施方案也逐步细化，项目的结构分析也逐渐清晰。这时风险分析不仅要针对风险的种类，而且必须细化（落实）到各项目结构单元，直到最低的操作层。

4）在工程实施中加强风险的控制。

5）项目结束，要对整个项目的风险管理进行评价，以作为今后进行同类项目管理的经验和教训。

（2）对全部风险的管理

在每一阶段进行风险管理都要罗列各种可能的风险，并将它们作为管理对象，不能有遗漏和疏忽。

（3）全方位的管理

1）对风险要分析它对各方面的影响，例如对整个项目、对项目的各个方面（如工期、成本、施工过程、合同、技术、计划）的影响。

2）采用的对策措施也必须考虑综合手段，从合同、经济、组织、技术、管理等各个方面确定解决方法。

3）风险管理包括风险识别、风险分析、风险文档管理、风险评价、风险控制等全过程。

（4）全面的风险控制体系

在组织上全面落实风险控制责任，建立风险控制体系，将风险管理作为项目各层次管理人员的任务之一。

9.1.2 风险管理的主要内容

1. 风险识别

对潜在的可能损失的识别是首要的任务，也是最困难的任务。因为如果对所有有关的可能损失未能作出正确的识别，就会失去风险加以适当处置的机会。识别风险的方法可依靠观察、掌握有关的知识、调查研究、实地踏勘、采访或参考有关资料、听取专家意见、咨询有关法规等方法，当然还要掌握正在评估的风险系统或类似的项目发生的风险事件的索赔资料等。

2. 风险分析和评价

对已识别的风险要进行分析和评价,这一阶段的主要任务是测度风险量。风险的分析、评价以及风险量确定的目的是为了确定下一步骤风险处理所采取的方法。风险的分析与评价涉及统计与财务方法,内容涉及预测技术、总体研究、估计可能的最大损失、严重灾害分析、事故分析、灾害逻辑树分析等,并且特别要注意已完成的类似工程项目的索赔频率及索赔事件严重程度的评审。

3. 风险的处理

一旦风险被识别、分析、评价以及风险量被确定之后,就要考虑各种风险的处理方法。一般而言,采取的风险处理方法有风险控制、风险自留、风险转移等。

4. 风险监督

风险监督在风险管理中是十分重要的环节,它包括对风险发生的监督和对风险管理的监督,前者是指对已经识别的风险源进行监视和控制,以便及早发现风险事件发生的苗头,从而将风险事件消灭在萌芽之中,或采取应急措施尽量缩小损失;后者是指在项目实施中监督人们认真执行风险管理的组织措施与技术措施,以消除风险发生的人为诱因。后者还包括对保险方案的监督等。

9.2 工程项目风险的识别与分析

9.2.1 风险的识别

风险通常具有隐蔽性,而人们常常容易被一些表面现象迷惑,或被一些细小利益所引诱而看不到内在的危险。在实践中,人们经常谈论的风险有三种:真风险、潜伏的风险和假风险。作为风险管理的第一步,我们必须首先正确识别风险,统一认识,然后才能制定出相应的管理措施。

识别风险的过程包括对所有可能的风险事件来源和结果进行实事求是的调查,一般按以下步骤进行:

(1) 确认不确定性的客观存在。这项工作包括两项内容:首先要辨认所发现或推测的因素是否存在不确定性。如果是确定无疑的,则无所谓风险。其次要确认这种不确定性是客观存在的,是确定无疑的,而不是凭空想象的。

(2) 建立初步清单。清单中应明确列出客观存在的和潜在的各种风险,应包括影响生产率、操作运行、质量和经济效益的各种因素。人们通常凭借企业经营者的经验对其作出判断,并且通过对一系列调查表进行深入研究、分析而制定。

(3) 确立各种风险事件并推测其结果。根据初步清单中开列的各种重要的风险来源,推测与其相关联的各种合理的可能性,包括赢利和损失、人身伤害、自然灾害、时间和成本、节约和超支等方面,重点应是资金的财务结果。

(4) 对潜在风险进行重要性分析和判断。

(5) 风险分类。对风险进行分类,能加深对风险的认识和理解,同时也辨清了风险的性质。实际操作中,可依据风险的性质和可能的结果及彼此间可能发生的关系进行风险分类。这样的分类能更彻底地理解风险、预测结果,且有助于发现与其关联的各方面的因素。

(6) 建立风险目录摘要。通过建立风险目录摘要，将项目可能面临的风险汇总并排列出轻重缓急，能给人一种总体风险的印象，而且能把全体项目人员都统一起来，使人们不再仅仅考虑自己所面临的风险，而且能自觉地意识到项目的其他管理人员的风险，还能预感到项目中各种风险之间的联系和可能发生的连锁反应。

风险的识别是一项复杂的工作，需要做很多细致的工作，要对各种可能导致风险的因素去伪存真，反复比较；要对各种倾向、趋势进行推测，作出判断；还要对工程项目的各种内外因素及其变量进行评估。实践中，可采用下列方法来发现并具体描述各项风险：

1）分析询问。通过向有关专家、当事人提出一系列有关财产和经营的问题，以了解相关风险因素，并获得各种信息。

2）分析财务报表。财务报表有助于确定一个工程项目可能遭受的损失以及在何种情况下会遭受这些损失。通过分析资产负债表、营业报表及有关补充资料，可以识别企业当前的所有资产、责任及人身损失风险。将这些报表和财务预测、预算结合起来，可以发现未来风险。

3）绘制流程图。将一个工程项目的经营活动按步骤或阶段顺序以若干个模块形式组成一个流程图系列。每个模块中都标出各种潜在的风险或利弊因素，从而给决策者一个清晰、具体的印象。

4）现场考察。通过直接考察现场，可以发现许多客观存在的静态因素，也有助于预测、判断某些动态因素。例如承包工程，投标报价前的现场踏勘可以使承包商对拟投标的工程基本做到心中有数，但只有现场考察还远远不够，现场踏勘仅能了解一定范围内的地面情况，而对于超出范围或范围内的地下及有关水文、地质情况并不能了解。因此现场考察除要求获取直接资料外，还应设法获取间接资料，而且要对所掌握的资料认真研究，以便去伪存真。

5）各部门相互配合。风险识别不能仅靠某一部门完成，应由各相关部门系统地、连续地相互配合。风险识别贯穿于工程项目的始末，要求各责任部门鼎力相助，共同分析判断。

6）参考统计记录。参考以前的统计记录对判断在未来有可能重复出现的风险事件极为有益。

7）环境分析。详细分析工程项目经营活动的外部环境与内在风险的联系，也是识别风险的重要环节。

8）向外部咨询。任何人都不是万事通，他们可以从客观上识别主要风险，但涉及各种细节就比较困难。因此有必要向有关行业或专家进一步咨询。如业主投资需要委托咨询公司；承包商在投标报价前需要向保险公司、材料设备供应商询价。

9.2.2 风险衡量

识别企业或经营活动所面临的风险之后，应分别对各种风险进行衡量，从而进行比较，以确定各种风险的相对重要性。衡量风险时应考虑两个方面：损失发生的频率或发生的次数和这些损失的严重性，而损失的严重性比其发生的频率或次数更为重要。例如工程完全毁损虽然只有一次，但这一次足可造成致命损伤；而局部塌方虽有多处或发生较为频繁，却不致使工程全部毁损。

衡量风险的潜在损失的最重要的方法是确定风险的概率分布。这也是当前国际工程风险管理最常用的方法之一。概率分布不仅能使人们能比较准确地衡量风险，还可能有助于制定风险管理决策。

1. 概率分布

概率分布表明每一可能事件及其发生的概率。由于在构成概率分布所相应的时期内，每一项目的潜在损失的概率分布仅有一个结果能够发生，因此，损失概率之和必然等于1。

概率包括主观概率和客观概率两种。

（1）主观概率指人们凭主观判断而得出的概率，例如对某项承包工程，人们往往根据一些风险因素，从定性角度判断承揽该工程会发生几种亏损的可能性。事实上这种主观概率没有多大实用价值，因为它缺乏可信的依据，而且凭主观推断的结果与实际结果常常相差甚远。

（2）客观概率指人们在基本条件不变的前提下，对类似事件进行多次观察，统计每次观察的结果及其发生的频率，进而推断出类似事件发生的可能性。依据统计推断出的客观概率对判断潜在的风险损失很具参考意义。但有时对客观概率的判断结果会因人而异。

在衡量风险损失时宜考虑三种概率分布：总损失金额、潜伏损失的具体事项及各项损失的预期数额。总损失金额的概率分布表明在某一项目中可能遭受的多种损失及其可能发生的概率。

2. 概率分布表的确立依据

概率分布表不能凭空设想或凭主观推断建立。确立概率分布表应参考相关的历史资料，依据理论上的概率分布，并借鉴其他经验对自己的判断进行调整和补充。

历史资料指在相同的条件下，通过观察各种潜在损失金额在长时期内已经发生的次数，估计每一可能事件的概率。但是，由于人们常常缺乏广泛而足够的经验，加之风险环境不断地发生变化，故依据历史事件的概率只能作为参考。参考历史资料时应尽量扩大参考范围，参考时应有所区分，不可完全照搬。

逻辑推理及定性分析亦可有助于确立概率分布。但推理和分析只能得出抽象的概率，而无法具体化。要想准确判断概率损失，尚须进行风险分析。

9.2.3 风险分析

风险分析是指应用各种风险分析技术，用定性、定量或两者相结合的方式处理不确定性的过程。

在项目运行过程中，会出现各种不确定性，这些不确定性将对项目目标的实现产生积极或消极影响。项目风险分析就是对将会出现的各种不确定性及其可能造成的各种影响和影响程度进行恰如其分的分析和评估。通过对那些不太明显的、不确定性的关注，对风险影响的揭示，对潜在风险的分析和对自身能力的评估，采取相应的对策，从而达到降低风险的影响或减少其发生可能性的目的。

1. 风险分析

（1）采集数据。首先必须采集与所要分析的风险相关的各种数据，所采集的数据必须是客观的，可统计的。某些情况下，直接的数据资料还不够充分，尚需主观评价，特别是对投资者来讲在技术、商务和环境方面都比较新的项目，需要通过专家调查方法获得具有经验性和专业知识的主观评价。

（2）完成不确定性模型。以已经得到的有关风险的信息为基础，对风险发生的可能性和可能的结果给以明确的定量化，通常用概率来表示风险发生的可能性，可能的结果体现在项目现金流量表上，用货币表示。

(3) 对风险影响进行评价。在不同风险事件的不确定性已经模型化后，紧接着就要评价这些风险的全面影响。通过评价把不确定性与可能结果结合起来。

风险分析全过程如图9-1 所示。

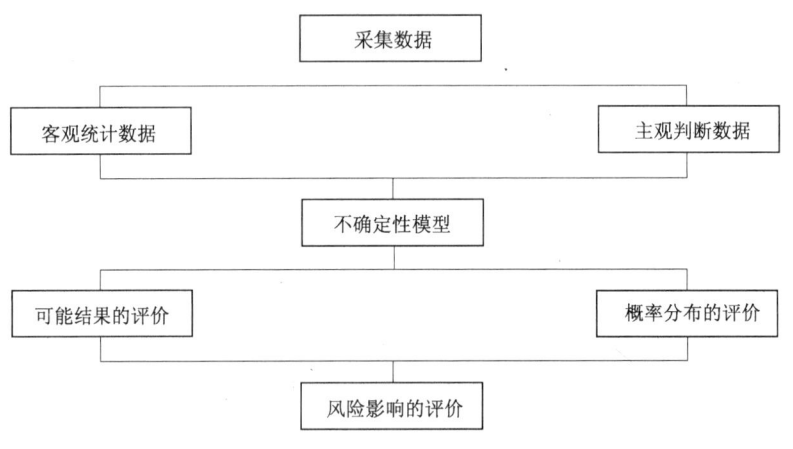

图9-1 风险分析过程图

2. 风险分析的主要内容

由于每一个风险都有自身的规律和特点、影响范围和影响量，通过分析可将它们的影响统一成成本目标的形式，按货币单位来度量，具体可如下分析和评价：

(1) 风险存在和发生的时间分析。即风险可能在项目的哪个阶段、哪个环节上发生。有许多风险有明显的阶段性，有的风险是直接与具体的工程活动相联系的，这种分析对风险的预警有很大的作用。

(2) 风险的影响和损失分析。风险的影响是个复杂的问题，有的风险影响面较小，有的风险影响面很大，可能引起整个工程的中断或报废。而风险之间常常是有联系的，例如：经济形势的恶化不但会造成物价上涨，而且可能会引起业主支付能力的变化；通货膨胀引起了物价上涨，则不仅会影响后期的采购、工人工资及各种费用支出，而且会影响整个工程费用；由于设计图纸提供不及时，不仅会造成工期拖延，而且会造成费用提高（如人工和设备闲置、管理费开支），还可能在按原计划可以避开的冬、雨季施工，造成更大的拖延和费用增加。

有的风险是相克的，其作用可以相互抵消。例如反常的气候条件、设计图纸拖延、设备拖延等在同一时间段发生，则它们对总工期的影响可能是重叠的。

(3) 风险发生的可能性分析。是研究风险自身的规律性，通常可用概率表示。

(4) 风险级别。风险因素非常多，涉及各个方面，但人们并不是对所有的风险都予以同等重视，否则将大大增加管理费用，而且谨小慎微，反过来会干扰正常的决策过程。

(5) 风险的起因和可控性分析。对风险起因的研究是为预测、对策研究、责任分析服务的。风险的可控性是人对风险影响的可能性，如有的风险是人力可以控制的，而有的却不可控制。可控的，如承包商对招标文件的风险，实施方案的安全性和效率风险等；不可控制的，例如物价风险、反常的气候风险等。

3. 风险分析说明

风险分析结果必须用文字、图表进行表达说明，作为风险管理的文档，即以文字、表格的形式做风险分析报告。这个结果表达不仅作为风险分析的成果，而且应作为人们风险管理的基本依据。此外，风险应在任务单、决策文件、研究文件、报告指令等文件中予以说明。

9.3 工程项目风险的防范与处理

9.3.1 风险防范的可能性

风险是基于客观存在的分布，而防范则是基于主观的判断。如果主客观一致，即可判定风险，从而可以有效地防范。既然风险是在给定情况下存在的可能结果间的差异，那么人们就有可能凭经验推断出其发生的规律和概率。虽然这些规律和概率并非一成不变，但通过一定时期内的观察，可判断出其大致规律，从而可以有意识地采取一些预防手段来防范。

风险具有以下特征，这些特征决定了风险防范的可能性。

1. 风险的可测性

风险并不是神秘不可测的，它有其特定的根源，有发生的迹象、征候和一定的表现形式。人们通过细心观察、深入分析研究、科学地推测，一般可以预测风险发生的可能性、发生的概率，甚至通过概率计算、预测风险可能造成的损失程度。

2. 风险的普遍性

由于风险无时不存、无处不在，且时有重复，人们在进行任何举措之前，都会有风险意识，本能地、积极或消极地采取各种预防措施。

3. 风险概率的互斥性

一个事件的演变具有多种可能，而这些可能具有互斥性。例如投资一个项目至少有两种可能的结果：赢利或亏本。赢利的可能加大，亏本的可能性就减小，两种可能性不会同时加大或同时减小。

4. 风险的可转移性

不同的人对同样的风险可产生不同的反应，因为人们对风险所具有的承受力不一样。例如一项工程包括多项子工程，总承包商可以承担总包风险，而将其中自己不具优势的子项工程转包给专业承包商，从而将该子项工程中潜伏的风险也转移出去。对于该专业承包商来说，这些潜伏的风险不一定会真正成为风险。

5. 风险的可分散性

风险是由各种因素构成的。若干风险因素集中在一起，风险的因素将会很大。但如果将这些因素分散，尽管每个因素都有可能诱发风险，但其概率将大大降低。工程项目管理是一种多程序、多方位、内容错综复杂的经营活动。投资人可以只考虑其资金筹措中的各种风险，而将工程的设计、实施、管理及运营交给业主，而业主又可通过发包把工程的实施任务委托给承包商，将技术把关任务委托给监理工程师；承包商又可以通过分包将工程各子项中潜伏的风险分散转移至各分包商。这样层层分散、转移，即可调动各方面的积极因素，克服消极因素，大家共同承担风险。

6. 有些风险具有可利用性

风险有两类：纯风险和投机风险。纯风险只会造成损失或不造成损失而不能提供获利机会，如自然灾害、工伤事故。但投机风险则既可能造成损失，又可能提供获利机会。如投资兴办企业，投资失败会造成重大经济损失，反之，则有可能获得巨额利润。因此，投资风险便具有可利用的一面。

9.3.2 风险的处理

风险的处理主要包括两种最基本的方法。

1. 风险控制

采用风险控制措施可降低预期损失或使这种损失更具有可测性，从而改变风险。这种方法包括风险回避、风险预防、风险分离、风险分散及风险转移等。

（1）风险回避

风险回避主要是中断风险源，使其不致发生或遏制其发展。回辟风险有时可能不得不作出一些必要的牺牲，但较之风险真正发生进而可能造成的损失要小得多，甚至微不足道。如回避风险大的项目，选择风险小或适中的项目等。在项目决策时要注意，对于风险超过自己的承受能力，成功把握不大的项目，不介入，不参与合资。甚至有时在工程进行到一半时，预测后期风险很大，必然有更大的亏损，不得不采取中断项目的措施。

回避风险虽然是一种风险防范措施，但应该承认这是一种消极的防范手段。因为回避风险固然能避免损失，但同时也失去了获利的机会。

（2）风险预防

风险预防是指要减少风险发生的机会或降低风险的严重性，设法使风险最小化。主要有两方面的含义：

1）风险预防。风险预防指采取各种预防措施以杜绝风险发生的可能。例如供应商通过扩大供应渠道以避免货物滞销；承包商通过提高质量控制标准以防止因质量不合格而返工或罚款；管理人员通过加强安全教育和强化安全措施，减少事故的发生等。在商业交易中，各方都把风险预防作为重要事项。业主要求承包商出具各种保函就是为了防止承包商不履约或履约不力；而承包商要求在合同条款中赋予其索赔权利也是为了防止业主违约或发生种种不测事件。

2）减少风险。减少风险指在风险损失已经不可避免的情况下，通过种种措施以遏制风险势头继续恶化或局限其扩展范围，使其不再蔓延，也就是说使风险局部化。例如承包商在业主付款误期超过合同规定期限情况下，采取停工或撤出队伍，并提出索赔要求，甚至提起诉讼；业主在确信承包商无力继续实施其委托的工程时，立即撤换承包商；施工事故发生后，采取紧急救护等，都是为了达到减少风险的目的。

（3）风险分离

风险分离指将各风险单位分离间隔，以避免发生连锁反应或互相牵连。这种处理可以将风险局限在一定的范围内，从而达到减少损失的目的。

风险分离常用于工程中的设备采购。为了尽量减少因汇率波动而导致的汇率风险，可在若干不同的国家采购设备，付款采用多种货币。比如在欧盟采购，支付欧元；在日本采购，支付日元；在美国采购，支付美元等。这样即使发生大幅度波动，也不会全都导致损失风险。以日元、欧元支付的采购可能因其升值而导致损失，但以美元支付的采购则可以因其贬值而获得节省开支的机会。

在施工过程中，承包商对材料进行分隔存放也是风险分离手段。这样就可以避免材料集中于一处时可能遭受同样的损失。

（4）风险分散

风险分散与风险分离不一样，它是通过增加风险单位，以减轻总体风险的压力，达到共同分摊集体风险的目的。

工程项目总的风险有一定的范围，这些风险必须在项目参加者之间进行分配。每个参与者都必须有一定的风险责任，这样他才有管理和控制风险的积极性和创造性。风险分配通常在任务书、责任书、合同、招标文件等中定义，在起草这些文件的时候都应对风险作出预计、定义和分配。风险分配的原则有：

1）从工程整体效益的角度出发，最大限度地发挥各方面的积极性

项目参与者如果不承担任何风险，就没有任何责任，也就没有控制风险的积极性，就不可能做好工作。例如对承包商采用成本加酬金合同，承包商没有任何风险责任，它就会千方百计提高成本以争取工程利润，最终损害工程的整体效益。

而如果让承包商承担全部风险责任也不行。一方面，他要价很高，会加大预算以防备风险；而业主如不承担任何风险，便随意决策，随意干预，不积极对项目进行战略控制，风险发生时也不积极提供帮助，则同样也会损害项目整体效益。

从工程整体效益的角度来分配风险，其准则是：

① 能有效地防止和控制风险或将风险转移的，则应承担相应的风险责任。

② 能经济、有效、方便、可行地控制风险，并只有通过其努力才能减少风险影响的，应承担相应的风险责任。

③ 能通过风险分配强化其责任心和积极性的，应承担相应的风险责任。

2）公平合理、责权利平衡

① 风险责任和权力应是平衡的。风险的承担是一项责任，即承担风险控制以及风险产生的损失。但另一方面，要给承担者以控制、处理的权力。如承包商承担施工方案的风险，则它就有权选择更为经济、合理、安全的施工方案。

② 风险与机会对等。风险承担者同时应享受风险控制获得的收益和机会收益。如承包商承担物价上涨的风险，则物价下跌带来的收益也应归承包商所有；若承担工期风险，拖延要支付误期违约金，则工期提前就应奖励。

③ 承担的可能性和合理性。给风险承担者以预测、计划、控制的条件和可能性，给他以迅速采取控制风险措施的时间、信息等条件，否则对他来说风险管理成了投机。如要承包商承担招标文件的理解、环境调查、实施方案和报价的风险，则必须给他一个合理的做标时间，向他提供现场调查的机会，提供详细且正确的招标文件，特别是设计文件和合同条件，并及时地回答其做标中发现的问题，这样他才能理性地承担风险。

3）符合工程项目的惯例，符合通常的处理方法

惯例一般比较公平合理，如果明显地违反国际（或国内）惯例，则常常显示出一种不公平、一种危险。例如在 FIDIC 合同条款中，明确地规定了业主和承包商之间的风险分配。它是国际工程惯例，比较公平合理。

（5）风险转移

有些风险无法通过上述手段进行有效控制，经营者只好采取转移手段以保护自己。风险转移并非损失转嫁，也不能被认为是损人利己，损害商业道德，因为有许多风险对一些人的确可能造成损失，但转移后并不一定给他人造成损失。其原因是各人的优劣势不一样，因而对风险的承受能力也不一样。

风险转移的手段常用于工程承包中的分包、技术转让或财产出租。合同、技术或财产的所有人通过分包工程、转让技术或合同、出租设备或房屋等手段将应由其自身全部承担的风险部分或全部转移至他人，从而减轻自身的风险压力。

2. 财务措施

采用财务措施，即是用经济手段来处理确实会发生的损失。这些措施包括风险的财务转移、风险自留、风险准备金和自我保险等。

（1）风险的财务转移

所谓风险的财务转移，指风险转移人寻求用外来资金补偿确实会发生或业已发生的风险。风险的财务转移包括保险的风险财务转移（即通过保险进行转移），和非保险的风险财务转移（即通过合同条款达到转移之目的）。

保险的风险财务转移的实施手段是购买保险。通过保险，投保人将自己本应承担的归咎责任（因他人过失而承担的责任）和赔偿责任（因本人过失或不可抗力所造成损失的风险责任）转嫁给保险公司，从而使自己免受风险损失。非保险的风险财务转移的实施手段则是除保险以外的其他经济行为。如根据承包合同，业主可将其对公众在建筑物附近受到伤害的部分或全部责任转移至建筑承包商，这种转移属于非保险的风险财务转移；而承包商则可以通过投保第三者责任险，又将这一风险转移至保险公司，这种风险转移属于保险的风险财务转移。

非保险的风险财务转移的另一种形式，就是通过担保银行或保险公司开具保证书或保函。根据保证书或保函，保证人保证委托人对债权人履行某种明确的义务。保证人必须履行担保义务，否则债权人可以依据保证书或保函向保证人索要罚金，然后保证人可以向委托人追偿其损失。通常情况下，保证人或担保人签发保证书或保函时，要求委托人提交现金、债券或不动产作抵押，以备自己转嫁损失赔偿。通过这种形式，债权人可将债务人违约的风险转移给保证人。

非保险的风险财务转移还有一种形式——风险中性化。这是一个平衡损失和收益机会的过程。例如承包商担心原材料价格变化而进行套期交易；出口商担心外汇汇率波动而进行期货买卖等。不过采取风险中性化手段没有机会从投机风险中获益。因此，这种手段只是一种防身术，只能保证自己不受风险损失而已。

（2）风险自留

风险自留即是将风险留给自己承担，不予转移。这种手段有时是无意识的，即当初并不曾预测到，不曾有意识地采取种种有效措施，以致最后只好由自己承受；但有时也可以是主动的，即有意识、有计划地将若干风险主动留给自己。这种情况下，风险承受人通常已做好了处理风险的准备。

主动的或有计划的风险自留是否合理、明智取决于风险自留决策的有关环境。风险自留在一些情况下是唯一可能的对策。有时企业不能预防损失，回避又不可能，且没有转移的可能性，企业别无选择，只能自留风险。例如，在河谷中建厂的企业发现已没有其他可能的方法来处理洪水风险，而放弃建厂和损失控制的成本都极其昂贵，而且在这一特定领域投保洪灾险也不可能，投资人骑虎难下，只好采取自留风险的对策。但是如果风险自留并非唯一可能的对策时，风险管理人应认真分析研究，通盘考虑，制定最佳决策。

决定风险自留必须符合以下条件之一：

1）自留费用低于保险公司所收取的费用。
2）企业的期望损失低于保险人的估计。
3）企业有较多的风险单位（意味着单位风险小，且企业有能力准确地预测其损失）。
4）企业的最大潜在损失或最大期望损失较小。
5）短期内企业有承受最大潜在损失或最大期望损失的经济能力。
6）风险管理的目标可以承受年度损失的重大差异。
7）费用和损失支付分布于很长的时间里，因而导致很大的机会成本。
8）投资机会很好。
9）内部服务或非保险人服务优良。

如果实际情况与以上条件相反，无疑应放弃自留风险的决策。

（3）风险准备金

风险准备金是从财务的角度为风险作准备，在计划（或合同报价）中另外增加一笔费用。例如在投标报价中，承包商经常根据工程技术、业主的资信、自然环境、合同等方面风险的大小以及发生可能性（概率），在报价中加上一笔不可预见风险费。准备金的多少是一项管理决策。从理论上说，准备金的数量应与风险损失期望相等，即为风险发生所产生的损失与发生的可能性（概率）的乘积，即：

$$风险准备金 = 风险损失 \times 发生的概率$$

除了应考虑到理论值的高低外，还应考虑到项目边界条件各项目状态。例如对承包商来说，决定报价中的不可预见风险费，要考虑到竞争者的数量、中标的可能性、项目对企业经营的影响等因素。如果风险准备金高，报价竞争力降低，中标的可能性很小，即不中标的风险就大。

（4）自我保险

自我保险指内部建立保险机制或保险机构，通过这种保险机制承担企业的各种可能风险。尽管这种办法属于购买保险范围范畴，但这种保险机制或机构终归隶属于企业内部，即使购买保险的开支有时可能大于自留风险所需开支，但因保险机构与企业的利益一致，各家内部可能有盈有亏，而从总体上依然能取得平衡，好处未落入外人之手。因此，自我保险决策在许多时候也具有相当重要的意义。

9.4　工程项目的保险

工程项目保险是指通过保险公司以收取保险费的方式建立保险基金，一旦发生自然灾害或意外事故，造成参加保险者的财产损失或人身伤亡时，即用保险金给以补偿的一种制度。它的好处是，参加者付出一定的小量保险费，换得遭受大量损失时得到补偿的保障，从而增强抵御风险的能力。

9.4.1 工程可保风险与不可保风险

对于保险人和被保险人而言，双方都存在着可保风险和不可保风险，一般对于保险人来讲，保险合同规定的保险责任范围内的风险属于可保风险，除外责任则为不可保风险。而对于被保险人来讲，那些可以自己承担的风险属于不可保风险，需要转嫁出去的风险则属于可保风险。

工程保险中保险人的可保风险常常包括以下内容：

（1）地震、海啸、雷电、飓风、台风、龙卷风、风暴、暴雨、洪水灾害、冻灾、冰雹、雪崩、火山喷发、地面下陷下沉、滑坡等自然灾害。

（2）火灾、爆炸。

（3）飞机坠毁、飞机部件或飞行物体坠落。

（4）原材料缺陷或工艺不完善所引起的事故。

（5）工人、技术人员缺乏经验、疏忽、过失及恶意行为。

（6）盗窃。

不可保风险一般包括如下内容：

（1）战争、类似战争行为、敌对行为、武装冲突、恐怖活动、谋反、政变引起的任何损失、费用和责任。

（2）政府命令或任何公共当局的没收、征用、销毁或毁坏。

（3）罢工、暴动、民众骚乱引起的任何损失、费用和责任。

（4）核裂变、核聚变、核武器、核材料、核辐射及放射性污染引起的任何损失、费用和责任。

（5）大气、土地、水污染及其他各种污染引起的任何损失、费用和责任。

（6）工程部分停工或全部停工引起的任何损失、费用和责任。

上述风险造成的损失巨大，并且有些属于政治风险的范畴，不在保险人保险范围内，所以保险人一般不予负责。如需要罢工、暴动、民众骚乱方面保障的，可特约加保，但要加收保费，并出具批单。

9.4.2 工程保险的特点与类别

1. 工程保险的特点

（1）风险广泛而集中

工程保险的许多险种均冠以"一切险"，即除条款列明的若干除外责任外，保险人对工程期间工程项目因一切"突然"和"不可预料"的外来原因所造成的财产损失、费用和责任，均予负责，工程保险的责任十分广泛。

同时，由于工程保险中的各项工程耗资巨大，价值昂贵，事故频繁，一旦出现意外，损失高昂。因此，工程保险的保险风险不仅大、广，而且集中。

（2）保险责任具有综合性

按照惯例，财产保险只负责物质部分的保险责任，而且仅仅是由自然灾害所造成的损失。但工程保险承保的风险，既有物质部分的保险责任，也有第三者责任部分的保险责任。其中物质保险部分的基本责任有自然灾害、意外事故和人为风险三大类，而且还包括保险标的本身的损失,如安装技术不善引起的事故造成保险财产的损坏,包括安装设备本身的损失和造成其他保险财产的损失。第三者责任险的保险责任包括人身伤亡、疾病或财产损失。因此,工程保险是一种具有多功能综合责任保险责任的险种。

(3) 涉及较多的利害关系人

一般财产保险,投保人都是单个法人或自然人,而且在签单后即为被保险人,而工程保险却大不一样,具有经济利害关系的所有各方都存在可保利益,因此投保人不仅仅为一个,建设各方都具有投保人资格,成为该工程保险中的被保险人。例如,建筑工程一切险的被保险人大致包括五方:工程所有人(业主)、承包商、分包商、技术顾问(监理方)以及贷款银行等。以上各方均能享受该保险合同的权利和义务。

(4) 相互可以附加承保

例如,在安装工程保险中,其保险责任包括超负载、超电压、碰线、电弧、走电等其他电气引起的事故。这一保险责任是针对安工险的特点而设置的,但实际上是机器损坏险的保险责任,即电气原因造成的损失在安工险保单项下可以负责赔偿,可见同一个项目可以在不同险种下相互附加承保。

2. 工程保险的分类

目前,工程保险按照标的物内容的不同可以分为以下几类:

(1) 建筑工程一切险。主要对各类建筑工程的工程本身、所有人提供物料及其建造项目,安装工程项目,建筑用机器、装置及设备、场地清理费,工地内现有建筑物和其他财产进行承保。

(2) 安装工程一切险。主要对各类安装工程的安装项目、土木建筑工程项目、安装工程项目、场地清理费、所有人或承包人在工地的其他财产进行承保。

(3) 机器损坏险。主要对运行中的各类工厂、矿山的大型机械设备进行承保。

(4) 工程机械综合保险。实际是机器损坏保险中的一种,它主要对土建工程或其他工程承揽商所有的各种工程机械进行承保。

(5) 船舶建造保险。主要对建造期间的各种类型的船舶和海上装置(石油钻井平台等)进行承保。

(6) 特种工程保险。指那些投资极为高昂、技术极为复杂和风险极为巨大的工程保险,包括航天工程险、核能工程险、石油开发工程险等高风险险种。

(7) 第三者责任保险。又分为建筑工程第三者责任险和安装工程第三者责任险。本保险负责对与所承保建筑、安装工程直接相关的意外事故引起工地内及邻近区域的第三者人身伤亡、疾病或财产损失进行赔偿。

(8) 设计师、监理师职业责任保险。属于责任保险范畴,主要承保由于设计和监理人员的疏忽或过失,而引发的工程质量事故造成损失或费用的赔偿责任。

(9) 雇主责任保险。承保雇员在受雇期间,因工作遭受意外而致受伤、死亡或患有与业务有关的职业性疾病情况下,获取医疗费、工伤假期间的工资及必要的诉讼费用等补偿的赔偿责任。

9.4.3 保险公司的选择

对较大的工程项目,许多保险公司会主动上门服务。在选择时应考虑以下一些问题:

1. 审查保险公司的注册资本及赔偿风险的资金能力

为保障被保险人的利益,国家对保险公司的承保范围和能力是有规定的。应当根据工程的规模选择与其承保能力相适应的保险公司。特别是大型项目,一旦发生事故损失,索赔金额往往是很大的。如果保险公司的注册资本和付讫资本很小,可能无力支付索赔,有的甚至宣布破产以逃避自己的责任。因此,应当审查保险公司的资金支付能力。

2. 调查保险公司的信誉

有的保险公司可能提供一份营业执照,但其执照是按年发给,甚至有按季度发给的。如果这家保险公司在一年或一季度承保的金额过大,或者发生过一两次严重的赔偿违约事件,有可能中止其保险业务。

3. 优先考虑将国外的工程和国内的外资贷款工程向我国的保险公司投保

有些工程,业主所在国家没有限制性规定的,应争取在我国国内投保;对方限制十分严格的,可争取该国保险公司与我国保险公司联合承保,或由我国保险公司进行分保;还有一种是以所在国家和一家保险公司名义承保,而实际全部由我国保险公司承保,当地保险公司充当我国保险公司的前方代理,仅收取一定的佣金。由我国保险公司承保,不仅可以使外汇保险金不至于外流,而且便于处理事故赔偿等问题,保险金费率也可有一定优惠。特别是由我国保险公司与当地保险公司联合承保时,我国保险公司更可以承担赔偿责任,避免外国保险公司推卸责任。

9.4.4 办理保险合同

在保险合同的办理过程中,应认真做好以下几方面的工作:

1. 如实填报保险公司的调查报表

在办理保险手续时,保险公司为确定风险大小,要求填报工程情况。这是一件严肃认真的事情,绝不能为了争取降低保险金费率而隐瞒情况。否则,一旦发生事故,保险公司将全部或部分推卸责任。

2. 分析研究保险合同条款

一般保险公司出具的保险单都会有保险条款,其中规定了保险范围、除外责任、保险期、保险金额、免赔额、赔偿限额、保险费、被保险人义务、索赔、赔款、争议和仲裁等。这些条款相当于保险公司与承包人之间的保险合同,双方都要签字认可才正式生效。在合同条款方面的任何争议必须在签约之前讨论清楚,并逐条修改或补充,取得共同一致的意见。

3. 重视保险内容的变化和改变手续

任何保险内容的变化应当及时通知保险公司。如果认为必要,应办保险变更手续签署补充文件,或由保险公司对变更内容予以书面确认。

9.4.5 预防事故和索赔

1. 重视被保险人的义务

要教育职工重视被保险人的义务,特别是预防事故和防止事故损失的扩大。

对于保险金额较大的工程,保险公司会定期与不定期地到现场进行安全检查,并且提出防止灾害事故的措施。承包人可以就这些措施同保险公司代表进行认真讨论,对于合理的而且花费费用属于正常支出的则应付诸实施。

无论发生何种事故，应当立即通知保险公司，并努力保护事故现场，采取一切必要的措施将损失减少到最低限度，只要采取的措施是合理和有效的，其措施费用一般可得到保险公司的补偿。相反，如果既不通知保险公司，又不保护现场，其索赔一般将被保险公司拒绝。

2. 及时报损和接受调查

只要被保险人及时向保险公司报告，保险公司一般将派人到事故现场进行调查。严重事故发生时，保险公司还将协同进行抢救活动。有些项目是向工程所在国境外保险公司投保的，他们一般都有指定的当地代理人，代理人的调查就能被保险公司接受。

调查报告主要内容除陈述事故经过、分析事故原因和调查被保险人的防范和抢救措施外，重点在于调查损失。每项损失要求提供必要的、有效的证明文件。证明文件应能证明索赔对象及索赔资格；证明索赔动因能够成立且属于理赔人的责任范围和责任期间。通常情况下，这些证明文件为保单、工程承包合同、事故照片及事故检验人的鉴定报告及各具体险别的保单中所规定的证明文件。

3. 工程赔偿

对于工程一切险，保险公司的赔偿一般以恢复投保项目受损前的状态为限。其受损的残值应被扣除。承包人的利润损失和其他各项管理费的损失不予赔偿；同时还应扣除免赔额。一个项目同时由多家保险公司承保，则理赔的保险公司仅负责按比例分担赔偿的责任。

对于其他各种保险的报损、调查和赔偿，应当根据各种保险单和保险协议条款处理。但如果保险公司未能亲自调查者，则须提供有关的旁证调查资料。这里特别需要指出，第三方责任保险的事故损失，虽然是由投保人的责任造成，但投保人及其代表不能轻易向受损失方作任何承诺、出价、约定、付款或赔偿，而应当由保险公司去处理，否则，保险公司将不承担投保人承诺的责任。

4. 争议处理

如果被保险人因索赔事宜同保险公司发生争议，通常情况下先进行协商解决，如果协商达不成协议，可申请仲裁或向法院提出诉讼。通常情况下，仲裁与诉讼应在被告方的所在地。如果事先另有协议，则按协议处理。

9.5 工程担保

工程保证担保是指保证人应工程合同一方（被保证人）的要求向另一方（权利人）作出的书面承诺，当被保证人无法完成其与权利人签订的合约中规定的应由被保证人履行的承诺、债务或义务，以致权利人遭受损失时，由保证人在一定期限、一定金额内代为履约，或付出其他形式的赔偿。

工程保证担保是保证担保与工程项目相结合的产物。工程保证担保涉及的当事人有三方：①被担保人或委托人：提出保证担保申请的一方，对权利人具有合同义务的一方。②权利人或受益人：接受保证担保保护的一方，是主要受益人，在被担保人违约时有权按保证合同规定的条款，向保证人提出索赔的一方。③保证人：根据被保证人的要求开立保证合同书或保函的一方，其责任为保证被保证人履行有关合约，并在被保证人违约时，根据权利人提出的符合保证合同规定的索赔文件，向权利人作出赔偿或代其履行合同。被保证人为取得与权利人的基础合同（主合同），通过与保证人签订协议，要求保证人向权利人（债权人）出具保证，被保证人承担基础合同债务的保证书或保函。因而，保证人与权利人是一种索赔/补偿关系，保证人与被保证人是一种委托/监管关系。

工程保证担保制度是一种维护建设市场秩序、保证参与工程各方守信履约，实现公开、公正、公平的风险管理机制。

9.5.1 实行工程保证担保制度的意义

工程保证担保制度在促进建筑业快速健康发展，保证工程质量，促使建筑企业优胜劣汰，保障建筑工人、材料供应商、分包商权益等方面都有极大的促进作用。

1. 促使建筑业快速、健康发展

由于承包商是否履约关系到保证人的切身利益，因此，保证人在提供担保保证前必须全面考察承包商的实力、信誉、资质等各个方面。这样，一些实力薄弱、信誉不佳的承包商将有可能得不到保证担保，由此而失去承包工程项目的机会，久而久之也就失去了继续发展的力量源泉，并在激烈的竞争中被淘汰。而生存下来的建筑企业也时时面临着巨大的压力，迫使其采用先进技术提高竞争力，提高自身信誉，提高企业的履约率，还可以减少工程建设纠纷。

2. 保证工程质量，减少安全事故

实行工程保证担保制度，不仅可以规范建筑市场的运行机制，预防腐败，而且也可以对建筑企业的资质、管理水平、施工设备及资金状况进行认真考核，还可以对建筑企业在投标时作出的承诺及中标后的工程履约程度进行监督。这是以市场的手段建立起来的一道硬性市场准入门槛，这样可以使建筑企业认真履行合同，保证工程质量，在提高自身水平的同时，也会尽可能地减少工程安全事故。

3. 建立建筑市场的信用机制

工程承包商与担保人之间其实是一种信用交易的关系，是一种从无到有、从小到大、逐渐积累的过程。承包商要想取得担保人的信任和担保，是一个长期的、重复交易的过程。信用本身的形成也是一个长期过程。当承包商的信用度积累得越来越高时，它就会更加注重自己的信用，也就会更加努力地维持，进而提高自身的信用。而且，信用机制有一个特殊的规律——信用一旦丧失就很难恢复起来，即建立信用比毁坏信用难得多。就某种意义来说，信用是企业的生命。建筑企业一般不会拿自己的信用来违约，违约可以获得一时的利益，但是从长远来看对企业造成的损失是无法弥补的。因此，建立和推广工程保证担保制度对于建立建筑市场的信用机制具有极大的推动作用。

4. 遏制拖欠工程款问题

拖欠工程款是阻碍建筑业发展的一大痼疾。拖欠工程款主要分为两类：一类是业主拖欠承包商的工程款，另一类则是承包商拖欠材料供应商、分包商和建筑工人的工程款。对于第一类问题，可以通过业主的支付保证担保来进行有效的遏制，保证人为有支付能力的业主提供付款保证担保，保证业主在工程项目完成后，按照施工合同的约定向承包商支付工程款。如果业主违约，保证人就会在保证额度内代替业主支付工程款，并同时向业主索赔，这样就使得业主不仅在经济上付出代价，更重要的是在信用上付出代价。对于第二类问题，也可通过承包商的付款保证担保来遏制解决。付款保证担保是指承包商与业主签订承包合同的同时，向业主保证与工程项目有关的工人工资、材料供应商和分包商的工程款会按时支付，从而使业主避免可能由此而引起的法律纠纷和管理上的负担，同时也就保证了工人、材料供应商和分包商的合法权益。在工程保证担保制度成熟的情况下，承包商的资质、信誉对其以后的发展具有不可估量的意义，因此，承包商一般不敢冒着信誉受损的风险而拖欠工程款。

为了解决建筑领域拖欠工程款的痼疾，要做到清欠和防范并重，只有不断建立健全包括工程担保、信用体系等在内的长效机制，才能从源头上遏制和预防新的拖欠问题的产生。

5. 简化政府部门的繁杂工作

由于工程保证担保制度完全按照市场机制运行，业主、承包商、保证人之间为了各自的权益必定相互合作，以求工程达到最优。即使他们之间产生纠纷，也会通过市场经济规律自行解决，而不需要政府出面对具体的建筑工程微观活动进行监督管理。这样既可以有效地防治腐败、纠正违法违纪现象，又可以提高政府的工作效率。

9.5.2 工程保证担保制度的理论依据

工程保证担保的实行，理论上的重要依据是经济学中的信息不对称原理。信息不对称原理是指信息在相互对应的经济个体之间呈不均匀、不对称的分布状态。信息不对称的产生既有主观方面的原因，也有客观方面的原因。主观原因是不同的经济个体获取信息能力的不对称性。客观方面，经济个体获取信息的多少与多种社会因素有关，其中社会劳动分工和专业化是最为重要的社会因素。随着社会分工的发展和专业化程度的提高，行业专业人员与非专业人员之间的信息差别越来越大，社会成员之间的信息分布将越来越不对称。因此，信息不对称在当今商品社会是广泛客观存在的。

根据信息不对称原理，不对称信息大致可以分为两类：第一类是指外生的信息，诸如交易当事人的能力偏好、身体状况等，这类信息不是由当事人行为造成的，某种意义上是先天的、先定的、外生的。这类信息一般出现在合同签订之前。出现这种情况时，要解决的问题就是设计怎样的机制能够获得对己方有用的信息，或诱使对方披露真实的信息，然后达到一种最好的契约安排。第二类不对称信息是内生的，取决于当事人行为的本身，就是说在签订合同的时候，当事人双方拥有的信息是对称的，但签订合同后，一方则对另一方的行为无法有效监督约束。如签订工程施工合同后，承包商是否严格按照规范要求施工。这类行为一般发生在合同签订以后。这种情况下，就产生了典型的激励机制。

非对称信息条件下的市场交易双方之间的关系在经济学上称为委托代理关系。其中占有信息优势的一方称为代理人，而处于信息劣势的相对方称为委托人。在建设工程市场中，存在着众多复杂关系，其中业主和承包商的关系是整个项目实施过程中最重要的关系，两者之间是一种非常密切的委托代理关系。承包商由于业务专长，对与工程建设有关的信息，如工程施工的详细内容、实际发生成本和工程质量等，比业主更清楚。业主与承包商在涉及工程建设施工方面的相对优势不同，决定了两者间的信息不对称。

由于社会经济活动主体趋利避害的本性，执行合同的一方都有选择对自己有利而对另一方不利的行为的决策潜在激励。如果涉及执行合同的信息在合同双方间的分布是对称分布，则这种潜在的激励不会变成现实。主要原因有两个：

第一，道德风险。它是指交易合同达成后，一方在最大限度地增进自身利益时，作出不利于另一方的行为。道德风险是经济人趋利避害的本性直接体现。在工程建设市场上，业主和承包商双方都有可能发生道德风险的激励。对于承包商有：一是擅自改变工程款的专项用途，使工程项目因短期缺资金而不能按约工期完成；二是偷工减料，以次充好，达不到合同质量的要求；三是隐瞒实情，虚报价量，造成投资失控与严重超支。而业主的道德风险主要是拖欠工程款，不合理占用他人的货币资源，造成对方因资金周转困难而陷入困境。

第二，逆向选择。它是指在信息不对称的条件下，合同的一方可能隐藏自己的私有信息，反而提供不真实的信息，以谋求增加自己的利益，但这种行为却损害到另一方的利益。例如，在工程招标投标过程中，由于招标人和投标人的信息不对称，拥有信息优势的承包商会导致招标结果失灵。面向全社会公开招标，如果没有对投标人资格的限制，就会出现鱼龙混杂的局面，招标人在缺乏信息条件下，无法全面了解各投标人的信用、实力情况，难以甄别投标人的报价真实性。在这种情况下，如盲目采用最低价中标法，就有可能选择实力差、信用低的投标者中标。

为了解决合同双方之间的信息不对称及其引起的道德风险与逆向选择问题，一种惩戒机制的设计就显得非常重要，它可以强迫信息优势方公开隐蔽信息和减少隐蔽行动，不得作出有损于另一方利益的事情。工程保证担保正是这样一个信用工具。在保证担保中，委托人对代理人能否履约缺乏足够的信息，但他却可以充分信任第三方担保人。而担保人之所以敢于对代理人给予担保，是基于它对代理人履约能力有深入的了解。可以认为，委托人与保证人之间是信息对称的，而保证人与代理人之间也是信息对称的，于是保证人成为交易双方的一种信用桥梁，使得承包商与业主之间的信息达到对称，保证建设合同得以正常履行。例如，工程保证担保中常采用的两种方式：投标保证担保和履约保证担保。这两种保证担保就有效地解决了合同双方之间的信息不对称。投标保证担保是指投标人在投标报价之前或同时按照业主规定的保证金额向业主提交投标保证证书的一种形式。投标人为了获得保证担保必然向担保机构提出申请，而担保机构为了不使其产生大的经营风险，必须对申请人的资信状况有一个充分的了解，并对承包商进行严格的资格审查，只有在充分了解申请人、使双方信息达到对称的基础上，才会决定是否出具担保书。因此，有些国家在工程投标时用投标保证担保代替资格预审，解决了信息不对称中的逆向选择问题。履约保证担保是保证人保障承包商履行工程承包合同所作出的保证。通过履约保证担保，可充分保障业主在工程建设领域的合法权益。同时迫使承包商必须采取严肃认真的态度对待合同的执行，防止承包商在合同履行过程中为了自己的私利，作出任何违背合同、有损业主利益的事情。因为任何违约都会引起业主对保证人的索赔，这种损失最终将落回到承包商自己身上。因此，履约保证担保可有效地克服信息不对称中的道德风险问题，使双方信息达到对称。

通过担保公司对投标人的严格资质预审，还能有效地提高业主的信息甄别力。为获得有关保函，承包商必须向担保公司披露某些重要信息，否则专业担保公司不开具工程担保保函，它就失去参与投标的资格。由于获得保函必须依靠承包商的信誉和综合实力，承包商能够获得保函保额的高低，也传递了其信誉和实力的优劣，业主可从中掌握投标人较多的综合信息，减少业主信息搜索工作量。保证担保的基本经济学意义就是完善市场信息机制，修正市场的信息不对称状态，增进市场信用，为发挥价格机制对市场的自动调节作用创造条件。

9.5.3 工程保证担保的形式

1. 投标保证担保（bid bond/tender guarantee）

投标保证担保是投标人在投标报价前或同时向业主提交投标保证金或投标保函等（保证一旦申诉，即签约承包工程）。投标担保额度一般为报价总额的1%~2%，小额合同按

3%计算,在报价最低的投标人有可能撤回投标的情况下可达5%。

投标保证担保一般有三种做法:

(1)由银行提供投标保函,一旦投标人违约,银行将按照担保合同的约定对业主进行赔偿。

(2)由担保人出具担保书,一旦投标人违约,担保人将支付业主一定的赔偿金。赔偿金可取该标与次低标之间的报价差额,同时次低标成为中标人。

(3)投标人直接向业主交纳投标保证金。

实行投标担保,由于投标人一旦撤回投标或中标后不与业主签约,便承担业主的经济损失,因此可促使投标人认真对待投标报价,担保人严格审查投标人的承包能力、资信状况等,从而限制了不合格的承包商参加投标活动。

2. 履约保证担保(performance bond/guarantee/security)

履约保证担保是承包商按照合同约定履行义务所做的一种经济承诺方式。履约保证担保一般也有三种做法。

(1)由银行提供履约保函,一旦承包商不能履行合同义务,银行要按照合同约定对业主进行赔偿。银行履约保函一般只担保合同价的10%~25%,美国则规定联邦政府工程的履约担保必须担保合同价的全部金额。

(2)由担保人提供担保书,如果是非业主的原因致使承包商不能按合同完成工程项目,则担保人必须无条件保证工程按合同的约定完工。它可以给承包商以资金上的支持,避免承包商宣告破产而导致工程失败;可以提供专业和技术上的服务,使工程得以顺利进行;可以将剩余的工程转给其他的承包商去完成,并弥补费用的价差。如果上述方法都不行,则以现金赔偿业主的损失。

(3)由中标人直接向业主交纳履约保证金。当承包商履约后,业主即退还保证金;若中途毁约,业主则予以没收。通过履约保证担保,可以充分保障业主的合法权益,并迫使承包商认真对待合同的签订和履行。

3. 付款保证担保(payment bond/guarantee)

付款保证担保保证承包商根据合同向分包商付清全部的工资和材料费用,以及材料设备厂家的货款。一般来说,它是履约保证担保的一部分。

4. 业主支付担保(employer payment bond/guarantee)

业主支付担保实质是业主的履约担保,须同承包商履约担保对等实行,即业主要求承包商提供履约担保的,也要同时向承包商提供支付担保。

5. 预付款保证担保(advance payment bond/guarantee)

预付款保证担保保证业主预付给承包商的工程款用于建筑工程而不挪作他用。随着业主按照工程进度支付工程价款并逐步扣回预付款,预付款担保责任随之减少直至消失。一般为合同价的10%~30%。

6. 质量保证担保(maintenance bond/guarantee)

质量保证担保保证承包商在工程竣工后的一定期限内,将负责质量问题的处理责任。若承包商拒不对出现的问题进行处理,则由保证人负责维修或赔偿损失。

7. 价格差额担保(price difference bond/guarantee)

价格差额担保是指如果某项工程的中标价格低于标底10%以上,业主要求承包商通过担保人对中标价格与标底之间的差额部分提供担保，以保证按此价格承包工程不致造成质量的降低。

8. 完工担保（completion bond/guarantee）

完工担保保证承包商按计划完工，并对该工程不具有留置权。

9. 保留金担保（retention money bond/guarantee）

保留金担保是指业主按月给承包商发放工程款时，要扣一定比例作为保留金，以便在工程不符合质量要求时用于返工。

10. 其他保证担保形式（others）

除了上述工程保证担保形式之外，要求承包商提供的还有免税进口材料设备保证、机具使用保证、税务保证等工程担保形式等。

由于保证担保人所提供的担保金额较高，而收取的担保费很低（不足2%），因此，保证担保人的责任风险是很大的。保证担保人往往用以下方法减少或分散所承受的风险。

（1）反担保

反担保是指被担保人对担保人为其向债权人支付的任何偿付，均承担返还义务。担保人为防止向债权赔偿后，不能从被担保人处获得补偿，可以要求被担保人以其自身资产、银行存款、有价证券或通过其他担保人等提出反担保，作为担保人出具担保的条件。一旦发生代为赔偿的情况，担保人可以通过反担保追偿赔付。

（2）分包担保

分包担保是指当工程存在总分包关系时，总承包商要为各分包商承担连带责任。总承包商为了保险自身的权益不受损害，往往要求分包商通过担保人为其提供担保，以防止分包商负约或负债。通常这也是总承包商将工程分包给分包商的必要条件。

（3）购买保证担保

购买保证担保是指向保险公司购买保证担保保险，从而把一部分风险转给保险公司。

（4）使用分保（合作担保）

使用分保（合作担保）是指与其他担保公司合作担保，以分散保证责任，扩大业务，增强担保能力。

9.5.4 工程保证担保的一般程序

工程保证担保的一般程序包括担保申请人提出申请、担保人审查与担保的签发三个基本过程。

1. 担保申请人提出申请

凡向银行、金融机构、担保公司等担保机构（担保人）提出担保申请的申请人，可同担保人初步协商后领取和填写《委托担保申请书》，提交下列文件资料，并保证其真实性：企业的章程及营业执照（副本）复印件，企业法定代表人的身份证明，具有法定资格单位提供的企业近三年的损益表、利润分配表、资产负债表、财务状况变动表，由公司认可的资信证明，建设项目可行性研究报告及主管部门的批件，提供落实反担保措施的文件。抵押反担保的，应提供能够证明抵押财产的名称、数量、范围、所在地、占有方式、产权归属等情况的有关文件材料，经具有资格的资产评估机构对抵押财产作出的评估报告等材料。信用反担保的，应提供信用反担保人的营业执照复印件、企业章程、资产负债率、利润表等,足以证明信用反担保人的资信情况及履约能力的文件材料,银行或担保公司认为必要的其他文件。

2. 担保人审查

担保机构收到《委托担保申请书》及有关文件资料后,组织有关专家进行评估审查。审查的内容主要包括诸如承包商资金、能力、信誉、经验等,然后评估出担保人可以向申请人提供的最大的担保额度。

(1) 资金状况。如担保申请人的银行存款、可变现的财产、应收账款、应付账款、资产负债率、施工中工程以及其他与财务有关的事项。

(2) 工程能力。如公司的技术能力、人员的专业技术水平、机具的种类及数量等。

(3) 信誉。公司本身的信誉、社会影响,还包括高级管理人员的学识、经验和信誉等。

(4) 工程特性。如工程的大小、种类、地点、工程技术风险、建设条件等。

(5) 业主的支付能力、信誉及是否向承包商提供支付工程款担保,工程所处环境包括气候等,与工程有关的物资、劳动力的供应、当地政府的政策支持,经济环境等。

担保人在详细考察上述情况后,可以根据不同的情况采用专家评分法,给各个影响因素赋以不同的权数,计算出担保限额。

3. 担保的签发

经有关专家评估审查同意后,由担保机构签署《审批意见书》,并通知债权人,签订工程《委托担保协议书》。如债权人认可《委托担保协议书》并接受担保公司的担保,由担保工程公司草拟有关大致合同文本,经担保机构与合同各方当事人协商一致,并经主管领导或其授予代表批准后,正式办理签订有关合同的手续。

9.5.5 工程保证担保与工程保险的比较

工程保险和工程保证担保是工程项目风险管理的两种重要途径,它们之间既有相同之处,又存在很多差别。

1. 两者的共性

(1) 有偿性相同。都是有偿的工程风险转移的重要手段。

(2) 目的相同。都是保障债权人在合同中权利的实现。

(3) 方式相同。都包括一般保证(保证人在主合同纠纷未经审判或仲裁,并就债务人财产依法强制执行仍不能履行债务前,对债权人可以拒绝承担保证责任)与连带责任保证(所保证的债务人在主合同规定的义务履行期届满没有履行义务的,债权人可以要求债务人履行义务,也可以要求保证人在其保证范围内承担保证责任,不需要通过仲裁或者法院审判程序)。

(4) 时效相同。都是在签发保函或保单时即作出保证。

(5) 从属相同。性质上都是从属合同,很大程度上依附于工程承包这个主合同。

2. 两者的差异

(1) 风险对象不同。保证担保面对的是"人祸",人为的违约责任;保险面对的是"天灾",意外事件、自然灾害。

(2) 风险方式不同。保险合同是在投保人和保险人之间签订的,风险转移给了保险人。保证担保当事人有三方:委托人、权利人和保证担保人。权利人是享受合同保障的人,是受益方。当委托人违约使权利人遭受经济损失时，权利人有权从保证担保人处获得补偿。这就与保险区别开来，保险是谁投保谁受益，而保证担保的投保人并不受益，受益的是第三方。最重要的在于，委托人并未将风险最终转移给保证担保人。这也就是说，最终风险承担者仍是委托人自己。

（3）风险责任不同。依据担保法律，委托人对保证人为其向权利人支付的任何赔偿，有返还给保证人的义务；而依据保险法律，保险人赔付后是不能向投保人追偿的。另外，在保证担保中，保证人承诺有责任通常属"第二性"赔付责任。

（4）风险选择不同。同样作为投保人，保险没有选择性，只要投保人愿意，都可以被保险。保证担保则不同，这必须通过资信审查评估等手段选择有资格的委托人。因此在发达国家，能够轻松地拿到保函，是有信誉、有实力的象征。也正因为这样，通过保证担保可以建立一种严格的建设市场准入制度。

（5）风险预期不同。保险业对于风险损失是有预期的，而保证担保在理论上却不希望发生风险损失，这可能是不现实的，但却是保证担保的原理。由于保证担保人在出具保函前要对委托人的各种有关情况进行调查，进行充分的可行性研究，所以，一旦决定保证担保，基本上能确信不大可能发生委托人不履约行为。换句话讲，保险建立在实际可计算的预期损失基础上，而保证担保则建立在委托人的信用等级和履约能力基础上。保险造就的是互助机制，保证担保造就的是信用机制。形成信用机制是建立工程保证担保制度的主要目的所在。

本章小结

风险管理是项目管理的两大基础之一。风险在工程项目管理中无时不有，无处不在，这就要求我们转变观念，加强风险意识，努力克服风险管理的技术难点。

风险管理首先要求准确地识别风险，风险识别后还要衡量风险，反复比较，并对风险进行详细的分析。

风险管理的一个重要方面就是要抓住风险的特性，对风险保持高度的防范意识，同时制定出处理风险的对策，即风险控制和财务措施。

参加工程项目保险是强化项目抵御风险能力的重要途径。要了解工程项目保险的特点和类别，合理选择保险公司，签署保险合同。

推行工程保证担保制度，是加强工程建设规范管理较理想的对策选择。深刻理解保证担保的理论有助于我们掌握工程保证担保的基本形式，按程序办事。

思 考 题

1. 何谓工程项目风险？它有哪些特点？
2. 项目风险管理的概念是什么？风险管理的内容有哪些？
3. 简述风险识别的六个步骤。
4. 风险分析的主要内容是什么？
5. 为什么说风险防范是可能的？
6. 简述风险处理的两种最基本方法。

7. 何谓工程项目保险？本章介绍了哪几个险种？
8. 何谓工程保证担保制度？大致有哪些形式？
9. 保证担保人往往用哪些方法减少或分散所承受的风险？
10. 分析工程保证担保与工程保险的异同。

第10章 工程项目竣工验收与投产准备

【学习目标】 充分认识工程项目竣工验收阶段对于保证工程项目由施工转入正常使用的重要桥梁作用,了解和掌握这个阶段应注意的各项工作内容。

【关键概念】 工程项目竣工验收 投产准备 项目后评价

10.1 概 述

10.1.1 工程项目竣工验收的概念

工程项目按照设计要求及与建设各方签订的合同的规定,建设内容已全部完成或工程具备使用条件,叫作工程竣工。

工程项目竣工验收就是由建设单位、施工单位和项目验收委员会,以项目批准的设计任务书和设计文件,以及国家(或部门)颁发的施工验收规范和质量检验标准为依据,按照一定的程序和手续,在项目建成并试生产合格后,对工程项目的总体进行检验和认证的活动。

工业生产项目,须经试生产合格,形成生产能力,能正常生产出合格产品后,方能进行验收;非工业生产性项目,应能正常使用,方可进行验收。

按我国建设程序的规定,竣工验收是项目投资建设期的最后一个阶段,是项目施工阶段和保修阶段的中间过程。只有经过竣工验收,项目才能实现由施工单位管理向建设单位管理的过渡,它标志着建设投资成果投入生产或使用。

10.1.2 工程项目竣工验收的作用

(1) 全面考察工程项目设计和施工的质量,以便及时发现和解决存在的问题,以保证项目按设计要求的各项技术经济指标正常使用。

(2) 是加强固定资产投资管理的需要。通过竣工验收办理固定资产交付使用手续,总结建设经验,提高建设项目的经济效益和管理水平。

(3) 解决工程项目遗留的问题。建设项目在批准建设时,一般都考虑了协作条件、市场需求、"三废"治理、交通运输以及生活福利设施,但由于施工周期长,情况发生变化,因此项目建成后,因主客观原因会发生许多新问题,而存在许多遗留问题及预料不到的问题。通过验收,可研究这些问题的解决办法和措施,从而使项目尽快投入使用,发挥效益。

(4) 全面考核项目的建设成果。建设项目建成投产交付使用后,能否取得良好的宏观效益,需要经过国家权威管理部门按照技术规范、技术标准组织验收确认。通过建设项目竣工验收,检验建设项目决策、设计、设备制造和管理水平、总结建设经验,以达到全面考核项目建设成果的目的。

10.1.3 工程项目竣工验收的主要任务

工程项目竣工验收是建设程序的最后一个阶段。工程项目经过竣工验收，由承包单位交付建设单位使用，并办理各项工程移交手续，标志着这个工程项目的结束，也就是建设资金转化为使用价值。

这个阶段的主要工作是：

（1）建设单位、勘察和设计单位、施工单位（包括各主要的工程分包单位）要分别对工程项目的决策和论证、勘察和设计以及施工的全过程，进行最后的评价，实事求是地总结各自在工程项目建设中的经验和教训。这项工作，实际上也是对工程管理全过程进行系统的检验。作为工程项目总承包单位的项目经理，还应该组织有关人员对整个工程项目进行工期分析、质量分析、成本分析。

（2）办理建设工程的验收和交接手续，办理竣工结算和竣工决算，办理工程档案资料的移交，办理工程保修手续等。总之，在这个阶段，要把整个工程项目的结束工作、移交工作和善后清理工作全部办理完毕。

（3）对施工单位来讲，应该把工程竣工作为一个过程看待，或者说把收尾和竣工作为一个阶段看待。在这个阶段，所承担的工程项目即将结束，并将转向或已经转向新的工程项目的施工，而本工程项目仍有很多收尾工作和竣工验收工作要做，这些工作做好了，有利于各个参与工程项目施工的单位顺利地撤摊拔点，缩短施工战线，投入新的工程项目的建设。

10.1.4 工程项目竣工验收的依据

工程项目竣工验收的依据，除了必须符合国家规定的竣工标准（或地方政府主管机关的具体标准）之外，在进行工程竣工验收和办理工程移交手续时，应该以下列文件作为依据：

（1）上级主管部门有关工程竣工的文件和规定。

（2）建设单位同施工单位签订的工程承包合同。

（3）工程设计文件（包括：施工图纸、设计说明书、设计变更洽谈记录、各种设备说明书等）和招投标文件。

（4）国家现行的施工验收规范。

（5）建筑安装工程统计规定。

（6）凡属从国外引进的新技术或进口成套设备的工程项目，除上述文件外，还应按照双方签订的合同书和国外提供的设计文件进行验收。

10.1.5 工程项目竣工验收的标准

工程项目由于性质不同，行业、类型不同，应达到的标准也有不同，这里介绍一般的验收标准。一般标准是无论什么项目起码应达到的或应具备的水平，通常由国家统一规定。下面作一简单介绍：

1. 建筑工程验收标准

凡是生产性工程、公用辅助设施和生活福利设施均已按批准的设计文件和规定的内容及施工图纸全部施工完毕，经验收规范验收后，工程质量符合各项要求，没有尾巴，能生产使用。

（1）所有建筑物（包括构筑物）、明沟、勒脚、踏步、斜道全部做完，内部粉刷完毕，两米以内场地已平整，无障碍物，道路通畅。

（2）建筑设备（室内上下水，采暖，通风，电器照明，管道，线路安装敷设工程）经过试验、检测，达到设计和使用要求。

（3）环境保护设施、劳动安全卫生设施、消防设施已按设计要求与主体工程同时建成使用。

2. 安装工程验收标准

需要安装的工艺设备、动力设备及仪表等均已按设计规定的内容和技术说明书的要求全部安装完毕，根据验收规范的规定，各道工序全部保质保量施工完毕，没有尾巴。

（1）工艺、物料、热力等各种管道已做好清洗、试压、吹扫、油漆、保温等工作，室外管线的安装位置、标高、走向、坡度、尺寸、送达的方向等经检测符合设计和使用要求。

（2）各种需要安装或不需要安装的设备，均已经过单机无负荷、联动无负荷、联动有负荷试车，符合安装技术要求，能够生产出设计文件规定的合格产品，具有形成设计规定的生产能力。

3. 人防工程验收标准

凡有人防工程或结合建设的人防工程的竣工验收必须符合人防工程的有关规定。

（1）按工程等级安装好防护密闭门；

（2）室外通道在人防密闭门外的部位增设防护门进、排风等孔口，设备安装完毕。

（3）目前没有设备的，做好基础和预埋件，具备有设备以后即能安装的条件；应做到内部粉饰完工；内部照明设备安装完毕，并可通电；工程无漏水，回填土结束；通道畅通等。

4. 生产设备验收标准

（1）确定了生产管理机构；拟定出有关的规章制度。

（2）人员配备及生产工人培训结束。

（3）外部协作条件及投产初期所用原材料、工具、器具、备品备件已落实。

5. 档案验收标准

（1）按照国家档案局、原国家发展计划委员会于1988年颁布的《基本建设项目档案资料管理暂行规定》，对基建中产生的资料应归档，且资料完整，无遗漏。

（2）档案资料准确、可靠。

（3）归案文件、资料已整理、加工、分类、立卷成册。

6. 竣工验收的特殊标准

更新改造项目和大修理项目，可以参照国家标准或有关标准，根据工程性质，结合当时当地的实际情况，由业主与承包商共同商定，提出适用的竣工验收的具体标准。国家没有作出具体规定，由于各部门、各行业其项目各有特点，无法统一规定特殊验收标准，各部门、各行业有自己的特殊规定，有自己的技术验收规范。

10.2 竣工验收的内容、质量核定及程序

10.2.1 竣工验收的内容

竣工验收的内容随工程项目的不同而异，一般包括下列内容：

1. 工程技术资料验收内容

包括：工程地质、水文、气象、地形、地貌、建筑物、构筑物及重要设备安装位置、勘察报告、记录；初步设计、技术设计或扩大初步计算、关键的技术试验、总体规划设计；土质试验报告、基础处理；建筑工程施工记录，单位工程质量检查记录，管线强度、密封性试验报告，设备及管线安装施工记录及质量检查，仪表安装施工记录；设备试车、验收运转、维护记录；产品的技术参数、性能、图纸、工艺说明、工艺规程、技术总结、产品检验、包装、工艺图；设备的图纸、说明书；涉外合同、谈判协议、意向书；各单项工程及全部管网竣工图等的资料。

2. 工程综合资料验收内容

包括：项目建议书及批件，可行性研究报告及批件，项目评估报告，环境影响评估报告书，设计任务书，土地征用申报及批准的文件，承包合同，招标投标文件，施工执照（施工单位的资质证书），项目的单项竣工验收报告（如环保、劳动安全、消防验收），验收鉴定书。

3. 工程财务资料验收内容

（1）历年建设资金供应（拨、贷）情况和应用情况。
（2）历年批准的年度财务决算。
（3）历年年度投资计划、财务收支计划。
（4）建设成本资料。
（5）支付使用的财务资料。
（6）设计概算、预算资料。
（7）施工决算资料。

工程技术资料、工程综合资料和工程财务资料属于工程资料验收。工程内容验收包括建筑工程验收、安装工程验收。

4. 建筑工程验收内容

在全部工程验收时，建筑工程早已建成了，有的已进行了"交工验收"，这时主要是如何运用资料进行审查验收，其主要内容有：

（1）建筑物的位置、标高、轴线是否符合设计要求。
（2）对基础工程中的土石方工程、垫层工程、砌筑工程等资料的审查，因为这些工程在"交工验收"时已验收过。
（3）对结构工程中的砖木结构、砖混结构、内浇外砌结构、钢筋混凝土结构的审查验收。
（4）对屋面工程的木基、望板油毡、屋面瓦、保温层、防水层等的审查验收。
（5）对门窗工程的审查验收。
（6）对装修工程的审查验收（抹灰、油漆等工程）。

5. 安装工程验收的内容

安装工程验收分为建筑设备安装工程、工艺设备安装工程、动力设备安装工程等验收。

（1）建筑设备安装工程（指民用建筑物中的上下水管道，暖气、煤气、通风管道、电气照明等安装工程）。应检查这些设备的规格、型号、数量、质量是否符合设计要求，检查安装时的材料、材质、材种，检查试压、闭水试验及照明。

（2）工艺设备安装工程包括：生产、起重、传动、实验等设备的安装，以及附属管线敷设和油漆、保温等。检查设备的规格、型号、数量、质量，设备安装的位置、标高，机座尺寸、质量，单机试车，无负荷联动试车，有负荷联动试车，管道的焊接质量、洗清、吹扫、试压、试漏、油漆、保温等及各种阀门。

（3）动力设备安装工程指有自备电厂的项目，或变配电室（所）、动力配电线路的验收。

10.2.2 竣工验收的质量核定

工程竣工质量核定，是政府对竣工工程进行质量监督的一种带有法律性的手段，目的是保证工程质量、保证工程结构安全和使用功能，它是竣工验收交付使用必须办理的手续。质量核定的范围包括新建、扩建、改建的工业与民用建筑，设备安装工程、市政工程等。一般由城市建设机关的工程质量监督部门承监，竣工工程的质量等级，以承监工程的质量监督机构核定的结果为准，并发给《建设工程质量合格证书》（以下简称《合格证书》）。

1. 申报竣工质量核定的工程条件

（1）必须符合国家或地区规定的竣工条件和合同中规定的内容。委托工程监理的工程，必须提供监理单位对工程质量进行监理的有关资料。

（2）必须具备各方签认的验收记录。对验收各方提出的质量问题，施工单位进行返修的，应有建设单位和监理单位的复验记录。

（3）提供按照规定齐全有效的施工技术资料。

（4）保证竣工质量核定所需的水、电供应及其他必备的条件。

2. 核定的方法、步骤

单位工程完成之后，施工单位要按照国家检验评定标准的规定进行自检，符合有关技术规范、设计文件和合同要求的质量标准后，提交建设单位。建设单位组织设计、监理、施工等单位及有关方面，对工程质量评出等级，并向承监工程的监督机构提出申报竣工工程质量核定。承监工程的监督机构，受理了竣工工程质量核定后，按照国家的《工程质量检验评定标准》进行核定；经核定合格或优良的工程，发给《合格证书》，并说明其质量等级。《合格证书》正本1本，发给建设单位；副本2本，分别由施工单位和监督机构保存。工程交付使用后，如工程质量出现永久缺陷等严重问题，监督机构将收回《合格证书》，并予以公布。

经监督机构核定不合格的单位工程，不发给《合格证书》，不准投入使用。责任单位在规定限期返修后，再重新进行申报、核定。

在核定中，如施工技术资料不能说明结构安全或不能保证使用功能的，由施工单位委任法定检测单位进行检测。核定中，凡属弄虚作假、隐瞒质量事故者，由监督机构对责任单位依法进行处理。

10.2.3 竣工验收的程序

为了把竣工验收工作做好，一般可分为两个步骤进行：一是由施工单位（承包单位）先进行自验；二是正式验收，即由施工单位同建设单位和监理单位共同验收，对大型工程或重要工程，还要上级领导单位或地方政府派员参加，共同进行验收，验收合格后，即可将工程正式移交建设单位使用。

1. 竣工自验（亦称竣工预验）

竣工自验是施工单位内部先自我检验，为正式验收做好准备。

（1）自验的标准应与正式验收一样，主要依据是：国家（或地方政府主管部门）规定的竣工标准和竣工口径；工程完成情况是否符合施工图纸和设计的使用要求；工程质量是否符合国家和地方政府规定的标准和要求；工程是否达到合同规定的要求和标准等。

（2）参加自验的人员，应由施工单位项目经理组织生产、技术、质量、合同、预算以及有关的施工工长等共同参加。

（3）自验的方式，应分层分段、分房间地由上述人员依自己主管的内容逐一进行检查。在检查中要做好记录。对不符合要求的部位和项目，确定修补措施和标准，并指定专人负责，定期修理完毕。

（4）复验。在基层施工单位自我检查的基础上，对查出的问题全部修补完毕以后，项目经理应提请上级（如果项目经理是施工企业的施工队长或工区主任级者，应提请公司或总公司一级）进行复验（按一般习惯，国家重点工程、省市级重点工程，都应提请总公司级的上级单位复验）。通过复验，要解决全部遗留问题，为正式验收做好充分准备。

2. 正式验收

在自验的基础上，确认工程全部符合竣工验收标准，具备了交付使用的条件后，即可开始正式竣工验收工作。

（1）发出《竣工验收通知书》。施工单位应于正式竣工验收之前，向建设单位发送《竣工验收通知书》。

（2）组织验收工作。工程竣工验收工作由建设单位邀请设计单位及有关方面参加，同施工单位一起进行检查验收。列为国家重点工程的大型建设项目，由国家有关部委邀请有关方参加，组成工程验收委员会，进行验收。

（3）签发《竣工验收证明书》并办理移交。在建设单位验收完毕，并确认工程符合竣工标准和合同条款规定要求以后，应向施工单位签发《竣工验收证明书》。

（4）进行工程质量核定。

（5）办理工程档案资料移交。

（6）办理工程移交手续。在对工程检查验收完毕后，施工单位要向建设单位逐项办理工程移交和其他固定资产移交手续，并应签认交接验收证书，办理工程结算手续。工程结算由施工单位提出，送建设单位审查无误以后，由双方共同办理结算签认手续。工程结算手续一旦办理完毕，除施工单位承担保修工作（在保修期内）以外，甲、乙双方的经济关系和法律责任即予解除。

（7）办理工程决算。整个工程项目完工验收后，并办理了工程结算手续，要由建设单位编制工程决算，上报有关部门。至此，项目的全部建设过程即告终结。

10.3 工程档案与竣工图移交

10.3.1 工程档案的移交

工程档案是工程项目的永久性技术文件,是进行维修、改建、扩建时的重要依据,也是必要时对工程进行复查的重要根据。在工程项目竣工以后,工程承包单位的项目经理(或由项目经理委托的主管人员)需按规定向建设单位正式移交这些工程档案资料。因此,施工单位的技术管理部门,从工程一开始,就应有专人负责收集、整理和管理这些档案资料,不得丢失或损坏。

1. 移交工程档案资料的内容

(1) 开工执照。

(2) 竣工工程一览表。包括各个单项工程的名称、面积、层数、结构以及主要工艺设备和装置的目录等。

(3) 地质勘察资料。

(4) 工程竣工图、施工图会审记录,工程设计变更记录,施工变更洽商记录(如果项目为保密工程,工程竣工后需将全部图纸和资料交付建设单位,施工单位不得复制图纸)。

(5) 永久性水准点和坐标位置,建筑物、构筑物基础深度的测量记录。

(6) 上级主管部门对该工程有关的技术规定文件。

(7) 工程所用的各种重要材料、成品、半成品、预制加工构件以及各种设备或者装置的检验记录或出厂证明文件。

(8) 灰土、砂浆、混凝土等的试验记录。

(9) 新工艺、新材料、新技术、新设备的试验、验收和鉴定记录或证明文件。

(10) 一些特殊的施工项目的试验或检验记录文件。

(11) 各种管道工程、钢筋、金属件等的埋设和打桩、吊装、试压等隐蔽工程的检查和验收记录。

(12) 电气工程线路系统的全负荷试验记录。

(13) 生产工艺设备的单体试车、无负荷联动试车、有负荷联动试车记录。

(14) 地基和基础工程检查记录。

(15) 防水工程(主要包括地下室、厕所、浴室、厨房、外墙防水体系、阳台、雨篷、屋面等)的检查记录。

(16) 结构工程的检查记录和历次中间检查记录。

(17) 工程施工过程中发生的质量事故记录,包括发生事故的部位、程度、原因分析以及处理结果等有关文件。

(18) 工程质量评定记录。

(19) 建筑物、构筑物的沉降、变形的观测记录。

(20) 设计单位(或会同施工单位)提出的对建筑物、构筑物、生产工艺设备等使用中应注意事项的文件。

(21) 工程竣工验收报告、工程竣工验收证明文件。

（22）《红线桩钉标成果通知单》。如果施工单位负责进行建设用地钉红线桩工作，则在工程项目竣工时，同时移交给建设单位，并妥善保管，作为建设单位取得钉桩范围内土地使用权的法律依据。同时，对现场已钉好的红线桩采取有效措施加以保护，避免丢失、移位、埋没。

（23）其他需要移交的文件和实物照片等。

2．工程档案的要求和移交办法

凡是移交的工程档案和技术资料，必须做到真实、完整、有代表性，能如实地反映工程和施工中的情况。这些档案资料不得擅自修改，更不得伪造。同时，凡移交的档案资料，必须按照技术管理权限，经过技术负责人审查签认；对曾存在的问题，评语要确切，经过认真的复查，并作出处理结论。

工程档案和技术资料移交，一般在工程竣工验收前，建设单位（或工程设施管理单位）应督促和协同施工单位检查施工技术资料的质量，不符合要求的，应限期修改、补齐、甚至重做。各种技术资料和工程档案，应按照规定的组卷方法、立卷要求、案卷规格以及图纸折叠方式、装订要求等，整理资料。

全部施工技术资料和工程档案，应在竣工验收后，按协议规定的时间移交给建设单位，并应符合城市档案的有关规定。在移交时，要办理《建筑安装工程施工技术资料移交书》，并由双方单位负责人签章，及附《施工技术资料移交明细表》。至此，技术资料移交工作即告结束。

10.3.2 竣工图移交

竣工图是真实地记录建筑工程竣工后实际情况的重要技术资料，是工程项目进行交工验收、维护修理、改造扩建的主要依据，是工程使用单位长期保存的技术档案，也是国家的重要技术档案。竣工图应具有明显的"竣工图"字样标志，并包括有名称、制图人、审核人和编制日期等基本内容。竣工图必须做到准确、完整、真实，必须符合长期保存的归档要求。

竣工图绘制的要求：

（1）在施工过程中未发生设计变更，完全按图施工的建筑工程，可在原施工图纸（须是新图纸）上注明"竣工图"标志，即可作为竣工图使用。

（2）在施工过程中虽然有一般性的设计变更，但没有较大的结构性或重要管线等方面的设计变更，而且可以在原施工图纸上修改或补充，也可以不再绘制新图纸，可由施工单位在原施工图纸（必须是新图纸）上，清楚地注明修改后的实际情况，并附以设计变更通知书、设计变更记录及施工说明，然后注明"竣工图"标志，亦可作为竣工图使用。

（3）建筑工程的结构形式、标高、施工工艺、平面布置等有重大变更，原施工图不再适于应用，应重新绘制新图纸，注明"竣工图"标志。新绘制的竣工图，必须真实地反映出变更后的工程情况。

（4）改建或扩建的工程，如果涉及到原有建筑工程，并使原有工程的某些部分发生工程变更者，应把与原工程有关的竣工图资料加以整理，并在原工程图档案的竣工图上增补变更情况和必要的说明。

（5）在一张图纸上改动部分超过40%，或者修改后图面混乱、分辨不清的图纸，不能作为竣工图，需重新绘制新竣工图。

除上述五种情况之外，对竣工图还有下列要求：
（1）竣工图必须与竣工工程的实际情况完全符合。
（2）竣工图必须保证绘制质量，做到规格统一，符合技术档案的各种要求。
（3）竣工图必须经过施工单位主要技术负责人审核、签认。
（4）编制竣工图，必须采用不褪色的绘图墨水，字迹清晰；各种文字材料不得使用复写纸，也不能使用一般圆珠笔和铅笔等。

10.4 竣 工 决 算

竣工决算一般应在项目办理竣工验收后的规定期限内编好，并上报主管部门。

10.4.1 竣工决算的内容

竣工决算是全部工程完工并经有关部门验收后，由建设单位编制的综合反映该工程从筹建到竣工投产全过程中各项资金的实际运用情况、建设成果及全部建设费用的总结性经济文件。

竣工决算的内容由文字说明和决算报表两部分组成。文字说明主要包括：工程概况、设计概算和基建计划的执行情况，各项技术经济指标完成情况，各项投资资金使用情况，建设成本的投资效益分析，以及建设过程中的主要经验、存在问题和解决意见等。决算表格分大中型项目和小型项目两种。大中型项目竣工决算表包括：竣工工程概况表、竣工财务决算表、交付使用财产总表、交付使用财产明细表。小型项目竣工决算表按上述内容合并、简化为小型项目竣工决算总表和交付使用财产明细表。

10.4.2 竣工决算与竣工结算的区别

竣工结算是竣工决算的主要依据，两者的区别主要在于：

1. 编制单位和内容不同

竣工结算是决定甲乙双方之间的合同价款的文件，是由施工单位预算、造价人员编制，建设单位预算、造价人员审核的支付工程款文件。

竣工决算是建设单位财会人员编制，由主管部门或者会计师事务所的权威人士审核，决定进入固定资产份额的经济文件。

竣工结算内容包括施工单位承担施工的建筑安装工程全部费用，它与所完成的建筑安装工程量及单位工程造价一致，最终反映的是施工单位在本工程项目中所完成的产值。竣工决算是建设单位财务部门编制的，包括建设项目从筹建开始到项目竣工交付生产（使用、营运）为止的全部建设费用，最终反映的是工程项目的全部投资。

竣工决算包括从筹集到竣工投产全过程的全部实际费用，包括建筑工程费、安装工程费、设备工器具购置费用及预备费和投资方向调节税等费用。按照财政部、国家发改委和住建部的有关文件规定，竣工决算是由竣工财务决算说明书、竣工财务决算报表、工程竣工图和工程竣工造价对比分析四部分组成。前两部分又称建设项目竣工财务决算，是竣工决算的核心内容。

2. 作用不同

竣工结算的作用是：为竣工决算提供基础资料；作为建设单位和施工单位核对和结算工

程价款的依据；是最终确定项目建筑安装施工产值和实物工程量完成情况的基础材料之一。

竣工决算的作用是：反映竣工项目的建设成果；作为办理交付验收的依据，是竣工验收的重要组成部分。

10.5 工程项目的投产准备

10.5.1 概念

投产准备是指项目在建设期间为竣工后能及时投产所做的各项准备工作。在整个工程项目实施过程中，从始至终都要注意使项目建成后如何顺利投入生产的各项准备工作，这是由建设阶段顺利转入生产阶段的必要条件，是项目管理的重要组成部分。

项目的试运行、试生产是投产准备工作的最后一项工作，这是对项目建设的质量和运转性能的全面检验，也是正式投产前，由试验性生产向正式投产的过渡过程，一般来讲，项目需经过一段时间的试生产（有的长达一、二年），待到生产过程基本稳定，并取得业主认可后，方能进行验收，并转入正常运行生产。

10.5.2 投产准备工作的步骤

投产准备工作贯穿于项目建设的各个阶段，但各个阶段准备工作的要求不同，现分述如下：

1. 前期及施工阶段的准备工作

建立项目筹建机构时，应同时设置生产准备机构，并应结合建设进度，编制生产准备的工作计划，主要工作有：

（1）组织职工，分批、分期培训。

（2）根据设计的产品纲领、生产工艺方法，落实设备、原材料、燃料、动力供应的内外部生产条件。

（3）做好生产技术准备，如制定产品的技术标准、设备的操作维护规程，组织试运行和试生产。

（4）施工进入设备安装调试阶段后，要组织生产人员参加设备的安装调试。

2. 试生产验收阶段的准备工作

工程完工后，建筑安装单位要进行设备调试和联动无负荷试车，合格后交给建设单位，由经过培训的生产工人进行联动有负荷试运行（一般要连续进行72小时），然后转入试生产。此时，建筑安装单位应配合建设单位进行。

试运行、试生产阶段是生产准备工作的高峰和结束，生产所需要的原材料、燃料要提前到厂，生产工人要进行操作规程考核。

10.5.3 投产准备工作的内容

1. 投产准备工作计划的编制

在初步设计（或扩初设计）批准之后，应结合项目建设的进度，计划下列内容：投产准备机构的设置、人员培训、技术准备、物资准备、外部协作条件的准备、建立规章制度和试运行等计划。

2. 投产准备机构的设置

随着项目建设的进展，投产准备机构应由小到大，逐步完善。到建设后期，大量设备进入全面安装调试阶段，应配备生产管理人员，并参加安装调试。待进入工程结束阶段，工程的筹建班子应与投产准备班子合为一体，成立生产管理机构。

3. 生产管理人员及工人的配备和培训

应根据初步设计规定的劳动定员和劳动组织计划来确定各类人员的人数，并分批、分期进行培训。在建设后期，参加设备的安装调试。

4. 生产技术准备与有关规章制度的建立

生产技术准备包括：

(1) 参加设计审查，熟悉生产工艺、技术、设备。

(2) 进行生产工艺准备，根据原辅材料、燃料、动力、半成品的技术要求，对配料做多方案试验，得出最佳配料方案。

(3) 逐步建立健全规章制度，在试运行验收阶段，要建立起符合本企业生产技术特点的生产管理指挥系统，建立一套生产、供应、销售、计划、检查考核制度、统计制度、技术管理制度、劳动人事管理制度、财务管理制度、各职能科室的责任制度，保证正式投产后各项工作有章可循。

5. 落实外部协作条件

工程项目不可避免地要与系统外部产生大量的联系，如水、电、气以及通信、运输和职工后勤交通、生活物资供应等，要靠所在地有关部门或兄弟单位协作解决。这些问题解决得好坏，对于项目如期顺利投产是至关重要的。

外部协作条件直接关系生产建设的问题，在建厂前期工作阶段，即在项目进行可行性研究和厂址选择时就应考虑，而且应与有关部门联系，并签订适当的书面协议，肯定协作关系。进入建设中、后期，应根据实际需要与对方签订正式合同，明确供应与进货，为项目建成、顺利投入生产创造条件。

6. 物资供应准备

大中型工程项目建设需用的物资品种繁多、数量大、要求高。这些物资都应在项目竣工前疏通渠道，落实订货合同。为了满足试运行和投产初期的需要，必须在建厂前确定大宗燃料、材料的供货地点。在建厂中、后期，应根据物资的数量和规格以及在品种上的特点与要求，分期、分批地组织进行，为试运投产做好物质准备。

7. 经营管理方面的准备

在投产准备工作中，要把经营管理的基础打好，具体包括：建立科学管理的基础，实行经济责任制；建立成本控制保障体系；制定投产后的效益目标等。

10.5.4 试生产

在项目竣工验收之前要做好试运行试生产，竣工验收之后（正式移交之后）要做好项目的投产组织工作。

试运行、试生产在项目建设中是技术上的一个关键时刻，试运转不成功，就会引起返工，拖长投产期，造成投资费用增加。

竣工验收只是形成了固定资产，形成了生产能力，并不等于达到了设计规定的生产能力，项目建成投产达到设计生产能力，要经历一个过程，在这一过程中，需进行许多调整、改进工作，只有达到了设计的生产能力，才是对设计质量的验证，才是技术方案的真实实现。因此，必须做好项目验收前的试生产工作以及项目验收后投产初期的组织工作。

试生产阶段主要考核的内容有：

（1）对各种工艺设备、电气、仪表等单体设备的性能、参数进行单体运转考核，对生产装置系统进行联动运行考核。

（2）对设备及工艺指标进行考核。

（3）对生产装置及有直接工艺联系的公用工程进行联动试车考核。

（4）对消耗指标、产品质量进行考核，对设计规定的经济指标进行考核。

做了上述考核之后，编制竣工资料，办理正式竣工验收。

10.6 工程项目的后评价

工程项目后评价是指项目竣工投产并达到设计生产能力后，通过对项目的立项决策、设计施工、竣工投产、生产运营等全过程进行系统评价，综合研究分析项目实际状况及其与前评价预测状况的偏差，分析原因，总结经验，不断改进新项目的准备、管理、监督等工作，提高决策水平和投资效益。

项目后评价是固定资产投资管理工作的一个重要内容，通过对项目从立项到建成投产各阶段的全面分析，可以认真总结经验，吸取教训，提高投资效益，并作为以后同类型项目立项决策和建设的参考依据。因此，有必要开展项目的后评价工作，根据国家有关主管部门的通知精神，部分国家重点建设项目的后评价有关内容如下：

10.6.1 后评价的依据

经国家有审批权限部门批准的项目建议书、设计任务书（可行性研究报告）、初步设计或扩大初步设计、开工后报告和已经通过的竣工验收报告。

10.6.2 后评价的内容

1. 前期工作评价

（1）立项条件是否正确。

（2）决策的程序是否符合要求。

（3）前期工作深度能否满足建设要求（包括设计单位的资信审查）。

（4）设计依据、标准、规范、定额、费率是否严格执行国家规定，设计规模及主要建设内容是否符合国家批准的要求。

（5）设计漏项及设计变更增加投资情况。

（6）设计方案在技术上的可行性和经济上的合理性如何，有无不顾国情，盲目追求先进技术，不用国内可以生产、技术过关设备，而采用进口设备的情况。

2. 建设实施的评价

（1）施工准备能否满足项目开工要求（建设单位领导班子的组建、征地、拆迁、四通一平、物资、资金的落实、施工队伍的资格审查）。

(2) 建设实施是否符合基本建设程序。
(3) 投资包干、招标投标以及各种协议和合同的执行情况，经验教训。
(4) 施工管理（施工组织方式、施工队伍和施工的经营管理）。
(5) 施工项目管理、工程质量、工期、安全情况。
(6) 工程的建设管理情况如何，有何经验教训（含资金和物资等供应情况）；
(7) 配套项目建设情况。
(8) 工程竣工验收是否符合国家验收标准。
(9) 生产准备情况如何（人力、物力、财力）。

3. 效益的评价及与批准的设计任务书（可行性研究报告）比较情况
(1) 生产经营（包括产销）及达产情况。
(2) 经济评价：直接效益和间接效益，能源及原材料消耗定额是否符合国家标准。
(3) 财务评价：财务收益及成本，财务内部收益率，投资回收年限，贷款偿还能力等。

4. 外资项目评价
除评价上述内容外，应增加以下内容：
(1) 外资利用方向范围是否适宜，以及外资的偿还能力。
(2) 国外设备的引进、消化、吸收情况如何。
(3) 国外技术引进的消化、吸收情况。

5. 其他评价
其他需要评价的内容和可供类似项目借鉴的经验教训

10.6.3 后评价的程序及管理

(1) 后评价项目的选择，必须是已全部建成投产的项目以及少数独立的单项工作，并且经过一段时间的生产运营考核后才能进行后评价。

(2) 后评价工作分层次进行。大多数项目由行业主管部门（或地方）组织评价，评价结果报国家相关主管部门，由其对部分项目进行抽查复审；少数项目由国家相关主管部门组织评价。

(3) 国家相关主管部门组织评价的项目，委托中国国际工程咨询公司组织实施，有关部门（或地方）应积极配合，并组织提供后评价所需的情况、资料。后评价报告报国家相关主管部门，并同时抄送行业归口部门（或地方）。

本章小结

工程项目竣工验收是项目投资建设期的最后阶段，关系到项目能否圆满结束。因此要明确任务，掌握验收的依据和标准，符合验收的有关内容，按规定进行质量核定，办理工程档案和竣工图移交，这一切都应按程序进行。办理竣工验收后，要编好竣工决算，并上报主管部门。

投产准备是在整个建设期都应注意的为竣工后能及时投产所做的各种准备工作，主要包括机构设置、人员培训、物资供应及外部协作条件落实等，并做好经营准备。

项目竣工投产并达到设计能力后，应开展后评价工作。

思 考 题

1. 何谓竣工验收？其依据和标准是什么？
2. 竣工验收包括哪些主要内容？为什么要进行质量核定？竣工验收的步骤是什么？
3. 何谓竣工决算？它与竣工结算的区别是什么？
4. 何谓投产准备？其工作内容主要包括哪些方面？
5. 何谓工程项目后评价？了解其基本要求。

第 11 章　工程建设监理

【学习目标】　了解工程建设监理在项目管理中的地位及作用，熟悉工程建设监理在实施工程项目几大目标控制中应承担的工作和发挥的作用。

【关键概念】　工程建设监理　工程项目监理的目标控制

推行建设监理制，标志着我国建设领域的改革进入了一个新阶段。

建设监理制使传统的建筑市场主体由两元结构（即业主与承包商）转化成三元结构，即在两元结构中增加了秉公执法的第三方——监理单位，形成业主、监理、承包商三方以经济合同为纽带，以提高建筑水平为目的，互相协作，互相制约的新体制。从组织体系上改变了传统的单纯管理模式的经济体制，是我国建设领域划时代的改革。

11.1　概　　述

11.1.1　工程建设监理的概念

1. 监理

所谓"监理"，其中"监"可理解为对某种预定的行为从旁观察或进行检查，目的是督促其不得逾越预定的界限，即发挥约束作用。"理"即对相互交错的行为和相互矛盾的权益进行调理，使其协作，发挥协调作用。所以"监理"一词可以解释为：一个机构和执行者，依据一项准则，对某一行为的有关主体进行监督、检查和评价，并采取组织、协调、疏导等方式，促使人们相互密切协作，按行为准则办事，顺利实现群体或个体的价值，更好地达到预期目的。

2. 工程建设监理

工程建设监理是指针对工程项目建设社会化、专业化的建设监理单位接受业主的委托和授权，根据国家批准的工程项目建设文件、有关工程建设法规和工程建设监理合同以及工程建设合同所进行的旨在实现项目投资目的的微观监督管理活动。

11.1.2　政府工程质量监督与工程建设监理

建设监理在我国推行初时，包含两层含义：政府监理和社会监理。政府监理是由政府部门对业主和承建者的资质和活动及其所属的社会监理单位的资质和活动进行的宏观监理，带有强制性。社会监理是企事业单位接受业主的委托，对工程建设行使监理职能。

目前，政府监理被称为监督，建设监理通称社会监理。

1. 政府监督

政府对工程项目进行监督管理，这是由政府本身的职能和工程建设的特点所决定的。政府从执行社会经济管理职能和维护社会公共利益出发，必须对工程建设进行监督。政府为保证工程建设的最终质量、交工时间、价格与合同关系合理合法，不但要对项目决策、规划、设计进行监督管理，还要对建设参与各方及其在建设过程中的行为进行监督。

政府对工程项目的监督管理实行分级管理。国务院建设行政主管部门对全国的建设工程实施统一监督管理，国务院各专业部门按国务院规定的职责分工，负责对相关专业建设工程进行监督管理。县级以上地方人民政府建设行政主管部门对本行政区域内的建设工程实施监督管理。

政府有关主管部门不直接参与工程项目的建设过程，而是通过法律和行政手段对项目的实施过程和相关活动实施监督管理。由于建筑产品所具有的特殊性，政府机构对工程项目的实施过程的控制和管理比对其他行业的产品生产都更为严格，且贯穿项目实施的各个阶段。

政府对工程项目的监督管理主要体现在工程项目和建设市场两个方面。遵循工程项目建设程序，我国政府对工程项目的监督管理包括对项目的决策阶段和实施阶段的监督管理。按照我国政府机关行政分工的格局，大体上是项目的决策阶段由计划、规划、土地管理、环保和公安（消防）等部门负责；项目实施阶段主要由建设主管部门负责。以上政府部门代表国家行使或委托专门机构行使政府职能，依照法律法规、标准等依据，运用审查、许可、检查、监督和强制执行等手段，实现对工程项目的监督管理目标。

(1) 政府建设监督的性质和职能

1) 政府建设监督的性质

① 强制性与法律性

政府有关机关代表社会公共利益对建设参与者及建设过程所实施的监督管理是强制性的，被监督者必须接受。而政府强制性监督的依据是国家的法律、法规、方针、政策和国家或其授权机构颁布的技术规范、规程与标准，因而又是法令性的。它主要通过监督、检查、许可、纠正、禁止等方式来强制执行。

② 全面性

政府建设监督既包含对全社会各种工程建设的参与人，即建设单位、设计、施工和供应单位及他们的行为监督；又贯穿于从建设立项、设计、施工、竣工验收直到交付使用全过程中的每一阶段的监督。因此政府建设监督的对象范围和内容都是全面的。

③ 宏观性

政府建设监督虽然全面，但其深度达不到直接参与日常活动监理的细节，而只限于以维护公共利益、保证建设行为规范性和保障建设参与各方合法权益的宏观管理。

2) 政府建设监督的职能

① 政府对建设行为实施监督的职能

我国是以公有制经济为主体、多种经济成分并存的社会主义国家。随着经济体制改革的不断深入，建设投资来源多元化，因此政府对建设的监督就要兼顾"公众利益"和"投资者利益"两个方面。

根据上述原则，我国政府对建设行为的管理包括全社会所有建设项目决策阶段的监督、管理和工程建设实施阶段的监督。按照我国已形成的政府对建设活动管理的格局，这一职能是分布在不同政府部门分别实施的。

② 政府对社会监理单位实行监督管理的职能

政府建设主管部门对社会监理单位实行监督管理的职能，主要是制定有关的监理法规政策，审批社会监理单位的设立、资质等级、变更、奖惩、停业，办理监理工程师的注册和监督管理社会监理单位和监理工程师工作等。

（2）政府对工程项目决策阶段和实施阶段的监督管理

1）政府对工程项目决策阶段的监督管理

政府对工程项目决策阶段的监督管理主要是实行工程项目的决策审批制度。政府投资项目和非政府投资项目分别实行审批制、核准制或备案制。

① 政府投资项目

对于政府投资项目，项目建议书按要求编制完成后，应根据建设规模和限额划分，分别报送有关部门审批。项目建议书批准后，可以进行详细的可行性研究，可行性研究报告批准，则项目正式立项。

对于采用直接投资和资本金注入方式的政府投资项目，政府需要从投资决策的角度审批项目建议书和可行性研究报告，除特殊情况外不再审批开工报告，同时还要严格审批其初步设计和概算。对于采用投资补助、转贷和贷款贴息方式的政府投资项目，政府只审批资金申请报告。

政府投资项目一般都要经过符合资质要求的咨询中介机构的评估论证，特别重大的项目还应实行专家评议制度。逐步实行政府投资项目公示制度，以广泛听取各方面的意见和建议。

② 非政府投资项目

对于企业不使用政府资金投资建设的项目，一律不再实行审批制，而是区别不同情况，实行核准制或登记备案制。企业不需要编制项目建议书，而可直接编制项目可行性研究报告。

A 核准制。企业投资建设《政府核准的投资项目目录》（以下简称《目录》）中的项目时，只需向政府提交项目申请报告，不再经过批准项目建议书、可行性研究报告和开工报告的程序。政府对企业提交的项目申请报告，主要从维护经济安全、合理开发利用资源、保护生态环境、优化重大布局、保障公共利益、防止出现垄断等方面进行核准。对于外商投资项目，政府还要从市场准入、资本项目管理等方面进行核准。

B 备案制。对于《目录》以外的企业投资项目实行备案制，除国家另有规定外，由企业按照属地原则向地方政府投资主管部门备案。国务院投资主管部门要对备案工作加强指导和监督，防止以备案的名义变相审批。为扩大大型企业集团的投资决策权，对于基本建立了现代企业制度的特大型企业集团，其投资建设《目录》中的项目，可以按项目单独申报核准，也可编制长期发展建设规划。规划经国务院或国务院投资主管部门批准后，规划中属于《目录》中的项目不再另行申报核准，只需办理备案手续。企业集团要及时向国务院有关部门报告规划执行和项目建设的情况。

2）政府对工程项目实施阶段的监督管理

政府对工程项目实施阶段的监督管理涉及工程项目的主要有以下几个方面：

① 施工图审查

施工图（施工图设计文件的简称）审查是指国务院建设行政主管部门和省、自治区、直辖市人民政府建设行政主管部门委托依法认定的设计审查机构，根据国家法律、法规、技术标准与规范，对施工图进行结构安全和强制性标准、规范执行情况等的独立审查。施工图审查是政府主管部门对工程勘察设计质量监督管理的重要环节。

② 施工许可制度

建筑工程施工许可制度是建设行政主管部门根据建设单位的申请,依法对建筑工程所应具备的施工条件进行审查,对符合规定条件的,准许该建筑工程开始施工,并颁发施工许可证的一种制度。

③ 从业资格管理

从事建筑活动的建筑施工企业、勘察单位、设计单位和工程监理单位,按照其拥有的注册资本、专业技术人员、技术装备和已完成的建筑工程业绩等资质条件,划分为不同的资质等级,经资质审查合格,取得相应等级的资质证书后,方可在其资质等级许可的范围内从事建筑活动。

④ 工程质量监督

为加强对工程质量的管理,我国《建筑法》及《建设工程质量管理条例》明确政府行政主管部门设立专门机构对建设工程质量行使监督职能,其目的是保证工程质量、保证工程的使用安全及环境质量。各级政府质量监督机构对建设工程质量监督的依据是国家、地方和各专业建设管理部门颁发的法律、法规及各类规范和强制性标准。

其监督的职能包括两大方面:一是监督工程建设的各方主体(包括建设单位、施工单位、材料设备供应单位、设计勘察单位和监理单位等)的质量行为是否符合国家法律法规及各项制度的规定,并查处违法违规行为和质量事故;二是监督、检查工程实体的施工质量,尤其是地基基础、主体结构、专业设备安装等涉及结构安全和使用功能的施工质量。

⑤ 工程质量保修制度

建设行政主管部门在《建设工程质量管理条例》、《建设工程质量保证金管理暂行办法》等一系列法律、法规中,对于工程质量的保障维修都作了较为明晰的规定,以使各地方各部门及各专业参照执行。

⑥ 安全监察制度

安全监察制度是指国家法律、法规授权的行政部门,代表政府对企业的生产过程实施职业安全卫生监察,以政府的名义,运用国家权力对生产单位履行职业安全卫生职责和执行职业安全卫生政策、法律、法规和标准的情况依法进行监督、检举和惩戒的制度。安全监察具有特殊的法律地位。执行机构设在行政部门,设置原则、管理体制、职责、权限、监察人员任免均由国家法律、法规所确定。

职业安全卫生监察机构的监察活动是以国家整体利益出发,依据法律、法规对政府和法律负责,既不受行业部门或其他部门的限制,也不受用人单位的约束。职业安全卫生监察机构对违反职业安全卫生法律、法规、标准的行为,有权采取行政措施,并具有一定的强制特点。它是以国家的法律、法规为后盾的,任何单位或个人必须服从,以保证法律的实施,维护法律的尊严。

(3)政府建设监督机构的职责

1)住建部建设监督的主要职责

① 起草或制定建设监理法规,并组织实施。
② 制定监理单位和监理工程师资质标准及审批办法,并监督实施。
③ 审批甲级监理单位资质。
④ 指导和管理全国建设监理工作。
⑤ 参与大型工程项目建设的竣工验收。

2) 省、自治区、直辖市建设行政主管部门建设监督的主要职责
① 贯彻执行建设监理法规，起草或制定监理实施办法或细则，并组织实施。
② 组织监理工程师资质考试，颁发资质证书，审批本辖区内的监理单位资质。
③ 指导和管理本行政区域的工程建设监理工作。
④ 根据同级人民政府的规定，组织或参与工程项目建设的竣工验收。
3) 国务院有关专业部建设监督的主要职责
① 贯彻执行建设监理法规，根据需要制定实施办法，并组织实施。
② 组织本部门监理工程师的资质考核，颁发资质证书，审批由本部门管理的监理单位的资质。
③ 指导和管理本部门的工程监理工作。
④ 组织或参与本部门大中型工程项目建设的竣工验收。

2. 工程建设监理与政府建设监督的区别

工程建设监理与政府建设监督都属于工程建设领域的监督管理活动，但是前者属于社会的民间行为，后者属于政府行为。它们在工作性质、任务范围、工作深度，以及工作方法、手段等多方面存在明显差异。

（1）性质不同

政府工程质量监督具有强制性与执法性，而工程建设监理是一种委托性的服务活动。

（2）工程范围不同

工程建设监理的工作范围伸缩性大。它因业主委托范围大小而变化，如果是全过程监理，其范围为从工程立项开始到工程竣工后的保修期内的各个阶段。如果是施工阶段监理，其范围一般是施工阶段及工程保修期，而政府工程质量监督则贯穿于建设的全过程，即从建设项目立项开始到竣工验收，投入使用。

（3）工作依据不尽相同

政府工程质量监督以国家、地方颁发的有关法律和工程质量条例、规定、规范等法规为基本依据；而工程建设监理则不仅以法律、法规为依据，还以建设合同为依据。

（4）深度、广度不同

政府工程质量监督是对工程项目进行的宏观性的监督、检查、确认，而工程建设监理是对工程项目进行的微观性监督、检查与控制。在控制过程中既要做到全面控制，又要做到事前、事中、事后控制，它需要连续地、持续地贯穿在整个项目建设过程中。

（5）工作方法和手段不同

工程建设监理主要利用经济管理方法，而政府质量监督则更侧重于行政管理方法。

11.1.3 工程建设监理的性质

1. 服务性

在工程建设过程中，监理工程师利用自己在工程建设方面的丰富知识、技能和经验，为业主提供高智能管理服务，以满足项目业主对项目管理的需求，它所获得的报酬是技术服务性报酬，是脑力劳动报酬。也就是说，工程建设监理是一种高智能的有偿技术服务。它的服务对象是委托方——业主，这种服务性的活动是按工程建设监理合同来进行的，是受法律的约束和保护的。

2. 独立性

在工程项目建设中，监理单位是独立的一方，它是作为一个独立的专业公司受业主委托去履行服务的，与业主、承包商之间的关系是平等的、横向的，我国有关法规明确指出：监理单位应按照独立、自主的原则开展工程建设监理工作。

为了保证工程建设监理行业的独立性，从事这一行业的监理单位和监理工程师必须与某些行业或单位断绝人事上的依附关系及经济上的隶属或经营关系，也不能从事某些行业的工作。我国建设监理有关法规指出："各级监理负责人和监理工程师不得是施工、设备制造和材料、构配件供应单位的合伙经营者，或与这些单位发生经营性隶属关系，不得承包施工和建材销售业务，不得在政府机关、施工、设备制造和材料单位应聘。"

工程建设监理的这种独立性是建设监理制的要求，是监理单位在工程项目建设中的第三方地位所决定的，是它所承担的工程建设监理的任务所决定的。因此，独立性是监理单位开展工程建设监理工作的重要原则。

3. 公正性

在工程建设过程中，监理单位一方面要严格履行监理合同的各项义务，既竭诚为业主服务，同时也应当成为公正的第三方。也就是以公正的态度对待委托方和被监理方，特别是当业主和承包方发生利益冲突时，监理单位应站在第三方的立场上，公正地加以解决和处理。

4. 科学性

建设监理单位是智力密集性组织，按国际惯例，社会建设监理单位的监理工程师都必须是有相当学历，并有长期从事工程建设工作的经验，精通技术与管理，通晓经济与法律，经权威机构考核合格，并经政府主管部门登记注册、领取证书，方能取得从业资格。因此，监理工程师是依靠科学知识和专业技术进行项目监理的技术人员。

11.1.4 工程建设监理的范围

建设工程监理的范围包括下列各项：

（1）国家重点建设工程。

（2）大、中型公用事业工程。

（3）成片开发建设的住宅小区工程。

（4）利用外国政府或者国际组织贷款、援助资金的工程。

（5）国家规定必须实行监理的其他工程。

国家规定必须实行监理的其他工程是指：项目总投资额在3000万元以上、关系社会公共利益、公众安全的基础设施项目，包括能源项目、交通运输业项目、信息产业项目、水利建设项目、城市基础设施项目、生态环境保护项目；学校、影剧院、体育场馆项目。

11.1.5 工程建设监理的意义

1. 实行建设监理是发展生产力的需要

改革开放以来，我国的经济体制一步步向市场经济转换，建设领域也发生很大变化。投资由国家单一化向多元化转变，任务分配由纯粹的计划性向竞争性转变，投资规模不断扩大，技术要求越来越复杂，管理要求越来越高，建设市场逐步形成。生产力的发展证明，原来的管理体制如果不改变，便会阻碍生产力的发展。实行建设监理制度，可以用专业化、社会化的监理队伍代替小生产管理方式，可以加强建设的组织协调，强化合同管理监督，公正地调解权益纠纷，控制工程质量、工期、造价和安全，提高投资效果。监理单位可以以第三者的身份改变政府单纯用行政命令管理建设的方式，加强立法和对工程合同的监督，可以充分发挥法律、经济、行政和技术手段的协调约束作用，抑制建设的随意性，抑制纠纷的增多，还可以与国际通行的监理体制相沟通。无疑，这样会增强改革效果，建立新的生产关系和上层建筑，促进生产力的发展。

2. 实行建设监理制度是提高经济效益的需要

新中国成立以来，我国的建筑业虽然得到了很大的发展，完成的总产值和提供的固定资产逐步增加，然而经济效益不高，投资、质量、工期和安全失控。

实行建设监理制度，使监理组织承担起投资控制、质量控制、进度控制和安全控制的责任，是监理组织的分内之事，也是他们的专业特长，解决了建设单位自行管理能力不足，以至控制失效的问题。实践证明，实行建设监理的工程，在投资控制、质量控制、进度控制和安全控制方面可以收到良好的效果，也就是说，综合效益均能得到提高。

3. 实行监理制度，是对外开放、加强国际合作、与国际惯例接轨的需要

改革开放以来，我国大量引进外资进行建设，三资工程一般按国际惯例实行建设监理制度。我们也大力发展对外工程承包事业，在国外承包工程，也要实行监理制度。因此，我国实行建设监理制度，不但是必须的，而且是紧迫的，是我国置身国际工程承包市场之中的一项不可缺少的举措。推行建设监理制度以来，我们已经变被动为主动，改善了投资环境，提高了经济效益，增强了我国的国际竞争能力，壮大了我国的建设事业。

11.2 工程建设监理的程序及基本方法

11.2.1 程序

1. 签订委托监理合同的程序
（1）由建设单位选择监理单位。
（2）建设单位向所选择的监理单位提供工程的有关资料。
（3）监理单位编制、报送监理工作大纲。
（4）双方商谈监理合同内容。
（5）双方签订监理合同或监理协议书。

2. 招标投标阶段的监理程序
（1）协助建设单位编制工程招标文件。
（2）提出对投标单位资格审查的意见。
（3）召开招标会议，组织投标单位参加现场勘察。
（4）协助建设单位组织开标，提出评标意见。
（5）建设单位发出中标通知书。
（6）协助建设单位与中标单位签订施工合同。

3. 项目施工阶段的监理程序
（1）建立监理实施机构、进驻施工现场。

（2）编写监理规划、监理细则。

（3）组织工程交底会及监理工作交底会（第一次监理会）。

（4）全面实施工程监理。其中包含：主持召开监理例会；审批施工组织设计；工程原材料、构配件、工程设备的进场验收；分包单位的资质审查；单位工程开工条件的审查批准；工程投资控制；工程质量控制；工程进度控制；工程安全控制；召集专业性会议。

（5）积累、整理监理工作资料，并组织归档。

（6）组织工程初验。

（7）参加建设单位组织的竣工验收和交接。

（8）施工监理工作总结，监理费用的总结算。

4. 工程保修阶段的监理程序

（1）定期对工程回访，确定缺陷责任，督促保修。

（2）责任期结束，协助建设单位办理与承包商单位的合同终止手续。

（3）办理监理合同终止手续。

11.2.2 基本方法

为了实现项目总目标或阶段性建设目标，监理工程师要科学地运用工程建设监理的基本方法和手段。这就是目标规划、动态控制、组织协调、信息管理、合同管理，这些方法是相互联系，互相支持，共同运行，缺一不可的。

1. 目标规划

目标规划是以实现目标控制为目的的规划设计。工程项目目标规划的过程是一个由粗而细的过程，分阶段地根据可能获得的工程信息对前一阶段的规划进行细化、补充、修改和完善。

目标规划主要包括确定投资、进度、质量目标，或对已初步确定的目标进行论证；把各项目标分解成若干个子目标；制定各项目标的综合措施，力保项目目标的实现等。

2. 动态控制

动态控制是在工程项目实施过程中，根据掌握的工程建设信息，不断将实际目标值与计划目标值进行对比，如果出现偏离，就采取措施加以纠正，以便达到计划目标的实现。这是一个不断循环的过程，直至项目建成交付使用。

动态控制是在目标规划的基础上针对各级分目标实施的控制，以期达到计划总目标的实现，它贯穿于工程项目的整个监理过程中。

3. 组织协调

组织协调是实现项目目标不可缺少的方法和手段，它包括项目监理组织内部人与人、机构与机构之间的协调，项目监理组织与外部环境组织协调，以及监理组织与政府有关部门、社会团体、科学研究单位等之间的协调。通过组织协调，大家在实现工程项目总目标上做到步调一致，达到运行一体化。

4. 信息管理

工程建设监理离不开工程信息。在实施监理的过程中，监理工程师要对所需要的信息进行收集、整理、处理、存储、传递、应用等一系列工作，这些工作的总称为信息管理。它是建设监理的重要手段，也是目标规划、动态控制、组织协调等手段的基础，没有完整的信息管理，以上方法都无从谈起。

5. 合同管理

合同管理是监理单位在工程建设监理过程中，根据监理合同的要求对工程承包合同的签订、履行、变更和解除进行监督、检查，对合同双方争议进行调解和处理，以保证合同的依法签订和全面履行。

11.3 工程建设监理组织

11.3.1 工程建设监理的组织机构

监理机构的组织形式应根据工程项目的特点、业主委托的任务以及监理单位自身情况确定，主要有以下几种类型：

1. 按监理职能设置的组织形式

项目总监理工程师，下设投资控制、质量控制、进度控制、安全控制、合同管理、信息管理等组织或人员。

这种组织形式是总监理工程师下设一些职能机构，分别进行相应职能的业务管理。对于中小型的监理项目，可以利用这种组织形式。当项目规模较小时，还可以将监理职能加以归并，例如由投资控制监理组兼管合同管理，由进度控制监理组兼管信息管理等。

2. 按监理子项设置的组织形式

总监理工程师负责，下设若干项目监理组，各项目监理组再设各职能控制。这种组织形式适用于监理项目是分为若干相对独立事项的大中型建设项目。总监理工程师负责整个项目的规划、组织和指导，并着重整个项目内各项目的目标控制，此外，这种组织形式还适用于按建设阶段分解设立，适用于监理公司对该工程进行全过程监理的情况。

3. 矩阵制监理组织形式

矩阵制监理组织形式是上述按监理职能及按子项设置的监理组织的综合形式。它适用于大型监理项目，既有利于各子项目监理工作的责任制，又有利于职能管理，使上下左右集权与分权实行最优的结合，既有利于解决复杂难题，又有利于监理人员业务能力的培养。

11.3.2 工程建设监理单位的资质

监理单位的资质是指从事监理业务的监理单位所具备的人员素质、资金数量、专业技能、管理水平及监理业绩的总和。

1. 监理单位的资质标准

监理单位根据人员素质、资金数量、专业技能、管理水平及监理业绩的不同等级分为甲级、乙级和丙级三级。

2. 监理单位人员素质

人员素质是监理单位从事建设监理的基础，只有具有高素质的监理人员，才能为工程建设提供高智能的技术服务。监理单位人员素质主要体现在下列方面：一是监理人员要有较高的学历和技术职称；二是监理人员要具有较强的组织协调能力；三是应取得国家确认的《监理工程师资格证书》或地区《监理工程师证书》。

3. 资金数量

资金数量即监理单位的注册资金数量。它是监理单位开展监理工作的重要保证，也是监理单位级别的重要标志之一。工程监理企业的资质等级标准由国家主管部门制定。

4. 专业技能

监理单位的专业技能主要体现在以下方面：

（1）监理单位要有较强的专业配套能力

监理单位在进行项目的建设监理时，需要多个专业的监理人员共同开展工作。这就要求监理单位各专业的监理人员要配备齐全，且各主要专业的监理人员中应有若干名具有高级专业技术职称。

（2）监理单位要有较好的技术装备

在科学发达的今天，较先进的技术装备是专业监理工程师开展监理业务的重要辅助手段，例如在设计阶段监理，监理工程师要运用计算机对结构设计进行复核验收，以判断原设计的安全性、经济性。在施工阶段监理，要运用高精度的测量仪器对建筑物的定位进行复核等。

监理单位的技术装备大体上包括以下几种：

1）计算机，主要用于电算及监理办公自动化管理。

2）工程测量仪器和设备，主要用于对建筑物（构筑物）的平面位置、空间位置和几何尺寸以及有关工程实物的测量。

3）检测仪器设备，主要用于确定建筑、建筑机械设备工程实体等方面的质量状态。

4）照相、录像设备，用于记载工程建设过程中产品的情况，为事后分析、查证提供借鉴等。

5. 管理水平

监理单位的管理水平主要体现在各种管理制度是否健全，即组织管理制度、人事管理制度、财务管理制度、生产经营管理制度、设备管理制度、科技管理制度、档案管理制度、会议制度等，以及各项制度的贯彻落实情况。一个管理水平高的单位，应该是管理制度健全，各项制度能得到很好的贯彻落实，达到人尽其才、物尽其用，成就突出。

6. 监理业绩

监理单位的监理业绩是监理单位资质的一个综合反映。监理业绩主要表现在两个方面：一是监理的工程项目的数量及规模；二是监理成效，即在控制工程建设投资、进度、质量等方面的效果。监理单位监理的工程项目数量越多，工程规模越大，监理单位资质越高。

11.3.3 工程建设监理组织各类人员的基本职责

1. 总监理工程师

（1）代表监理公司与业主沟通有关方面的问题。

（2）组建项目的监理班子，并明确各工作岗位的人员和职责。

（3）主持制定项目的监理规划，根据该规划组织、指导和检查项目监理工作，保证项目监理目标的实现。

（4）提出工程承包模式，设计合同结构，为业主发包提供决策依据。

（5）协助业主进行工程设计、施工和招标工作，主持编写招标文件，进行投标人资格预审、开标、评标，为业主决策提供决策依据。

（6）协助业主确定设计、施工合同条款。

（7）审核并确认总包单位选择的分包单位。

（8）负责与各承包单位、设计单位负责人联系，协调有关事宜。

（9）审查承包单位提出的材料和设备清单及其所列的规格和质量。

（10）定期、不定期检查工程进度和施工质量，及时发现问题，并进行处理。

（11）审核并签署工程开工会、停工会和复工会，组织处理工程施工中发生的质量、安全事故。

（12）调解建设单位与承包单位之间的合同争议与纠纷，处理重大索赔事务。

（13）组织设计单位和施工单位进行工程结构验收。

（14）定期、不定期向业主提交项目实施的情况报告。

（15）定期、不定期向本公司报告监理情况。

（16）分阶段组织监理人员进行工作总结。

签署委托合同后，总监理工程师的法定地位即确定。作为工程项目中的监理工作总负责人，在监理过程中承担决策职能，直接主持或参与重要方案的规划工作，并进行必要的检查。在工程建设的许多问题上，总监理工程师的决定是最终决定，业主和承包单位均需服从这个决定，但他无权超越业主的授权范围下达指令。

2. 各专业或各子项目监理工程师

（1）组织编制本专业或各子项目的监理工作计划，在总监理批准后组织实施。

（2）对所负责控制的项目进行规划，建立控制系统，落实各子控制系统人员制定控制工作流程，确定方法和手段，制定控制措施。

（3）定期提交本目标或子项目目标控制工作报告。

（4）根据总监理工程师的安排，参与工程招标工作，做好招标各阶段的本专业的工作。

（5）审核有关的承包方提交的计划、设计、方案、申请、证明、变更、资料、报告等。

（6）检查有关的工程情况，掌握工程现状，及时发现和预测工程问题，并采取措施妥善处理。

（7）组织、指导、检查和监督本部门监理工作。

（8）及时检查、了解和发现承包方的组织、技术、经济和合同方面的问题，并向总监理工程师报告。

（9）及时处理可能发生或已发生的工程质量问题。

（10）参与有关的分部分项工程、单位工程、单项工程等分期交工工程的检查和验收工作。

（11）参与或组织有关工程会议，并做好会前准备。

（12）协调处理本部门管理范围内各承包方之间的有关工程方面的矛盾。

（13）提供或搜集有关的索赔资料，配合合同管理部门做好索赔的有关工作。

（14）检查、督促并认真做好监理日志、监理月报工作，建立本部门监理资料管理制度。

（15）参与审核工程结算资料。

（16）定期做好本部门监理工作总结。

专业和子项目监理工程师是总监理工程师的助手，是各专业部门和各子项目管理机构的骨干，他们在整个监理机构中处于承上启下的地位。向上要经常报告工程进展情况，使总监理工程师能够根据报告来作出决断，向下在各自的部门和机构中有局部决策职能，领导本部门的监理工作，而专业和子项目监理工程师的权限需由总监理工程师以书面形式通知承包单位，他们只能在总监理工程师的授权范围内开展工作，行使相应的权力。

3. 监理员

现场监理员是监理实务的直接作业者，一般应按各专业所需工种配置，必要时还应分班配置。其基本职责如下：

（1）负责进场材料、构件、半成品、机械设备等的质量检查。
（2）分站监理，跟踪（全进程、全天候）检查。
（3）工序间交接检查、验收及签署。
（4）负责工程计量、验收及签署原始凭证。
（5）负责现场施工安全，防火的检查、监督。
（6）坚持写监理日记，及时、如实地填报原始记录。
（7）及时报告现场发生的质量事故、安全事故和异常情况。

11.4 工程建设监理的主要内容

根据工程建设的客观需要，在不同的建设阶段，工程监理的主要内容如下：

11.4.1 投资决策阶段

（1）协助委托方选择投资决策咨询单位，并协助签订合同书。
（2）监督管理投资决策咨询合同的实施。
（3）对投资咨询意见评估，并提出监理报告。

11.4.2 工程建设立项决策阶段

（1）协助委托方选择工程建设立项决策咨询单位，并协助签订合同书。
（2）监督管理投资决策咨询合同的实施。
（3）对投资咨询意见评估，并提出监理报告。

11.4.3 工程建设可行性研究决策阶段

（1）协助委托方选择工程建设立项决策咨询单位，并协助签订合同书。
（2）监督管理投资决策咨询合同的实施。
（3）对投资咨询意见评估，并提出监理报告。

11.4.4 工程建设设计阶段

（1）提出设计要求，组织设计方案竞赛和评选。
（2）协助选择勘察设计单位，协助签订勘察设计合同，并监督合同执行。
（3）审查设计文件和设计概（预）算，验收工程设计文件。

11.4.5 工程建设招标投标阶段

（1）协助业主编制招标文件。
（2）协助评审投标书，提出投标意见。
（3）协助业主签订承包合同。

11.4.6 工程建设施工阶段

（1）协助建设单位与承包单位编写开工报告。
（2）确认承包单位选择的分包单位。
（3）审查承包单位提出的施工组织设计、施工方案和施工进度计划，提出修改意见。
（4）审查承包单位提出的材料和设备清单及其所列的规格和质量。
（5）监督、检查承包单位严格执行工程承包和工程技术标准。
（6）调解建设单位与承包单位之间的争议。
（7）检查工程使用的材料、构配件的质量，检查安全防护措施。
（8）主持协商工程设计变更。
（9）检查工程进度和施工质量，验收部分分项工程，签署工程付款凭证。
（10）监督整理合同文件和技术档案资料。
（11）组织设计单位和施工单位进行竣工验收，提出竣工验收报告。
（12）审查工程结算。

11.4.7 工程保修阶段

在规定的保修期内，负责检查工程质量状况，确定质量问题责任，督促责任单位修理。

当然，对一个具体工程来说，监理单位主要工作内容主要取决于监理委托合同中的具体规定。业主可以只把工程建设的个别阶段和施工阶段委托监理，也可以把工程建设不同阶段的监理业务分别委托不同的监理单位承担。

11.5 工程建设监理的目标控制

11.5.1 工程建设监理目标系统

工程建设监理的目标控制就是指对工程项目的费用、进度、质量、安全等若干目标组成的项目目标系统实施控制。

费用、进度、质量、环境及安全等目标之间既存在矛盾的方面，又存在统一的方面，监理工程师进行目标控制时应当把它们当作一个整体来控制。

1. 各大目标之间存在对立的关系

项目费用、进度、质量、环境及安全等目标之间首先存在着矛盾和对立的一面，如果某项工程要加快进度，就要增加费用，工程质量也会受到影响，环境及安全风险加大；如果对工程质量有较高的要求，那么就要投入较多的资金和花费较长的时间；而如果要降低投资，节约费用，势必会降低质量标准，减缓工程进度，也会给环境及安全带来问题。所以各目标之间存在着对立的关系。

2. 各大目标之间存在统一的关系

各大目标之间不仅存在对立的一面，而且还存在着统一的一面，例如：适当增加投资的数量，为采取加快进度的措施提供经济条件，就可以加快项目建设速度，缩短工期，使项目提前投入使用，投资尽早收回，项目整个寿命和经济效益得到提高。适当提高项目功能水平和质量标准，虽然会造成一次性投资的提高和工期的延迟，但能够节约项目投入使用后的经济费用，降低综合成本，从而获得更好的投资效益和环境以及安全效益，这一切都说明了工程项目费用、进度、质量、安全各大目标中存在着统一的一面。

11.5.2 工程建设监理各大目标控制的内涵

1. 费用控制的含义

工程建设监理费用控制是指在整个项目的实施阶段开展管理活动，力求使项目在满足质量和进度要求的前提下，实现项目实际投资不超过计划投资。

不能简单地把费用控制理解为将工程项目实际发生的投资控制在计划投资范围内。而应当认识到，费用控制是与质量控制和进度控制同时进行的，它是针对整个项目目标系统所实施的控制活动的一个组成部分，在实施费用控制的同时需兼顾质量和进度目标。这就要求在进行费用控制时，一方面对投资目标进行确定和论证时应综合考虑整个目标系统的协调统一，不仅使投资目标满足要求，还必须使进度目标和质量目标满足要求；另一方面，在进行费用控制过程中，要协调好与质量控制和进度控制的关系，做到各大控制的有机配合。

另外，费用控制应具有全面性。监理工程师进行费用控制时要注意，费用控制不能只在施工阶段，还要在项目实施的其他阶段进行控制，它是全过程的控制；不仅要对投资的量进行控制，还要对费用发生的时间进行控制，要满足资金使用计划。

2. 进度控制的含义

工程建设监理所进行的进度控制是指在实现工程项目总目标的过程中，为使工程建设的实际进度符合项目进度计划的要求，使项目按计划要求的时间开始和完成而开展的有关监督管理活动。工程项目进度控制总目标取决于业主的委托要求。根据监理合同，它可以是全过程监理，也可以是阶段性监理，还可以是某个子项目的监理。因此具体到某个项目，某个监理单位，它的进度控制目标则由工程监理合同来决定。既可以是从立项开始到项目正式投入使用的整个时间，也可以是某个实施阶段的计划时间，如设计阶段或施工阶段计划工期。

在项目进度控制总目标下，监理工程师对项目进行的控制必须是全方位的。一方面对合同规定范围内的所有构成部分的进度都有要进行控制，不论是红线内工程还是红线外工程，也不论是土建工程还是设备安装、给排水、采暖通风、道路、绿化、电气等工程。另一方面对与工程项目有关的各项工作，如施工准备、工程招标及材料设备供应等都应列入进度控制的范围内。因为如果这些工作不能按计划完成，必然影响整个工程项目的完成。所以，凡是影响项目进度的工作都应列入进度计划，成为进度控制的对象。当然任何事物都有主次之分，监理工程师在实施进度控制时，要把各方面的工作进行详细规划，形成周密计划，使进度控制工作能够有条不紊、主次分明地进行。

在工程建设过程中，影响工程建设进度的因素很多，如管理人员、劳务人员素质、数量；材料设备能否按时、按质、按量供应；建设资金是否充足，能否按时到位；对新技术、新方法能否熟练掌握和运用；各承包商能否协作同步；施工现场是否具备等。要实现有效的进度控制，监理工程师必须做好与有关单位、有关方面的组织协调，对影响进度因素进行控制，使工程进度按正常的速度进行。

3. 质量控制的含义

工程建设监理质量控制是指在力求实现工程建设总目标的过程中，为满足项目总体质量要求所开展的监督管理活动。工程项目质量目标是对包括工程项目实体、功能和使用价值、工作质量各方面的要求或需求的标准和水平，也就是对项目符合有关法律、法规、规范、标准程度和满足业主要求程度作出的明确规定。

建设项目质量目标的广泛性表明，要拿出质量符合要求的建筑产品，需要在整个项目实施的空间范围内进行质量控制。凡是构成工程项目实体、功能和使用价值的各方面，如建筑形式、结构形式、材料、设备、工艺、规模和生产能力以及使用者满意程度，都应列入项目质量目标范畴。同时，对参与工程建设的单位和人员的资历、素质、能力和水平，特别是对他们工作质量的要求，也是质量目标不可缺少的组成部分。对工程项目的质量控制须贯穿项目建设的全过程。在设计阶段，项目处于由粗到细形成规划、方案设计、初步设计、扩充设计、施工图设计的阶段。在这一时期，一方面要全面落实项目的质量目标系统；另一方面又要根据上阶段确定的计划目标，对下阶段要达到的目标进行控制，重点通过对建筑形式、结构形式、生产工艺等的监理，使设计的质量满足要求。在施工阶段，随着一道道工序的完成，一项项分部分项工程，单位工程、单项工程的完成，最终形成工程项目实体。在这一阶段，要把质量的事前控制与事中、事后控制紧密地结合起来。在各项工程或工作开始之前，要明确目标、制定措施、确定流程、选择方法、落实手段，重点做好对施工单位人、机械、材料、方法、环境等的控制。然后在各项工程或工作开始过程中，及时发现和预测问题，并采取措施加以解决。最后对完成的工程和工作质量进行检查和验收，把存在的工程质量问题查找出来，并集中处理，使项目最终达到总体质量目标的要求。

4. 环境及安全控制的含义

工程建设监理的环境及安全控制是指在力求实现工程建设总目标的过程中，为满足项目总体环境及安全要求所开展的监督管理活动。力求使项目在满足费用、进度和质量的前提下，实现项目的绿色施工，减少或避免安全事故的发生。

《建设工程安全生产管理条例》的颁布实施标志着监理单位在建设工程中所承担的安全责任已经法制化、规范化。也给建设监理工作增添了新的内容，在原来的建设监理工作的三大控制的基础上，又增添了安全控制，由三大控制变成为四大控制。安全监理已经成为监理单位的主要工作内容之一，监理单位不仅要对建设单位负责，而且还应当承担国家法律、法规规定的和建设工程监理规范所要求的责任，积极贯彻落实安全生产方针政策，督促施工单位按照有关安全法律、法规，落实各项安全技术措施，有效杜绝各类安全隐患，杜绝、控制和减少各类伤亡事故，实现安全生产。

工程建设监理的安全控制是针对整个项目实施阶段，而不单单是施工阶段的安全管理问题。设计阶段的安全管理非常重要，我国目前对设计阶段的安全监理还没有足够地重视。

工程监理单位受业主的委托对施工现场的安全生产进行监督和管理，有利于对施工单位的施工安全生产进行外部监督管理，对提高施工现场的安全生产起到保障作用。

工程监理单位开展安全监理工作，应严格执行《建筑工程安全生产管理条例》，贯彻执行国家现行的安全生产法律、法规，以及建设行政主管部门制定的安全生产规章制度和建设工程强制性标准；审核施工单位的安全资质和证明文件（总包单位要统一管理分包单位的安全生产工作），审核安全管理体系和安全专业管理人员资格，督促施工单位落实安全生产的组织保证体系，建立健全安全生产责任制；审查施工单位的有关安全生产的文件，督促施工单位对工人进行安全生产教育及分部分项工程的安全技术交底；审核施工方案及安全技术措施，审核安全设施和施工机械、设备的安全控制措施，审核新工艺、新技术、新材料、新结构的使用安全技术方案及安全措施；检查并督促施工单位，按照建筑施工安全技术标准和规范要求，落实分部分项工程或各工序的安全防护措施，严格依照法律、法规和工程建设强制性标准实施监理；监督检查施工现场的消防工作，冬季防寒、夏季防暑，文明施工，卫生防疫等各项工作；进行质量安全综合监督与检查，发现违章冒险作业的，要责令其停止作业，发现安全隐患的，应要求施工单位整改，情况严重的，应责令停工整改，并及时报告建设单位；进行质量安全综合监督与检查，发现违章冒险作业的，要责令其停止作业，发现安全隐患的，应要求施工单位整改，情况严重的，应责令停工整改，并及时报告建设单位。

11.5.3 工程项目实施各阶段建设监理目标控制的任务

1. 设计阶段

设计阶段是确定工程价值的主要阶段，是影响投资程度的关键阶段。设计质量对项目总体质量具有决定性的影响。设计阶段，工程建设监理目标控制的基本任务是通过目标规划和计划、动态控制、组织协调、合同管理、信息管理，力求使工程项目的设计达到能够保障工程项目的安全可靠性，满足适用性和经济性，保证设计工期的要求，使设计阶段的各项工作能够在预定的费用、进度、质量目标内得以完成。

（1）费用控制任务

在设计阶段，监理单位投资控制的主要任务是：①通过收集类似项目投资数据和资料，协助业主制定项目投资规划；②开展技术经济分析等活动，并协调和配合设计单位，力求使设计投资合理化；③审核概预算，征求改进意见，优化设计，最终满足业主对项目投资的经济性要求。

设计阶段，监理工程师对费用控制的主要工作包括：①对项目总投资进行论证，确认其可行性；②组织设计方案竞赛或设计招标，协助业主确定对费用控制有利的方案；③伴随设计各阶段的成果输出，制定项目投资目标划分系统，为本阶段和后续阶段费用控制提供依据；④在保障设计质量的前提下，协助设计单位开展限额设计；⑤编制本阶段资金使用计划，并进行付款控制；⑥审查工程概预算，在保障项目具有安全可靠性、适用性的基础上，概算不超估算，预算不超概算；⑦对设计进行技术经济分析、比较、论证，寻求一次性投资少，而整个寿命经济性好的设计方案。

（2）进度控制任务

在设计阶段，监理单位进度控制的主要任务是：①根据项目总工期的要求，协助业主确定合理的设计工期要求；②根据设计的阶段性输出，由粗而细地制定项目进度计划，为项目进度控制提供前提和依据；③协调各个设计单位一体化开展工作，力求使设计能按进度计划要求进行；④按合同要求及时、准确、完整地提供设计所需的基础资料和数据。

设计阶段，监理工程师进度控制的主要工作包括：①对项目进度总目标进行论证，确认其可行性；②根据方案设计、初步设计和施工图设计，制定项目总进度计划和各阶段进度计划，为本阶段和后续阶段进度控制提供依据；审查设计单位设计进度计划，并监督执行；④编制业主方材料和设备供应计划，并实施控制等。

（3）质量控制任务

在设计阶段，监理单位质量控制的主要任务是：①了解业主建设要求，协助业主制定项目质量目标规划；②根据合同要求及时、准确、完整地提供设计工作所需的基础数据和资料；③协调和配合设计单位优化设计，并最终对设计进行确认。

设计阶段，监理工程师质量控制的主要工作包括：①项目总质量目标论证；②提出设计要求文件，确定设计质量标准；③利用竞争机制，选择并确定优化设计方案；④协助业主选择符合目标控制要求的设计单位；⑤进行设计过程跟踪，及时发现质量问题，并及时与设计单位协调解决；⑥审查阶段性设计成果，并根据需要提出修改意见；⑦对设计提出的主要材料和设备进行比较，在价格合理的基础上，确认其质量符合要求；⑧做好设计文件的验收工作等。

（4）环境及安全控制任务

在设计阶段，监理单位安全控制的主要任务是：①根据项目总的环境及安全管理的要求，协助业主制定项目安全目标规划；②配合设计单位在建设工程设计中充分考虑施工环境及安全问题，防止因设计不合理，产生施工环境及安全事故。

设计阶段，监理工程师对环境及安全控制的主要工作包括：①监督检查设计单位是否按照法律、法规和工程建设强制性标准进行设计；②检查是否将项目的建设、维修和拆除阶段所涉及的环境及安全问题也包括在设计内考虑；③检查设计单位是否考虑施工安全操作和防护的需要，对涉及施工安全的重点部位和环节在设计文件中注明，并对防范生产安全事故提出指导意见；④检查采用新结构、新材料、新工艺的建设工程和特殊结构的建设工程，设计单位是否在设计中提出保障施工作业人员安全和预防生产安全事故的措施建议；⑤检查设计单位和注册建筑师等是否具有设计资格。

2. 招标投标阶段

本阶段目标控制的主要任务是通过编制施工招标文件、编制标底、做好招标单位资格预审、组织评标和定标、参加合同谈判等工作，根据公开、公正、公平的竞争原则，协助业主选择理想的施工承包单位，以期以合理的价格、先进的技术、较高的管理水平、较短的时间、较好的质量来安全完成工程施工任务。

3. 施工阶段

该阶段监理的主要任务是在施工过程中，根据施工阶段的目标规划和计划，通过动态控制、组织协调、合同管理，使项目的投资、质量、进度和安全符合预定的目标要求。

（1）费用控制的任务

施工阶段，监理费用控制的主要任务是通过工程付款控制、设计变更与新增工程费控制及索赔处理等手段，努力实现实际发生的费用不超过计划投资。

为完成施工阶段费用控制任务，监理工程师应做好以下工作：①制定本阶段资金使用计划，并严格进行付款控制；②严格控制工程变更，尽可能减少新增费用；③时刻预防费用索赔，尽量避免、减少对方的索赔量；④对已发生的索赔要尽快处理，并协助业主进行反索赔；做好工程计量工作；⑤审核施工单位提交的工程结算书等。

（2）进度控制的任务

施工阶段，工程建设监理进度控制的任务主要是通过完善项目控制性计划、审查施工单位的施工进度计划、做好各项动态控制工作、协调各单位施工进度计划、预防并处理好施工索赔，以求实际施工进度达到计划施工进度的要求。

为完成施工进度控制任务，监理工程师应当做好下列工作：①根据施工招标和施工准备阶段的工程信息，进一步完善项目控制性计划，并据此进行施工阶段进度控制；②审查施工单位施工进度计划，确认其可行性，并满足项目控制性计划要求；③审查施工单位进度控制报告，监督施工单位做好施工进度控制；④制定业主方材料和设备进度计划，并进行控制，使其满足施工的要求；⑤对施工单位进行跟踪，掌握施工动态；⑥研究、制定预防工期索赔措施，做好处理工期索赔工作；⑦在施工过程中，做好对人力、材料、机具、设备等的投入控制工作以及转换控制工作、信息反馈工作、对比和纠正工作，使进度控制定期连续进行；⑧开好进度协调会，并协调有关各方关系，使工程顺利进行。

（3）质量控制的任务

施工阶段，工程建设监理质量控制的任务主要是通过对施工投入、施工和安装过程、产出品进行控制，以及对参加施工单位和人员的资质、材料和设备、施工机械和机具、施工方案和方法、施工环境实施全面控制，以期按标准达到预定的施工质量等级。

为完成施工阶段质量控制任务，监理工程师应当做好以下工作：①协助业主做好施工现场的准备工作，为施工单位提交质量合格的施工现场；②确认施工单位资质；③审查确认施工分包单位；④做好材料和设备检验与检查工作，确认其质量；⑤检查施工机械和机具，保证施工质量；⑥审查施工组织设计；⑦检查并协助搞好各项生产环境、劳动环境、管理环境条件；⑧进行施工工艺过程质量控制；⑨检查工序质量，严格工序交接检查制度；⑩做好各项隐蔽工程的检查工作；⑪搞好工程变更方案的比选工作，保证工程质量；⑫进行质量监督，行使质量监督权；⑬认真做到质量签证工作，行使质量否决权，协助做好付款控制；⑭组织质量协调会；⑮做好中间质量验收工作；⑯做好项目竣工报验及验收工作；⑰审核项目竣工图等。

（4）环境及安全控制的任务

施工阶段，工程建设监理的环境及安全控制任务主要是：工程监理单位和监理工程师按照法律、法规和工程建设强制性标准实施监理，通过法律、经济、科技和文化手段对施工阶段进行环境及安全控制，保证绿色施工，尽量避免或减少安全事故的发生。

为完成施工阶段环境及安全控制任务，监理工程师应当做好以下工作：①审查施工组织设计中的安全技术措施或者专项施工方案是否符合工程建设强制性标准；②在实施监理过程中，发现存在安全事故隐患的，及时要求施工单位整改或者暂时停止施工；③发现安全问题，施工单位拒不整改或者不停止施工，及时向有关主管部门报告；④按照法律、法规和工程建设强制性标准，对建设工程安全生产承担监理责任。

11.5.4 建设监理目标控制措施

为了对建设监理目标进行控制，一般采用下列措施：组织措施、技术措施、经济措施、合同措施等。

组织措施是目标控制的必要措施。监理单位要对项目监理目标实施控制，首先必须建立得力的项目组织，并对项目组织进行定人、定编、定工作、定目标，确定各人、各部门的任务和管理职能，确定各项目标控制的工作流程。在监理过程中，监理人员按照相应的工作流程，对工程运行情况进行检查，对工程的信息进行收集、加工、整理、反馈，发现和预测目标偏差，对出现的目标偏差予以纠正。对监理人员的工作要经常进行考评，以便评估工作、改进工作、挖掘潜在的工作能力，加强相互沟通，并以此对不合格的工作人员进行调换，选配与其工作相称的工作人员。在控制过程中，调动和发挥他们实现目标的积极性、创造性，并对工作人员进行定期培训，以提高他们的工作能力。

技术措施是目标控制的重要措施。监理是高智能的团体，他们各部门、各岗位的工作人员都是具有较高的学历和专业技术职称、掌握特定技术的人。这些工作人员依靠自己掌握的专业技术，对技术方案作技术可行性分析，对各种技术数据进行审核、比较，对新材料、新工艺、新方法进行科学论证，对投标文件中的主要施工技术方案进行必要的论证等。如果没有这些掌握特定技术的工作人员采取相应的技术措施，目标控制也就毫无效果可言，目标也不可能实现。

经济措施是目标控制的必要措施。一项工程的建成使用，归根到底是一项投资的实现。无论对投资实施控制，还是对进度、质量实施控制，都离不开经济措施。为了理想地实现工程项目，监理工程师要收集、加工、整理工程信息和数据，要对各种实现目标的计划进行资源、经济、财物等方面的可行性分析，要对各种经常出现的设计变更和其他各种变更方案进行技术经济分析，严格控制费用的增加，对工程付款进行审查等。如果忽视了这些经济措施，投资目标就很难实现。

合同措施也是目标控制的重要措施。工程建设需要设计单位、施工单位、材料设备供应单位分别承担设计、施工和材料设备供应。没有这些工程建设行为，项目就无法建成使用。在市场经济条件下，这些承建商是根据分别与业主签订的设计合同、施工合同和供销合同来参与项目建设的。它们与业主构成了工程承发包关系，它们是被监理的一方。工程建设监理就是根据这些工程建设合同以及工程建设监理合同来实施的监督管理活动。监理工程师实施目标控制就是根据工程建设合同来进行的，依靠合同进行目标控制是监理目标控制的重要手段。

本章小结

工程建设监理制是建设领域划时代的改革，由传统的两元结构变为三元结构，出现了秉公执法的第三方。如果说政府监督属于监管的宏观层面，那么，工程建设监理就属于监管的微观层面。工程建设监理的所属地位决定了它具有服务性、独立性、公正性和科学性的特点。

建设监理工作应按照程序进行，科学地运用监理的基本方法和手段。

监理组织应根据具体情况确定，要注意自身素质的提高，各类、各层次的监理人员应认真履行自己的基本职责。

建设监理的内容涵盖了多个建设阶段，其目标控制主要集中在投资、进度、质量、安全各大目标组成的目标系统，并把它们当作一个整体来实施控制。

思 考 题

1. 什么是工程建设监理?它与政府监督有什么不同?
2. 简述工程建设监理的性质和意义。
3. 何谓监理单位资质?包括哪几方面要素?
4. 何谓工程建设监理的目标控制?试述监理工程师进行目标控制时应注意的各大目标之间的关系。

第12章 工程项目信息管理

【学习目标】 通过本章的学习，深刻理解工程项目信息管理的重要意义和主要内容。了解电子计算机在信息管理中的应用，初步了解各种工程项目管理软件的相关内容。

【关键概念】 信息管理 工程项目信息管理

12.1 概 述

12.1.1 项目中的信息流

工程项目的运作由一系列步骤组成，需要许多人协作共同完成。在项目的实施过程中，会产生如下几种主要流动过程：

1. 工作流

由项目的结构分解得到项目的所有工作，任务书（委托书或合同）则确定了这些工作的实施者，再通过项目计划具体安排它们的实施方法、实施顺序、实施时间以及实施过程中的协调。这些工作在一定时间和空间上实施，便形成项目的工作流。工作流即构成项目的实施过程和管理过程，主体是劳动力和管理者。

2. 物流

项目工作的实施需要各种材料、设备、能源，它们由外界输入，经过处理转换成工程实体，最终得到项目产品，则由工作流引起物流。物流表现出项目的物资生产过程。

3. 资金流

资金流是工程过程中价值的运动形态。例如从资金变为库存的材料和设备，支付工资和工程款，再转变为已完工程，投入运营后作为固定资产，通过项目的运营取得收益。

4. 信息流

工程项目的实施过程需要同时又不断产生大量信息。这些信息伴随着上述几种流动过程按一定的规律产生、转换、变化和被使用，并被传送到相关部门（单位），形成项目实施过程中的信息流。项目管理者设置目标，作决策，作各种计划，组织资源供应、领导、激励、协调各项目参加者的工作，控制项目的实施过程，都是靠信息来实施的；管理者靠信息了解项目实施情况，发布各种指令，计划并协调各方面的工作。

这四种流动过程之间相互联系、相互依赖又相互影响，共同构成了项目实施和管理的总过程。

在这四种流动过程中，信息流对项目管理有特别重要的意义。信息流将项目的工作流、物流、资金流、管理职能、项目组织、项目与环境结合在一起。它不仅反映，而且控制和指挥着工作流、物流和资金流。例如，在项目实施过程中，各种工程文件、报告、报表反映了工程项目的实施情况，反映了工程实物进度、费用、工期状况，各种指令、计划、协调方案又控制和指挥着项目的实施。所以它是项目的神经系统。如何使工程建设的信息流通畅顺利、高效迅捷，将对工程项目的最终目标产生重要的作用和影响。

项目中的信息流包括两个最主要的信息交换过程：

（1）项目与外界的信息交换。项目作为一个开放系统，它与外界有大量的信息交换。主要包括：

1）由外界输入的信息，例如环境信息、物价变动的信息、市场状况信息，以及外部系统（如企业、政府机关）给项目的指令、对项目的干预等。

2）项目向外界输出的信息，如项目状况的报告、请示、要求等。

（2）项目内部的信息交换，即项目实施过程中项目组织者因进行沟通而产生的大量信息。主要包括：

1）正式的信息渠道。它属于正式的沟通，信息通常在组织机构内按组织程序流通。一般有三种信息流：

① 自上而下的信息流。通常决策、指令、通知、计划是由上向下传递，但这个传递过程并不是一般的翻印，而是进行逐渐细化、具体化，直到成为可执行的操作指令。

② 由下而上的信息流。通常各种实际工程的情况信息，由下逐渐向上传递，这个传递不是一般的叠合（装订），而是经过归纳、整理形成的逐渐浓缩的报告。而项目管理者就是做这个浓缩工作，以保证信息浓缩而不失真。通常，信息过于详细，会造成处理量大、没有重点，且容易遗漏重要说明等问题；而太浓缩，又可能存在对信息的曲解或解释出错的问题。

③ 横向或网络状信息流。按照项目管理工作流程设计的各职能部门之间存在的大量的信息交换，例如技术部门与成本部门、成本部门与计划部门、财务部门与计划部门、计划部门与合同部门等之间存在的信息流。在矩阵式组织中以及在现代高科技状态下，人们已越来越多地通过横向和网络状的沟通渠道获得信息。

2）非正式的信息渠道，如闲谈、小道消息、非组织渠道地了解情况等，属于非正式的沟通。

12.1.2 项目中的信息

项目中的信息很多，大致有如下几种：

（1）项目基本状况的信息。它主要在项目的目标设计文件、项目手册、各种合同、设计文件、计划文件中。

（2）现场实际工程信息。如实际工期、成本、质量信息等，它主要在各种报告，如日报，月报，重大事件报告，设备、劳动力、材料使用报告及质量报告中。这里还包括问题的分析、计划和实际对比以及趋势预测的信息。

（3）各种指令、决策方面的信息。

（4）其他信息。外部进入项目的环境信息，如市场情况、气候、汇率波动、政治动态等。

12.1.3 信息的特征

在管理信息活动中，充分了解信息的特征，有助于充分、有效地利用信息，更好地为项目管理服务。信息具有以下特征：

1. 事实性

事实是信息的中心价值，不符合事实的信息不仅不能使人增加任何知识，而且是有害的。这一点在工程项目管理信息收集中是最应当引起注意的。

2. 时效性

信息的时效性是指从信息源发送信息经过接收、加工、传递、利用的时间间隔及其效率。时间间隔越短，使用信息越及时，使用程度越高，则时效性越强。

3. 不完全性

关于客观事实的知识是不可能全部得到的，数据收集或信息转换要有主观思路，否则只能是主次不分，只有正确地舍弃无用的和次要的信息，才能正确使用信息。

4. 等级性

信息管理是分等级的，处在不同级别的管理者有不同的职责，决策类型不同，需要的信息也是不同的。因此信息也是分级的，通常把信息分为以下三级：高层管理者需要的战略级信息，中层管理者需要的策略级信息，基层作业者需要的执行作业级信息。

5. 共享性

信息只能分享，不能交换，告诉别人一个消息，自己并不失去它。信息的共享性使信息成为一种资源，很好地利用信息进行工程项目管理过程的规划与控制，从而有利于工程项目目标的实现。

6. 价值性

信息是经过加工并对生产经营活动产生影响的数据，是劳动创造的，是一种资源，因而是有价值的。

12.1.4 信息管理

信息管理是指在管理的各个阶段，对所产生的、面向项目管理业务的信息进行收集、传递、加工、储存、维护和使用等信息规划和组织工作的总称。信息管理的目的就是要通过有效的信息规划和组织，使项目管理人员能及时、准确地获得进行项目规划、项目控制和管理决策所需的信息。

1. 信息的收集

收集信息先要识别信息，确定信息需求，而信息的需求要由项目管理的目标出发，从客观情况调查入手，加上主观思路规定数据的范围。关于信息的收集，应按信息规划，建立信息收集渠道的结构，即明确各类项目信息的收集部门，收集者为何人，从何处收集，采用何种采集方法，所收集信息的规格、形式，何时进行收集等。信息收集最重要的是必须保证所需信息的准确、完整、可靠和及时。

2. 信息的传递

传递信息同样也应建立传递渠道的结构，明确各类信息应传输至何地、传递给何人、何时传输、采用何种传输方法等。应按信息规划规定的传递信道，将项目信息在项目管理有关各方、各个部门之间及时传递。信息传递者应保持原始信息的完整、清楚，使信息接收者能准确地理解所接收的信息。

项目的组织结构与信息流程有关，决定信息的流通渠道。在一个工程项目中，存在三种信息流：自上而下的信息流；自下而上的信息流；横向间的信息流。

3. 信息的加工

数据要经过加工以后才能成为信息，信息与决策的关系如下：数据→预信息→信息→决策→结果。

数据经加工后，成为预信息或统计信息，再经处理、解释后才成为信息。占有必要的信息，才能作决策，决策才有结果。关于项目管理信息的加工和处理，应明确哪个部门、由何人负责，并明确各类信息加工、整理、处理和解释的要求，加工、整理的方式，信息报告的格式，信息报告的周期等。

对于不同管理层次，信息加工者应提供不同要求和不同浓缩程度的信息。工程项目的管理人员可分为高级、中级和一般管理人员，不同等级的管理人员所处的管理平面不同，他们实施项目管理的工作、任务、职责也不相同，因而所需的信息也不相同。如图12-1所示，在项目管理班子中，由下向上的信息应逐层浓缩，而由上往下的信息则应逐层细化。

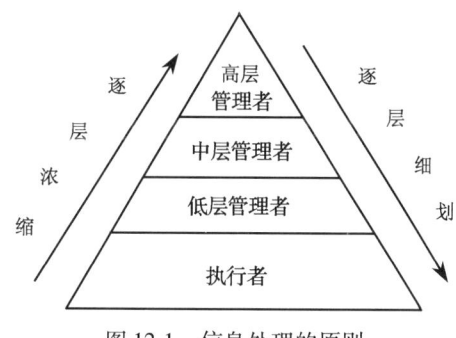

图 12-1　信息处理的原则

4. 信息的储存

信息存储的目的是将信息保存起来以备将来应用，同时也是为了信息的处理。信息的储存应明确由哪个部门、由谁操作，存在什么介质上，怎样分类，有规律地进行存储。要存储什么信息、存多长时间、采用的信息存储方式主要应由项目管理的目标确定。

5. 信息的维护与使用

信息的维护是保证项目信息处于准确、及时、安全和保密的使用状态，能为管理决策提供使用服务。准确是要保持数据是最新的状态。数据是在合理的误差范围以内。信息的及时性是能够及时地提供信息，常用的信息放在易取的地方，能够高速度、高质量地把各类信息、各种信息报告提供到使用者手边。安全性和保密性是说要防止信息受到破坏和信息失窃。

12.1.5　工程项目信息管理

工程项目的信息管理是指通过对各个系统、各项工作和各种数据的管理，使项目信息能方便有效地收集、传递、加工、储存、使用和交流，从而保证工程项目顺利进行的一系列工作的总称。所谓"各个系统"可视为与项目的决策、实施和运行有关的各系统，它可分为工程项目决策阶段管理子系统、实施阶段管理子系统和运行阶段管理子系统。其中，实施阶段管理子系统又可分为业主管理子系统、设计方管理子系统、施工方管理子系统和供货方管理子系统等。所谓"各项工作"可视为与项目决策、实施和运行有关的各项工作。如施工方管理子系统中的工作包括成本管理、进度管理、质量管理、安全管理、合同管理、信息管理、施工现场管理等。所谓"各种数据"并不仅指数字，在信息管理中，数据作为一个专门术语，它包括数字、文字、图像和声音。各种报表、成本分析的有关数字，进度分析的有关数字，质量分析的有关数字，各种来往的文件、设计图纸、施工摄影摄像资料和录音资料等，都属于信息管理中的数据的范畴。

12.1.6 工程项目信息管理的任务

工程项目参与各方都有各自的信息管理任务,为充分利用和发挥信息资源的价值、提高信息管理的效率以及实现有序的和科学的信息管理,各方面应编制各自的信息管理手册,以规范信息管理工作。信息管理手册描述和定义信息管理的任务、执行者、每项信息管理任务执行的时间和工作成果等,其主要内容包括:

(1) 确定信息管理的任务(信息管理任务目录)。
(2) 确定信息管理的任务分工表和管理职能分工表。
(3) 确定信息的分类。
(4) 确定信息的编码体系和编码。
(5) 绘制信息输入输出模型(反映每一项信息处理过程的信息的提供者、信息的整理加工者、信息整理加工的要求和内容,以及以整理加工后的信息传递给信息的接受者,并用框图的形式表示)。
(6) 绘制各项信息管理工作的工作流程图(如信息管理手册编制和修订的工作流程,为形成各类报表和报告收集信息、审核信息、录入信息、加工信息、信息传输和发布的工作流程,以及工程档案管理的工作流程等)。
(7) 绘制信息处理的流程图(如工程项目投资管理信息、施工成本控制信息、施工进度信息、施工质量信息、施工安全管理信息、合同管理信息等的信息处理的流程)。
(8) 确定信息处理的工作平台(如以局域网作为信息处理的工作平台,或用门户网站作为信息处理的工作平台等)及明确其使用规定。
(9) 确定各种报表和报告的格式以及报告周期。
(10) 确定项目进展的月度报告、季度报告、年度报告和工程总报告的内容及其编制原则和方法。
(11) 确定工程档案管理制度。
(12) 确定信息管理的保密制度以及与信息管理有关的制度。

在国际上,许多工程项目都专门设立信息管理部门(或称为信息中心),以确保信息管理工作的顺利进行;也有一些大型工程项目专门委托咨询公司从事项目信息动态跟踪和分析,以信息流指导物质流,从宏观上和总体上对项目的实施进行控制。

12.2 工程项目信息管理的方法

12.2.1 工程项目信息的分类

工程项目参与各方可根据各自的项目管理的需求确定其信息管理的分类,但为了信息交流的方便和实现项目各参与方部分信息共享,业主方应尽可能作一些信息统一分类的规定,如项目的分解结构应统一等。

可以从不同的角度对工程项目的信息进行分类,比如:
(1) 按项目管理工作的对象,即按项目的分解结构,如子项目等进行信息分类。
(2) 按项目实施的工作过程,如设计准备、设计、招标投标和施工过程等进行分类。

（3）按项目管理工作的任务，如投资（或成本）控制、进度控制、质量控制、安全控制等进行信息分类。

（4）按信息的内容属性，如组织类信息、管理类信息、经济类信息、技术类信息和法规类信息进行分类。

为满足项目管理工作的要求，往往需要对工程项目信息进行综合分类，即按多维进行分类。例如：

（1）第一维，按项目的分解结构。

（2）第二维，按项目实施的工作过程。

（3）第三维，按项目管理工作的任务。

12.2.2　建设工程项目信息编码的方法

一个工程项目有不同类型和不同用途的信息，为了有组织地存储信息、方便信息的检索和信息的加工整理，必须对项目的信息进行编码。

1. 按项目的构成编码

编码由一系列符号（如文字）和数字组成，编码是信息处理的一项重要的基础工作。如某项目的信息有多级编码，其一级信息编码如下：

A0000 主体工程设计。

B0000 施工招标投标。

C0000 物资采购及供应。

D0000 主体工程施工。

E0000 室外总体工程施工。

F0000 项目动用前准备工作。

其二级信息编码如下。

A0000 主体工程设计。

A1000 主体工程设计。

A2000 室外总体工程设计。

B0000 施工招标投标。

B1000 主体工程招标投标。

B2000 室外总体工程招标投标。

C0000 物资采购及供应。

C1000 电梯（含自动扶梯）采购及供应。

C2000 空调系统采购及供应。

C3000 电气系统采购及供应。

C4000 给排水系统采购及供应。

C5000 消防系统采购及供应。

C6000 弱电系统采购。

C7000 幕墙材料采购及供应。

C8000 其他采购及供应。

D0000 主体工程施工。

D1000 土建工程施工。
D2000 钢结构安装工程。
D3000 机电设备安装工程。
D4000 弱电系统施工。
D5000 外立面工程施工。
D6000 精装修工程施工等。

2. 按项目信息的用途编码

（1）项目的结构编码。项目的结构编码依据项目结构图，对项目结构的每一层的每一个组成部分进行编码。

（2）项目管理组织结构编码。项目管理组织结构编码依据项目管理的组织结构图，对每一个工作部门进行编码。

（3）项目的政府主管部门和各参与单位编码（组织编码）。项目的政府主管部门和各参与单位的编码包括：政府主管部门；业主方的上级单位或部门；金融机构；工程咨询单位；设计单位；施工单位；物资供应单位；物业管理单位等。

（4）项目实施的工作项编码（项目实施的工作过程编码）。项目实施的工作项编码应覆盖项目实施的工作任务目录全部内容，它包括：

1）设计准备阶段的工作项。
2）设计阶段的工作项。
3）招标投标工作项。
4）施工和设备安装工作项。
5）项目动用前的准备工作项等。

（5）项目的投资项编码（业主方）/成本项编码（施工方）。项目成本项编码并不是预算定额确定的分部分项工程的编码，它应综合考虑预算、投标价估算、合同价、施工成本分析和工程款的支付等因素，建立统一的编码，以服务于项目成本目标的动态控制。

（6）项目的进度项（进度计划的工作项）编码。项目的进度项编码应综合考虑不同层次、不同深度和不同用途的进度计划工作项的需要，建立统一的编码，服务于项目进度目标的动态控制。

（7）项目进展报告和各类报表编码。应包括项目管理形成的各种报告和报表的编码。

（8）合同编码。合同编码应参考项目的合同结构和合同的分类，应反映合同的类型、相应的项目结构和合同签订的时间等特征。

（9）函件编码。函件编码应反映发函者、收函者、函件内容所涉及的分类和时间等，以便函件的查询和整理。

（10）工程档案编码等。工程档案的编码应根据有关工程档案的规定、项目的特点和项目实施单位的需求而建立。

以上这些编码是因不同的用途而编制的，如投资项编码（业主方）/成本项编码（施工方）服务于投资控制工作/成本控制工作；进度项编码服务于进度控制工作。但是有些编码并不是针对某一项管理工作而编制的，如投资控制/成本控制、进度控制、质量控制、合同管理、编制项目进展报告等，都要使用项目的结构编码，因此需要进行编码的组合。

12.3　计算机在信息管理中的应用

12.3.1　应用计算机进行信息管理的意义

随着社会发展和技术进步，工程项目的规模和要求出现了许多根本性的变化，项目管理工作日趋复杂，同时也面临着一系列的问题和机会。对工程项目实施全面规划和动态控制，需要处理大量的信息，处理时间要短，速度要快，又要准确，这样才能及时提供相关的项目决策信息。对工程建设过程中产生的大量数据，单靠人工方法整理是远远不能满足项目管理的要求的，许多信息处理工作靠手工方式是不能胜任的。因此，提高工程项目管理水平，应用计算机进行项目管理信息的处理，已成为必然趋势，且有着非常重要的意义。

（1）计算机能够快速、高效地处理项目产生的大量数据，提高信息处理的速度，准确提供项目管理所需的最新信息，辅助项目管理人员及时、正确地作出决定，从而实现对项目的指挥。

（2）计算机能够存储大量的信息和数据，采用计算机辅助信息管理，可以集中储存与项目有关的各种信息，并能随时取出被存储的数据，使信息共享，为项目管理提供有效使用服务。

（3）计算机能够方便地形成各种形式、不同需求的项目报告的报表，提供不同等级的管理信息。

（4）利用计算机网络，可以提高数据传递的速度和效率，充分利用信息资源，沟通信息联系。

高水平的项目管理，离不开先进、科学的管理手段。应用计算机辅助工程项目管理是有效实施项目管理的重要保证。

12.3.2　计算机在工程项目中的应用

1. 计算机在设计中的应用

计算机在设计方面最主要的应用就是使用"计算机辅助设计（CAD）"来画建筑图。其实，最初这个过程叫做"计算机辅助设计及绘图（CADD）"，既包括了工程设计，又包括了绘图。但是，随着设计绘图和工程设计这两个领域的迅速发展，CADD 最终分成了 CAD 和 CAE 这两个部分，CAD 主要用于绘图，而 CAE 主要用于工程设计。

CAD 用于绘图具有许多的优点，速度快仅仅是优点之一。CAD 系统的最大优点是它实现了设计师使用多个图层的可能性。手绘设计图纸只有一个图层，钢筋、机电、管道、供热与通风工程等只能用随后的图纸绘出，而覆盖的图层则可以用计算机检查其相互之间有无冲突。虽然 CAD 系统并不是百分之百地没有缺陷，但是 CAD 系统自身经历了很长的时间用以减少其与现场的冲突和其他绘图错误，从而降低了成本。

CAD 的另一个优点是可以立即计算出需用的建筑材料的数量。举个例子，如果同等大小的管道用 CAD 画出后，程序就会自动计算出该管道所用材料的数量。然后，材料清单将会被送至采购部门和具有材料控制职能的现场仓库。除了节省设计时间外，CAD 系统还能为采购和材料控制提供更为准确的数据。

CAD系统同样为在现场完成设计工作提供了灵活性。例如，对于一个涉及大量设备处理和管道的改造工程，我们可以在现场办公室运用CAD系统来完成最新的图纸、计算材料用量等，以期获得现场工作的最快的周转。

从事CAD系统发展的人员已经在项目设计领域开发出了一些有用的工具，这些工具可以在将来为建筑行业人员提供更大的便利。三维CAD早在若干年以前就被开发了，并已发展成为一个很实用的工具。三维CAD可用于复杂的、集中管线的项目，如一个石化工厂。一般的，这一类型的项目需要一个管道模型来反映综错复杂的管线和设备布置，而这些模型是可以用三维CAD模型图来表示的，并可以在很多有CAD终端的地方，包括工地现场被看到。并且，比起实物模型，用三维CAD来完成或修改管道模型会便宜很多。当然，用三维CAD模型图来完成实际的安装工作，需要高技术的监工、工长和技工。除此之外，一旦以后的项目发生了变化，业主还可以很方便地用三维CAD来更新保留在计算机里的模型。

2. 计算机在制定规范、标准中的应用

文字处理系统和建筑业规范学会（CSI）对建筑行业规范的标准化，极大地改进了规范和建筑合同特殊条件的制定。我们只需将规范中的对应部分打出，并对照所做项目进行一些修改就可以了。修改可以在计算机上用文字处理系统来很快地完成。

3. 计算机在公司总部的应用

建筑公司的计算机中心一般都设置在公司的总部。中心是连接公司各部门计算机网络的基础，这些部门包括行政办公室、重要设备保管室、仓库以及施工工地现场等。总部的计算机中心的主要职能是管理公司的总会计和账目系统。

计算机中心在施工前的准备工作中起着很重要的作用，如从公司的数据库中提取和组织项目的计划、预算、进度、人员安排、安全计划等。施工准备小组在计算机上完成进度和预算，然后将它们传送到现场执行。项目完成后的所有数据最后将被送回总部的计算机中心保存，以备将来的项目借鉴使用。

作为公司的会计中心，施工人员的工资通常根据其在工地的工作计时记录，在公司总部被处理。施工所需材料的支付也是通过总部的计算机会计支付系统来完成的。

在施工人员的安排上，计算机上的人员记录也起到了很大的作用。保持一个最新的技能人员记录库对于分配项目人员是很重要的。如果没有计算机化的人员记录，人员分配管理员将很难有效地完成工作。同样，最新的人员安全记录也是计算机人员记录的重要组成部分。

4. 计算机在采购中的应用

依据材料采购的地点，计算机在采购中的使用可以在总部完成，也可以在现场完成。通常，计算机先开始进行材料需求调查，然后再建立起一个项目采购清单。当材料价格被输入后，就可以作出包括价格、交货、订单变更、支票支付的购买订单了。订单中的数据也能被自动地转到预算中，以便于控制项目的设备和材料成本。

在总部办公室建立计算机化的会计系统，用以处理项目的支票和支付账目。账目与现场的结合程度是很重要的，因为它可以保证项目进行中的财务与支付能在项目和现场的成本报告中反映出来。

5. 计算机在工地现场的应用

在工地现场，计算机最早被用于会计和工资支付领域。之前，工地上的计时员需要统计每个工人一个阶段工作的总时间，然后将工时记录交给工资计算员，由他们手算出每个工人的工资、奖金、罚金，从而得出工人的实际收入。随后，派人去银行取钱，点清后再将每个工人的工资装入各自的信封。如果工地较远，发放工资就必须要得到当地银行的帮助；如果是大项目，工资总额巨大，还要预防其他风险。

当计算机化的工资支付系统在总部被运用后，人们需要做的就仅仅是将工地上的工作时间传送到总部，然后由总部的计算机计算出工资额、进行工资支付核对。如果要更快地进行工资支付核对，还可以将整个过程用工地现场的计算机完成。

6. 计算机在现场成本控制方面的应用

通过计算机化的工资支付数据，人们可以很容易地将劳动力成本传送到现场的成本控制系统中去。这样，通过将劳动成本自动地分配到适当的成本账目上，评估现场进度和技工的劳动生产率就变得更加容易和准确了。计算机还运用电子数据表更新劳动力成本和劳动生产率，生成一系列反映变化的柱状图。通过分析一些偏离计划的原因，成本工程师和项目经理就可以采取措施来控制和纠正这种偏离。如果项目很大，我们根本无法想象用人工完成以上工作需要多少人力和时间。

7. 计算机化的"关键线路方法"（CPM）进度系统

计算机可以自动生成一个类似于CPM的进度计划。对于一些小的项目，可以手算出CPM网络，但是对于大的项目，手算就变得不可能了。而计算机可以通过不同的数据分类程序来满足建筑队伍的各种要求。如项目经理最常使用计算总时差的程序，来反映项目进行中最关键的工作。

当现场的实际条件需要对项目进度进行改变时，项目经理和现场计划者同样可以使用计算机来评价可行的几种方案。这些待选的方案可以在计算机上进行试验，由计算机提供一系列对应的图表供决策者进行分析和评价。

8. 计算机在材料控制方面的应用

为了保证需要的时候建筑材料能很快到库，计算机化的工地现场材料控制系统需要支付一些必要的费用。为了提高现场的劳动效率，现场项目经理的很重要的工作就是在工人们需要用材料的时候能将材料送到他们手中。通过使用计算机来密切关注材料的采购、安装，已成为一个很有用的工具。

9. 计算机在人员记录方面的应用

对于一个配备了现场人力资源经理的大型项目，很有必要运用计算机保存一个现场工人档案，以组成公司的人力资源库。保存长期工人的业绩记录对于项目来说也是一种资产。

10. 计算机在现场施工方面的应用

如果工地现场的工程办公室使用计算机保存关于技术数据、审查记录、现场勘测、合同改变等方面的文件和记录，将会节省很多时间和费用。当项目要发生很多改变时，与总部相连的CAD系统将会是完成设计-建造工作的一个很有用的工具。

11. 计算机在工地现场办公室的应用

在项目经理和行政办公室使用计算机，将会大大提高现场办公室的工作效率。同时，用计算机来处理现场办公室的文书工作，也是当今项目信息发展趋势的要求。与网络相连、与通信系统贯通的计算机，将是未来的计算机应用发展趋势。

12. 计算机在项目管理领域的应用

时至今日，建设领域中已经没有计算机尚未涉及的地方了。下一步发展的趋势是将所有的建设领域中的计算机操作结合起来，构成一个独立的、计算机化的项目管理系统。

开发项目管理系统是计算机应用到项目管理领域中的一个巨大突破。这种系统基于所有计算机产生的文件，其运行环境是一个大型的关系数据库，这样各种不同的程序就能进入该系统使用数据，并可随时更新系统内的数据。这种复杂的管理程序系统代表了项目管理的前沿计算机技术，在不久的将来定会有更加迅猛的发展。

12.4　工程项目管理软件简介

在工程项目管理中，虽然可以自主开发一些实用软件，但是在实际工作中，为一个项目单独开发一个完整的、全方位的工程项目管理软件，也是一项高成本的事情。目前市场上已有许多商品化的工程项目管理软件，这些软件各具特色，各有所长。在工程项目管理中，可以根据实际工作的需求，加以选择使用。

1. Microsoft Project

Microsoft Project 是 Microsoft 公司开发的项目管理系统，它是应用极普遍的项目管理软件。Project 软件根据项目管理的原理，用计算机软件搭建模型，来模拟项目管理的建立和实施，并通过一系列与项目管理有关的图表来完成对项目的管理。Project 软件可以应用在以下几个方面：

（1）用于项目招标投标

很多工程项目都是通过招标投标开展的，项目的组织安排、综合进度计划是否合理、完善，是企业技术水平和管理水平的重要参考指标。使用 Project，可以非常容易地反复推敲、优化项目的计划，最后生成条理清楚、逻辑关系正确、绘制精良的网络图、横道图和各种数据表格，展现企业的风采，给评标人员留下良好的印象，从而为企业竞争助力。

（2）项目的动态跟踪

项目数量众多，对项目的质量要求越来越高，从而要求我们在项目的生命周期中进行非常细致的管理。通过使用 Project 软件，可以每天对项目的完成情况进行及时的汇总与更新，从而保持项目信息的准确与及时。

（3）人力资源的合理调配

通过使用 Project 对所有项目编制项目计划并进行任务分配，将形成一个企业所有人力资源的庞大信息库。在这个人力资源库中，将可以直接查到每一个人员目前正在进行的所有项目以及任务的情况，可以统计每个资源的工作量是否被过度分配，每个资源每天的工作量计划为多少个小时等信息，这样，就为合理地调配资源提供了科学的依据。

（4）对于跨专业项目的沟通管理

在项目管理的方式下，一个项目将由一个项目团队来共同完成，它突破了原来职能型组织结构的部门局限性，可以更好地进行项目的沟通管理。在计划编制好后，就已经明确了不同部门资源的工作量与任务完成时间，任何任务分配信息的更改都将及时反馈到项目计划中，并通知到相关人员。同时每一个项目有统一的文档库与问题库用来交换项目的信息，项目组的成员通过浏览器即可以访问这些资源，这样可以更有效地协调跨专业的项目。

（5）辅助核算生产成本

使用 Project 可以对计算生产成本起到辅助作用。在项目计划阶段，通过编制项目计划，进行任务分配，可以估算每个资源的工作量或使用量，从而估算整个项目的成本。在每个项目的生命周期中，都需要进行项目的跟踪与更新，在项目完成后，将有这个项目的任务分解及资源工时的详细信息，通过这些信息，可以核算每个资源在这个项目中的实际工作量，从而计算出这个项目的实际成本。

Microsoft Project 已经在我国获得了广泛的应用。近年来，微软公司又不断推出了新版本，可以适应各种规模的项目。

2. Primavera Project Planner

Primavera Project Planner（P3）工程项目管理软件是美国 Primavera 公司的产品，是一个基于计算机技术和网络计划技术的工程项目管理软件，是当今最为流行的项目管理软件之一。该软件适用于任何工程项目，对大型复杂项目可以非常有效地控制，并可以同时管理多个项目。

P3 工程项目管理软件的主要功能有以下几方面：

（1）在多用户环境中管理多个项目

P3 可以有效管理这样的项目：项目团队遍布全球各地，多学科团队，高密度级、期限短的项目，共享有限资源的公司关键项目。

（2）有效控制巨大而复杂的项目

P3 作为专业的工程项目管理软件，能满足工程项目管理的许多要求，主要是进度控制，同时也可以进行费用控制和资源管理。特别是软件可以将进度、资源、资源限量和资源平衡很好地结合起来，使得进度计划可以不再只是凭经验或是拍脑袋制定出来的、说不清楚或者说得不太清楚的定性计划，而是基于要完成的工程量/工作量，并结合施工承包商的人、材、机资源而制定出来的定量的、切实可行的、科学合理的进度计划。

（3）资源共享

作为商业软件，P3 软件能够共享数据资源，如网络版 P3 软件的工程组的主子工程模式，使得工程的众多参建各方，如业主、监理、施工承包商，可以同时在同一个工程组的不同子工程内，按授予的不同权限进行读写或只读的操作，共享同一个 P3 工程数据库的数据。

（4）操作灵活方便

操作灵活方便也是 P3 软件的一大特色，丰富的视图管理，作业分类码，WBS 编码，多种工程日历、作业类型和逻辑关系，用户自定义编码，整体更新，资源平衡，自动汇总，数据组织、输入输出，网上发布等，尤其是过滤器的使用，非常灵活。

（5）数据接口功能

P3 可以输出传统的 dBase 数据库、Lotus 文件和 ASCII 文件，也可以接收 dBase、Lotus 格式的数据，还可以通过 ODBC 与 Windows 程序进行数据交换。

P3 软件的这些功能和特点，使其在国际上得到了普遍的赞誉并享有极高的知名度，尤其在西方发达国家更得到了广泛的应用，近年来在国内的水电、火电、核电、石油、化工等行业的大中型工程项目中，也得到了越来越广泛的应用。

3. 梦龙智能项目管理软件

MR2000 平台集成系统是梦龙科技（集团）开发的新系统，它由"快速投标"、"项目管理控制"和"企事业办公管理"三大系统组成。具有以下特点：

（1）高级的安全机制。

(2) 对数据进行加密传输,绝对安全可靠。

(3) 采用高效的压缩算法,实现高速的数据传输。

(4) 提供 Server 运行方式,软件管理系统可在服务器后台运行。

(5) 含先进的软件管理单元,可以对各种应用软件进行有机管理。

(6) 具有良好的开放性,允许客户在它的基础上进行有机开发。

(7) 可实现多级、多层链接与分布管理,适用于大、中、小不同类型的企业。

(8) 系统内所有的单元都采用了梦龙公司的自防病毒技术,保证网络安全。

(9) 用物理链接层、软件通讯层与应用层构成先进的三层软件体系结构。

4. 施工项目管理软件

施工项目管理软件(PKPT)是施工管理系列软件之一,是中国建筑科学研究院与中国建筑业协会施工项目管理委员会合作完成的,是按照项目管理规范要求进行编制,实现了四控制(进度、质量、安全、成本)、四管理(合同、现场、信息、生产要素)、一提供(为组织协调提供数据依据)的项目管理软件。该软件具有很高的集成性。

PKPT 项目管理软件功能主要包括以下两个大类:

(1) PKPT 可直接绘制双代号网络图、横道图,实现了双代号网络图与横道图之间的自由切换,可快速制作生成投标所用的进度计划图。

(2) PKPT 提供了多种自动生成施工工序的方法:

1) 利用其他类似工程导入。

2) 读取工程概、预算数据,利用施工工序与定额分部分项的关联关系,自动生成带有工程量和资源分配的施工工序。

3) 可在工作信息表和单、双代号图中录入施工工序相关信息和逻辑关系,自动生成各种复杂网络模型。

(3) 根据工程量、工作面和资源计划安排及实施情况,自动计算各工序的工期、资源消耗、成本状况,换算日历时间,找出关键路径。

(4) 具有多级子网功能,可处理各种复杂工程,有利于工程项目的微观和宏观控制。

(5) 自动布图,能处理各种搭接网络关系和强制时限。

(6) 自动生成各类资源需求曲线等图表,具有所见即所得的打印输出功能。

(7) 系统提供了多种优化、流水作业方案及里程碑功能实现进度控制:

1) 工期优化。

2) 资源有限工期最短优化。

3) 工期成本优化。

4) 工期固定资源均衡优化。

5) 常规分层、分段流水作业(等节奏、异节奏、无节奏)方案。

6) 充分利用技术、组织、施工层间歇连续施工流水施工方案。

7) 增加工作班制、缩短工期优化流水方案。

(8) 通过前锋线功能动态跟踪与调整实际进度,及时发现偏差,并采取纠偏措施。

(9) 利用国际上通行的赢得值原理,进行成本的跟踪与动态调整。

(10) 对于大型复杂工程项目,进度、计划难以控制时,可采用国际上流行的"工作包"管理控制模式。

（11）可对任意复杂的工程项目进行结构分解，并对工程项目的责任、成本、计划、质量目标等进行细化分解，形成结构树，使得管理控制清晰、责任目标明确。

（12）利用质量预控专家知识库进行质量保证，统计分析"质量验收"结果，进行质量控制。

（13）利用安全技术标准和安全知识库进行安全设计和控制。

（14）可编制月度、旬作业计划、技术交底，收集各种现场资料等进行现场管理。

（15）利用合同范本库签订合同和合同管理。

PKPT软件性能优越、简单实用，在建筑施工领域发挥了重要的作用。

总之，由于工程项目信息的特殊性，应结合工程项目的具体特点构建工程项目管理信息系统，使工程项目信息得到综合、系统的管理，从而为项目管理人员进行工程项目的进度控制、质量控制、投资控制及合同管理等提供可靠的信息支持。

12.5 项目管理中的软信息

前面所述的在项目系统中运行的，一般都为可定量化的、可量度的信息，如工期、成本、质量、人员投入、材料消耗、工程完成程度等，它们可以用数据表示，可以写入报告中，通过报告和数据即可获得信息，了解情况。但在工程项目管理实践中，有许多信息是很难用上述信息形式表达和通过正规的信息渠道沟通的。这主要是反映项目参加者的心理行为、项目组织状况的信息。例如：

（1）参加者的心理动机、期望和管理者的工作作风、爱好、习惯、对项目工作的兴趣、责任心；各工作人员的积极性，特别是项目组织成员之间的冷漠，甚至分裂状态。

（2）项目的软环境状况。

（3）项目的组织程度及组织效率。

（4）项目组织与环境，项目小组与其他参加者，项目小组内部的关系融洽程度：友好或紧张、软抵抗、项目领导的有效性。

（5）业主或上层领导对项目的态度、信心和重视程度。

（6）项目团队精神，如敬业、互相信任、组织约束程度（项目组织文化通常比较难建立，但首先应有一种工作精神）。

（7）项目实施的秩序程度等。

这些情况无法或很难定量化，甚至很难用具体的语言表达。它具有非规范性、随机性、模糊性和主观性的特征，但它同样作为信息反映着项目的情况。许多项目经理对软信息不重视，认为不能定量化，不精确。这种观点其实是不正确的。

12.5.1 软信息的作用

软信息在管理决策和控制中起着很大的作用，这是管理系统的特点。它能更快、更直接地反映深层次的、根本性的问题。它也有表达能力，主要是对项目组织、项目参加者行为状况的反映，能够预见项目的危机，可以说它对项目未来的影响比硬信息更大。

如果工程项目实施中出现问题，例如工程质量不好、工期延长、工作效率低下等，则软信息对于分析现存的问题是很有帮助的。它能够直接揭示问题的实质、根本原因，而通常的硬信息只能说明现象。

在项目管理的决策支持系统和专家系统中，必须考虑软信息的作用和影响，通过项目的整体信息体系来研究、评价项目问题，作出决策，否则这些系统是不科学、不完整的，也是不适用的。

软信息还可以更好地帮助项目管理者研究和把握项目组织，造成对项目组织的激励。在项目趋向分析中应综合考虑硬信息和软信息状况。

12.5.2 软信息的特点

（1）软信息尚不能在报告中反映或完全正确得反映（尽管现在人们强调在报告中应包括软信息），缺少表达方式和正常的沟通渠道。所以只有管理人员亲临现场，参与实际操作和小组会议时才能发现并收集到。

（2）由于它无法准确地描述和传递，所以它的状况只能由人来领会，仁者见仁，智者见智，不确定性很大，这便会导致决策的不确定性。

（3）由于很难表达，不能传递，很难进入信息系统沟通，则软信息的使用是局部的。真正有决策权的上层管理者（如业主、投资者）由于不具备条件（不参与实际操作），所以无法获得和使用软信息，因而容易造成决策失误。

（4）软信息目前主要通过非正式沟通来影响人们的行为。例如，人们对项目经理的专制作风不满，互相诉说，以软抵抗对待项目经理的指令和安排。

（5）软信息必须通过人的模糊判断、通过人的思考作出信息处理，常规的信息处理方式是不适用的。

12.5.3 软信息的获取

目前由于在正规的报告中比较少地涉及软信息，它又不能通过正常的信息流通过程取得，而且即使获得也很难说是准确的、全面的。它的获取方式通常有：

（1）观察。通过观察现场以及人们的举止、行为、态度，分析他们的动机，分析组织状况。

（2）正规的询问，征求意见。

（3）闲谈、非正式沟通。

（4）要求下层提交的报告中必须包括软信息内容并定义说明范围。这样上层管理者才能获得软信息，同时让各级管理人员有软信息的概念，并重视它。

12.5.4 目前需要解决的问题

项目管理中的软信息对决策有很大的影响。但目前人们对它的研究尚远远不够，有许多问题尚未解决。例如：

（1）项目管理中，软信息的范围和结构，即有哪些软信息因素，它们之间有什么联系，进一步可以将它们结构化，建立项目软信息系统结构。

（2）软信息如何表达、评价和沟通。

（3）软信息的影响和作用机理。

（4）如何使用软信息，特别是在决策支持系统和专家系统中软信息的处理方法和规则，以及如何对软信息量化、如何将软信息由非正式沟通转变为正式沟通等。

---本章小结---

  信息管理是建设工程项目管理中的重要一面。本章主要介绍了信息管理的含义及任务，信息管理的方法及计算机在信息管理中的应用。其中，信息管理的含义及任务部分介绍了信息管理的含义、目的及任务；信息管理的方法部分介绍了工程项目信息的分类，工程项目信息编码的方法及工程管理信息化的内涵和意义；计算机在信息管理中的应用部分介绍了计算机在工程建设中各主体的应用及原则，并简单介绍了几种常见项目管理软件。最后强调了项目管理中的软信息必须予以重视。

思 考 题

1. 何谓信息管理？信息有哪些基本特征？
2. 何谓工程项目信息管理？
3. 了解计算机在工程项目管理中的应用。
4. 了解软信息。

参考文献

[1] 任宏.建设工程管理概论［M］.武汉:武汉理工大学出版社,2008.
[2] 丁士昭.工程项目管理［M］.北京:中国建筑工业出版社,2006.
[3] 王旭,马广儒.建设工程项目管理［M］.北京:中国水利水电出版社,2009.
[4] 成虎,陈群.工程项目管理［M］.北京:中国建筑工业出版社,2009.
[5] 邱国林,杜祖起.建设工程项目管理［M］.北京:科学出版社,2009.
[6] 顾慰慈.工程项目质量管理［M］.北京:机械工业出版社,2009.
[7] 乐云.工程项目管理［M］.上册.武汉:武汉理工大学出版社,2008.
[8] 邓铁军.工程项目管理［M］.下册.武汉:武汉理工大学出版社,2008.
[9] 邓铁军.工程建设项目管理［M］.武汉:武汉理工大学出版社,2009.
[10] 仲景冰,唐菁菁.工程项目管理［M］.武汉:华中科技大学出版社,2009.
[11] 谢亚伟,金德民.工程项目风险管理与保险［M］.北京:清华大学出版社,2009.
[12] 齐东海.建设监理学［M］.2版.大连:大连理工大学出版社,2000.
[13] 吴涛,丛培经.中国工程项目管理知识体系［M］.北京:中国建筑工业出版社,2003.
[14] 王立国.工程项目可行性研究［M］.大连:东北财经大学出版社,2008.
[15] 方东平.建筑安全监督与管理［M］.北京:中国水利水电出版社,2005.
[16] 张仕廉.建筑安全管理［M］.北京:中国建筑工业出版社,2005.
[17] 梁世连.建筑企业经营［M］.呼和浩特:内蒙古大学出版社,1999.
[18] 梁世连.工程项目管理学［M］.大连:东北财经大学出版社,2008.
[19] 梁世连.工程项目管理［M］.北京:人民邮电出版社,2002.
[20] 梁世连.工程项目管理［M］.北京:清华大学出版社,北京交通大学出版社,2006.